中国科学院规划教材

高等数量经济学

刘新建　刘海啸　房俊峰　编著

燕山大学研究生课程教材建设项目（项目编号：JC201503）　资助

科学出版社

北　京

内 容 简 介

数量经济学是一门内容广泛的经济研究方法论学科，分支内容包括经济计量学、投入产出分析、数理经济学、经济预测学等。除绪论外，本书内容包括四部分，分别是投入产出分析、预测理论与技术、数理经济学基础和数量经济学应用。投入产出分析篇包括基本原理、编表方法、动态投入占用产出分析、扩展模型和企业投入产出分析，预测理论与技术篇包括预测学原理和博克斯-金肯斯预测技术，数理经济学基础篇包括非线性规划和最优控制理论，应用篇包括环境经济分析、区域经济分析和证券分析的基本方法论。本书的内容特点是紧密结合经济学理论与实际，详略适当，强调数量经济学的研究方法论属性。

本书是经济学专业研究生的教学用书，也可以作为经济学相关专业的教材，也是从事数量经济学研究的相关人员的参考书。

图书在版编目（CIP）数据

高等数量经济学 / 刘新建，刘海啸，房俊峰编著. —北京：科学出版社，2018.5

中国科学院规划教材

ISBN 978-7-03-055866-4

Ⅰ. ①高… Ⅱ. ①刘… ②刘… ③房… Ⅲ.①数量经济学-研究生-教材 Ⅳ. ①F224.0

中国版本图书馆 CIP 数据核字（2017）第 304682 号

责任编辑：方小丽 / 责任校对：王 瑞

责任印制：霍 兵 / 封面设计：蓝正设计

科学出版社 出版

北京东黄城根北街 16 号

邮政编码：100717

http://www.sciencep.com

保定市中画美凯印刷有限公司 印刷

科学出版社发行 各地新华书店经销

*

2018 年 5 月第 一 版 开本：787 × 1092 1/16

2018 年 5 月第一次印刷 印张：21

字数：492 000

定价：78.00 元

（如有印装质量问题，我社负责调换）

作 者 简 介

刘新建，1995年毕业于中国科学院系统科学研究所管理工程专业，获工学博士学位，现为燕山大学经济管理学院教授，中国投入产出学会常务理事，河北省投入产出协会副理事长，主要研究方向为投入产出分析、评价理论与方法、现代经济分析及其应用。

刘海啸，1999年毕业于西安交通大学管理科学与工程专业，获管理学博士学位，现为燕山大学经济管理学院教授，主要研究方向为金融工程、金融市场理论。

房俊峰，2008年毕业于燕山大学区域经济学专业，获经济学硕士学位，现为燕山大学经济管理学院副研究员，河北省投入产出协会常务理事，主要研究方向为投入产出分析、区域经济分析。

前　　言

数量经济学是一个领域庞大的学科，有许多的分支，不少分支可以成为不同年级学生的独立专业课，如经济计量学、投入产出分析、经济预测、数理经济学等。在大多数院校不独立开设投入产出分析、预测学和数理经济学的情景下，开设一门综合课程则有利于经济学专业研究生深入了解和掌握经济数量研究方法论。

投入产出分析和基本预测理论与技术是本书的重点，以基本原理及其思维方式训练为编写原则，对介绍的具体方法模型，努力使其具有实际应用性。书中的许多内容融合了作者的学术思想和研究成果，反映了一些前沿内容，但是，我们还是强调硕士研究生要加强基础素养培养，强调经济研究方法的应用必须以深入的经济理论和概念分析为前提，不可照猫画虎地套用。所以，希望读者把本书作为数量经济学的入门训练课程，在进一步学习和研究时可以触类旁通地自学所需的其他理论和方法，更能够提出新的理论，发明应用新的方法。

本书是在为经济学研究生开设“高等数量经济学”课程的基础上编写而成，原教学课时为 32 学时，使用者可以根据各自情况选择内容。书稿第 1~11 章由刘新建撰写，第 12 章由房俊峰撰写，第 13 章由刘海啸撰写。王韶华副教授提供了第 11 章部分内容的初始文稿，在此表示感谢！

除了在脚注中给出具体内容的参考文献，本书在每一章的末尾都给出了相应的主要参考文献。有些文献影响了多处，没有一一标识；有些文献虽然没有直接参引，但是本书作者曾仔细阅读过，或许有潜移默化的作用。在这里对所有列出或没有列出的参考文献作者，都表示衷心感谢！陈锡康老师主编的《现代科学管理方法基础》及陈锡康、杨翠红等编著的《投入产出技术》是本书的两本主要参考文献，他们允许本书使用其中的一些材料，在此对陈锡康老师及其他作者特别致谢！

梁建梅、郜杰、朱君叶、吴涛武、刘伟琦、赵云、陈文强等在书稿原稿的编辑、校对等工作中做出了贡献，感谢他们！

作者的电子邮箱是 lxj6309@126.com，欢迎批评指正。

作　者

2017 年 10 月

目　录

第一篇　投入产出分析

第二篇 预测理论与技术

第三篇 数理经济学基础

第四篇 应用

第1章

绪　论

方法论是每一门现代学科的重要研究领域，学习者应当掌握专业领域已有的重要研究方法。物理学有物理学研究方法论，数学有数学研究方法论。但工程或技术科学与基础科学不同，其方法论内容包括两个方面，一方面是学科理论研究方法论，一方面是科学理论应用在实践领域的应用方法论。数量经济学是关于经济学理论研究和经济实际问题分析的方法论知识体系。

技术与方法是同义词，把一门方法论学科叫技术还是方法是个人或众人的偏好。方法就是做事的步骤过程，一种方法一般是一些步骤过程的共同特征概括而成。

1.1　经济学与数量分析

经济学的知识体系离不开数量，经济规律的表达离不开数学模型，人类社会经济关系的准确表达必须建立在数量的基础上。谈到数学的重要性时，许多人喜欢引用马克思的一句话："一种科学只有在成功地运用数学时，才算达到了真正完善的地步。"著名数学大师希尔伯特在 1915 年也曾说过，凡是遵从科学思维并准备发展成为一门理论的研究，能够也必须运用数学表达处理①。但是，必须同时记住：运用了数学不代表就达到了完善的地步。当前的有些经济学研究文章，有的谈数色变，根本不用数学，有的滥用数学，使经济学成了伪科学。

传说，古希腊人对数的崇拜达到了极点，说"万物皆数"。"万物皆数"这一点对物质世界是绝对正确的，因为物质世界就是时空的统一体，物是时空的表现形式，时空是可以度量的，从而物及物之关系都是可以测量的。经济学是关于与人类消费相关的物的生产和分配的知识，所以一切经济关系在根本上都可以用数表示。但是物质之体系，除了数还有形，即物质的内容，数是关于物质内容的，而纯粹的数是

① 王毓云. 数理经济学——数学与经济学的交叉. 中国科学院院刊，1995，(3)：207-214

没有意义的，只有数有所指即数形一体才有意义。作为关于物的理论，如果把数与形的关系搞错了，那么理论就成了谬误。理论≠真理。真理是不断被验证为正确的理论。

人类的一切消费归根到底都是对物的消费，生产任何产品都必须依赖于物。是物就有数。西方主流经济学的基本理论是供求关系，而这个关系必须落实在数上。马克思主义经济学的劳动价值理论的基础就是“价值”的量的决定及运动。当然，经济学的研究方法不仅有数量的方法，还有历史的方法和哲学的方法。所谓历史的方法，就是从历史发展的事实中寻找经济运动规律。所谓哲学的方法，就是根据客观世界最一般的规律推演经济和经济学发展的规律。哲学的方法有人称为逻辑的方法，这里的逻辑应该包括形式逻辑和辩证逻辑。

数量方法、历史方法和哲学方法是不能孤立使用的，特别是数量方法的运用必须在历史方法和哲学方法的指导下才不至于迷失方向，避免犯买椟还珠的错误。每一个给定的经济数学模型都有其成立的给定历史制度条件，在长期分析中不能使用不变的数量关系模型。相比于历史方法和哲学方法，数量方法适用于短期问题，但是在经济学话语体系中，短期和长期具有相对性。首先，不同的经济数量关系的适用时期不同。例如，对一个成熟经济体，其内部的贫富差距在一个较长的时期内如十年以上是比较稳定的，而其经济增长预测模型只在两年左右效果较好。其次，微观经济学和宏观经济学理论框架中短期和长期是定性的，即所谓短期内存在数量不能改变的生产要素。这个界定只有一般理论意义，实际中，不同生产要素的固定周期不同，因而在不同的时间长度内，短期模型是变化的，并且在技术快速进步时期，生产函数本身的数学形式也处于变化之中。再次，经济数量关系与物理量关系不同。物理量关系是精确的，即使如统计物理学和量子力学中的变量关系也是精确的，而经济数量关系除了一些恒等关系只能是灰色的，即使使用统计方法描述，其中的经济量和方程也是粗略的。经济测度结果只能是一个概略数或灰数（不同经济量的概略度或灰度可能不同），甚至经济量概念本身就是模糊概念，如广泛使用的国内生产总值（gross domestic product，GDP）概念的核算边界就是模糊的，其内涵是不完全清晰的。但是，作为经济研究的模型方程却必须是确定的。

数量经济学作为人类现代科学技术知识体系中的成员，其性质与地位可以从现代人类知识学科体系结构、经济科学学科体系结构和管理科学学科体系结构中来观察。

图 1.1 是依据钱学森的科学技术知识分类体系理论制作的。钱学森把全部科学技术知识分成四个层次，从上到下依次是哲学、基础科学、技术科学和工程技术，在包括文化艺术和社会科学的全部知识中，“工程技术”可换成“技术方法”。技术方法包括：工程（工艺）技术方法、管理技术方法、艺术技术方法、物质生活技术方法、精神生活技术方法。数量经济学在这个体系中属于技术科学，其上方有多门基础科学学科，最主要的是数学和经济学，但是，具体的数量经济分析方法属于第四层次——技术或方法。技术科学是方法的原理依据。

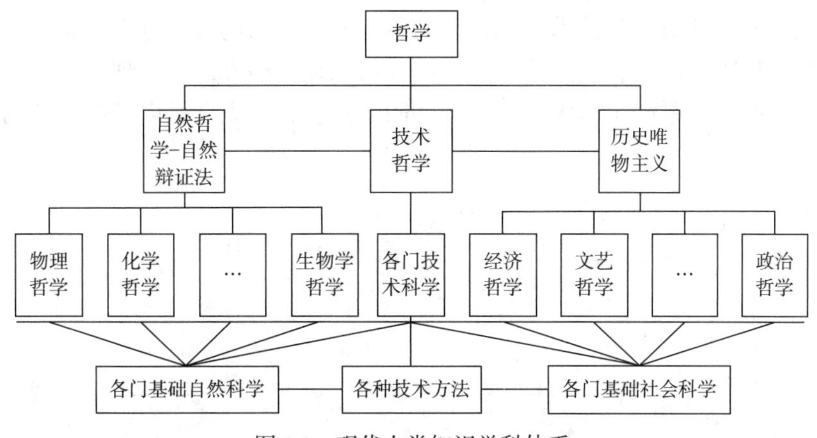

图 1.1 现代人类知识学科体系

图 1.2 是经济科学学科的四个层次。经济科学的最底层是管理技术或经济研究方法，这是因为，经济科学本身比管理学高一个层次。另外，经济科学不等于经济学，经济学是经济科学的轴心，与经济学并列的是经济史学、经济学方法论。经济史学包括经济史和经济思想史两个分支。任何一门学科都应该有自己的发展史和方法论分支，但不是核心学科，一般是交叉学科，如经济史和经济思想史可以同时属于历史学科。实际上，不同于自然科学，每一门社会科学都有两个史学分支，一个是本学科的思想理论发展史，一个是研究的对象领域历史（如法学的法律或法治史）。数量经济学属于经济科学的方法论学科，但不宜认为是一门经济学，因为其本身的研究对象与经济学不同，只是经济研究的工具学科。

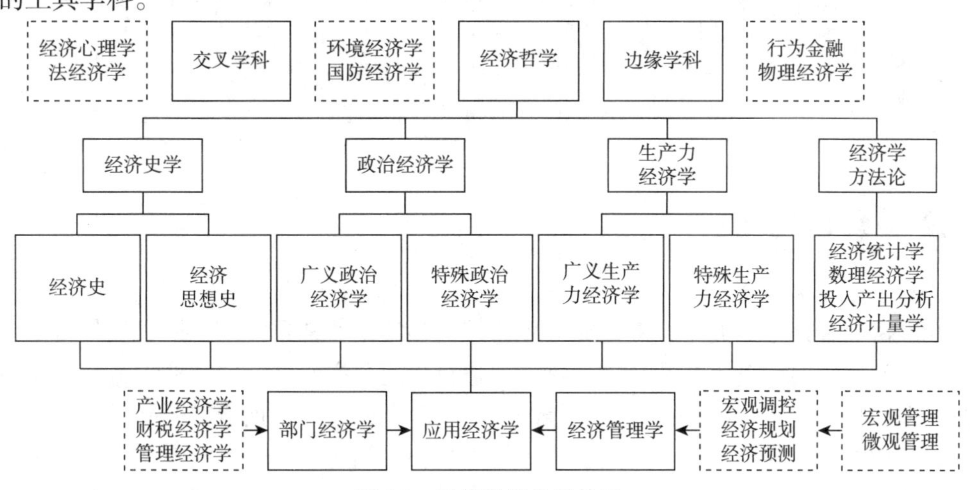

图 1.2 经济科学学科体系

管理科学与技术学科体系如图 1.3 所示。这里称管理科学与技术而不是简单说管理科学，是为了避免把管理技术或方法也认为是科学层次。在我国的学科划分中有管理科学与工程。管理学本身是一门综合技术科学，其上方有众多的基础学科，如经济学、系统学、政治学等，还有管理哲学；其下方则是各管理方向（控制、预测、计划和规制）的技术方法。在管理科学与技术学科体系中，管理学研究方法、管理研究方法和管理技术方法是三个不同的方法或技术领域，因而管理科学方法论也应该分为这三个领域。不过，管理学原理本身的实质就是管理方法论，所以在有些方面，管理学原理与管理科学方法论是交叉的，如系统工程学就是这样一门学科。管理史学可以分成管理制度史和管理思想史。

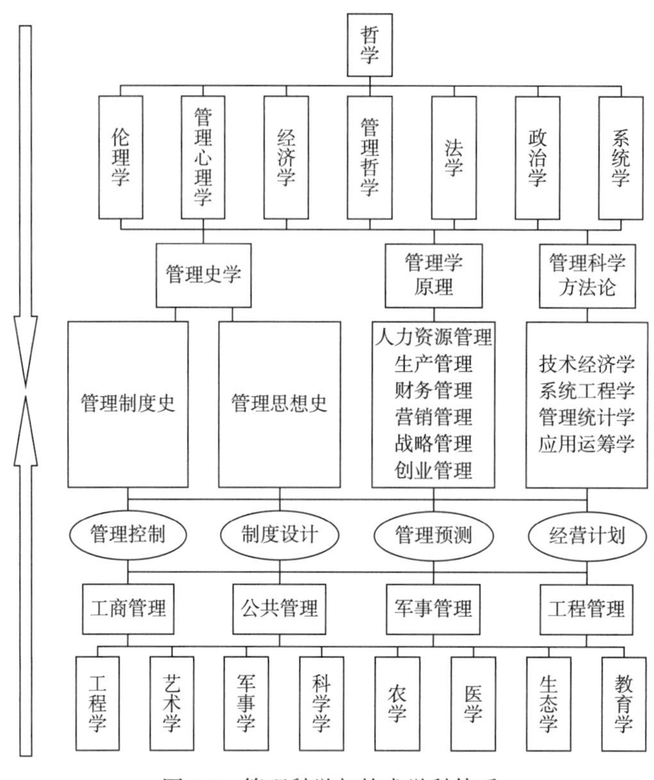

图 1.3 管理科学与技术学科体系

1.2 经济系统

在经济和经济学研究中，对研究对象系统的界定是非常重要的，但常被忽略。当研究一个经济系统时，首先必须从时空维度上进行界定。空间即一定的地理范围，时间通常是一个时期，并很可能是一个比较长的时期。时期的长度根据研究的问题性质而定。例如，历史问题可能上溯数十年及以上，规划或预见问题会前瞻十数年及以上，现实问题则在数年之间或一年以内。一个定量模型或模型系统所涉及的时期一般是短期问题，如三年以内，中长期问题也就在五年左右，超过十年的更长时期就不是单纯的定量模型所能求解的问题了。

在给定的时空范围内，作为研究对象的经济系统，最大的范围是其全部空间内以由人组成的社会为中心的整体区域，也可能是其中的某个层次的子系统。例如，可以是一个子区域、一个村庄、一个企业，甚至一个家庭，也可以是一个产业、一组产业、一个或一类社会组织，也可以是两个或多个子系统组成的有限多体系统。但是，无论如何，人或人群是其中必不可缺的核心要素和活动主体。可是，在经济研究中，常常只看见物，忘记了人。

如果把作为研究对象的经济系统限定为一定时空范围内的整体社会：地区或国家，限定为一个现代市场经济系统，则一个国民经济系统基本的系统结构如图 1.4 所示。对一个社会，当研究其经济问题时，它就是一个经济系统[①]。

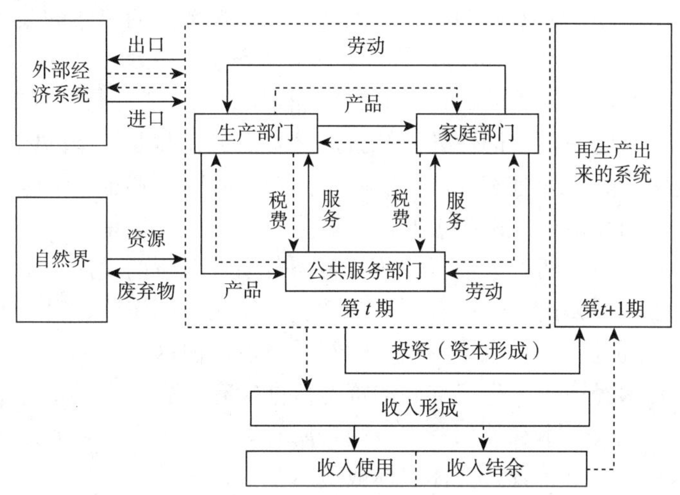

图 1.4　现代国民经济系统结构

在图 1.4 中，对应国外部门的部分叫“外部经济系统”，这样做一是方便用此图代表合适的区域经济系统（如一个国家内的地区、不同国家组成的区域），二是因为一个国民经济系统不都是用国界线来区隔的。例如，香港是我国的一个特别行政区，但是我国经济系统的分析和描述中通常不包括香港，这从经济理论角度看，是因为香港与内地系统的货币、税收、贸易体制都不相同，更主要的是基本经济制度不同。另外，对应于政府部门的是公共服务部门，这样称呼是因为，在现代社会中，提供非市场公共服务的部门不仅是政府机构，还有其他社会政治组织或国际组织，如我国的各民主党派和群众社团组织、工会组织等。这些机构在古代社会中是非常稀少的。

在图 1.4 中，有一模块叫“再生产出来的系统”，并标有“第 $t+1$ 期”，这是在动态中观察经济系统的结果。对任何系统的完备描述都需要记叙文中的四要素：时间、地点、人物和事件。对一个经济系统，时间通常是一段时期：一个月、一个季度或一年，地点是该国的经济领土范围，人物在这里是五个部门（生产部门、家庭部门、公共服务部门、外部部门和自然部门），事件就是经济活动。人类的经济活动是一个连续进行的再生产过程，不同的时期之间存在连接关系。马克思主义经济学指出，经济再生产过程不仅是生产的物质条件的再生产过程，同时也是经济关系的再生产过程。生产物质条件的再生产就表现为生产资料存量从一个时期到下一个时期的转移和新增生产资料的形成——投资

① 刘新建. 经济理论分析的投入占用产出模式. 北京：科学出版社，2018

或资本形成过程[①]。生产关系的再生产则是由收入分配过程所决定的，收入分配在根本上又由生产资料所有制来决定，所以收入分配关系及结构不变，也就是所有制结构不变，从而生产关系的性质也就不变。从两个时期的连接关系看，一方面表现为物质关系——投资，另一方面表现为财富占有关系——收入的使用和结余。在现代经济分析的研究问题中，经济制度是设定的前提条件，在分析中是假定固定的，不发生根本变化。

在五大部门中，自然界是纯客观的，从人的角度看是被动的，其他四大部门则都有人在其中积极主动活动，而所谓的经济关系就是这四大部门的主体的关系。但是，在现代经济学学科体系中，资源、环境经济学与国际经济学已经处于同样重要的地位，本书第 8 章专门讨论一些与其相关的问题。在四大部门中，人一般都是一身二任甚至多任的。任何一人，首先是家庭一员，即使处于社会保育院的孤儿和监狱中的囚徒，他们也处于一个特殊的家庭中。家庭的基本经济职能就是消费，同时消费也是人本身及劳动力的再生产过程。生产部门在市场经济中主要由企业单位组成，每个单位是一个决策单元。这样的决策单元实际上包含两类人：资本所有者和劳动者。所谓生产关系中的主要矛盾就是他们之间的矛盾。而无论是所有者还是劳动者，他们又都属于各自的家庭。当然，这里并不排除某些人既是所有者也是劳动者的双重身份，但这丝毫不影响对生产关系性质的分析结论。在我国经济中，生产部门的资本依据所有者有五大类型：中央国资、地方国资、集体资本、私人资本和外部资本。国资所有者在形式上是政府或国家，实质上是全体国民。集体资本的所有者是全体集体成员。私人资本所有者形式上是个人，实质上可能是家庭主要成员。外部资本的所有者可以是私人，也可以是国家或集体。

政府部门在经济中的地位非常特殊。它既是一个社会服务的生产者，同时，公共服务作为一种公共产品由公众共同消费，其直接支付者是政府或其职能部门，最终支付者仍是全体公民或居民。于是，政府作为全体公民的代表又表现为一个消费者。政府提供的服务一部分是给生产者，一部分是给居民。

在图 1.4 中，实线箭头表示产品或一般物质（如自然资源）的流动，虚线箭头表示货币的流动。毫无疑问，本书所考察的经济是市场经济，即经济中的绝大多数产品都是作为商品通过市场机制进行交换的，而且每一交换不是原始社会的物与物交换，而是以货币为媒介进行的交换。劳动力也在劳动市场上完成与货币的交换。

对一个区域社会经济系统，五大类部门的每一个内部都是有一定复杂性的结构。生产部门由各种各样的相互联系的产业部门组成，各个产业由具有一定独立性的、相互影响的生产机构单位组成；公共服务部门有各种类型，如政府组织、政治组织、群众组织、国家组织等；家庭部门有各种类型的家庭，如不同收入层次的家庭、集体性家庭等；外部经济系统包括与本经济体有不同外贸关系的国家或地区经济体、不同经济制度类型的经济体、不同国际组织的经济体等；自然界包括空气、土地、生物圈、水环境等。经济系统的相关联系既包括五大部门之间的联系，也包括各部门内部组成要素之间的联系。在经济研究中，考虑的联系都以由生产部门、家庭部门和公共服务部门组成的主系统（图 1.4 中虚框内）的经济问题为中心进行筛选，择其要者予以恰当考虑。

① “投资或资本形成”在这里仅是一个术语借用，与马克思主义经济学中严格的资本理论概念不同。

上文所描述的经济系统中尚没有金融活动的位置，金融机构在系统中只是作为一个生产部门而活动。这里必须区分金融活动和金融服务部门的活动。在现代市场经济中，金融活动本身具有相当的独立性，其活动强度可以脱离实体而独自变化，其本身不生产任何经济价值。既没有马克思经济学中的劳动价值，也没有西方经济学中的生产总值或增加值。金融服务部门的活动是经济系统的一个生产部门，提供金融服务。服务的消费者既有实体经济的生产部门（资本市场中介服务），也有消费者（如消费信贷），同时也有金融活动本身。在本书的研究范畴中，金融部门是一个经济生产部门，可以称为金融业或金融产业。

关于金融一词，作为一个学术概念在理论界尚没有一个科学的定义，基本上还限于列举外延的水平。这里简单讨论一下。金融的硬核是货币，理解金融就得理解货币。在商品社会中，一个社会的财富体现为一个硬币的两面。在绝对的金本位或金属货币时代，社会的非货币财富分为两部分，一部分是不准备交易的固定财富，一部分是准备或潜在可能交易的活动财富（具体物质形式暂不论）。活动财富就是硬币的一个面，硬币的另一个面就是货币。这时财富的两个面都是实在的财富，所以这部分财富的总值就是活动财富或货币财富的倍加。但是，任何财富如果不具体消费就只是潜在的使用价值，具有损失的风险。在现代经济时代，货币几乎完全是个符号或记账工具，其本身不再是真实的财富，而只是一种财富的形式权利。这时，那枚硬币的财富价值就完全集中在活动财富上，货币值只是其上面的一个数字。这个数字的面值由金融活动的结果而定，是虚拟的。金融活动的实质就是财富的这种形式权利的交易活动，金融市场就是这种形式权利的（交易）市场。原始金融的目的只是为了实体交易权的暂时转借，是直接以实体经济交易为服务目的的。这相当于金融市场的简单商品阶段。因为从金融财富到实体财富的变换过程中存在风险，并且随着资本和商品经济运动复杂性的提高，这种风险在增大。于是各种形式的风险分散方式就发展起来，这就是衍生金融工具的发展缘起，所以衍生金融交易就是风险权交易。这个阶段就是金融市场的资本经济阶段。在这个市场上，没有实体财富生产，金融资本所有者交易活动的目的就是占有更大的货币值。虽然这个货币值只是一个符号，但是它同样具有两面性：获取实体财富的权利和财富荣誉感。于是金融资本和实业资本的本质具有同一性：为更大的财富而生，从而同样可能达到疯狂的程度，因过度脱离其社会基本功能进行运动而崩溃——发生危机，并且两种危机常常是相伴而生。

图 1.4 中底部引出的收入流是实体经济与金融经济的连接线，其进一步流动将形成再分配效应。金融运动的结果也是再分配效应。金融活动本体不在本书的研究范围。

1.3 现代数量经济学的发展

在 20 世纪 50 年代末，我国经济学者就提出了运用数学方法和计算机进行经济研究和计划工作的设想。当时受苏联学术界的影响，称为经济数学方法与模型，引进的经典著作是涅姆钦诺夫的《经济数学方法和模型》①。1979 年 3 月，在于光远倡导下，提出了“数量经济学”的命名，成立了中国数量经济研究会，后改为中国数量经济学会②。1982 年召开了讨论数量经济学的首届全国年会。

数量经济学这个名词，美国在 20 世纪 50 年代也曾用过，当时美国密执安大学有个数量经济学讲习班，主持人就是克莱因。其所说的数量经济学不限于经济计量学，还包括广义经济数量分析中的其他非计量理论、方法及其应用。

目前在经济科学教育和研究中比较系统成熟和活跃的数量经济学学科有经济计量学、投入产出分析、数理经济学、博弈论（可以划归数理经济学）、经济预测学等。新出现的学科领域有经济物理学、经济动力学等。广义上，经济统计学也可以归属于数量经济学。

数量经济学的内容从方法论角度分类有经济计量学（或称计量经济学）、投入产出分析、经济最优化（包括运筹学）、经济控制理论与方法、经济博弈论……；从应用的经济分析领域界定有经济预测、经济规划、经济系统分析、数理经济学……。经济计量学、投入产出分析和凯恩斯经济学是20世纪30年代中后期同时代产生的三大经济科学领域，它们的创建者除凯恩斯外都获得了诺贝尔经济科学奖。

综合数量经济学的当前发展状态，可以将数量经济学定义如下：数量经济学是对经济现象和经济问题进行定量研究所用的方法或技术的知识体系，属于经济研究方法论学科。这里的经济研究包括经济理论研究和经济应用研究。

数学和信息技术是数量经济学研究和应用的基本工具。数学工具包括常用的微积分、高等代数、概率论与数理统计、随机过程、最优化数学（数学规划与变分或运筹学与控制论），高深的内容包括微分动力学、数学物理方法、拓扑学、测度论与泛函分析、矩阵理论……。以计算机为物质基础的信息技术提供了在经济研究中应用复杂数学模型系统的可能性。有人认为，在信息与计算机技术支持下，经济系统仿真也可以划到数量经济学的范畴③，如系统动力学。

1.3.1 经济计量学的发展

经济计量学（econometrics）是挪威经济学家拉格纳·弗里希（Ragnar Frisch, 1895—1973 年）在 1926 年仿照生物计量学（biometrics）一词的结构创造的。该学科的创始人除弗里希外，还有荷兰经济学家简·丁伯根（Jan Tinbergen，1903—1994 年）。弗里希和丁伯根也是第一届诺贝尔经济科学奖的共同获奖人。

1930 年底，一些著名经济学家在美国成立了国际学术组织——经济计量学会，并且从 1933 年起定期出版《经济计量学》杂志来推动经济计量学的研究。丁伯根承认，他们发起这个运动就是为了和萧条作战。实际上早在 20 世纪初期，英国经济学家阿瑟·塞西尔·庇古（Arthur Cecil Pigou，1877—1959 年）、美国经济学家亨利·L. 穆尔（Henry L.

① 涅姆钦诺夫 B C. 经济数学模型和方法. 乌家培，张守一译. 北京：商务印书馆，1983

② 乌家培. 我国数量经济学发展的昨天、今天和明天. 重庆工商大学学报（西部论坛），2008，18（1）：1-4。乌家培说，经济数学方法的全称是“在经济研究和计划工作中应用数学方法和电子计算机”。

③ 乌家培. 数量经济学若干问题. 沈阳：辽宁人民出版社，1985：63

Moore，1869—1958 年）和亨利·舒尔茨（Henry Schultz，1893—1938 年）等为了适应控制价格和需求的必要，开始对计算需求弹性的实际数值进行探索，这已经是现代经济计量分析工作的部分内容。

一般把经济计量学的发展分成古典经济计量学和非古典经济计量学两个阶段，分界线大致在 20 世纪 70 年代。非古典经济计量学也称现代经济计量学，形成了系列分支，如微观经济计量学、非参数经济计量学、时间序列经济计量学、面板数据或空间经济计量学等①。

在 20 世纪 30 年代经济计量学诞生之初，其研究多限于计量方法的探讨，实际计量分析工作还较少，且多集中于需求分析，能够算做实际宏观经济计量分析的只有丁伯根关于美国经济周期的研究。第二次世界大战以后，美国经济学家克莱因等不断提高丁伯根开创的宏观经济计量的规模和深度，到 60 年代形成一个向企业出售经济计量预测服务的兴旺行业。为了改进实际经济计量研究的效果，西方经济计量学家持续在计量方法技术上下工夫，除了增加拓展模型、扩充数据库、改进软件包以外，在估算方法上也有不少进展。

普通最小二乘法是经济计量研究最常用的参数估计方法，但该方法只有在客观真实情况可以用标准线性模型代表时，才能成为最佳线性无偏估算式。所谓标准线性模型是指只有因变量是随机变量，自变量则是一套在重复抽样时保持不变的固定数值；因变量的随机误差是正态分布，其均方差是常数，并且不存在序列相关；各个自变量之间不存在多重共线性。但客观实际情况常不符合这样严格的标准条件，1970 年以后，经济计量学家为此设计出种种特殊估算方法来应对，如广义最小二乘法、两阶段及三阶段最小二乘法、工具变量法、协整分析等。

早在 20 世纪 40 年代，荷兰经济计量学家佳林·C. 库普曼斯（Tjalling C. Koopmans，1910—1985 年）就指责不根据经济理论而直接从时间数列计算出的依赖先行指标指数为"没有理论的计量"，但近年来一些经济计量学家也把不依赖经济理论的时间数列分析当作经济计量分析。

1.3.2　投入产出分析的发展

投入产出分析是由俄裔美籍经济学家沃西里·W. 里昂惕夫（Wassily W. Leontief，业内有时候也称为"列昂惕夫"）②所创立，又称投入产出技术或投入产出法，还曾经被称为产业关联分析、部门联系平衡法，是以经济部门间投入产出关系为核心进行经济分析的方法知识体系。

里昂惕夫于 1936 年在美国期刊《经济统计评论》上发表了《美国经济系统中的投入与产出数量关系》一文③。这是投入产出技术中发表最早的论文。1941 年，哈佛大学出

---

① 李子奈，潘文卿. 计量经济学. 第三版. 北京：高等教育出版社，2010：4-5

② 里昂惕夫 1906 年出生于俄国。1925 年于苏联圣彼得堡大学（列宁格勒大学）毕业，获得社会学硕士学位，论文题目为"Learned Economist"，1928 年于德国柏林大学获经济学博士学位，毕业后到美国经济研究局（National Bureau of Economic Research）任助理研究员，1930 年移居美国，1932~1975 年在哈佛大学工作，1975 年以后在纽约大学工作。1999 年逝世。1928~1929 年，里昂惕夫受德国政府委派，任中国国民党政府铁道部经济顾问。

③ Leontief W W. Quantitative input and output relations in the economic system of the United States. The Review of Economics and Statistics，1936，18（3）：105-125

版社出版了里昂惕夫的著作《美国经济结构，1919~1929》一书[①]。该书系统地论述了投入产出技术的原理和方法，并利用美国发表的统计资料编制了美国经济 1919 和 1929 年投入产出表，是第一本投入产出分析专著。1948 年里昂惕夫在哈佛大学建立哈佛经济研究项目组（Harvad economic research project），培养了一批投入产出学者。

任何科学思想和方法的产生都有其历史背景和渊源。20 世纪 20 年代末 30 年代初，资本主义世界发生了前所未有的大危机，被称为 30 年代"大萧条"。这个事件也为现代经济学的突破发展带来了契机。危机之后，现代经济学的三个主要分支——宏观经济学、经济计量学和投入产出分析同时期诞生。如前提到，国际经济计量学会 1930 年底成立，凯恩斯的《就业、利息和货币通论》于 1936 年出版，里昂惕夫的第一篇投入产出分析研究论文在同一年发表。

从经济分析思想来源看，里昂惕夫的发明有苏联经济计划方法的影子[②]。十月革命以后，苏联在生产资料公有制的基础上实行计划经济，要求政府用计划来指导国民经济的发展。在此背景下，1924 年，根据苏联政府的决定，苏联中央统计局编制了 1923/1924 国民经济平衡表并出版了一本专著，其中包括各种价值平衡表，如社会产品生产和分配平衡表、国民收入平衡表、部门间产品生产和分配平衡表及实物平衡表等。在这些表中提出了以棋盘式平衡表的形式研究国民经济各个部门和各种主要产品的生产与消耗之间的平衡问题。里昂惕夫对苏联的这些工作有深入了解。他在 1925 年离开苏联以前所发表过的一篇论文[③]中，曾说明以 Popov 为首的一批俄国统计学家构造了一个简单的国民经济核算体系，由此进行部门间联系分析研究等问题。另外，里昂惕夫明确指出，他的发明受瓦尔拉斯一般均衡理论的启发，是一般均衡理论的实证应用方法[④]。

西欧国家和日本于 20 世纪 50 年代前后开始编制投入产出表，继而很多发展中国家也着手编制投入产出表。据不完全统计，在 20 世纪 50 年代以前编制投入产出表的国家有美国、英国、丹麦、荷兰、挪威、加拿大和澳大利亚等七个国家。20 世纪 50 年代，发达国家如日本，发展中国家如埃及、马来西亚、赞比亚等，以及苏联及其他东欧国家也都开始编制投入产出表。20 世纪 50 年代末，苏联及其他东欧国家对在经济研究和计划工作中应用数学方法和计算机等曾有抵制和批判，以后由于国内经济发展的需要和美国、英国、日本等国成功应用投入产出技术的影响，在 20 世纪 50 年代末期这种状况开始扭转。苏联在涅姆钦诺夫院士带领下，开展了应用数学方法和编制投入产出表的工作[⑤]。到 60 年代初，世界上编制投入产出表的国家超过 40 个[⑥]。1979 年前世界上约有 90 多个国家编制过投入产出表，2000 年以后有 100 多个国家曾经编制和应用投入产出表。目前，世界上只有一些经济不太发达、国际贸易不太重要的小国没有编制过投入产出表。

① Leontief W W. The Structure of American Economy. New York：Oxford University Press，1941：1919-1929

② 涅姆钦诺夫 B C. 经济数学模型和方法. 乌家培，张守一译. 北京：商务印书馆，1983：62-73

③ Leontief W W. The balance of the economic balance of USSR// Spulber N. Foundations of the Soviet Strategy for Economic Growth：Selected Soviet Essays，1924-1930. Bloomington：Indiana University Press，1964：88-94

④ 里昂惕夫 W W. 投入产出经济学. 崔书香译. 北京：商务印书馆，1982：142

⑤ 陈锡康，杨翠红，等. 投入产出技术. 北京：科学出版社，2011：4-5

⑥ 里昂惕夫 W W. 投入产出经济学. 第二版. 崔书香，潘省初，谢鸿光译. 北京：中国统计出版社，1990：184

1968年，在英国学者 Rechard Stone 主持下，联合国统计局出版的《国民账户体系》① 把投入产出表作为新的国民经济核算体系中的一个重要组成部分。1973年联合国统计局出版的《投入产出表和分析》介绍和推荐了根据英国经验发展起来的编制投入产出表的"UV 表法"，以及修改和更新投入产出表的 RAS 法。

1974年瑞典皇家科学院宣布，里昂惕夫作为"唯一的和无可争议的投入产出分析的创始人"获得1973年度诺贝尔经济科学奖。

1988年国际投入产出协会成立（网址为 http://www.iioa.org），选举里昂惕夫和 Richard Stone 为国际投入产出协会名誉主席。

中国在20世纪60年代开始引入投入产出分析，并编制过企业投入产出表。中国台湾地区在50年代后期开始编制多个年份的地区投入产出表。1971年，中国科学院陈锡康等建议编制全国投入产出表。国家发展和改革委员会（简称国家发改委）组织了中国科学院、北京经济学院、中国人民大学和国家发改委计算中心等单位，经过两年努力，1976年编制完成"中国1973年61类主要产品投入产出表"。以后又编制过1979年、1981年投入产出表。根据陈锡康等专家和国务院经济研究中心［现名为国务院发展研究中心（Development Research Center of the State Council，DRC）］马宾等的建议，国务院决定从1987年开始，每隔5年进行一次较大规模的投入产出调查，在此基础上编制100多部门的全国投入产出表；逢五逢十年份在最近年份表的基础上编制部门数较少的延长表。同时，大部分省、直辖市也编制了地区投入产出表。由此形成了中国投入产出表的法定编表制度。中国全国型投入产出表编制情况如表1.1所示。

表1.1 中国全国型投入产出表编制情况

年份	类型	部门数/个	备注
1973	实物型	61	第一个全国投入产出表
1979	实物型	61	在1973年表基础上编制的延长表
	价值型	21	
1981	实物型	146	
	价值型	26	
1983	实物型	146	在1981年表基础上编制的延长表
	价值型	22	和1981年的部门分类相比，将5个农业部门合并成为一个农业部门
1987	价值型	117（6，33）	第一个基于投入产出调查的全国投入产出表
1990	价值型	33	在1987年表基础上编制的延长表
1992	实物型	151	基于投入产出调查的全国投入产出表
	价值型	118（6，33）	
1995	价值型	33	在1992年表基础上编制的延长表
1997	价值型	124（6，40）	基于投入产出调查的全国投入产出表
2000	价值型	40	在1997年表基础上编制的延长表
2002	价值型	122（6，42）	基于投入产出调查的全国投入产出表

① "国民账户体系"的英文是 system of national accounts（SNA），已有的翻译名称还有国民核算体系、国民经济核算体系等，但实际上，national 就是"国家的"，因而准确的翻译应是国家账户体系，对应的术语是私人账户体系或企业账户体系。

续表

年份	类型	部门数/个	备注
2005	价值型	40	在 2002 年表基础上编制的延长表
2007	价值型	135（6，42）	基于投入产出调查的全国投入产出表

注：表中所有的价值型投入产出表均采用的是生产者价格、现价；部门数栏中括号内的数字是指同时发布部门数较少的表

资料来源：陈锡康，杨翠红，等. 投入产出技术. 北京：科学出版社，2011：15

1987 年 3 月，由中国科学院系统科学研究所、中国人民大学、国家统计局三个单位联合发起成立中国投入产出学会。1987~1992 年，它隶属于中国数量经济学会；1993 年 5 月经民政部批准，中国投入产出学会正式注册为全国学术性研究团体，由国家统计局主管。自中国投入产出学会成立以来，每隔三年召开一次学术年会。从 1988 年 10 月在江西省九江市召开第一届年会开始，陈锡康先生一直担任学会名誉理事长，并任国际投入产出协会第一至三届理事，2010 年当选为会士。

可以说，凡是需要考虑产业结构和产业间关联的问题，以投入产出技术为核心分析工具是最适合的。发展到现在，投入产出技术已经被广泛地运用在现实经济问题研究的多个领域。资源经济问题、环境经济问题、国际经济与贸易问题、产业结构调整问题、价格调整影响问题等领域都是投入产出分析理论与方法的用武之地。

1.3.3　数理经济学的发展

数理经济学是关于在一定的基本经济假设条件下，应用严格的形式逻辑关系建立经济学理论模型并进行相关数学性质分析的数理知识体系。现代经济学在建立经济学模型的过程中主要应用的是最优化的各种相关理论和方法，相关数学性质的分析包括模型解的存在性、唯一性、稳定性、能控性及现实合理性的数学特征（如非负性）等。数理经济学作为经济研究方法论学科，其内容包括数学概念和技术在经济学特别是经济理论研究中的各种应用。现代数理经济学用到的数学领域包括：数学分析与凸性理论、数学规划、动力系统学、控制论、测度论、不确定性理论、对策论、整体分析（流形分析）等[①]。现代高级经济学在一定意义上说就是数理经济学，只是包括了更多的经济学意义讨论及在数学模型基础上的经济问题分析。

数理经济学的历史可以分为三个时期：基于微积分的边际分析时期（1838~1947 年），集合论与线性模型时期（1948~1960 年）[②]，大综合时期（从 1961 年起）。这些时期的发展成果具有一定的继承性。数理经济学开创时期的发展受到当时物理学和数学大发展的影响。类比于牛顿的《自然哲学的数学原理》，出了一批类似著作。法国数学家、里昂大学校长安东尼·奥古斯丹·古诺（Antoine Augustin Cournot，1801—1877 年）

① Arrow K J, Intriligator M D. Preface to the handbook//Arrow K J, Intriligator M D. Handbook of Mathematical Economics. Vol1. Amsterdam：Elsevier，1981：xiii-xiv

② 除本作者的一些评论外，本节史料主要参考了两篇著作：Arrow K J，Intriligator M D. Historical introduction//Arrow K J, Intriligator M D. Handbook of Mathematical Economics.Vol1. Amsterdam：Elsevier，1981：1-14；王毓云. 数理经济学——数学与经济学的交叉. 中国科学院院刊，1995，(3)：207-214

于1838年所著的《财富理论的数学原理的研究》是公认的数理经济学开端。后来推动数理经济学发展的有不动点定理、凸集分析、最优控制论、对策论、流形数学、混沌动力学等。

第一个时期的基本数学工具是微积分，尤其是在最优化求极值时用的全导数或偏导数、拉格朗日（Lagrange）乘子等。我国数理经济学家王毓云认为，古诺非合作平衡、反映资源配置合同曲线的埃奇沃斯框图、帕累托最优和瓦尔拉斯一般均衡四个概念基本奠定了20世纪数理经济学发展的主流。

从1838年到1938年，经过了大约100年，冯·诺依曼与摩根斯坦的《博弈论及经济行为》问世。王毓云认为，这本书的出版，使经济学的数理研究完全从经典数学微积分的旧辙中解放出来，转到新的现代数学的轨道，从此数理经济学的面貌彻底改观。由于冯·诺依曼的贡献，第一流数学家被吸引到数理经济学的前沿，年轻的有才能的数学家加入经济学家的队伍，经济学家学习掌握很深的现代数学工具。纳什、米尔诺、斯梅尔这样的菲尔兹奖获得者，开始用抽象的数学思维分析论证理论经济学问题。20世纪40年代末，由兰德公司进行组织，通过芝加哥大学考尔斯委员会，形成了一个以冯·诺依曼为首的现代数理经济学群体，重新温习19世纪的重要经济概念和模型，通过对20世纪经济学发展演变本质的深入思考，运用前所未有的现代数学工具，终于打开数理经济学现代发展的辉煌局面。

20世纪50年代，先是纳什把冯·诺依曼的最小最大原理推广到非零和博弈，研究了n人非零和非合作博弈，提出了纳什-古诺均衡。在同一时期，阿罗与德布鲁经过一段时间的合作，在1952年底的芝加哥会议上发表了《竞争经济的均衡》。经过100多年，终于证明了市场均衡定理，其主要成果是：①基于一定条件证明了经济均衡的存在性，即存在均衡价格体系使最优消费总量与最优生产总量平衡；②证明了经济均衡时，资源配置处于帕累托最优。1959年德布鲁所著的《价值理论》一书，在全面公理化基础上建立了经济均衡理论。

最优经济增长是宏观经济学讨论的问题，要考虑资本如何在一个长期的发展路径中形成最优的积累；按照社会效用的某种意义，研究的问题是寻找一条资本积累的最优路径。对这个问题，虽然剑桥大学的数学家Frank Ramsey在1928年已经对无限时间一种商品的情况给出了结果[①]，不过最受重视和赞赏的成果是一种多商品有限时间的冯·诺依曼模型，其首次在Dorfman等所著一书中提出[②]，最著名的就是其中的大道定理，即经济系统增长的最优路径是为了在既定时间内达到最优化目标，应采用策略尽快达到最大发展速度，然后均衡增长，最后平稳趋于目标的路径。

在经济研究中移植物理学方法是一个长久的传统。费希尔·布莱克（Fisher Black）和迈伦·斯科尔斯（Myron Scholes）于1973年发表了《期权定价和公司债务》一文，他们用传热方程求解期权定价，提出期权定价公式，同时发现期权价格理论是一个随机

① Ramsey F P. A mathematical theory of savings. Economic Journal，1928，38（152）：543-559

② Dorfman R，Samuelson P A，Solow R M. Linear Programming and Economic Analysis. New York：McGraw-Hill，1958：309-345

游走问题。于是开始用分析概率论随机过程的有关理论研究期权定价和资产定价问题，获得很多好的结果。20 世纪 90 年代以后，一大批数学家涌向这个领域。

在 20 世纪 90 年代兴起了一个新领域——物理经济学（或称金融物理学、经济物理学），把统计物理学的方法大量引入实际经济问题的研究中来。20 世纪 90 年代以来，人们逐渐认识到金融市场具有复杂的非线性动力学特性。各种金融时间序列，如美国标准普尔 500 指数、香港恒生指数及其他股市指数变化序列，甚至汇率变化序列，都具有长程相关性或标度不变性。1995 年，美国波士顿大学统计物理学家 Eugene Stanley 教授在印度加尔各答的一次会议上提出了“经济物理学（econophysics）”一词，并以此为书名出版了一本专著[①]，把更多的物理学人吸引到这个新的交叉学科中来。物理学家开始用统计物理学的概念和物理学思维研究经济问题，将物理学的理论和方法应用于研究金融时间序列，如将统计力学和相变理论应用于股市特征收益率和股市突变时微观结构的分析，将量子力学和规范场理论应用于远离均衡状态的资产价格建模，将混沌和分形理论应用于股市收益率标度特性的研究，将随机矩阵理论应用于不同股票之间的相关性研究等。有物理学专业的研究生以经济问题研究撰写学位论文。

1972 年，由于石油输出国组织（Organization of Petroleum Exporting Countries，OPEC，中文音译为欧佩克）国家的联合行动，发生了世界石油危机，撼动了西方发达国家的经济基础，罗马俱乐部提出了世界末日和工业化停止理论。此后，理论经济学家们发现，必须研究资源、环境与可持续发展。美国数学会召开数理经济学学术会议，于 1984 年出版了《数学与自然资源》，研究了资源短缺情况下枯竭资源的最优开发问题、再生资源的保持问题等。20 世纪 80 年代资源问题的数理研究开始热起来。

中国科学院在 20 世纪 80 年代初即对资源环境可持续性的研究给予了特别重视。在黄淮海农业综合治理国家攻关项目研究中，系统科学研究所数理经济室建立了“农业资源配置数学模型”，把经济平衡的最优资源配置和资源环境生态平衡下的持续性发展统一在模型中，证明了资源–生产–消费结构中的经济平衡与生态平衡同时存在，在资源开发配置的最优化中，达到持续性最优资源配置。这一理论得到国际国内的高度评价。

著名数学家华罗庚从 20 世纪 50 年代末开始，在经济生产管理中推广统筹法和优选法，并开始经济系统的数理模型研究，其手稿在“文化大革命”中丢失，经过回忆，于 1984 年在《科学通报》上发表了《计划经济大范围最优化的数学理论》连载论文，后来由数学家王元院士整理成《关于经济优化平衡的数学理论》[②]。

---

① Mantegna R N，Stanley H E. An Introduction to Econophysics：Correlations and Complexity in Finance. New York：Cambridge University Press，1999

② 杨德庄. 华罗庚文集 · 应用数学卷Ⅱ. 北京：科学出版社，2010：1-54

第一篇　投入产出分析

投入产出分析作为一门学科，是以一定的投入产出表结构为出发点建立经济模型、开展经济理论与应用研究的方法论知识体系。投入产出表是在对经济系统进行生产部门和消费部门结构划分的基础上，以表格形式记录各部门之间产品的流动的数据体系。在投入产出分析建模时，首先将投入产出表的各单元看作一个变量，然后基于经济理论和先验假设构造各变量之间的关系模型。最基本的投入产出分析研究是对投入产出表所直接反映的经济结构进行静态和动态分析。投入产出分析的知识体系包括基础理论和专门应用领域两个部分，基础理论部分通常包括基本原理、编表技术和动态模型，专门应用领域根据研究的经济管理领域或产业领域不同分成不同的方向，如环境资源投入产出分析、企业投入产出分析、对外贸易投入产出分析、税负政策投入产出分析等。占用要素的引入是对投入产出分析基础理论的完善，涉及许多分析领域，所以使用了投入占用产出分析这一名称。目前，投入产出分析的发展主要是在实际问题应用方面，属于应用经济学领域，但是，它也可以用于经济学基础理论的研究，并产生了一些重要成果，如对贸易理论中的比较优势理论的质疑、经济周期理论研究等，这属于数理经济学的领域。对投入产出模型的数学性质的研究也是一个重要的学术方向，这也可以归属于数理经济学的范畴。投入产出技术作为一种方法论框架，也可以用于其他非经济学科领域，如人口投入产出分析，里昂惕夫曾研究了各类学术文献之间的投入产出模型。

第2章

投入产出分析基本原理

投入产出分析的核心是投入产出模型，广义而言，投入产出表也是一种经济模型。按照不同的分类原则，投入产出模型可以有不同分类，但是最基本的模型是静态价值型投入产出模型。它是其他各种投入产出模型构造和应用的基础，其他各类模型均在此模型基础上发展得到。

2.1 价值型投入产出表与基本概念

投入产出表是投入产出分析的基础。基于不同的投入产出表结构，得到不同的投入产出分析基本模型。所谓价值型投入产出表就是以市场价格交易量记录投入产出量和收入量的数据表格。

2.1.1 投入产出表的基本结构

编制投入产出表的第一步是对国民经济系统的生产单位进行部门划分，每一个部门相当于一个行业或产业，是根据研究目的的需要确定的①。投入产出表中的数据反映既定时期内各个部门的产品及其价值被分配使用的情况，基础价值型投入产出表中的数据是根据市场交易价格经过统计核算得出的。每一个投入产出表都是特定时期的，为简明计，在不引起混淆的情况下，在符号和叙述中省去对时间的强调。表 2.1 是一个在我国最常用的投入产出表表式，此表中，将一个经济系统分为 n 个生产部门。

---

① “部门”在国民账户体系中有特定的含义，有产业部门和机构部门两类。一个产业部门由主产品同类的基层生产单位组成，一个机构部门由同类的机构单位组成。机构单位具有独立的法人地位；基层单位或是独立的法人单位或是属于一个机构单位，有一种主要产品。严格来说，投入产出分析中“部门”的产品必须是同类产品，称为产品部门，有时放松要求可以是产业部门，参见第 3 章。

表 2.1 基本价值型投入产出表

<table>
<tr><td colspan="2" rowspan="2">产出
投入</td><td>中间使用</td><td colspan="4">最终使用</td><td rowspan="2">进口</td><td rowspan="2">总产出</td></tr>
<tr><td>1 2 … n</td><td>居民消费</td><td>公共消费</td><td>资本形成</td><td>出口</td></tr>
<tr><td rowspan="4">中间投入</td><td>1</td><td rowspan="4">X_{ij}</td><td rowspan="4">C_i</td><td rowspan="4">G_i</td><td rowspan="4">F_i</td><td rowspan="4">EX_i</td><td rowspan="4">IM_i
（–）</td><td rowspan="4">Q_i</td></tr>
<tr><td>2</td></tr>
<tr><td>⋮</td></tr>
<tr><td>n</td></tr>
<tr><td rowspan="4">最初投入</td><td>折旧</td><td>D_j</td></tr>
<tr><td>劳动报酬</td><td>W_j</td></tr>
<tr><td>生产税净额</td><td>T_j</td></tr>
<tr><td>经营盈余</td><td>M_j</td></tr>
<tr><td colspan="2">总投入</td><td>Q_j</td></tr>
</table>

观察投入产出表的两个方向，从行的方向观察，其数据首先被分为两大部分。第一部分称中间使用，X_{ij}是部门 i 的产品被部门 j 在生产中使用消耗的量。第二部分称最终使用，C_i、G_i、F_i、EX_i分别是部门 i 的产品被居民个人或家庭、公共产品、生产部门资本形成[①]和外部经济体使用的数量，分别称为居民消费、公共消费、资本形成和出口（输出或流出）。在投入产出表的行方向还有一栏是进口或输入，是从外部经济体输入本经济的相应产品的数量。一个部门在当期生产的所有产品总量或总价值称为总产出（Q_i）（在企业统计中一般称为总产值）。行数据反映了部门产品的分配流向，在市场经济中，这种分配主要是通过市场实现的，但是对非市场部门（如公共服务部门）和非市场产品，其分配是通过其他方式实现的。

从列的方向看，分为两个部分，投入产出表的数据反映的是一个部门在生产过程中的各种投入量。首先是中间投入部分，X_{ij}是部门 j 在当期生产中使用消耗部门 i 产品的量；其次是最初投入部分（又称原始投入），其中 D_j是部门 j 当期提取的折旧基金数量，W_j是部门 j 为当期生产支付的劳动报酬数量，T_j是部门 j 为当期生产支付的生产税减去生产补贴的余额，称为生产税净额，M_j是一个余差概念，是用总产出减去以上所有支出后的余额，称为经营盈余。对公司企业来讲，经营盈余相当于利润。在投入产出分析中，常常把一个部门的各项投入及经营盈余的加总之和叫做总投入（Q_j），这是受西方经济学的影响，把企业的利润当作资本的机会成本。在价值型投入产出表中，对一个部门来说，在数值上，总投入等于总产出。列向数据反映了部门生产过程的投入构成，也反映了其总产出的价值构成，其决定因素主要是生产技术（包括管理技术），但同时市场因素也非常重要。从经济学理论上可以规定，任何生产部门的生产都必须投入劳动。如果劳动是义务无偿的，则需要以当量的市场价值估算，可以理解为机会成本。

中间使用、最终使用、中间投入和最初投入的交叉结构把一个投入产出表分成四个部分，称为四个象限。中间使用列和中间投入行的交叉形成第一象限，其数据或变量称

① 这里的资本概念不同于马克思经济学的资本概念，只是表示积累起来为以后时期的生产或生活使用。在大多数投入产出表中，除了房屋建筑外，这里的资本形成不包括家庭部门的耐用品，但也有些国家的投入产出表编制把家庭耐用品购买也记入这里，这在建立动态模型时要特别注意。

为中间流量；中间投入行与最终使用列的交叉形成第二象限，中间使用列与最初投入行的交叉形成第三象限。最初投入行与最终使用列的交叉形成第四象限，是空的。一直有人想用再次分配数据填补第四象限，但都不成功①。

在经济学中，把用作中间使用的产品叫做中间产品，用作最终使用的产品叫做最终产品。当研究经济中的供给需求问题时，由中间使用产生的需求称为中间需求，由最终使用产生的需求称为最终需求。

2.1.2　投入产出表中的基本关系

投入产出表的结构形成了一些基本数量关系，这些关系成为建立投入产出基本模型的出发点。

1. 行方程

$$\sum_{j=1}^{n} X_{ij} + C_i + G_i + F_i + \mathrm{NX}_i = Q_i,\quad i = 1,2,\cdots,n \tag{2.1}$$

其中，$\mathrm{NX}_i = \mathrm{EX}_i - \mathrm{IM}_i\,(i = 1,2,\cdots,n)$，写成矩阵形式即

$$\boldsymbol{Xe} + \boldsymbol{C} + \boldsymbol{G} + \boldsymbol{F} + \mathbf{NX} = \boldsymbol{Q} \tag{2.2}$$

2. 列方程

$$\sum_{i=1}^{n} X_{ij} + D_j + W_j + T_j + M_j = Q_j,\quad j = 1,2,\cdots,n \tag{2.3}$$

写成矩阵形式即

$$\boldsymbol{X'e} + \boldsymbol{D} + \boldsymbol{W} + \boldsymbol{T} + \boldsymbol{M} = \boldsymbol{Q} \tag{2.4}$$

在式（2.1）~式（2.4）中，$\boldsymbol{e}$ 表示所有元素都为 1 的向量，称为求和向量，其行列属性及维度随被求和的向量而定。向量或矩阵右上角加“′”表示其转置（在为了避免混淆的情况时，右上角加 T 表示转置）。文献中，一般把原向量记成列向量。$\boldsymbol{X}$ 称为中间流量矩阵。

3. 国内生产总值核算

在宏观经济学中，有三种方式核算国内生产总值，即生产法、收入法和支出法。三种核算方式在投入产出表数据结构中可表示如下：

生产法：$\mathrm{GDP} = \boldsymbol{e}(\boldsymbol{Q} - \boldsymbol{X'e}) = \sum_{j=1}^{n}\left(Q_j - \sum_{i=1}^{n} X_{ij}\right)$

收入法：$\mathrm{GDP} = \boldsymbol{e}(\boldsymbol{D} + \boldsymbol{W} + \boldsymbol{T} + \boldsymbol{M}) = \sum_{j=1}^{n}\left(D_j + W_j + T_j + M_j\right)$

支出法：$\mathrm{GDP} = \boldsymbol{e}(\boldsymbol{C} + \boldsymbol{G} + \boldsymbol{F} + \mathbf{NX}) = \sum_{i=1}^{n}\left(C_i + G_i + F_i + \mathrm{NX}_i\right)$

---

① 本书认为，投入产出表本身不适合反映再分配问题。在 2.3 节，通过填入适当的数，构造了一个投入产出闭模型。

对每一个生产部门，有

$$VA_j = Q_j - \sum_{i=1}^{n} X_{ij} = D_j + W_j + T_j + M_j$$

其中，VA_j 称为部门 j 的增加值。所有生产部门的增加值的合计就是国内生产总值。

从纯抽象意义考虑，经济系统中的每一个生产单位都存在一个投入列，都可以区分出中间投入和最初投入，因而可以核算增加值；每一个生产单位的产品去向也存在一个分配列，都可以区分中间使用和最终使用，从而国内生产总值的核算在理论上不存在任何困难。但是，进行核算的前提是区分生产活动和消费活动、区分中间投入和资本形成。这两种区分有时存在困难，如家务活动，如果算生产活动，则创造国内生产总值，如果算消费活动，则消费国内生产总值；如研发活动，如果其产品算存量资产，则对其使用企业算资本形成，其生产单位的活动投入计入中间投入。如果研发产品产出算流量，则对使用研发产品的企业算中间投入。公共产品有的实际上是为企业生产服务的，但是根据核算规则被计入最终使用，还有大量的非市场产品，其价值核算具有不确定性。

4. 投入产出表的矩阵形式

在研究和理论叙述中，为简单和方便计，表 2.1 所示的投入产出表可以写成矩阵形式：

$$\begin{pmatrix} \boldsymbol{X} & \boldsymbol{Y} \\ \boldsymbol{Z} & \end{pmatrix} \boldsymbol{Q} \tag{2.5}$$

其中，$\boldsymbol{Y}$ 表示最终使用矩阵；$\boldsymbol{Z}$ 表示最初投入矩阵。于是，式（2.1）~式（2.4）可以写成：

$$\sum_{j=1}^{n} X_{ij} + \sum_{k=1}^{m} Y_{ik} = Q_i,\quad i = 1,2,\cdots,n \tag{2.6}$$

$$\boldsymbol{Xe} + \boldsymbol{Ye} = \boldsymbol{Q} \tag{2.7}$$

$$\sum_{i=1}^{n} X_{ij} + \sum_{s=1}^{4} Z_{sj} = Q_j,\quad j = 1,2,\cdots,n \tag{2.8}$$

$$\boldsymbol{X'e} + \boldsymbol{Z'e} = \boldsymbol{Q} \tag{2.9}$$

在一般模型推演中，常不考虑最终使用和最初投入的分项问题，所以记 $\boldsymbol{Y}$ 是一个列向量，$\boldsymbol{Z}$ 是一个行向量，于是式（2.7）和式（2.9）分别写成：

$$\boldsymbol{Xe} + \boldsymbol{Y} = \boldsymbol{Q} \tag{2.10}$$

$$\boldsymbol{X'e} + \boldsymbol{Z'} = \boldsymbol{Q} \tag{2.11}$$

2.2 投入产出基本模型

从投入产出基本关系出发就可以得到投入产出基本模型，它是各种应用模型的出发点。投入产出基本模型的核心是由中间流量与总产出或总投入关系定义的系数，根据出发点是行关系还是列关系，基本模型分投入系数模型和分配系数模型两类。

2.2.1　投入系数模型

投入系数模型的核心参数是中间投入系数（简称投入系数）。令

$$a_{ij}=\frac{X_{ij}}{Q_j},\quad i,j=1,2,\cdots,n\text{，或 }\boldsymbol{A}=\boldsymbol{X}\hat{\boldsymbol{Q}}^{-1} \tag{2.12}$$

向量上方加"＾"表示以该向量元素为主对角元素的对角矩阵。

a_{ij} 表示部门 j 生产单位产品对部门 i 产品的直接消耗量，称之为部门 j 对部门 i 产品的投入系数。它反映了在一定技术水平和市场价格体系下部门 j 与部门 i 间的技术经济联系，因此又称为技术系数、直接消耗系数。$\boldsymbol{A}$ 称为直接消耗系数矩阵或投入系数矩阵。

1. 投入系数的性质

在一般投入产出表中，所有部门的中间流量值为非负，总产出和增加值均为正[①]，即

$$X_{ij}\geqslant 0, Q_j>0, VA_j>0,\quad i,j=1,2,\cdots,n$$

由投入系数的定义及投入产出表列结构可知，价值型表中矩阵 $\boldsymbol{A}$ 有如下性质：

（1）$\boldsymbol{A}$ 为非负元素矩阵，即

$$a_{ij}\geqslant 0,\quad i,j=1,2,\cdots,n$$

（2）矩阵 $\boldsymbol{A}$ 的列和小于 1，即

$$\sum_{i=1}^{n}a_{ij}<1,\quad j=1,2,\cdots,n$$

（3）$\mathbf{1}-\boldsymbol{A}$ 可逆（这里，$\mathbf{1}$ 表示单位矩阵），且 $\boldsymbol{A}$ 的最大特征根的模小于 1。

性质（1）和性质（2）是由投入产出表的编制原理决定的，是经济系统的直接性质。性质（3）可以在性质（1）和性质（2）的基础上予以数学证明。

证明：假设 λ 是 $\boldsymbol{A}$ 的特征根，则存在一个 n 维向量 $\boldsymbol{x}$，满足：

$$\boldsymbol{Ax}=\lambda\boldsymbol{x}$$

两边取范数[②]可得 $\|\boldsymbol{Ax}\|=\|\lambda\boldsymbol{x}\|$，根据范数性质有

$$\|\boldsymbol{Ax}\|\leqslant\|\boldsymbol{A}\|\cdot\|\boldsymbol{x}\|$$

故而得到 $\|\boldsymbol{Ax}\|=\|\lambda\boldsymbol{x}\|=|\lambda|\cdot\|\boldsymbol{x}\|\leqslant\|\boldsymbol{A}\|\cdot\|\boldsymbol{x}\|$，即 $|\lambda|\leqslant\|\boldsymbol{A}\|$。

取 1-范数（列和范数：求矩阵中每列元素绝对值之和，取最大值为范数）可得 $|\lambda|\leqslant\|\mathbf{A}\|_1=\max\limits_{j=1,2,\cdots,n}\left\{\sum\limits_{i=1}^{n}|a_{ij}|\right\}$。

---

① 在特殊类型的投入产出表如企业表中，中间投入可能为负，表示副产品，有的个别部门增加值也可能为负，反映在严重的市场危机情况下，企业产品的市场销售价值不足以补偿中间投入，或产品是免费产品。对免费产品如公共服务，经常以全部投入的总价值核算为总产出，这样增加值也为正。

② 范数是泛函分析中的概念，其意义类似于实数绝对值、复数的模。

结合性质（1）和性质（2）可得$|\lambda| \leqslant \max\limits_{j=1,2,\cdots,n}\left\{\sum\limits_{i=1}^{n}|a_{ij}|\right\}<1$，即$|\lambda|<1$。

反证法：假设$\mathbf{1}-\boldsymbol{A}$不可逆，则存在一非零向量满足$(\mathbf{1}-\boldsymbol{A})\boldsymbol{x}=0$，即$\boldsymbol{Ax}=\boldsymbol{x}$，该式表示矩阵$\boldsymbol{A}$有特征根 1，与$|\lambda|<1$矛盾，因此$\mathbf{1}-\boldsymbol{A}$可逆，证毕！

2. 行模型

将投入系数定义代入行基本关系方程，得

$$\sum_{j=1}^{n} a_{ij}Q_j + Y_i = Q_i，\quad i=1,2,\cdots,n \tag{2.13}$$

写成矩阵式，即

$$\boldsymbol{AQ}+\boldsymbol{Y}=\boldsymbol{Q} \tag{2.14}$$

以$\boldsymbol{Q}$为未知量，求解得

$$\boldsymbol{Q}=(\mathbf{1}-\boldsymbol{A})^{-1}\boldsymbol{Y} \tag{2.15}$$

式（2.15）就是投入产出基本模型。因为得自行关系，又称为行模型。其中的系数矩阵：

$$\tilde{\boldsymbol{B}}=(\mathbf{1}-\boldsymbol{A})^{-1} \tag{2.16}$$

被称为里昂惕夫逆（矩阵），又称为完全需要系数矩阵。$\tilde{\boldsymbol{B}}$的元素$\tilde{b}_{ij}$的含义是，单独使用部门j一个单位产品做最终使用，将需要该经济系统中部门i生产的总产出量。该系数突出表现了投入产出技术的核心特征，反映了经济系统中各部门活动的复杂的关联关系，如生产馒头需要消耗面粉，生产面粉需要消耗小麦，生产小麦需要消耗化肥，等等，这个链条可以无限延长，但用一个完全需要系数就可把最终的结果展现出来。

3. 列模型

将投入系数定义代入列基本关系方程，则有列模型：

$$\sum_{i=1}^{n} a_{ij}Q_j + Z_j = Q_j，\quad i=1,2,\cdots,n \tag{2.17}$$

写成矩阵式为

$$\langle \boldsymbol{eA}\rangle \boldsymbol{Q}+\boldsymbol{Z}'=\boldsymbol{Q} \tag{2.18}$$

以$\boldsymbol{Q}$为未知量求解方程式（2.18）得

$$\boldsymbol{Q}=\left(1-\langle \boldsymbol{eA}\rangle\right)^{-1}\boldsymbol{Z}' \tag{2.19}$$

其中，$\langle\bullet\rangle$表示一个向量的对角阵。当向量是多变量的运算组合时，这种形式更方便。$\boldsymbol{eA}$是中间投入率向量，$\boldsymbol{e}(\mathbf{1}-\boldsymbol{A})$则是增加值率向量。对一个部门来说，式（2.19）表示总产出等于增加值除以增加值率。

2.2.2　分配系数模型

在里昂惕夫提出以投入系数为核心参数的经典投入产出分析理论后，有人就想：是

否从对称的方向可以定义一个产出系数来建立基本模型。这就有了分配系数模型[①]。

令

$$h_{ij}=\frac{X_{ij}}{Q_i},\quad i,j=1,2,\cdots,n\text{ ，或}\boldsymbol{H}=\left(h_{ij}\right)=\hat{\boldsymbol{Q}}^{-1}\boldsymbol{X},\quad i,j=1,2,\cdots,n \tag{2.20}$$

h_{ij} 的含义是，部门 i 的单位产出中被部门 j 的生产直接使用的比例，称为直接分配系数，也叫产出系数。

1. 分配系数的性质

（1）$\boldsymbol{H}$ 为非负矩阵，即 $h_{ij}\geqslant 0$。

行和 $\sum_{j=1}^{n}h_{ij}, i=1,2,\cdots,n$ 不一定小于 1，因为进口为负，使得用于中间需求的产品的合计数可能大于本国的产出，如现时期中国原油部门存在大量的进口，该部门的直接分配系数行和大于 1。

（2）$\boldsymbol{A}$ 与 $\boldsymbol{H}$ 互为相似矩阵，$\mathbf{1}-\boldsymbol{H}$ 可逆：

$$\boldsymbol{H}=\hat{\boldsymbol{Q}}^{-1}\boldsymbol{A}\hat{\boldsymbol{Q}} \tag{2.21}$$

证明：根据直接消耗系数矩阵和直接分配系数矩阵的定义可得

$$\boldsymbol{A}=\boldsymbol{X}\hat{\boldsymbol{Q}}^{-1}\text{，}\boldsymbol{H}=\hat{\boldsymbol{Q}}^{-1}\boldsymbol{X}$$

于是

$$\hat{\boldsymbol{Q}}^{-1}\boldsymbol{A}=\hat{\boldsymbol{Q}}^{-1}\boldsymbol{X}\hat{\boldsymbol{Q}}^{-1}=\boldsymbol{H}\hat{\boldsymbol{Q}}^{-1}$$

故而得到 $\boldsymbol{H}=\hat{\boldsymbol{Q}}^{-1}\boldsymbol{A}\hat{\boldsymbol{Q}}$。在数学上，这说明直接分配系数矩阵 $\boldsymbol{H}$ 与直接消耗系数矩阵 $\boldsymbol{A}$ 相似，即互为相似矩阵。

因为 $\mathbf{1}-\boldsymbol{H}=\mathbf{1}-\hat{\boldsymbol{Q}}^{-1}\boldsymbol{A}\hat{\boldsymbol{Q}}=\hat{\boldsymbol{Q}}^{-1}(\mathbf{1}-\boldsymbol{A})\hat{\boldsymbol{Q}}$，当 $\mathbf{1}-\boldsymbol{A}$ 可逆时，$\hat{\boldsymbol{Q}}(\mathbf{1}-\boldsymbol{A})^{-1}\hat{\boldsymbol{Q}}^{-1}$ 存在，所以 $(\mathbf{1}-\boldsymbol{H})^{-1}$ 可逆。证毕！

由相似关系得知，当一个经济的总产出结构给定时，分配系数矩阵和投入系数矩阵是一一对应的，或者说，在分配系数、投入系数和总产出结构三者中有两个确定了，另外一个也就确定了。以 $\boldsymbol{s}$ 表示总产出结构列向量，则有

$$\hat{\boldsymbol{s}}\boldsymbol{H}=\boldsymbol{A}\hat{\boldsymbol{s}}$$

2. 列模型

将分配系数定义代入列基本关系，得

$$\sum_{i=1}^{n}h_{ij}Q_i+Z_j=Q_j,\quad j=1,2,\cdots,n \tag{2.22}$$

$$\boldsymbol{H}'\boldsymbol{Q}+\boldsymbol{Z}'=\boldsymbol{Q} \tag{2.23}$$

求解得

$$\boldsymbol{Q}=(\boldsymbol{I}-\boldsymbol{H}')^{-1}\boldsymbol{Z}'\text{或}\boldsymbol{Q}'=\boldsymbol{Z}(\mathbf{1}-\boldsymbol{H})^{-1} \tag{2.24}$$

① Ghosh A. Input-output approach in an allocation system. Economica，1958，25（97）：58-64

记

$$\tilde{\boldsymbol{G}}=\left(\tilde{g}_{ij}\right)=(\boldsymbol{I}-\boldsymbol{H})^{-1} \tag{2.25}$$

称 $\tilde{\boldsymbol{G}}$ 为完全感应系数矩阵，又称 Ghosh 逆。取 $\boldsymbol{Z}$ 为一个单位向量，则由式（2.24）可知 $\tilde{\boldsymbol{G}}$ 的元素 $\tilde{g}_{ij}$ 的经济意义是，部门 i 的单位增加值生产对部门 j 的总产出需求。

3. 行模型

将直接分配系数定义代入投入产出行模型得

$$\sum_{j=1}^{n}h_{ij}Q_i+Y_i=Q_i,\quad i=1,2,\cdots,n \tag{2.26}$$

令 $\boldsymbol{\Psi}'=\left(\sum_{j=1}^{n}h_{1j}\quad \sum_{j=1}^{n}h_{2j}\quad \cdots\quad \sum_{j=1}^{n}h_{nj}\right)'$，则方程组式（2.26）用矩阵形式表示为

$$\hat{\boldsymbol{\Psi}}\boldsymbol{Q}+\boldsymbol{Y}=\boldsymbol{Q} \tag{2.27}$$

如果各部门产品均有最终使用，$1-\sum_{j=1}^{n}h_{ij}\neq 0,\ i=1,2,\cdots,n$ ，则有

$$\boldsymbol{Q}=\left(\boldsymbol{I}-\hat{\boldsymbol{\Psi}}\right)^{-1}\boldsymbol{Y} \tag{2.28}$$

称 $\boldsymbol{\Psi}=\boldsymbol{He}$ 为中间使用率向量，反映中间使用合计占总产出的比例，$\boldsymbol{e}-\boldsymbol{\Psi}=(\boldsymbol{1}-\boldsymbol{H})\boldsymbol{e}$ 为最终使用率向量，反映最终使用合计占总产出的比例。

2.2.3 完全系数拓展

设 $\boldsymbol{\Phi}=(\phi_j)$，$\phi_j$ 是部门 j 在生产过程中单位产出所直接使用、产生、消耗或排放的某种东西（称为物 S）的数量，称为直接系数，则既定时期内，部门 j 生产过程中使用、产生、消耗或排放的物 S 的总量为 ϕ_jQ_j，写成矩阵式，即 $\hat{\boldsymbol{\Phi}}\boldsymbol{Q}$。因为 $\boldsymbol{Q}=(\boldsymbol{1}-\boldsymbol{A})^{-1}\boldsymbol{Y}$，所以 $\hat{\boldsymbol{\Phi}}\boldsymbol{Q}=\hat{\boldsymbol{\Phi}}(\boldsymbol{1}-\boldsymbol{A})^{-1}\boldsymbol{Y}$。令

$$\tilde{\boldsymbol{\Phi}}=\hat{\boldsymbol{\Phi}}(\boldsymbol{1}-\boldsymbol{A})^{-1}=\hat{\boldsymbol{\Phi}}\tilde{\boldsymbol{B}}=\left(\tilde{\varphi}_{ij}\right),\quad i=1,2,\cdots,n \tag{2.29}$$

$\tilde{\boldsymbol{\Phi}}$ 被称为**完全系数矩阵**，其元素 $\tilde{\boldsymbol{\varphi}}_{ij}$ 表示在一个经济系统中，最终使用增加对产品 j 的单位消耗，需要部门 i 在生产中使用、产生、消耗或排放的物 S 的数量。

令

$$\boldsymbol{B}_{\varphi}'=\boldsymbol{e}\tilde{\boldsymbol{\Phi}}=\left(b_{\varphi j}\right)'=\boldsymbol{\Phi}'(\boldsymbol{1}-\boldsymbol{A})^{-1}=\boldsymbol{\Phi}'\tilde{\boldsymbol{B}},\quad j=1,2,\cdots,n \tag{2.30}$$

则 $b_{\varphi j}$ 就是最终使用增加对部门 j 的产出的单位使用，需要全经济系统使用、产生、消耗或排放的物 S 的数量。

1. 完全消耗系数

虽然完全需要系数是投入产出分析的核心要素，但在经济意义分析中，人们更愿意使用另一个相关的概念——完全消耗系数。

定义：

$$\boldsymbol{B}=\tilde{\boldsymbol{B}}-\mathbf{1}=(\mathbf{1}-\boldsymbol{A})^{-1}-\mathbf{1} \tag{2.31}$$

$\boldsymbol{B}$ 称为完全消耗系数或完全投入系数。$\boldsymbol{B}$ 的一个元素用 b_{ij} 表示，为了实现在最终使用中增加一个单位的部门 j 的产品需要各生产部门消耗的部门 i 的产品的数量，即中间使用中部门 i 产品的数量。用第 j 个元素为 1 的单位向量去乘里昂惕夫逆，得到的总产出向量就是部门 j 产品的完全消耗系数，除了部门 j 外，其他部门的产出量都用于中间投入即中间使用，而部门 j 的产出量减去 1 也是中间使用量。

容易证明，$\boldsymbol{B}$ 与直接投入系数矩阵 $\boldsymbol{A}$ 有下列数量关系：

$$\boldsymbol{B}=\sum_{k=1}^{\infty}\boldsymbol{A}^k=\boldsymbol{A}+\boldsymbol{A}^2+\boldsymbol{A}^3+\boldsymbol{A}^4+\cdots \tag{2.32}$$

$$\boldsymbol{B}=(\mathbf{1}+\boldsymbol{B})\boldsymbol{A}=\boldsymbol{A}(\mathbf{1}-\boldsymbol{A})^{-1} \tag{2.33}$$

由 $\boldsymbol{BY}=\boldsymbol{A}(\mathbf{1}-\boldsymbol{A})^{-1}\boldsymbol{Y}=\boldsymbol{AQ}$ 可知，$\boldsymbol{B}$ 所反映的就是中间使用，因此完全消耗系数与直接消耗系数的经济意义不是对应的，一个以最终使用为自变量，一个以总产出为自变量，所以不能把完全消耗系数解释为为了生产部门 j 的单位产品对部门 i 产品的完全需要量。完全消耗系数的公式显然可以从式（2.30）直接写出。

从纯理论上，完全消耗系数似乎可以用供应链来解释，如电力对煤炭的完全消耗系数：生产电力需要消耗煤炭及其他各种产品，这是电力生产的直接投入向量，其中的煤炭量是电力对煤炭一级或直接消耗量；直接投入向量中的每个分量又有一个投入向量，构成一个二级投入向量组，把其中的煤炭相加就得到了电力对煤炭的二级间接消耗量；二级向量组的每一个向量的分量又有各自的投入向量，于是形成了三级投入向量群，把其中每个向量的煤炭分量相加就得到了电力对煤炭的三级间接消耗量……，这样一直分解下去，随着级数的增大，增加的对煤炭的消耗量是递减的，最后把电力对煤炭的各级间接消耗量及直接消耗量加总，就得到了电力对煤炭的完全消耗量。这个求解的过程是一个无穷级数过程，在投入产出分析中，这个过程就是一张投入产出表。现实中对这个经济过程的实现很直接。下面用一个数字例子说明。

设有某经济的三部门直接消耗系数如下：

$$\boldsymbol{A}=\begin{pmatrix}0.14 & 0.05 & 0.01\\0.23 & 0.61 & 0.20\\0.05 & 0.11 & 0.26\end{pmatrix}$$

今需要一个单位的部门 1 的产品做最终使用，于是可以求得对应各部门的总产出是

$$\boldsymbol{Q}=\left(\mathbf{1}-\begin{pmatrix}0.14 & 0.05 & 0.01\\0.23 & 0.61 & 0.20\\0.05 & 0.11 & 0.26\end{pmatrix}\right)^{-1}\begin{pmatrix}1\\0\\0\end{pmatrix}=\begin{pmatrix}1.20\\0.81\\0.20\end{pmatrix}$$

于是可以构造一个投入产出表如下：

$$\begin{pmatrix} 0.166 & 0.037 & 0.002 & 1 \\ 0.273 & 0.497 & 0.040 & 0 \\ 0.060 & 0.091 & 0.052 & 0 \\ 0.705 & 0.186 & 0.109 & \end{pmatrix}\begin{pmatrix} 1.20 \\ 0.81 \\ 0.20 \\ \ \end{pmatrix}$$

该式中第 4 行是最初投入，第 4 列是最终使用。这个经济的实际运行是需要前提条件的。除了必要的固定资产外，还必须有初始的原材料库存，这就是投入占用产出理论提出的必要性所在，否则将会“巧妇难为无米之炊”，经济无法启动。经过一个周期的运行，除了恢复初始生产条件外，还有部门 1 的一个单位产品做最终使用。在这个经济中，需要 0.2 单位的部门 1 产品、0.81 单位的部门 2 产品和 0.2 单位的部门 3 产品做中间使用，这些数量的产品如果在开始作为存量而存在，那么虽然其物质形式在生产过程中被消耗掉，但是最后又被生产出来，成为下一个时期的生产条件。当然，开始时，或许只需要某种产品作为初始条件，其他产品在经济过程中被生产出来，然后又被消耗掉，但无论如何，最后又恢复了初始的生产条件。如果初始条件不能恢复，那么最终使用的 1 就不能被生产出来。即使初始的原材料来自于自然界，但如果自然界不能循环再生，那么这个经济最终也会无法继续。即使对一个纯粹的服务经济来说，其生产过程不可能不消耗物质资料，这些初始条件的物质资料不被自身经济过程生产，就必然需要从外部经济或自然界获得。“这样的初始条件需要不断被再生产出来”也是马克思再生产理论的科学意义所在。在初始条件存在的情况下，无穷迭代的生产过程也就不是必要的，所需要的间接消耗产品可以在一次或有限次转移中被生产出来。例如，第一部门是物质生产部门，第 2 和第 3 部门是服务部门，那么只要在初始拥有 0.2 单位的部门 1 的产品并按照第一行分配到各个部门，整个经济就会运行起来，最终生产出 1.2 单位的产品 1，0.81 单位的产品 2 和 0.2 单位的产品 3，而不再需要部门 1 生产出来的产品在各部门间流动。

如果把所有部门合成一个部门，以上分析的经济意义则会更清楚。在一个总部门下，设中间投入系数是 a，则完全需要系数是 $\frac{1}{1-a}$，于是完全消耗系数为

$$b=\frac{1}{1-a}-1=\frac{a}{1-a}=a\left(1+a+a^{2}+\cdots\right)=a+a^{2}+a^{3}+\cdots \tag{2.34}$$

显然，在开始之初，必须有一定的初始产品存量满足生产的启动需求，并且一个生产过程会有一个最低启动需要量。当在既定核算期内，生产过程可以被划分为若干个基本单元，那么每一个单元的最低启动需求量在单元初始点或上一个单元的末端都必须已经存在。因为一个单元的生产量大于其中间消耗量，所以在第二个或以后某个单元开始可以开启多个生产线。因为当核算期结束时，要满足最终需求量，所以可以在每个单元留出一定产品作为最终使用，逐次积累达到最终需求，也可以随着过程推移，逐渐增加生产线，最后一次性生产出所需的最终使用产品和再生产持续进行所需的产品。但是无论分成多少个单元，在最终使用是一个单位产品的情况下，整个经济过程的总产出都是 $\frac{1}{1-a}$，中间消耗总量都是 b，所以实际的经济过程不需要无穷的迭代过程。例如，极端

情况下，一个生产周期就是一个核算期，即原材料进入生产线后直到期末产成品才能下线，且只有一个生产线，那么在开始就必须有 b 单位的初始产品存量，不管是一次性加入生产线，还是连续或逐次输入生产线；如果只有 a 单位的初始存量，那么就只能生产 1 单位的总产出，$1-a$ 单位的最终产品。

从完全感应系数 $\tilde{\boldsymbol{G}}$ 也可以导出一个完全消耗系数。因为 $\tilde{\boldsymbol{G}}$ 的每一行都是一个总产出向量，所以用此向量左乘分配系数矩阵 $\boldsymbol{H}$ 就是一个中间使用或投入向量，从而 $\tilde{\boldsymbol{G}}\boldsymbol{H}$ 就是基于增加值的中间消耗系数矩阵，记为 $\boldsymbol{G}$ 。对应完全消耗系数，$\boldsymbol{G}$ 一般被称为完全分配系数矩阵。$\boldsymbol{G}$ 元素的经济意义就是，某部门生产一个单位的增加值对各部门总产出的推动作用。可以证明：

$$\boldsymbol{G}=\tilde{\boldsymbol{G}}\boldsymbol{H}=\tilde{\boldsymbol{G}}-\mathbf{1}=\left(\mathbf{1}-\boldsymbol{H}\right)^{-1}-\mathbf{1}$$

2. 系列完全系数定义

从投入产出表和模型出发，应用式（2.30）可以定义一系列完全意义的系数，这些完全系数又被称为乘数。下面列举了一些常用的完全系数。

（1）完全折旧系数：$\boldsymbol{B}'_D=\boldsymbol{\Phi}'_D\tilde{\boldsymbol{B}}$ 。

（2）完全劳动系数：$\boldsymbol{B}'_L=\boldsymbol{\Phi}'_L\tilde{\boldsymbol{B}}$ 。

（3）完全劳动报酬系数：$\boldsymbol{B}'_W=\boldsymbol{\Phi}'_W\tilde{\boldsymbol{B}}$ 。

（4）完全税负系数：$\boldsymbol{B}'_T=\boldsymbol{\Phi}'_T\tilde{\boldsymbol{B}}$ 。

（5）完全盈余系数：$\boldsymbol{B}'_M=\boldsymbol{\Phi}'_M\tilde{\boldsymbol{B}}$ 。

（6）完全增加值系数：$\boldsymbol{B}'_Z=\boldsymbol{\Phi}'_Z\tilde{\boldsymbol{B}}$ 。

（7）完全能耗系数：$\boldsymbol{B}'_E=\boldsymbol{\Phi}'_E\tilde{\boldsymbol{B}}$ 。

（8）完全污染系数：$\boldsymbol{B}'_O=\boldsymbol{\Phi}'_O\tilde{\boldsymbol{B}}$ 。

注意：$\boldsymbol{B}'_Z$ 的元素是作为最终使用的一种产品增加一个单位量所产生的增加值之和即国内生产总值的增量，而不是对应一个部门的增加值增量。

3. 完全最初投入系数的性质

完全折旧系数、完全劳动报酬系数、完全税负系数、完全盈余系数和完全增加值系数都是完全最初投入系数，可以证明，在一个投入产出表中成立。

$$\boldsymbol{B}_D+\boldsymbol{B}_W+\boldsymbol{B}_T+\boldsymbol{B}_M=\boldsymbol{B}_Z=\boldsymbol{e} \tag{2.35}$$

证明：在一个投入产出表中，设 $\boldsymbol{Z}$ 为一维行向量，等于增加值向量。设 $\boldsymbol{\Phi}_Z$ 为增加值系数，则

$$\boldsymbol{Ze}=\boldsymbol{\Phi}_Z\boldsymbol{Q}=\boldsymbol{\Phi}_Z(\mathbf{1}-\boldsymbol{A})^{-1}\boldsymbol{Y}=\boldsymbol{B}'_Z\boldsymbol{Y}$$

以 $\boldsymbol{e}_j$ 表示第 j 个元素为 1 的单位向量。若 $\boldsymbol{Y}=\boldsymbol{e}_j$ ，则 $\boldsymbol{Ze}$ 等于 $\boldsymbol{B}_Z$ 的第 j 个元素。根据价值型投入产出表原理，$\boldsymbol{Ze}=\boldsymbol{eY}=1$ ，所以 $\boldsymbol{B}_Z$ 的第 j 个元素等于 1。同理可证，$\boldsymbol{B}_Z$ 的所有元素都等于 1，即 $\boldsymbol{B}_Z=\boldsymbol{e}$ 。

由 $\boldsymbol{\Phi}_D+\boldsymbol{\Phi}_W+\boldsymbol{\Phi}_T+\boldsymbol{\Phi}_M=\boldsymbol{\Phi}_Z$ ，式（2.35）得证。证毕！

2.3 闭模型与局部闭模型

在基本投入产出模型中，严格分离中间使用和最终使用，最终使用是外生变量，因此被称为开模型。当通过适当处理把全部或部分最终使用及最初投入与中间使用即中间投入并列综合分析时，就构成了投入产出闭模型或局部闭模型。用此类模型可以研究一些特定问题。

2.3.1 投入产出闭模型

如果把投入产出表中的居民消费列与劳动报酬行对应，把公共消费列与生产税行对应，把资本形成列与经营盈余加折旧行对应，把出口列与从各类使用中拉出来的进口行对应，则得到一个投入产出闭模型。闭模型对应的投入产出表如下：

$$\begin{pmatrix} \boldsymbol{X} & \boldsymbol{EX} & \boldsymbol{C} & \boldsymbol{G} & \boldsymbol{F} \\ \boldsymbol{X}^{I} & \boldsymbol{0} & \boldsymbol{C}^{I} & \boldsymbol{G}^{I} & \boldsymbol{F}^{I} \\ \boldsymbol{W} & \boldsymbol{W}_{O} & \boldsymbol{0} & \boldsymbol{W}_{G} & \boldsymbol{0} \\ \boldsymbol{T} & \boldsymbol{T}_{O} & \boldsymbol{T}_{C} & \boldsymbol{0} & \boldsymbol{0} \\ \boldsymbol{M}+\boldsymbol{D} & \boldsymbol{O}_{S} & \boldsymbol{C}_{S} & \boldsymbol{G}_{S} & \boldsymbol{F}_{S} \end{pmatrix} \begin{matrix} \boldsymbol{Q} \\ \boldsymbol{IM} \\ \tilde{\boldsymbol{W}} \\ \tilde{\boldsymbol{T}} \\ \tilde{\boldsymbol{M}} \end{matrix}$$

在这个投入产出表中，第一行与原表相比，从 $\boldsymbol{X}$ 、$\boldsymbol{C}$ 、$\boldsymbol{G}$ 、$\boldsymbol{F}$ 中除去了进口产品；第二行记录从原来中间使用和最终使用中扣除的进口产品总量，去掉了进口列；第三行中，$\boldsymbol{W}$ 与原表相同，$\boldsymbol{W}_{O}$ 记录本国居民从境外获得的劳动报酬，$\boldsymbol{W}_{G}$ 记录居民从政府获得的转移支付；第四行中 $\boldsymbol{T}$ 与原表相同，$\boldsymbol{T}_{O}$ 记录政府从进口产品获得的税费收入，$\boldsymbol{T}_{C}$ 记录政府从居民获得的税费收入。

在该投入产出表中，有以下关系式：

$$\boldsymbol{X}+\mathbf{EX}+\boldsymbol{C}+\boldsymbol{G}+\boldsymbol{F}=\boldsymbol{Q},\quad \boldsymbol{X}^{I}+\boldsymbol{0}+\boldsymbol{C}^{I}+\boldsymbol{G}^{I}+\boldsymbol{F}^{I}=\mathbf{IM}$$

$$\boldsymbol{W}+\boldsymbol{W}_{o}+\boldsymbol{0}+\boldsymbol{W}_{G}+\boldsymbol{0}=\tilde{\boldsymbol{W}},\quad \boldsymbol{T}+\boldsymbol{T}_{o}+\boldsymbol{T}_{C}+\boldsymbol{0}+\boldsymbol{0}=\tilde{\boldsymbol{T}}$$

$$\boldsymbol{M}+\boldsymbol{D}=\boldsymbol{Q}-\boldsymbol{X}^{I}-\boldsymbol{W}-\boldsymbol{T},\quad \boldsymbol{O}_{S}=\mathbf{IM}-\mathbf{EX}-\boldsymbol{0}-\boldsymbol{W}_{O}-\boldsymbol{T}_{O}$$

$$\boldsymbol{C}_{S}=\tilde{\boldsymbol{W}}-\boldsymbol{C}-\boldsymbol{C}^{I}-\boldsymbol{0}-\boldsymbol{T}_{C},\quad \boldsymbol{G}_{S}=\tilde{\boldsymbol{T}}-\boldsymbol{G}-\boldsymbol{G}^{I}-\boldsymbol{W}_{G}-\boldsymbol{0},\quad \boldsymbol{F}_{S}=\boldsymbol{0}$$

其中，$\boldsymbol{C}_{S}$ 是居民储蓄；$\boldsymbol{G}_{S}$ 是公共（政府）储蓄；$\boldsymbol{O}_{S}$ 是境外从本经济系统获得的净收入，相当于一种储蓄；$\boldsymbol{M}+\boldsymbol{D}$ 可以做生产部门的初次储蓄。在满足投入产出表基本平衡关系的条件下，恒有 $\boldsymbol{F}_{S}=\boldsymbol{0}$ ，这是国民账户体系中总储蓄等于总投资核算定律的反映。把最后一行相加，和记为 $\tilde{\boldsymbol{M}}$ ，相当于总储蓄。虽然会发生各部门单位之间的借贷，但其代数和不变。

令

$$\tilde{X}=\begin{pmatrix} X & \text{EX} & C & G & F \\ X^I & 0 & C^I & G^I & F^I \\ W & W_O & 0 & W_G & 0 \\ T & T_O & T_C & 0 & 0 \\ M+D & O_S & C_S & G_S & F_S \end{pmatrix},\quad \tilde{Q}=\begin{pmatrix} Q \\ \text{IM} \\ \tilde{W} \\ \tilde{T} \\ \tilde{M} \end{pmatrix}$$

定义：

$$\tilde{A}=\tilde{X}\hat{\tilde{Q}}^{-1} \tag{2.36}$$

将式（2.36）代入基本平衡方程，可得

$$(\mathbf{1}-\tilde{A})\tilde{Q}=0 \tag{2.37}$$

因为$\tilde{Q}\neq \mathbf{0}$，所以$\mathbf{1}-\tilde{A}$必然是一个奇异矩阵。设经济系统的生产部门划分为n个，则$\tilde{X}$是$n+4$阶的，所以可以得到$n+4$个平衡方程，但是因为行列存在平衡关系，所以最多有$n+3$个方程是独立的。在一般情况下，可以从该方程组解出$n+3$个未知变量。这一性质在投资乘数计算和价格模型中得到应用。

2.3.2　投入产出局部闭模型与投资乘数

投资乘数是宏观经济学的一个重要概念。在边际消费小于 1 的情况下，投资乘数通常会大于 1。在经典投入产出开模型中，增加投资（资本形成）虽然可以增加总产出，但是由于在模型中，最终使用的增加总量就是投资总额，在平衡约束下，最初投入总值不会更多，即投资乘数恒等于 1。这种结果产生的原因是，在宏观经济学模型中，投资与消费联动，边际消费确定了二者的比例关系，二者合计等于国内生产总值，而在投入产出开模型中，资本形成和消费各自独立。为了在投入产出模型中表现投资乘数，需要构造一个局部闭模型。

把居民消费列和劳动报酬行与中间流量统一综合处理，就形成一种投入产出局部闭模型。为了更充分地解释居民消费所依据的收入来源，可以把经营盈余中分配给居民的毛利收入与劳动报酬合并作为居民总收入行，还可以如上述闭模型把政府所代表的公共消费和公共收入也纳入中间流量矩阵。

以A^*表示新模型的投入系数矩阵，Q^*表示新模型的总产出向量（只是一个叫法，其中只有Q才是总产出），F^*表示资本形成即投资向量，则新模型的解是

$$Q^*=(\mathbf{1}-A^*)^{-1}F^*=\tilde{B}^*F^* \tag{2.38}$$

则F^*变化形成的总产出变化为

$$\Delta Q^*=(\mathbf{1}-A^*)^{-1}\Delta F^*=\tilde{B}^*\Delta F^* \tag{2.39}$$

将Q^*分成两块：$Q^*=(Q\quad Q_2)'$，Q是传统模型中的生产部门，Q_2是扩展的部门。相应的$\mathbf{A}^*$、$\tilde{B}^*$和ΔF^*也可以做相应的分块，即

$$A^*=\begin{pmatrix} A & A_{12}^* \\ A_{21}^* & A_{22}^* \end{pmatrix},\quad \tilde{B}^*=\begin{pmatrix} \tilde{B}_{11}^* & \tilde{B}_{12}^* \\ \tilde{B}_{21}^* & \tilde{B}_{22}^* \end{pmatrix},\quad \Delta F^*=\begin{pmatrix} \Delta F \\ \Delta F_2 \end{pmatrix}$$

解得

$$\tilde{\boldsymbol{B}}_{11}^{*}=\left[\mathbf{1}-\boldsymbol{A}-\boldsymbol{A}_{12}^{*}\left(\mathbf{1}-\boldsymbol{A}_{22}^{*}\right)^{-1}\boldsymbol{A}_{21}^{*}\right]^{-1},\quad \tilde{\boldsymbol{B}}_{22}^{*}=\left[\mathbf{1}-\boldsymbol{A}_{22}^{*}-\boldsymbol{A}_{21}^{*}(\mathbf{1}-\boldsymbol{A})^{-1}\boldsymbol{A}_{12}^{*}\right]^{-1}$$

$$\tilde{\boldsymbol{B}}_{12}^{*}=(\mathbf{1}-\boldsymbol{A})^{-1}\boldsymbol{A}_{12}^{*}\tilde{\boldsymbol{B}}_{22}^{*},\quad \tilde{\boldsymbol{B}}_{21}^{*}=\left(\mathbf{1}-\boldsymbol{A}_{22}^{*}\right)^{-1}\boldsymbol{A}_{21}^{*}\tilde{\boldsymbol{B}}_{11}^{*}$$

则由式（2.39）可求得

$$\Delta\boldsymbol{Q}=\tilde{\boldsymbol{B}}_{11}^{*}\Delta\boldsymbol{F}+\tilde{\boldsymbol{B}}_{12}^{*}\Delta\boldsymbol{F}_{2} \tag{2.40}$$

显然，$\Delta\boldsymbol{F}_2=\mathbf{0}$，即资本形成的构成中没有劳动报酬等最初投入类因素，于是

$$\Delta\boldsymbol{Q}=\tilde{\boldsymbol{B}}_{11}^{*}\Delta\boldsymbol{F}$$

因为 $\Delta\boldsymbol{F}$ 就是宏观经济学中的投资，所以 $\tilde{\boldsymbol{B}}_{11}^{*}$ 就是投入产出分析中投资的总产出乘数，其元素 $\tilde{b}_{ij}^{*}$ 表示投资品 j 增加一个单位需要部门 i 增加的总产出。在资本形成的产品结构没有变化只是资本形成总值变化的情况下，令 $\boldsymbol{f}$ 表示资本形成的产品结构系数，$\bar{F}$ 表示资本形成总值，则

$$\Delta\mathbf{Q}=\tilde{\boldsymbol{B}}_{11}^{*}\boldsymbol{f}\Delta\bar{F} \tag{2.41}$$

当 $\Delta\bar{F}=1$ 时，$\Delta\boldsymbol{Q}=\tilde{\boldsymbol{B}}_{11}^{*}\boldsymbol{f}$，因此 $\tilde{\boldsymbol{B}}_{11}^{*}\boldsymbol{f}$ 可以称为总投资的总产出乘数向量，其元素表示投资总额增加一个单位可以引起的各部门总产出增加量。

将总产出转换成增加值得

$$\Delta\boldsymbol{Z}'=\Delta\boldsymbol{Q}-\langle\boldsymbol{eA}\rangle\Delta\boldsymbol{Q}=\left(\mathbf{1}-\langle\boldsymbol{eA}\rangle\right)\tilde{\boldsymbol{B}}_{11}^{*}\Delta\boldsymbol{F} \tag{2.42}$$

其中，$\left(\mathbf{1}-\langle\boldsymbol{eA}\rangle\right)\tilde{\boldsymbol{B}}_{11}^{*}$ 可以称为投资的增加值乘数矩阵，其元素（ij）表示作为投资品的产品 j 增加一个单位所带来的部门 i 的增加值增量。对应的国内生产总值变化是

$$\Delta\text{GDP}=\boldsymbol{e}\Delta\boldsymbol{Z}'=\boldsymbol{e}\Delta\boldsymbol{Q}-\boldsymbol{eA}\Delta\boldsymbol{Q}=\boldsymbol{e}(\mathbf{1}-\boldsymbol{A})\tilde{\boldsymbol{B}}_{11}^{*}\boldsymbol{f}\Delta\bar{F} \tag{2.43}$$

因而，$\boldsymbol{e}[1-\boldsymbol{A}]\tilde{\boldsymbol{B}}_{11}^{*}\boldsymbol{f}$ 可以称为总投资的国内生产总值乘数，也就是宏观经济学中的投资乘数，表示增加一个单位的投资总额带动的国内生产总值增加量。很显然，与宏观经济学相比，投入产出经济学认为，中间投入系数的变动可以影响投资乘数。

利用增加值系数可以有

$$\Delta\boldsymbol{Z}'=\hat{\boldsymbol{\Phi}}_{Z}\Delta\boldsymbol{Q}=\hat{\boldsymbol{\Phi}}_{Z}\tilde{\boldsymbol{B}}_{11}^{*}\Delta\boldsymbol{F}=\hat{\boldsymbol{\Phi}}_{Z}\tilde{\boldsymbol{B}}_{11}^{*}\boldsymbol{f}\Delta\bar{F} \tag{2.44}$$

$$\Delta\text{GDP}=\boldsymbol{e}\Delta\boldsymbol{Z}'=\boldsymbol{e}\hat{\boldsymbol{\Phi}}_{Z}\tilde{\boldsymbol{B}}_{11}^{*}\boldsymbol{f}\Delta\bar{F}=\boldsymbol{\Phi}_{Z}'\tilde{\boldsymbol{B}}_{11}^{*}\boldsymbol{f}\Delta\bar{F} \tag{2.45}$$

实际上，由投资或资本形成变化引起的国内生产总值变化可以按这样的步骤计算：首先由局部闭模型求出总产出变化，再求出中间投入变化，从总产出变化中减去中间投入变化即得增加值变化，把各部门的增加值变化加总即得国内生产总值变化；也可以在求出总产出变化后求出中间使用变化，然后分别对总产出变化和中间使用变化加总，最后用加总的总产出变化减去加总的中间使用变化即得国内生产总值变化。

2.4 价格模型

在里昂惕夫的投入产出理论中，价格方程是与总量方程对偶的模型，二者具有同等

重要的意义，合起来完整描述了经济的一般均衡状态①。

价格模型可以分成三大类②：价格形成模型、价格影响模型和价格变动模型。这三类模型的研究内容分别如下：

（1）价格形成模型：又称理论价格模型，研究在一定的最初投入系数假定下，各种“产品”应有的价格水平；

（2）价格影响模型：研究不同产品之间的价格作用和影响，研究部分产品价格水平的改变会对其他产品发生怎样的影响；

（3）价格变动模型：研究各经济部门劳动报酬的增加或其他收入分配如税率的变化将会引起整个价格体系发生怎样的变动。

2.4.1　基本方程

因为价格一般是相对于实物量的，所以在理论上假设一个投入产出表的第一和第二象限都是实物单位，第三象限中的折旧、劳动报酬、生产税和盈余都是名义价值单位。

假设对同一部门的产品，无论何种交易，都具有相同的价格，于是可以设一个价格向量 $\boldsymbol{P}$ ，对应的总产出价值形成方程为

$$p_j Q_j = \sum_i p_i a_{ij} Q_j + Z_j$$

即

$$\boldsymbol{P}'\hat{\boldsymbol{Q}} = \boldsymbol{P}'\boldsymbol{A}\hat{\boldsymbol{Q}} + \boldsymbol{Z} \tag{2.46}$$

可以看出，式（2.46）中的中间投入系数是用不变价格定义的。因为企业家是根据现价制定价格和谈判工资，政府是对当前价格下的收益计算生产税，企业盈余率也是根据现价计算的，劳动者进行工资谈判和直接感受的也是名义工资率，所以定义现价增加值率 z_j 为

$$\frac{Z_j}{p_j Q_j} = z_j$$

即

$$\boldsymbol{z}\hat{\boldsymbol{P}}\hat{\boldsymbol{Q}} = \boldsymbol{Z} \tag{2.47}$$

这样，式（2.46）就变为

$$\boldsymbol{P} = \boldsymbol{A}'\boldsymbol{P} + \hat{\boldsymbol{z}}\boldsymbol{P} \tag{2.48}$$

即

$$(\boldsymbol{1} - \boldsymbol{A}' - \hat{\boldsymbol{z}})\boldsymbol{P} = \boldsymbol{0} \tag{2.49}$$

① 里昂惕夫投入产出价格基本方程为

$$\boldsymbol{P} = \boldsymbol{A}'\boldsymbol{P} + \boldsymbol{v}$$
$$\boldsymbol{v} = [\boldsymbol{1} - \boldsymbol{A}']\boldsymbol{e}$$

其中，$\boldsymbol{v}$ 就是式（2.43）中的 $\boldsymbol{Z}$ ，参见：里昂惕夫 W W. 投入产出经济学. 第二版. 崔书香，潘省初，谢鸿光译. 北京：中国统计出版社，1990：28-29

② 刘起运. 经济系统规划方法和模型. 北京：中国统计出版社，1993：156

因为 $\boldsymbol{P} \neq \boldsymbol{0}$，所以 $\boldsymbol{1}-\boldsymbol{A}'-\hat{\boldsymbol{z}}$ 必是奇异矩阵，否则所有的价格必须都等于 0，这构成了对价格变动的一个限制条件。式（2.49）表明，在投入系数矩阵和增加值率给定的条件下，各部门的价格是相对价格，需要先确定某个部门的价格，其他部门的价格才是唯一的。

实际中，对最初投入的不同构成，可以根据情况采取不同的处理方式。例如，对折旧基金向量 $\boldsymbol{D}$，因为国家折旧政策是针对不同的固定资产规定的，与固定资产实物量相联系，所以需要先确定一个固定资产占用存量矩阵，其元素 K_{ij} 表示部门 j 在某时刻占用的固定资产 i 的数量（以实物量或实际量计），又设一个固定资产占用系数矩阵[①] $\boldsymbol{B}=\boldsymbol{K}\hat{\boldsymbol{Q}}^{-1}$；对固定资产 i 的折旧系数规定是 δ_i，于是 $\boldsymbol{D}=\boldsymbol{P}'\hat{\boldsymbol{\delta}}\boldsymbol{B}\hat{\boldsymbol{Q}}$。背后的另一个假定是，固定资产价值是用当期市场价格算的，折旧基金的提取是按重估价核定的。

对劳动报酬向量 $\boldsymbol{W}$，设部门 j 单位实物产出占用的劳动力是 l_j，则 $\boldsymbol{W}=\boldsymbol{w}'\hat{\boldsymbol{l}}\hat{\boldsymbol{Q}}$。

对生产税向量 $\boldsymbol{T}$，假定其与现价总产出相联系，设部门 j 的税率是 t_j，则 $\boldsymbol{T}=\boldsymbol{P}'\hat{\boldsymbol{t}}\hat{\boldsymbol{Q}}$。

对营业盈余向量 $\boldsymbol{M}$，假定其与现价总产出成比例，设部门 j 名义总产出的营业盈余率是 m_j，则 $\boldsymbol{M}=\boldsymbol{P}'\hat{\boldsymbol{m}}\hat{\boldsymbol{Q}}$。

在以上对各项最初投入区别处理的情况下，相应的价格方程是

$$\boldsymbol{P}'\boldsymbol{A}+\boldsymbol{P}'\hat{\boldsymbol{\delta}}\boldsymbol{B}+\boldsymbol{w}'\hat{\boldsymbol{l}}+\boldsymbol{P}'\hat{\boldsymbol{t}}+\boldsymbol{P}'\hat{\boldsymbol{m}}=\boldsymbol{P}' \tag{2.50}$$

从以上方程可以解出：

$$\boldsymbol{P}'=\boldsymbol{w}'\hat{\boldsymbol{l}}\left(\boldsymbol{1}-\boldsymbol{A}-\hat{\boldsymbol{\delta}}\boldsymbol{B}-\hat{\boldsymbol{t}}-\hat{\boldsymbol{m}}\right)^{-1} \tag{2.51}$$

式（2.51）称为投入占用产出基本价格模型或理论价格模型[②]。

如果采取不同的最初投入形成假定，就会得到不同的理论价格模型。对营业盈余，里昂惕夫曾经设想按照利润率准则核定[③]。设部门 j 的资本营业盈余率是 r_j（对营业盈余恒为 0 的部门，直接令 r_j=0），则 $\boldsymbol{M}=\boldsymbol{P}'\boldsymbol{B}\hat{\boldsymbol{Q}}\hat{\boldsymbol{r}}=\boldsymbol{P}'\boldsymbol{B}\hat{\boldsymbol{r}}\hat{\boldsymbol{Q}}$。于是，新的价格形成模型为

$$\boldsymbol{P}'=\boldsymbol{w}'\hat{\boldsymbol{l}}\left(\boldsymbol{1}-\boldsymbol{A}-\hat{\boldsymbol{\delta}}\boldsymbol{B}-\hat{\boldsymbol{t}}-\boldsymbol{B}\hat{\boldsymbol{r}}\right)^{-1}$$

从马克思经济学的资本概念讲，总资本不仅有物质产品等不变资本，还有可变资本即劳动力资本，所以里昂惕夫的模型还是有缺陷的。

2.4.2 价格变动模型

价格变动模型考察各种参数变化引起的价格变化。在式（2.49）中考虑各参数和变量的变动，则有

$$(\boldsymbol{1}-\boldsymbol{A}'-\hat{\boldsymbol{z}}-\Delta\boldsymbol{A}'-\Delta\hat{\boldsymbol{z}})(\boldsymbol{P}+\Delta\boldsymbol{P})=\boldsymbol{0}$$

结合式（2.49），整理可得

① 因为资产存量是时点量，产出流量是时期量，所以对应某时刻的固定资产存量 K_{ij} 所决定的是该时刻的产出速率，但在这里忽略了这个区别，实际隐含假定，在一个时期中，资本存量都是不变的。对应劳动报酬和营业盈余的处理存在同样的情况，背后假定相应存量在整个时期不变。

② 刘新建. 不变价格投入产出表编制及应用中的若干理论问题. 统计与决策，2011，(18)：12-16

③ 里昂惕夫 WW. 投入产出经济学. 第二版. 崔书香，潘省初，谢鸿光译. 北京：中国统计出版社，1990：30-31

$$(\mathbf{1}-\boldsymbol{A}'-\hat{z}-\Delta\boldsymbol{A}'-\Delta\hat{z})\Delta\boldsymbol{P}=(\Delta\boldsymbol{A}'+\Delta\hat{z})\boldsymbol{P}$$

由此解得

$$\Delta\boldsymbol{P}=(\mathbf{1}-\boldsymbol{A}'-\hat{z}-\Delta\boldsymbol{A}'-\Delta\hat{z})^{-1}(\Delta\boldsymbol{A}'+\Delta\hat{z})\boldsymbol{P} \tag{2.52}$$

由式（2.52）即可计算由各种因素如生产技术、工资率、税率、折旧政策等变化引起的经济系统价格水平变动。再考虑总量结构，就可以计算通货膨胀率和各种价格指数。

2.4.3　价格影响模型

价格影响模型用以分析一些部门价格变化引起的其他部门价格变动情况，为此需要对矩阵模型进行分块处理。投入产出表中的部门按一定顺序排列，分为前后两部分，前面部分称为前面块，后面的部分称为后面块，相应向量和矩阵也对应分块。设前面块部门是价格从动部门，后面块部门是价格主动部门，于是由式（2.49）可得分块矩阵方程：

$$(\mathbf{1}-\boldsymbol{A}'_{11}-\hat{z}_1)\boldsymbol{P}_1=\boldsymbol{A}'_{21}\boldsymbol{P}_2 \tag{2.53}$$

$$(\mathbf{1}-\boldsymbol{A}'_{22}-\hat{z}_2)\boldsymbol{P}_2=\boldsymbol{A}'_{12}\boldsymbol{P}_1 \tag{2.54}$$

当 $\boldsymbol{P}_2$ 已知时，由式（2.53）可以解得

$$\boldsymbol{P}_1=(\mathbf{1}-\boldsymbol{A}'_{11}-\hat{z}_1)^{-1}\boldsymbol{A}'_{21}\boldsymbol{P}_2 \tag{2.55}$$

但是，由于式（2.54）的约束作用，z_2 不能独立，必须跟随 $\boldsymbol{P}_1$ 和 $\boldsymbol{P}_2$ 变动，即

$$z_2=\hat{\boldsymbol{P}}_2^{-1}\left[(\mathbf{1}-\boldsymbol{A}'_{22})\boldsymbol{P}_2-\boldsymbol{A}'_{12}\boldsymbol{P}_1\right]$$

在经济分析实践中，经常需要编制不变价格投入产出表，而在《中国统计年鉴》和国家统计局的网站上可以找到一些部门产品的价格指数，这样在对未知价格指数的部门的增加值率做出一定假定的情况下，利用式（2.54）可以解出未知部门价格指数，利用式（2.55）可以计算已知价格指数部门的增加值率。

2.5　部门间关联分析

投入产出表部门之间的联系或关联就是投入产出关系，部门关联系数是投入产出分析的特征参数。以一个部门为中心，其产品向前运动，被其他部门所使用，称为前向联系或前向关联，这反映在投入产出表的行向上，是从左往右看；向后看，该部门的生产使用各个部门的产品作为投入，称为后向联系或后向关联，这反映在投入产出表的列向上，是从上往下看。

2.5.1　基本关联系数

直接投入系数是投入产出分析的最基本关联系数。一个中间投入系数可以从两个不同的角度观察：a_{ij} 对部门 j 是后向联系，对部门 i 是前向联系（图 2.1）。如果从单位产品的联系强度考虑，则 a_{ij} 就是部门 j 对部门 i 的后向联系强度，而单位产品 i 的前向联系强度显然不

能用a_{ij}表示。现在人们倾向于用分配系数h_{ij}表示前向联系，意思是单位部门 i 的产出中用于部门j生产的比例。而$\frac{1}{a_{ij}}$表示单位产品i可以生产的产品j的数量，也有前向联系的意义。

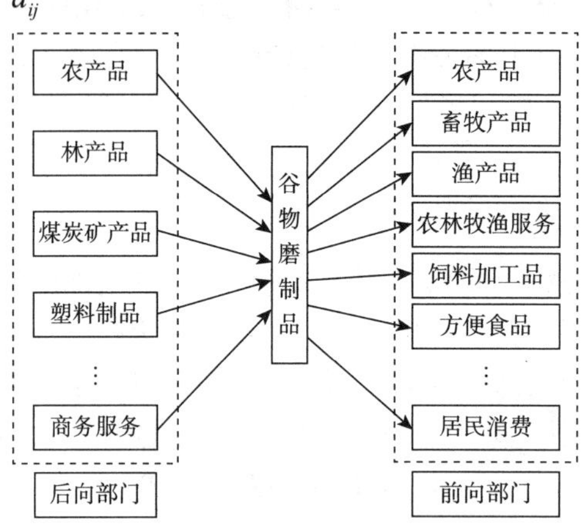

图 2.1　部门间关联关系

作为投入产出理论的核心的完全系数同样可以反映前向联系和后向联系。完全消耗系数b_{ij}表示单位产品j的最终使用需要消耗的部门i产品的数量，是部门j的后向联系。$\frac{1}{b_{ij}}$表示消耗单位产品 i 可以产出的作为最终使用的产品 j 的数量，于部门 i 具有前向联系意义。完全感应系数$\tilde{g}_{ij}$表示部门 i 的单位增加值需要部门 j 配合的总产出数量，于部门 i 具有前向关联性。

根据以上基本关联系数，可以设计更加丰富的部门关联关系。

2.5.2　影响力系数和感应度系数

随着投入产出技术的发展，对部门间的前、后向联系的理解也在不断深化。在 20 世纪 60 年代，用直接消耗系数的列和即$\boldsymbol{eA}$表示后向联系，以行和即$\boldsymbol{Ae}$表示前向联系。到了 20 世纪 70 年代，逐渐用完全需要系数矩阵代替直接消耗系数矩阵进行计算，用$\boldsymbol{e}(\mathbf{1}-\boldsymbol{A})^{-1}$，即$\sum_{i=1}^{n}\tilde{b}_{ij}, i,j=1,2,\cdots,n$表示后向联系，用$(\mathbf{1}-\boldsymbol{A})^{-1}\boldsymbol{e}$即$\sum_{j=1}^{n}\tilde{b}_{ij}, i,j=1,2,\cdots,n$表示前向联系。

$\sum_{i=1}^{n}\tilde{b}_{ij}, i,j=1,2,\cdots,n$表示部门 j 单位最终产品对国民经济各部门的拉动作用之和，即反映部门 j 单位最终产品对国民经济影响力的大小。为了便于比较各部门拉动作用的大小，对后向联系系数进行标准化处理，即使拉动作用为中等的部门取值为 1，则影响力系数又称后向系数的计算公式为

$$\delta_j=\frac{\frac{1}{n}\sum_{i=1}^{n}\tilde{b}_{ij}}{\frac{1}{n^2}\sum_{j=1}^{n}\sum_{i=1}^{n}\tilde{b}_{ij}},\quad j=1,2,\cdots,n\text{ ，或 }\boldsymbol{\delta}=\frac{n\boldsymbol{e}\tilde{\boldsymbol{B}}}{\boldsymbol{e}\tilde{\boldsymbol{B}}\boldsymbol{e}} \tag{2.56}$$

δ_j 反映了部门 j 增加一个单位最终需求对国民经济各部门总产出的需求波及程度。当 $\delta_j = 1$ 时，表示部门 j 对经济总体的拉动作用达到了各部门的平均水平；当 $\delta_j < 1$ 时，表示部门 j 对经济总体的拉动作用低于各部门的平均水平，拉动作用较弱；当 $\delta_j > 1$ 时，表示部门 j 对经济总体的拉动作用高于各部门的平均水平，拉动作用较强。

记 $\beta_j = \sum_{i=1}^{n} \tilde{b}_{ij}$，$i, j = 1,2,\cdots,n$，则 β_j 可以称为绝对影响力系数，δ_j 是相对影响力系数。

类似地，定义前向系数又称感应度系数如下：

$$\theta_i = \frac{\frac{1}{n}\sum_{j=1}^{n}\tilde{b}_{ij}}{\frac{1}{n^2}\sum_{i=1}^{n}\sum_{j=1}^{n}\tilde{b}_{ij}},\quad i = 1,2,\cdots,n\text{，或}\quad \boldsymbol{\theta} = \frac{n\tilde{\boldsymbol{B}}\boldsymbol{e}}{\boldsymbol{e}\tilde{\boldsymbol{B}}\boldsymbol{e}} \tag{2.57}$$

θ_i 反映了国民经济各部门都增加一单位最终产品，部门 i 所受到的需求感应程度。

1976 年 Jones 提出分配系数后，国际上普遍地认为应当利用完全分配系数而不是利用完全需要系数矩阵来计算前向系数（感应度系数），即用 $(\mathbf{1}-\boldsymbol{H})^{-1}\boldsymbol{e}$ 表示前向联系，那么感应度系数的计算公式如下：

$$\theta_i = \frac{\frac{1}{n}\sum_{j=1}^{n}\tilde{g}_{ij}}{\frac{1}{n^2}\sum_{i=1}^{n}\sum_{j=1}^{n}\tilde{g}_{ij}},\quad i = 1,2,\cdots,n\text{，或}\quad \boldsymbol{\theta} = \frac{n\tilde{\boldsymbol{G}}\boldsymbol{e}}{\boldsymbol{e}\tilde{\boldsymbol{G}}\boldsymbol{e}} \tag{2.58}$$

其中，$\tilde{g}_{ij}$ 是完全感应系数矩阵 $(\mathbf{1}-\boldsymbol{H})^{-1}$ 的元素，θ_i 反映了部门 i 增加单位增加值对各部门产出的推动程度（不是推动量）。

2.5.3　生产诱发度与最终依赖度

在经济分析中，需求对经济增长的作用被称为拉动作用。为了研究不同最终需求构成对国民经济的拉动作用，人们提出了生产诱发度和最终依赖度概念。

1. 生产诱发度

在通常投入产出表中，包括四类最终使用，即居民消费、公共消费、资本形成和净出口，当然还可以进一步细分。今一般地设共有 m 类最终使用，$\boldsymbol{Y} = (Y_{jk})$ 表示最终使用矩阵，$\boldsymbol{Y}^k$ 表示最终使用中的第 k 列，定义：

$$Q_i^k = \sum_{j=1}^{n}\tilde{b}_{ij}Y_{jk},\quad i = 1,2,\cdots,n; k = 1,2,\cdots,m\text{，或}\quad \boldsymbol{Q}^k = \tilde{\boldsymbol{B}}\boldsymbol{Y}^k \tag{2.59}$$

称 Q_i^k 为 k 类最终使用对部门 i 总产出的生产诱发额，而 $\sum_{i=1}^{n} Q_i^k$ 表示 k 类最终使用对经济总体生产额的拉动作用之和，它反映了 k 类最终使用对经济总体生产的贡献。显然有

$$\boldsymbol{Q} = \sum_{k=1}^{m}\boldsymbol{Q}^k = \sum_{k=1}^{m}\tilde{\boldsymbol{B}}\boldsymbol{Y}^k = \tilde{\boldsymbol{B}}\boldsymbol{Y}\boldsymbol{e}$$

为了比较不同最终使用的生产诱发能力，定义：

$$\gamma_{ik}=\frac{\sum_{j=1}^{n}\tilde{b}_{ij}Y_{jk}}{\sum_{j=1}^{n}Y_{jk}}=\sum_{j=1}^{n}\frac{\tilde{b}_{ij}Y_{jk}}{\sum_{j=1}^{n}Y_{jk}}=\sum_{j=1}^{n}\tilde{b}_{ij}f_{jk},\quad i=1,2,\cdots,n;k=1,2,\cdots,m \tag{2.60}$$

其中，$f_k=(f_{jk})$反映了 k 类最终使用的产品结构，γ_{ik} 表示 k 类最终使用按既定结构变动一个单位所诱发的部门 i 总产出的变化，称为最终使用 k 对部门 i 的生产诱发系数。$\gamma_k=\sum_{i=1}^{n}\gamma_{ik}$ 反映了 k 类最终使用按既定结构变动一个单位对经济总体各部门的拉动作用之和，称为最终使用 k 的生产诱发度。生产诱发度越大，该类最终使用的生产波及效果越大。实际上，完全需要系数 $\tilde{b}_{ij}$ 表示的就是一个单位最终使用产品 j 所诱发的部门 i 的总产出。式（2.60）定义的生产诱发系数构成一个与最终使用矩阵同构的生产诱发系数矩阵，即

$$\boldsymbol{\Gamma}=(\gamma_{ik})_{n\times m}=\tilde{\boldsymbol{B}}\boldsymbol{F}$$

可以根据增加值与总产出的关系推算各类最终使用对各部门增加值的诱发系数，请读者自行练习。

2. 最终依赖度

令

$$\varphi_{ik}=\frac{Q_i^k}{\sum_{s=1}^{m}Q_i^s},\quad i=1,2,\cdots,n;\ k=1,2,\cdots,m,\text{或}\boldsymbol{\Phi}^k=\left(\hat{\boldsymbol{Q}}\right)^{-1}\boldsymbol{Q}^k=\left(\varphi_{ik}\right)_{n\times 1} \tag{2.61}$$

其中，φ_{ik} 称为部门 i 对最终需求 k 的最终依赖度，即单位部门 i 的总产出中由最终需求 k 贡献的数量，或部门 i 的总产出中由最终需求 k 贡献的比例。一个部门的各项最终依赖度之和等于 1，即

$$\sum_{s=1}^{m}\varphi_{is}=1,\quad i=1,2,\cdots,n \tag{2.62}$$

生产诱发度和最终依赖度既可用于分析一个经济的过去特征，也可在一定假定下用于经济预测和规划分析[①]。

习题

1. 请解释完全消耗系数和完全需要系数的含义并用公式表示二者的关系。
2. 证明：对单部门投入产出表，投入系数不受价格的影响。
3. 下表是中国 2007 年现价七部门投入产出表。

---

① 刘新建，卢瑞新，宋之杰，等. 基于投入产出模型的中国稀土产业关联分析. 生态经济（中文版），2014，30（4）：85-90

中国2007年七部门投入产出表

单位：亿元

投入＼使用	农业	非农第一产业	采掘业	制造业	建筑业	物流业	其他服务业	中间使用合计	农村居民消费	城镇居民消费	居民消费小计	公共消费	消费合计	固定资本形成总额	存货增加	资本形成合计	出口	最终使用合计	进口	其他	总产出
1. 农业	2 109	2 281	1	13 707	137	379	546	19 159	2 909	2 495	5 404	0	5 404	0	−161	−161	542	5 785	1 490	1 205	24 659
2. 非农第一产业	461	2 027	77	10 872	122	1	1 625	15 185	2 250	3 502	5 752	342	6 094	1 067	1 135	2 202	124	8 420	838	1 467	24 234
3. 采掘业	16	17	2 188	35 230	892	152	278	38 773	87	60	148	0	148	0	249	249	640	1 037	10 339	−290	29 181
4. 制造业	4 563	5 653	9 902	278 779	37 034	10 761	35 791	382 483	8 828	29 642	38 470	0	38 470	38 418	4 131	42 549	80 559	161 578	55 304	−3 078	485 678
5. 建筑业	9	2	27	133	598	123	1 108	2 000	0	932	932	0	932	58 847	0	58 847	409	60 187	221	756	62 722
6. 物流业	431	367	1 218	10 488	4 737	2 265	5 616	25 121	567	1 843	2 410	1621	4 032	263	26	289	4 032	8 353	1104	61	32 431
7. 其他服务业	1 070	1 230	1 967	30 287	4 688	3 768	27 084	70 094	9 676	33 761	43 437	33 228	76 665	6 841	103	6 944	9 235	92 844	4 724	1 741	159 954
中间投入合计	8 658	11 576	15 381	379 496	48 208	17 448	72 048	552 815	24 317	72 235	96 553	35 191	131 744	105 436	5 484	110 919	95 541	338 204	74 021	1 860	818 859
劳动者报酬	15 154	12 027	4 863	33 726	7 405	4 059	32 813														
生产税净额	48	0	2 516	22 694	1 800	1 420	10 041														
固定资产折旧	799	631	1 499	15 887	776	2 835	14 829														
营业盈余	0	0	4 921	33 876	4 532	6 669	30 224														
增加值	16 001	12 658	13 800	106 182	14 513	14 983	87 906														
总投入	24 659	24 234	29 181	485 678	62 722	32 431	159 954														

（1）用三种方法计算国内生产总值；

（2）计算分别用增加值和总产出表示的产业结构；

（3）计算中国 2007 年基于国内生产总值的消费率；

（4）计算居民消费的产品结构；

（5）计算出口值和进口值的产品部门结构；

（6）为什么公共消费支出中对农业和第二产业的消费都是零？

（7）比较各部门的增加值率，对增加值率最大和最小的两个部门给出一些解释：为什么大或小？

（8）计算投入系数矩阵和分配系数矩阵；

（9）计算影响力系数、感应度系数、生产诱发度、最终依赖度；

（10）令各部门的劳动报酬在各自增加值中的占比提高 10%，其他投入系数不变，计算价格水平的变化；

（11）用局部闭模型计算投资乘数；

（12）验证：完全增加值率等于 1；

（13）从这个投入产出表，你还能发现哪些有趣或有意义的现象？

参考文献

陈锡康，杨翠红，等. 2011. 投入产出技术. 北京：科学出版社

刘起运. 1993. 经济系统规划方法和模型. 北京：中国统计出版社

第3章

投入产出表编制技术

以投入产出技术为核心的经济实证分析的基础是一个或一组投入产出表，而编制投入产出表是一项耗时费力费财的复杂工作，其原理涉及经济学理论、统计学理论与技术等多学科知识，大型投入产出表编制的组织管理也是一项复杂的系统工程。根据基础数据的不同，投入产出表编制有两类基本方法：直接分解法和 UV 表法。另外，直接消耗系数的校正或修订方法在不同编表方法中具有共同性，本书将专节论述。

3.1 投入产出表的分类

制订编表方案的前提是确定需要一个什么形式或类型的投入产出表。对理论和现实中的投入产出表从不同的角度可以做出不同的分类。有什么样结构的投入产出表就会有什么样的投入产出模型，所以一种类型的投入产出表也称为一种投入产出模型。投入产出分析的部门是一种宏观综合部门，需要满足某种同质性标准。在一般投入产出分析中，强调产品投入系数的生产工艺和物质构成的同质性，所以一个部门产品种类的集合构成应该尽可能满足同质性要求。在理论上，认为在一个部门中的产品都是完全同质的，具有同样的生产工艺，这样的部门称为产品部门。在 3.3 节将提出产业部门概念。

3.1.1 一般分类

表 3.1 是一种分类汇总，静态模型的投入产出表记录一个经济体单一给定时期的数据，动态模型通过存量流量关系，把不同时期的投入产出表变量或数据连接起来。开模型把所有的最终使用项都作为外生变量，闭模型中除基本系数外，所有变量都是内生变量，局部闭模型把部分最终使用作为内生变量。价值型投入产出表的所有数据都以市场价值表达。实物型投入产出表的基本数据都以经济产品的实物统计单位记录。劳动型投

入产出表把所有关于产品数量的数据都转换成生产这些产品所需要的直接劳动量。能量型投入产出表把所有产品数量数据都转换成其直接消耗或包含的能源量数据。实物价值型投入产出表是实物单位和价值单位根据需要混合使用的投入产出表。报告期投入产出表是过去时期数据，计划或预测期投入产出表是由预测模型测算出来的。

表 3.1　投入产出模型分类

分类标志	种类
开放性与动态性	静态　开模型 　　　闭模型 　　　局部闭模型 动态　开模型 　　　闭模型 　　　局部闭模型
计量单位	价值型 实物型 劳动型 实物价值型 能量型
研究的空间范围	世界 IO 模型 全国 IO 模型 地区 IO 模型 区域间 IO 模型 部门 IO 模型 企业 IO 模型
数据的时间	报告期 IO 模型 计划期（预测期）IO 模型
对外贸易数据的处理方式	A 型，B 型，C 型，D 型，E 型

3.1.2　进出口产品的不同处理方式

不同区域经济系统间的投入产出联系，在国家间称为进、出口，在国家或特定区域内的各地区之间称为输入、输出，本节统称输入、输出。系统外输入品可以分为两类：一类叫竞争性输入，该类产品本系统也生产，但还是需要从外部输入；另一类叫非竞争性输入，该类产品本系统不生产，必须要从外部输入。例如，一些地区不生产原油、天然气、铜等自然资源，但是生产生活的必需品。按照对所研究的经济系统与外部经济系统联系（输入、输出或进出口）的处理方式的不同，可以形成五种类型的投入产出表，分别称为 A 型、B 型、C 型、D 型、E 型。

A 型：普通型投入产出表；

B 型：进口单列行；

C 型：进口分部门单列；

D 型：非竞争性进口分部门单列；

E 型：完全区分进口产品来源和部门。

1. A 型投入产出表——普通型投入产出表

A 型投入产出表（以下简称 A 型表）是最常用的投入产出表，又称为竞争进口型投入产出表（以下简称竞争型投入产出表），如表 3.2 所示。第 2 章投入产出模型对应的就是这种类型表。

表 3.2　A 型投入产出表表式

<table>
<tr><td colspan="2" rowspan="2">产出
投入</td><td>系统内生产部门
中间使用</td><td colspan="5">最终使用</td><td rowspan="2">总产出</td></tr>
<tr><td>1　2　…　n</td><td>消费</td><td>资本形成</td><td>输入（−）</td><td>输出（+）</td><td>合计</td></tr>
<tr><td rowspan="4">中间投入</td><td>1</td><td rowspan="4">X_{ij}^A</td><td rowspan="4"></td><td rowspan="4" colspan="3"></td><td rowspan="4">Y_i^A</td><td rowspan="4">Q_i</td></tr>
<tr><td>2</td></tr>
<tr><td>⋮</td></tr>
<tr><td>n</td></tr>
<tr><td rowspan="5">最初投入</td><td>折旧</td><td rowspan="4"></td><td rowspan="6" colspan="6"></td></tr>
<tr><td>人员报酬</td></tr>
<tr><td>生产税净额</td></tr>
<tr><td>营业盈余</td></tr>
<tr><td>增加值</td><td>Z_j</td></tr>
<tr><td colspan="2">总投入</td><td>Q_j</td></tr>
</table>

A 型表的主要特点如下：

（1）输入、输出全部在第二象限中反映出来，输入记为负，输出记为正；

（2）中间使用和最终使用都既包括本系统产出，又包括外部输入品，因此又称竞争型投入产出表；

（3）直接消耗系数矩阵不受系统输入品在总需求中的比重变动的影响。

A 型表的主要优点是：编制投入产出表时中间投入不必区分其来源，即不用区分所用产品来自本系统还是来自外系统，所以编表工作量较小，节省费用。目前很多国家的投入产出表、地区投入产出表（中国各省市地区表）基本上均采用这种表式。A 型表的缺点是不能详细反映本系统与外部的联系。我国加入世界贸易组织（World Trade Organization，WTO）后，对外贸易快速发展，国内经济与国外环境之间的关系日益密切，这种表已不能满足分析的需要。

2. B 型投入产出表

B 型投入产出表（以下简称 B 型表）在中间投入部分设置专门的一行表示系统外的输入，相应地，第二象限去掉了“输入”一列，基本表式见表 3.3。

表 3.3　B 型投入产出表表式

投入＼产出		系统内生产部门中间使用	最终使用				总产出
		1　2　…　n	消费	资本形成	输出	合计	
中间内投入	1						
	2	X_{ij}^{B}				Y_i^{B}	Q_i
	⋮						
	n						
中间外投入（外部输入）		X_j^{I}				Y^{I}	IM
最初投入	固定资产折旧						
	从业人员报酬						
	生产税净额						
	营业盈余						
	增加值	Z_j					
总投入		Q_j					

B 型表广泛地应用于全国投入产出表和地区表，匈牙利曾以此表式编制 1970~1979 年 26 个部门序列表。

3. C 型投入产出表

C 型投入产出表（以下简称 C 型表）又称为非竞争进口型投入产出表。B 型表将中间投入和最终使用中系统外和系统内的产品区分开来，但仅以一行总量的形式表示，C 型投入产出表是在 B 型表的基础上把系统外输入产品按照一定部门分类详细反映。C 型表的结构如表 3.4 所示。

表 3.4　C 型投入产出表表式

投入＼产出		系统内生产部门中间需求	最终需求				总产出及总输入
		1　2　…　n	消费	资本形成	输出	合计	
中间内投入	1						
	2	X_{ij}^{C}				Y_i^{C}	Q_i
	⋮						
	n						
中间外输入（外部输入）	1						
	2	X_{ij}^{I}				Y_i^{I}	IM_i
	⋮						
	n						
最初投入	折旧						
	从业人员报酬						
	生产税净额						
	营业盈余						
	增加值	Z_j					
总投入		Q_j					

由于 C 型表将系统外输入部分进行了详细的部门划分，较为清晰地反映了生产过程和最终使用过程中对输入品的消耗，更适用于对外贸易发达的经济环境，但是编制 C 型表所需资料较多，工程量更重。C 型表可应用于企业、部门、地区及全国表等。

4. D 型投入产出表

D 型投入产出表（以下简称 D 型表）认为，在产品消耗中，竞争型输入品与系统内产品无明显差别，两者是充分竞争的，而非竞争型输入产品完全是新的产品。所以 D 型表将中间投入部分分为竞争性中间投入与非竞争性输入两部分，如表 3.5 所示。

表 3.5　D 型投入产出表表式

投入＼产出		系统内生产部门中间使用 1 2 … n	最终使用：消费	资本形成	输出	竞争性输入	合计	总产出及总输入
竞争性中间投入	1							
	2	X_{ij}^{D}					Y_i^D	Q_i
	⋮							
	n							
非竞争性输入	1							
	2	X_{ij}^{I}					Y_i^I	IM_i^{NC}
	⋮							
	n							
最初投入	固定资产折旧							
	从业人员报酬							
	生产税净额							
	营业盈余							
	增加值	Z_j						
总投入		Q_j						

由于非竞争性数据相对于竞争性数据容易识别，所以采集 D 型表的数据资料增加的工作量不大。我国编制的 1982 年全国农业投入产出表就是此型表。但是，鉴于系统外输入的竞争性产品仍然在使用范围、价格等方面与国内产品存在较大差异，所以在确定竞争性部门时还是有争议的。该类表可以应用到编制地区、企业、部门及全国规模的投入产出表。

5. E 型投入产出表

E 型投入产出表（以下简称 E 型表）具有完全划分区域和部门的最详细的投入产出表结构，如表 3.6 所示，适用于地区间投入产出分析和小国小区域经济。

表 3.6　E 型投入产出表表式（完全划分区域和部门）

<table>
<tr><td colspan="3" rowspan="3">产出
投入</td><td colspan="3">中间使用</td><td colspan="11">最终使用</td><td rowspan="3">总产出</td></tr>
<tr><td>地区 1</td><td>…</td><td>地区 m</td><td colspan="5">地区 1</td><td>…</td><td colspan="5">地区 m</td></tr>
<tr><td>1 2 … n</td><td>…</td><td>1 2 … n</td><td>居民消费</td><td>公共消费</td><td>固定资产形成</td><td>库存增加</td><td>输出</td><td>…</td><td>居民消费</td><td>公共消费</td><td>固定资产形成</td><td>库存增加</td><td>输出</td></tr>
<tr><td rowspan="9">中间投入</td><td rowspan="4">地区1</td><td>1</td><td rowspan="4"></td><td rowspan="4"></td><td rowspan="4"></td><td colspan="5" rowspan="4"></td><td rowspan="4"></td><td colspan="5" rowspan="4"></td><td rowspan="4"></td></tr>
<tr><td>2</td></tr>
<tr><td>⋮</td></tr>
<tr><td>n</td></tr>
<tr><td>⋮</td><td>⋮</td><td></td><td>$X_{ij}^{\alpha\beta}$</td><td></td><td colspan="5">Y_{ik}^{α}</td><td></td><td colspan="5"></td><td>Q_i^{α}</td></tr>
<tr><td rowspan="4">地区 m</td><td>1</td><td rowspan="4"></td><td rowspan="4"></td><td rowspan="4"></td><td colspan="5" rowspan="4"></td><td rowspan="4"></td><td colspan="5" rowspan="4"></td><td rowspan="4"></td></tr>
<tr><td>2</td></tr>
<tr><td>⋮</td></tr>
<tr><td>n</td></tr>
<tr><td rowspan="4">最初投入</td><td colspan="2">折旧基金</td><td></td><td>D_j^{β}</td><td></td><td colspan="5"></td><td></td><td colspan="5"></td><td></td></tr>
<tr><td colspan="2">劳动报酬</td><td></td><td>W_j^{β}</td><td></td><td colspan="5"></td><td></td><td colspan="5"></td><td></td></tr>
<tr><td colspan="2">生产税净额</td><td></td><td>T_j^{β}</td><td></td><td colspan="5"></td><td></td><td colspan="5"></td><td></td></tr>
<tr><td colspan="2">营业盈余</td><td></td><td>M_j^{β}</td><td></td><td colspan="5"></td><td></td><td colspan="5"></td><td></td></tr>
<tr><td colspan="3">总投入</td><td></td><td>Q_j^{β}</td><td></td><td colspan="5"></td><td></td><td colspan="5"></td><td></td></tr>
</table>

3.2　直接分解法编表

编制投入产出表是一项复杂的系统工程，涉及许多管理、经济核算和统计技术问题，本节从直接分解法角度介绍其中的一些重要内容，其中一些内容对 UV 表法也是适用的。目前我国采用的是以直接分解法为主、间接推导法为辅的编表方法。本节主要根据我国的实践来介绍直接分解法①。

直接分解法是编制投入产出表的最直接方法，以翔实的基层单位调查数据为基础，所以也称专项调查法，自开始编制投入产出表以来，我国长期采用。这里“分解”的含义是指，在实际中，企业作为基本统计单位，一般生产多种主要产品，甚至分属不同的产业，特别是大中型企业，往往同时生产几种甚至几十种不同质的产品，它们的投入构成不同。根据投入产出表产品部门的要求，需要将各种产品，按其性质划归到相应的产品部门中，并将各种投入分解到相应的产品投入构成中去。

① 国家统计局国民经济核算司. 中国 2012 年投入产出表编制方法. 北京：中国统计出版社，2014

3.2.1　编表步骤与计划

按照系统工程方法论，投入产出表编制工作的第一步是明确编表任务。在我国，作为政府主导的编表活动自 1987 年始已经成为一项定期工作。1987 年 3 月底，国务院办公厅印发《国务院办公厅关于进行全国投入产出调查的通知》（国办发〔1987〕18 号），决定在全国范围内进行第一次投入产出专项调查，以便编制 1987 年全国投入产出表，以后每 5 年进行一次。通知原文如下：

国务院办公厅关于进行全国投入产出调查的通知

国办发〔1987〕18 号

各省、自治区、直辖市人民政府，国务院各部委、各直属机构：

为了切实做好我国国民经济综合平衡，加强对社会经济发展的科学管理工作，奠定宏观决策和编制“八五”计划的科学基础，经国务院批准，进行全国投入产出调查，编制一九八七年全国投入产出表；以后每五年进行一次。现将有关事项通知如下：

一、投入产出表，是反映、研究和定量分析社会再生产全过程各领域（生产、分配、交换、消费）之间，国民经济各部门、各地区之间及其与国际间的经济技术联系，制定社会经济发展计划和预测发展趋势的重要工具。随着我国经济体制改革的逐步深入和有计划的商品经济发展，搞好投入产出调查工作，编制投入产出表，对于进一步提高我国社会经济宏观管理水平，加速社会主义现代化建设，具有重要意义。

二、进行投入产出调查，编制投入产出表，是一项复杂的系统工程。需要在全国范围内，对国民经济各部门的技入结构、技资结构、库存结构、城乡居民和社会消费结构、进出口结构等情况进行重点调查，涉及到财政、金融、计划、统计、财务、物资、生产、投资等许多方面。各有关部门和企事业单位要根据编制投入产出表的要求，按时按质按量完成所承担的调查任务。各级人民政府和主管部门要切实加强领导，积极配合，保证这项工作的顺利进行。

三、为了加强对全国投入产出调查和编表工作的领导，经国务院同意，成立全国技入产出调查协调小组，由马洪同志任组长，张塞同志任副组长，国务院经济技术社会发展研究中心、国家体改委、国家计委、国家经委、国家科委、财政部、铁道部、中国人民银行、国家统计局等部门有关负责同志参加。协调小组负责审定有关编制投入产出表的基本原则、模型设计、调查方案、编表方案和组织论证等工作，协调并研究处理各有关部门在调查和编表过程中的重大问题。日常工作，由国家统计局负责，不另设机构，不增加编制。

四、进行全国投入产出调查和编制投入产出表，所需经费，由统计部门提出概算，商财政部门研究解决。

五、一九八七年全国投入产出表的编制工作要于一九八八年底完成。具体事项由国家统计局另行通知。

国务院办公厅

一九八七年三月三十一日

为组织协调 1987 年投入产出专项调查工作，当时还成立了国务院全国投入产出调查协调小组。在协调小组的领导和国家统计局的组织实施下，采用“条块”结合的方式，于 1988 年上半年完成了 1987 年全国投入产出专项调查任务，并于 1989 年初顺利完成了 1987 年全国投入产出表的编制工作。自 1987 年起这个通知文件就成为国家统计局组织编制投入产出表的法律依据。现在，我国不仅每五年通过深入的专项调查编一次表，而且逢五逢十年份还编制延长表。延长表是以最近年份的已有投入产出表为基础，通过少量专项调查，利用常规统计资料，应用某些数学模型进行辅助推导编制而成。其部门数通常比基础表少许多。

一般来讲，相对于投入产出专项调查的年份，国家统计局都会提前一年左右就开始进行调查的准备工作。通常包括以下五个阶段。

1. 准备阶段

准备阶段是指正式投入产出专项调查开始前的阶段。

1）创造前提

投入产出调查需要大量经费，并需组织相关部门和企业的人力，因此在做调查准备工作之前，需要主管部门及相关上层领导做出决定，拨付专项调查经费，并要求与调查相关的各职能部门的配合，将调查作为一项重要的任务，列入工作计划，并形成正式文件。

2）方案设计

在明确编表目的及其基本要求的基础上，要事先设计投入产出调查方案，进行投入产出调查的各类基层调查表的表式设计等工作。虽然国家投入产出表的编表方案相对稳定，目的明确，但是根据统计技术和国家需求的新发展，以及国民经济核算投入产出理论的发展，变化总是存在的。

投入产出表编制方案包括：①编表年份；②编表类型（实物型，价值型，实物价值型……）及表式设计；③部门分类目录；④设计调查方案和调查表，制订抽样调查和全面调查方案……；⑤编制工作进程、完成时间表；等等。

3）成立工作班子

投入产出调查需要多个部门的配合。在国家层面，必须由国家各有关部门派相关负责人联合组成领导小组，以领导和协调全国范围内的调查工作。此外，还要成立业务工作班子，以保证调查和数据处理的质量，其成员应该包括经济、统计、计划、信息、计算机和数学等方面的人才，还必须有实际工作者参加。在企事业单位层面，也需要成立工作班子。由于企事业单位是调查实施的基本单位，不仅工作量大，而且对技术和质量的要求较高，需填报的资料涉及生产、技术、财会、供销、统计等多个方面。因此，为提高填报质量，被调查的企事业单位也应成立临时性的投入产出调查工作班子，加强对本单位填报工作的领导。

4）业务技术准备

投入产出专项调查的专业性较强，因此准备工作的充分性、参与调查人员对调查内容的熟悉程度等将直接关系到调查数据的质量。做好被调查的企事业单位的业务技术准备工作，大体包括人员培训、制订填报方案、设计填报目录和确定资料整理格式等。

为了不影响正常工作，基层人员培训主要是由基层企事业单位自行组织，培训投入产出调查人员及有提供资料任务的相关人员。培训工作可以由参加过省市或自治区、地（市）投入产出调查工作会议的专业人员负责讲授和辅导。培训内容主要涉及基层调查表表式及其填报说明、投入产出表部门分类代码以及与投入产出基层调查表相关的资料等。制订填报方案主要是制订本企事业单位的填报方案，以明确工作进度和参加填报的部门及个人的具体任务等。

2. 调查实施阶段

根据可持续发展思想，做任何工作都应遵循节约原则。编制投入产出表要尽可能利用现有资料和常规统计资料，以较少的人力、物力、经费支出完成高质量的工作。调查实施阶段的内容包括入户调查（普查、典型调查、重点调查）、资料审查、资料整理、数据格式化汇总处理等。在今天，这些工作都逐渐实现了电子信息化，适合于自动化编表。

3. 编制投入产出表

在主调查工作完成后就进入正式编表阶段。现在，投入产出表的编制越来越信息化和自动化。应用上述阶段的调查资料，首先可以编制出一个初步的标准化投入产出表。其次把初步投入产出表交给一些专家征求意见。专家可以根据专业常识和专门知识判断特定数据的准确性和合理性。收集好专家意见后，根据需要开展一些补充调查和原始数据再核查工作。经过数据校正，最后根据投入产出表的性质要求，进行模型校正（参见 3.4 节内容）。

4. 应用

编制投入产出表的最终目的是为了应用。近年来，完成编制投入产出表后，国家统计局及各地区都要开展专题应用研究活动。

5. 总结鉴定

一项系统工程任务结束，进行总结活动是非常必要的，有利于积累经验，纠正偏误，不断进步。最后要把有关文件整理存档。

3.2.2　控制总量的确定

虽然编制投入产出表所需数据庞大，现有的核算体系不满足投入产出分析对“纯部门”的要求，但仍需以现有的核算资料为基础，而不能完全依靠投入产出专项调查的数据。在我国现有的统计、会计等资料中，有相当多的资料经过必要的整理加工后就可以部分满足编表的需要。

完成基础统计工作后，投入产出表编制可以分为五大步骤。第一步，确定各个象限的控制总量，包括各产品部门的总投入、总产出、增加值和最终使用控制总量；第二步，计算购买者价格的中间投入和最终使用结构；第三步，计算各产品的最初投入结构；第四步，剔除流通费用，得到按生产者价格计算的中间投入和最终使用结构；第五步，进行总表平衡。

在国家统计局国民经济核算司每一次编表时编辑出版的《中国××××年投入产出表编制方法》中，对直接分解法编制投入产出表的方法及数据来源等有详细阐述，读者可以参考阅读。下面对重要控制总量的确定予以介绍。总量控制法是提高编表效率和质量的重要方法论。

1. 总产值

根据各部门的生产流程和部门统计特点，对不同产业的总产值按不同的方法确定。

1）农业部门总产值

大农业部门即第一产业部门，包括种植业、林业、畜牧业、渔业和其他农业等 5 个部分。从现有的核算资料中，如国家统计局农村社会经济统计年报、国家统计局《产业部门综合账户》等，可以分别核算各项农业总产值。农业部门总产值再加上商业部门代征的农产品税，就得到投入产出表中的农业总产值，其中农产品税相关资料可从农税机构取得。

2）工业部门总产值

我国的工业统计资料相对比较丰富，如国家统计局每年均编制工业统计年报。在该年报中，有比较详细的细分行业的各项经济指标，特别是规模以上大中型工业企业的指标，但这些指标是“混”部门的数据，只能作为估算的基础，然后还需借助专项调查进行补正。在投入产出专项调查中，要求工业企业对其产品按行业小类进行填报。根据工业统计工作情况，将工业生产单位分为规模以上大中型、规模以上小型和规模以下工业企业三种类型。

对规模以上大中型工业企业，国家统计局要求，为了编制《大中型工业企业总产值调查表》，企业填报本企业工业总产值时，无论是主要产品还是次要产品，都要依据产品性质按工业行业小类分别填报。因此对这类企业，只需将其总产值进行分解，将次要产品的产值分解出来，按其产品性质将其归入所属的投入产出部门。

对规模以上小型工业企业，考虑到其生产活动比较单一，将其总产值视为产品总产值，因此只需将规模以上小型工业企业分行业的总产值按照投入产出部门进行合并即可。

对规模以下工业企业，这部分的资料相对比较少，主要是根据规模以下工业企业抽样调查得到的分行业总产值结构和规模以上小型工业企业统计资料的分行业总产值结构，分解规模以下工业总产值，再按照投入产出部门进行合并。

将上述三类工业企业的总产值按产品部门汇总，即得到按产品部门估算的工业各部门总产值。由于现行工业总产值不含销项税，需要根据增值税率将其调整为含销项税的工业总产值，得到投入产出核算口径的工业各产品部门的总产值。

3）建筑业总产值

建筑业主要包括土木工程建筑业、线路、管道和设备安装业、装修装饰业等。根据我国目前的统计现状，在计算建筑业总产值时，主要从建筑产品所有方的建筑造价角度入手，依据投资完成额统计资料，并辅助一定的补充资料推算求得。核算资料主要来源于国家统计局《固定资产投资统计年报》《建筑业统计年报》等。此外，对 5 万元以下的固定资产投资完成额和与施工工程有关的地质勘探、勘察设计的产值，可从国民经济核算司的年度核算资料中直接取得。在投入产出表中，还应该包括这两项的产值。

4）第三产业总产值

和工业部门不同，第三产业部门各生产单位的产业总产值视同为产品总产值，在编制投入产出表时，只要计算出了这些部门的产业总产值，就认为是得到了产品部门总产值。由于这些部门活动的性质不同，其总产值的计算方法也不全相同，有的按营业收入（或销售收入）计算，有的按经常性业务支出加固定资产折旧计算。计算这些部门的总产值需要多方面搜集各大部委及相关机构的资料，包括统计系统的统计资料（国家统计系统和部委统计系统）、行政管理资料（如财政决算资料）和会计决算资料（如银行、保险、运输等）。

2. 中间投入

中间投入构成是投入产出表的核心，但现行的核算资料不能直接提供中间投入结构的资料，必须借助于投入产出专项调查。对投入产出调查中最重要的这一部分，首先通过投入产出重点调查，取得具有代表性的按购买者价格计算的产品部门的中间投入结构，再结合总量指标进行推算。对工业部门，要进行自产自耗产品的分解还原，将中型工业企业各部门投入构成转换为产品部门投入构成，将消耗和产出数据调整为含增值税口径的数据。

3. 增加值及其构成

从现行的核算资料中，可以取得农业、工业、建筑业、交通运输邮电业、批发和零售贸易业等部门的增加值，有的直接取自现行的国内生产总值核算资料，有的则需要根据相关资料（如年报统计资料、财政决算和会计决算资料）进行估算。在与现行的国内生产总值核算资料衔接后，即可得到满足投入产出部门分类要求的产品部门增加值的控制数。

增加值构成的编制方法有两种：一是根据统计、会计、业务核算资料，采用收入法计算；二是利用投入产出专项调查取得的增加值结构进行推算。

4. 最终使用及其构成

最终使用的总量主要来自于以支出法核算的国内生产总值计算资料，包括农村居民消费、城镇居民消费、政府消费、固定资本形成总额、存货增加、出口、进口和其他。

对居民消费，还应包括农村居民和城镇居民对金融保险业的虚拟消费[①]，形成符合投

① 居民虚拟消费支出包括如下几种类型：单位以实物报酬及实物转移的形式提供给劳动者的货物和服务；住户生产并由本住户消费了的货物和服务，其中的服务仅指住户的自有住房服务；金融机构提供的金融媒介服务；保险公司提供的保险服务。这些虚拟消费没有明确的货币支付，如居民在银行存款、使用信用卡消费等，但实际上是隐性支付了的。单位的福利也是一种形式的劳动报酬。

入产出核算口径的居民消费数据。

固定资产形成总额主要从固定资产投资统计资料和基层调查中取得或推算。存货增加总额可从国内生产总值核算资料中取得，但其结构需要借助于现有资料和重点调查进行推算。

出口可分为三大类：第一类是经海关出口的商品；第二类是为非常住单位提供的商品和服务，包括非常住单位在国内购买的商品（含饮食业）、为非常住单位提供的货运服务、邮电通信服务和商业服务；第三类是其他服务出口。类似地，进口也分为三大类：第一类是经海关进口的商品；第二类是非常住单位提供的货运服务、邮电通信服务等；第三类是其他服务进口。第一类数据可从海关统计和国际收支统计中取得，但需要对其进行调整：一是进口数据需要加上关税；二是海关的进口、出口的数据分别是以 CIF（cost insurance and freight，到岸价格）和 FOB（free on board，离岸价格）计算的，需要进行价格调整，以符合投入产出表的核算口径。第二、三类出口和进口的统计资料相对有限，主要根据《中国对外经济统计年鉴》中的“旅游外汇收入分类构成”、教育部有关留学人员和学费标准资料、中国人民银行“在华外资银行损益明细表”、国际收支平衡表等相关部委的资料进行推算。

3.2.3 流量分解

前面提到，在现行的核算资料中，主要是以企业为基础的统计资料，这些资料不符合投入产出核算对“纯”部门的要求，需要根据产品归属分解到相应的投入产出产品部门。本节将以总产值、中间投入、最终使用为例，简要介绍对其进行“纯”部门流量分解的方法。

1. 总产值的分解

按照我国现行的统计制度，工业的统计单位为独立核算的工业企业，工业总产值按“工厂法”计算[①]。根据编制投入产出表的要求，必须将计入工业总产值范围内的该企业已出售和可供出售的产品价值，按其产品性质分别计入相应的投入产出产品部门。按产品计算的产品部门的工业总产值应该等于按“工厂法”计算的工业总产值。

在投入产出专项调查中，向不同类型的工业企业发放调查表，如产品制造成本构成调查表、制造费用构成调查表、期间费用构成调查表和进口商品来源调查表等[②]，以这些调查数据为基础将企业在某个年度生产的总产值分解到各个产品部门，并要求企业填写

---

① 工厂法核算把企业基层单位——工厂作为一个整体，按其工业产品生产活动的最终成果来计算，单位内部不允许重复计算，不能把工厂内部各车间的生产成果相加。例如，棉纺织印染联合厂，既生产棉纱、棉布，又生产印染布，这个厂的总产值只能计算外销的纱产品、棉布产品和印染产品的价值。本厂自用纱和自用布的价值均不计算到上报统计的总产值。

② 对工业企业，在目前的投入产出专项调查中，主要分三类企业发放基层调查表。第一类和第二类企业分别是特殊行业大型工业企业和非特殊行业大型工业企业。第一类企业调查表有三张，即“主产品制造成本构成调查表”“期间费用构成调查表”“进口商品来源调查表”；第二类企业调查表有四张，即“产品制造成本构成调查表”“制造费用构成调查表”“期间费用构成调查表”“进口商品来源调查表”；第三类是中小型工业企业投入产出基层调查表，该类型的企业只有一张调查表，即“成本与费用构成调查表”。

总产值分解表。

现以一个钢铁企业为例考察企业总产值的分解问题。该企业的主要产品是钢铁，此外还生产化肥、机械、电力等产品。按常规统计规定，其主产品为钢铁，其生产应该全部归入黑色冶金部门。但按照投入产出产品部门的要求，应将其各种产品归入相应的产品部门，即主产品钢、生铁和其他冶金产品属于黑色冶金部门，而化肥、机械、电力等的投入结构和使用去向与钢铁等产品完全不同，应把它们的总产值分解到相应的产品部门中去，如表 3.7 所示。

表 3.7　钢铁企业的总产值构成分解　　单位：万元

产品	总产值	应归入的产品部门
钢	400	
生铁	300	黑色金属冶炼及压延加工业
其他冶金产品	100	
化肥	50	化学工业
机械	50	机械制造业
电力	60	电力及蒸汽热水生产和供应业
合计	960	

2. 中间投入的分解

中间投入部分是投入产出表的核心，其分解也最为复杂，下面以工业企业为例简要介绍。

1）分解方式

工业企业的中间投入是指与企业的工业生产活动直接相关的全部投入，不包括非工业生产活动的消耗，如企业附属托儿所、学校、食堂、基建等非工业生产活动的消耗。

从中间投入的性质来看，分为直接消耗与间接消耗①。直接消耗又分为直接材料消耗和燃料、动力消耗，直接材料消耗是指企业在生产过程中所消耗的直接用于产品生产、构成产品实体的原材料、外购半成品（外购件）、修理用备件、包装物等辅助材料等；间接消耗是指企业管理部门和车间管理部门的消耗，如办公用品、照明用电等。

从中间投入的来源来看，分为自产自耗产品与外购材料消耗。自产自耗产品是指本企业生产的作为生产另一种产品的原材料的中间产品（包括半成品和成品），且该中间产品与生产的产品属于不同的投入产出产品部门。外购材料消耗是指企业从外部购进的在本期生产消耗的原材料，它不包括生产用于消耗的自产品时对外购材料的消耗（这要分解到另一个产品部门）。外购材料按不含进项税的购买者价格计算。

对中间投入进行分解时，其基本的原则是“消耗跟着产值走”，即只要计算工业总产值，就一定要计算相应的中间消耗。分解可按以下步骤进行：首先，企业按要求填报外购材料和自产自耗产品的调查表；其次，按规定的产品部门分别列出对外购材料和自产

① 要与投入产出分析的直接消耗和间接消耗区分开，在企业成本核算中，这些对应于直接费用和间接费用。

自耗品的直接消耗汇总表；最后，将间接费用消耗的外购材料和自产自耗产品按某种比例分摊给各个产品部门，并汇总到对应的产品部门的直接消耗中。中间投入分解的路线图见图 3.1。

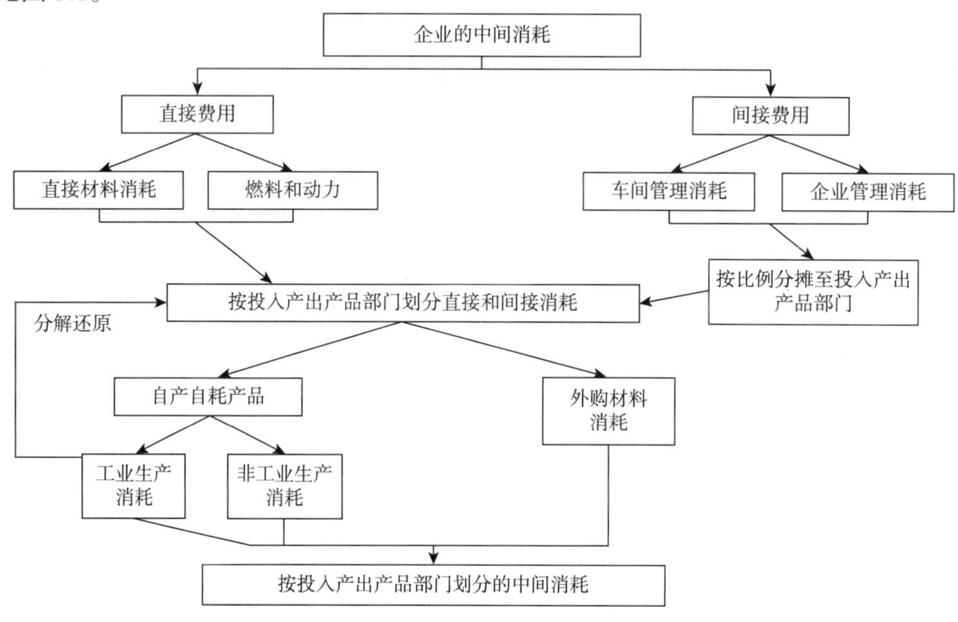

图 3.1　按投入产出部门分解中间消耗的路线图

2）中间投入分解举例

设有一个钢铁企业，除生产钢铁等黑色冶金产品外，还生产化肥、机械、电力和焦炭。在某个编表年份，生产焦炭 40 万元（成本价），全部自用；电力中 30 万元（成本价）供冶炼钢铁和生产机械等自用，另有 30 万元以出厂价外销。在 30 万元的自用电中，钢铁等黑色冶金产品生产用 20 万元，化肥和机械生产各用 5 万元。该企业的总产值为 930 万元，其中钢铁等黑色冶金产品产值 800 万元，化肥和机械产值各 50 万元，电力产值 30 万元。

该钢铁企业投入情况如下：在生产钢铁等黑色冶金产品时直接消耗原煤 65 万元，生产化肥和机械分别直接耗原煤 1 万元，发电耗原煤 30 万元，其中外销电耗原煤 15 万元、自用电耗原煤 15 万元，炼焦耗原煤 8 万元。炼钢外购铁矿石 120 万元，锰矿石 25 万元，电力 16 万元。除上述材料外，还消耗大量的其他材料，其中钢铁等黑色冶金产品消耗的其他材料为 280 万元，化肥、机械和炼焦消耗的其他材料分别为 35 万元、30 万元和 4 万元，发电消耗其他材料 5 万元，其中生产外销电消耗 3 万元。该企业生产钢铁等黑色冶金产品所获得的增加值（包括固定资产折旧、从业人员报酬等）为 234 万元，生产化肥、机械、电力的增加值分别为 9 万元、14 万元和 12 万元。综合各类中间投入分解，得表 3.8。

表 3.8　某钢铁企业产品部门的中间投入构成　　　　　单位：万元

			企业工厂法总产值	产品部门的总产值构成				
				合计	黑色冶金冶炼及压延加工业	化学工业	机械制造业	电力及蒸汽热水生产和供应业
工厂法总产值			930	930	800	50	50	30
中间消耗	自产自耗产品	电力及蒸汽热水生产和供应业		30	20	5	5	
		炼焦业		40	40			
	外购材料消耗	煤炭开采业	105	82	65	1	1	15
		黑色金属采选业	120	120	120			
		有色金属冶炼及压延加工业	25	25	25			
		电力及蒸汽热水生产和供应业	16	16	16			
		其他	354	348	280	35	30	3
	合计		620	661	566	41	36	18
增加值			310	269	234	9	14	12

在表 3.8 中，企业工厂法总产值等于企业外购材料消耗加上企业获得的增加值，而产品部门的总产值等于产品部门自产自耗产品的消耗、产品部门外购材料消耗和增加值三者之和。企业工厂法总产值和产品部门的总产值应相等。此外，企业外购材料消耗之合计应大于等于产品部门外购材料消耗合计。

至此，表 3.8 中的中间投入构成分解还没有最终完成，不能直接作为推算产品部门中间流量的基础。因为在本企业中有部分自产自耗产品如焦炭和电力的消耗，还需要进行分解还原。

3）自产自耗产品的分解还原

我国现行的工业统计资料来源单位是独立核算工业企业，一个企业通常包含多个基层单位，它们的产品属于不同的产品部门，因此就产生了一个特殊问题——自产自耗产品问题。

自产自耗产品的分解还原是指将工业企业消耗的自产自耗产品还原为生产这些自产自耗产品时所投入的各种外购的直接材料、直接工资、其他直接支出和间接费用等。只有完成自产自耗产品的分解还原工作，才能得到工业企业从事生产活动过程中从外部所获得的各种生产投入量，使得投入产出核算方法与我国现行的工业总产值、增加值计算方法相衔接。

在我国的投入产出调查中，自产自耗产品的分解还原方法主要有两种：内部直接分解法和外部间接推导法。

（1）内部直接分解法，即工业企业自行完成对自产自耗产品的分解还原，要求企业把生产外销产品时所投入的自产自耗产品还原为生产这些自产自耗产品所投入的各种外购材料、辅助材料和工资等。在 1987 年的投入产出调查中，自产自耗产品的分解还原采用的是直接分解法。

下面以表 3.8 中的自产自耗产品电力为例，说明直接分解法对自产自耗产品的分解还原过程。

首先，计算外购电和自用电的投入构成。在此，需要注意价格的不一致问题。由于外购电是按市场价格计算的，其中包括了利润和税收，而自用电是按成本价计算的，所以在分解时，不能简单地按照外购电和自用电的价值量统一计算其投入构成，而需进行分别计算。外购电的投入构成即为工厂法计算的电力部门的投入构成。

其次，调整各产品部门的投入构成，将自产自耗产品的投入构成并入调整前的相应产品部门的投入构成中去，即得到产品部门按工厂法计算的投入构成。

（2）外部间接推导法，间接推导法的基本思想是企业自己不再对自产自耗产品进行直接分解，而是由企业将这些自产自耗产品按成本价直接计入中间投入，由投入产出表的编制部门通过一定的数学方法将其转换为生产这些自产自耗产品时所投入的外购材料、辅助材料、工资等。这种方法减轻了企业处理大量数据的负担，减小了企业的填报难度。在 1992 年及以后的投入产出调查中，均采用间接推导法。

有关间接推导法的分解还原过程比较复杂，有兴趣的读者可参阅国家统计局有关投入产出表编制方法的书籍。

3. 最终使用的分解

最终使用包括最终消费、资本形成总额和净出口。最终消费中又包括农村居民消费和城镇居民消费，资本形成总额又分为固定资本形成和库存增加，净出口等于出口减去进口。

（1）关于居民消费：居民消费的数据相对比较健全，原始数据来自国家农村调查部门和城市调查部门的抽样调查资料。以城镇居民消费为例，其消费包括 13 项：食品、衣着、家庭设备用品及服务、医疗保健、交通和通信、教育文化娱乐服务、居住、杂项商品和服务、实物收入消费、自有住房服务虚拟消费、金融媒介服务消费、保险服务消费、公费医疗。但这些数据均是以购买者价格计算的，需要将其相关费用分解至对应的产品部门，转换成生产者价格。

【例 3.1】 一城镇居民购买一辆自行车，其价格为 500 元，但不能将这 500 元均归入居民对交通运输制造业的消费，因为其中还包含了运输费、商业附加费等，必须进行分解。其中自行车出厂价为 400 元，运费 20 元，商业附加值为 80 元。在投入产出表中的城镇居民消费部分，该居民购买自行车的消费就被分解至三个部门：对交通运输制造业的消费 400 元，对运输业的消费 20 元，对商业的消费 80 元。这里对运输业和商业的消费数据基于对商业机构的投入产出调查。

【例 3.2】 一城镇居民为孩子上学的教育支出为 1 000 元，同样不能将这 1 000 元均归入居民对教育事业的消费。这其中还包含了 150 元的书费和 50 元的学习用软件的费用，其中书费应归入对文化艺术和广播电影电视业的消费，软件费应归入对计算机服务和软件业的消费，其他则归为对教育事业的消费。

（2）关于出口：在总量的编制部分已经提到，出口的数据分为三大类。在海关统计中，出口商品的价值按 FOB 价格计算，它是出口商品离开我国关境时的实际价格，包括运费和其他流通费用，是一种购买者价格，需要对分类商品的出口额按一定比例换算成国内的生产者价格。换算步骤如下：

首先，编制投入产出部门和海关出口商品口径对照表；

其次，根据对照表，汇总出按投入产出部门分类的海关商品的出口额，并根据当年的平均汇率换算成以人民币表示的出口额；

最后，根据典型调查得到的国内运费和国内流通费用资料进行分解，将以 FOB 价格表示的出口额换算成以生产者价格表示的出口额，计入相应的投入产出部门。

对外国居民在中国境内直接购买的商品，可依照居民消费的分解方法进行分解，转换到投入产出表出口列中对应的部门。

（3）关于进口：海关统计的进口数据是以 CIF 价格计算的，而以生产者价格表示的投入产出表中的商品进口还要加上进口商品关税。和海关统计的出口数据需要分解不同，它实际上是一种合并（在编制购买者价格投入产出表时，中间投入中对各进口产品的消耗还需加上进口商品的国内流通费用）。

4. 流通费用分解

所谓流通费用就是运输费用和商业费用。流通费用的处理在投入产出表编制中是非常重要的环节，根据产品价格基准不同会有不同的处理方式。例如，一个使用者以 5 000 元购买了一吨钢材，这是购买者价格；每吨钢材的出厂价格为 4 000 元，到达使用者手中时共花 300 元运费，其中还包括商业附加费 700 元等，于是以生产者价格为基准，一个使用部门对钢材的 5 000 元使用就分解成对黑色金属冶炼及压延加工业产品的使用 4 000 元，对运输业的使用 300 元，对商业的使用 700 元。在生产者价格中，包含了生产者支付的投入产品的流通费用和产品交给使用者或商业部门的流通费用；在购买者价格中，包含了商业部门支付的流通费用。生产者价格等于购买者价格减去商业部门支付的流通费用。在生产者价格投入产出表的中间投入或最终使用列中，对流通部门的消耗或消费是各种投入或消费品的商业部门支付的运输费用加商业附加费，再加上使用者直接支付的运输费用和其他物流服务费用。在购买者价格投入产出表的投入和最终使用列中，对流通部门的消耗是使用者直接支付的运输费用和其他物流服务费用。从购买者价格转换成生产者价格就是计算出购买者价值中由商业部门支付的运输费和包含的商业附加费并予以扣除，再加计在对应的流通行中。

由于编表所需要的资料多半来自于使用部门，其投入核算价格为购买者价格，所以投入产出表编制通常是首先编制一个购买者价格投入产出表。从购买者价格到生产者价格的转换通过一个流通费用矩阵进行。每一种流通费用编制一个流通费用矩阵。显然，服务产品的生产者价格和购买者价格应当是相同的，至于中介费用则单独计算，由卖方支付则计算到卖方的投入列中，由买方支付则计算到买方的投入或最终使用列中，都不属于流通费用。

编制流通费用矩阵的主要困难是，一个工业企业常常生产多种产品，这些产品对某种产品（如钢材）的消耗中流通费用（运输、商业费用）所占的比例不同。企业一般只有全部钢材采购过程中流通费用的比例，而没有按使用方向的流通费用比例。因此，在实际编制流通费用矩阵时，往往需要建立在一些假定的基础上。其中最重要的一条假定是，各产品部门购买某一给定产品的单位价值中包含的外购流通费用均相等，即平均流通费率假设。此外，还包括各产品部门流通费用比例不变假设、同一产品部门内各流通费用率比例不变假设。

我国 2012 年投入产出表流通费用矩阵编制的基本原理是，以应扣总流通费用为控制数，根据流通费率计算出各部门应扣除的各种流通费用（主要为运输费用和商业费用），并通过专家咨询法、RAS 法等实现其与相应的流通部门总产出数据的协调平衡。在最终确定某一部门应扣除的各种流通费用后，以购买者价格表中该部门所在行中包含流通费用的各产品中间使用和最终使用项之间的比例分配各种流通费用，进而得到流通费用矩阵。编制流通费用矩阵的基本步骤如下。

1）确定外购总流通费用的控制数

在经济活动中，流通费用的支付者分为两类：购买者和生产者。在购买者价格投入产出表中，生产者连同出售商品时自付的流通费用已作为中间投入体现在生产成本中，这部分流通费用无须在流通费用矩阵中反映。因此，在流通费用矩阵中，只需反映生产者购买各种产品时支出的外购流通费用。各流通部门的外购流通费用等于全社会支付的各类流通费用总额减去生产者已支付的流通费用。设流通部门 k 的外购总流通费用为 φ_k，则

$$\varphi_k = q_k - \sum_j x_{kj} \tag{3.1}$$

其中，q_k 是流通部门 k 的总产值，x_{kj} 是产品部门 j 对流通部门 k 的消耗，即生产者已经支付给流通部门 k 的流通费用。

将所有流通部门的外购流通费用相加，即可得到全社会的外购总流通费用的控制数，即

$$\phi = \sum_k \varphi_k \tag{3.2}$$

2）计算流通费率

流通费率是指流通费用占购买者价格总产值的比例。其中，商业流通费率等于购销差价与商品销售总收入的比率，即毛利率；运输费率为商品购买者支付的运输费占购进商品总额（包含流通费用）的比率。各产品部门的流通费率可根据投入产出专项调查中“批发和零售贸易业毛利额调查汇总表”和“运输费用构成典型调查汇总表”中的相关数据计算。

3）计算各产品部门的外购流通费用

产品部门的外购流通费用即产品部门生产投入和产品销售中自己支付的流通费用。

第一步：初步计算各产品部门的流通费用。

各产品部门的流通费用等于各产品部门含流通费用的产值和相应的流通费率的乘积。但在购买者价格投入产出表中，有些部门的部分产值数据是按生产者价格计算的，如农村居民对农业部门的自给性消费等。这些产出数据中并不包含流通费用，在计算流通费用时应扣除。

设生产者价格投入产出表中产品部门 i 的总产值为 q_i，不含流通费用的某一项产值为 α_{is}^x，由典型调查得到的该产品部门的总流通费率为 tr_i，令该产品部门的总流通费用为 φ_i，则

$$\varphi_i = \mathrm{tr}_i\left[\left(x_i + \varphi_i\right) - \sum_s \alpha_{is}^x\right]$$

推导得

$$\varphi_i = \frac{\mathrm{tr}_i\left(x_i - \sum_s \alpha_{is}^x\right)}{1 - \mathrm{tr}_i} \tag{3.3}$$

第二步：计算各产品部门的外购流通费用。

由于式（3.3）中计算出的各部门流通费用使用的流通费率是通过典型调查得到的，可能与实际流通费用不一致，需要进行调整。具体方法是，在各部门流通费用比例不变的假定基础上，根据式（3.2）计算的全社会外购总流通费用为控制数和式（3.3）计算的各产品部门总流通费用的比例结构进行调整。各产品部门外购流通费用为

$$\phi_i = \phi \times \frac{\varphi_i}{\sum_i \varphi_i} \tag{3.4}$$

然后，在同一产品部门内各流通部门的流通费率比例不变假定的基础上，计算各产品部门产值中包含的各种外购流通费用。令 φ_{ik} ，ϕ_{ik} 分别为产品部门 i 对流通部门 k 的流通费用和外购流通费用，则

$$\phi_{ik} = \phi_i \times \frac{\varphi_{ik}}{\varphi_i} \tag{3.5}$$

第三步：对式（3.5）得到的外购流通费用进行调整。基于一些假定，式（3.5）计算的外购流通费用之和可能与该流通部门总流通费用的控制数不一致，为此，需要根据专家咨询法、RAS 法等方法，在保持各产品部门外购总流通费用不变、各产品部门外购的某个流通部门的流通费用合计应等于该流通部门的外购总流通费用控制数的原则下，对得到的各产品部门外购流通费用进行调整。

4）计算流通费用矩阵

根据平均流通费率假定，分别以调整后的各产品部门对某一流通部门的外购流通费用为控制数，根据购买者价格表中该部门所在行中含流通费的各中间使用和最终使用项之间的比例，分配对该流通部门的流通费用，将它们按顺序连接即可得到该流通部门的流通费用矩阵。

将各流通部门的流通费用矩阵中对应的元素相加，即为全社会的流通费用矩阵。

在编制完成的购买者价格投入产出表基础上，扣除相应的流通费用，即可初步得到按生产者价格计算的投入产出表。

3.3　UV 表法

UV 表法又称推导法，是联合国统计部门在国民账户体系中推荐的投入产出表编制方法。目前经济合作与发展组织（Organization for Economic Co-operation and Development，OECD）的大多数国家都采用推导法编制投入产出表。随着我国市场经济制度和私有经

济的深入发展，原来的直接分解法编表困难增加，我国可能逐步过渡到推导法编表。

UV 表法的基础概念是产品部门和产业部门的区分，基础统计数据的来源是基层单位。基层单位是国民账户体系的一种基本核算单位，一般有一种主产品。一个机构单位可以有若干个基层单位，基层单位是基本独立的生产单元。同类基层单位的集合构成一个产业部门，从而一个产业部门是可能生产多种很不相同的产品的。一个产品部门的产品构成要求有充分的同质性，这种同质性一般由生产投入构成及生产工艺规定，也会考虑某些用途的同质性，如不同电力的生产投入结构差异较大，但作为动力提供部门常合并为一个部门。如果多种产品的产值比例基本相当，那么应当对其投入产出数据进行分解，分别归属不同的产业部门。

UV 表法编表的数据基础是两张在基层单位调查基础上编制的统计表，分别称为 U 表和 V 表。U 表的列是每一个产业部门在生产中使用的各种纯产品量的统计，V 表的行是每一个产业部门生产的各种纯产品量的统计，所以 U 表被称为使用表或投入表，V 表被称为产出表、制造表或供给表①。UV 表法就是从 UV 表出发，在一定的经济技术假定基础上，推导出产品×产品型投入产出表。U 表和 V 表实际上只是中间产品数据，要编制完整的投入产出表，还需要最终使用数据和最初投入数据。作为编表基础的最终使用数据与产品×产品型投入产出表相同，矩阵形式仍然记作 $\boldsymbol{Y}$；作为编表基础的最初投入数据是关于产业部门的，其矩阵形式记作 $\boldsymbol{N}$。

3.3.1　基本关系

为了系统描述 UV 表法，表 3.9 给出了一个综合表式。

表 3.9　UV 表法表式

		产品部门	产业部门	最终使用	总产出
产品部门	1				
	2	（$\boldsymbol{X}$）	$\boldsymbol{U}$	$\boldsymbol{Y}$	$\boldsymbol{Q}$
	⋮				
	n				
产业部门	1				
	2	$\boldsymbol{V}$	（$\boldsymbol{W}$）	（$\boldsymbol{M}$）	$\boldsymbol{G}$
	⋮				
	n				
最初投入		（$\boldsymbol{Z}$）	$\boldsymbol{N}$		
总投入		$\boldsymbol{Q}'$	$\boldsymbol{G}'$		

在表 3.9 中，$\boldsymbol{U}$ 为投入矩阵或使用矩阵，其元素 U_{ij} 表示产业部门 j 所消耗产品 i 的数量；$\boldsymbol{Y}$ 和 $\boldsymbol{Q}$ 分别为产品部门产品的最终使用矩阵和总产出列向量；$\boldsymbol{M}$ 和 $\boldsymbol{G}$ 分别为产业部

① 实际上，供给表和制造表还是有些不同的。一般供给表还要列出各种产品的进口。境内生产量加进口等于一种产品的既定时期内新的总供给，即在表 3.9 的 V 表下方或转置后的右方增加一个进口行或列。

门产品的最终使用矩阵和总产出列向量；$\boldsymbol{V}$ 为产出矩阵或制造矩阵，其元素 V_{ij} 表示产业部门 i 所生产的（纯部门）产品 j 的数量。$\boldsymbol{Z}$ 和 $\boldsymbol{N}$ 为最初投入矩阵。表 3.9 中，加括号的量是未知的，将通过推导法获得。为了简化叙述，下面将 $\boldsymbol{Y}$ 和 $\boldsymbol{M}$ 看作列向量，将 $\boldsymbol{Z}$ 和 $\boldsymbol{N}$ 看作行向量。

1. 水平方向关系

表 3.9 中水平方向可以形成四个关系方程：中间使用部门为产品部门的产品部门总产出分配关系；中间使用部门为产业部门的产品部门总产出分配关系；产业部门的产品构成关系；中间使用部门为产业部门的产业部门总产出分配关系。

（1）中间使用部门为产品部门的产品部门总产出分配关系：

$$\sum_{j=1}^{n} X_{ij} + Y_i = Q_i \quad 或 \quad \boldsymbol{Xe} + \boldsymbol{Y} = \boldsymbol{Q} \tag{3.6}$$

（2）中间使用部门为产业部门的产品部门总产出分配关系：

$$\sum_{j=1}^{n} U_{ij} + Y_i = Q_i，\ i = 1,2,\cdots,n，\ 或 \quad \boldsymbol{Ue} + \boldsymbol{Y} = \boldsymbol{Q} \tag{3.7}$$

令

$$b_{ij} = \frac{U_{ij}}{G_j} \ 或\ \boldsymbol{B} = \boldsymbol{U}\hat{\boldsymbol{G}}^{-1}$$

其中，$\boldsymbol{B}$ 称为产业部门对产品的投入系数矩阵，代入式（3.7）得

$$\sum_{j=1}^{n} b_{ij} G_j + Y_i = Q_i，\ i = 1,2,\cdots,n，\ 或 \quad \boldsymbol{BG} + \boldsymbol{Y} = \boldsymbol{Q} \tag{3.8}$$

（3）产业部门的产品构成关系：

$$\sum_{j=1}^{n} V_{ij} = G_i，\ i = 1,2,\cdots,n，\ 或 \quad \boldsymbol{Ve} = \boldsymbol{G} \tag{3.9}$$

令

$$d_{ij} = \frac{V_{ij}}{Q_j} \ 或 \quad \boldsymbol{D} = \boldsymbol{V}\hat{\boldsymbol{Q}}^{-1}$$

其中，$\boldsymbol{D}$ 表示市场份额系数矩阵，代入式（3.9）得

$$\sum_{j=1}^{n} d_{ij} Q_j = G_i，\ i = 1,2,\cdots,n，\ 或 \quad \boldsymbol{DQ} = \boldsymbol{G} \tag{3.10}$$

（4）中间使用部门为产业部门的产业部门总产出分配关系：

$$\sum_{j=1}^{n} W_{ij} + M_i = G_i，\ i = 1,2,\cdots,n，\ 或 \quad \boldsymbol{We} + \boldsymbol{M} = \boldsymbol{G} \tag{3.11}$$

2. 垂直方向关系式

表 3.9 中垂直方向也可以形成四个关系方程：中间投入为产品部门产品的产品部门总产出价值形成关系；产品部门的产品来源部门构成；中间投入为产品部门产品的产业部门总产出价值形成关系；中间投入为产业部门产品的产业部门总产出价值形成

关系。

（1）中间投入为产品部门产品的产品部门总产出价值形成关系：

$$\sum_{i=1}^{n} X_{ij} + Z_j = Q_j,\quad j=1,2,\cdots,n\ ,\quad \boldsymbol{X'e}+\boldsymbol{Z'}=\boldsymbol{Q} \tag{3.12}$$

（2）产品部门的产品来源部门构成：

$$\sum_{i=1}^{n} V_{ij} = Q_j,\quad j=1,2,\cdots,n\ ,\ \text{或}\ \ \boldsymbol{V'e}=\boldsymbol{Q} \tag{3.13}$$

令

$$c_{ij}=\frac{V_{ji}}{G_j},\quad j=1,2,\cdots,n\ ,\ \text{或}\ \ \boldsymbol{C}=\boldsymbol{V'}\hat{\boldsymbol{G}}^{-1}\ ,$$

其中，$\boldsymbol{C}$ 称为产出系数矩阵或制造系数矩阵，代入式（3.13）得

$$\sum_{i=1}^{n} c_{ji} G_i = Q_j,\quad j=1,2,\cdots,n\ ,\ \text{或}\ \ \boldsymbol{C'G}=\boldsymbol{Q} \tag{3.14}$$

（3）中间投入为产品部门产品的产业部门总产出价值形成关系：

$$\sum_{i=1}^{n} U_{ij} + N_j = G_j,\quad j=1,2,\cdots,n\ ,\ \text{或}\ \ \boldsymbol{U'e}+\boldsymbol{N'}=\boldsymbol{Q} \tag{3.15}$$

将前述 b_{ij} 或 $\boldsymbol{B}$ 的定义代入式（3.15）得

$$\sum_{i=1}^{n} b_{ij} G_j + Z_j = G_j,\quad j=1,2,\cdots,n\ ,\ \text{或}\ \ \langle \boldsymbol{eB}\rangle \boldsymbol{G}+\boldsymbol{Z'}=\boldsymbol{G} \tag{3.16}$$

（4）中间投入为产业部门产品的产业部门总产出价值形成关系：

$$\sum_{i=1}^{n} W_{ij} + N_j = G_j,\quad j=1,2,\cdots,n\ ,\ \text{或}\ \ \boldsymbol{W'e}+\boldsymbol{N'}=\boldsymbol{G} \tag{3.17}$$

3.3.2 产品×产品表的推导

推导法的主要目标是获得产品×产品表的中间流量矩阵 $\boldsymbol{X}$ 和最初投入矩阵 $\boldsymbol{Z}$，编制纯部门即产品×产品投入产出表，也可以类似推导出产业×产业投入产出表。在表 3.9 中，$\boldsymbol{U}$，$\boldsymbol{V}$，$\boldsymbol{Y}$，$\boldsymbol{Z}$，$\boldsymbol{Q}$，$\boldsymbol{G}$ 等数据通过调查获得，这些资料在实践中较易取得。下面主要讨论产品×产品表的推导，产业×产业投入产出表的推导留作练习。

1. 产品工艺假定条件下的推导

从 UV 表到产品×产品投入产出表，因为某些信息的缺失，必然需要一些假定条件。比较容易接受的一个假定是，同种产品无论在哪个产业部门生产，其技术系数即投入系数都相同。这个假定被称为产品工艺假定。

设产品×产品投入产出表的投入系数矩阵是 $\boldsymbol{A}$，根据产品工艺假定，如果产业部门 j 生产的各种产品量是向量 $\boldsymbol{V}_j$，那么它对各种产品部门产品的投入向量就是

$$\boldsymbol{U}_j = \boldsymbol{A}\boldsymbol{V}_j,\quad j=1,2,\cdots,n \tag{3.18}$$

容易理解，$\boldsymbol{U}_j$ 就是 $\boldsymbol{U}$ 矩阵对应产业部门 j 的那一列，而 $\boldsymbol{V}_j$ 就是 $\boldsymbol{V}$ 矩阵对应产业部

门 j 的那一行形成的列向量，所以

$$\boldsymbol{U}=\boldsymbol{A}\boldsymbol{V}' \quad \text{或} \quad U_{ij}=\sum_{k=1}^{n}a_{ik}V_{jk}, \quad i,j=1,2,\cdots,n \tag{3.19}$$

如果 $\boldsymbol{V}$ 是可逆的，则有

$$\boldsymbol{A}=\boldsymbol{U}(\boldsymbol{V}')^{-1}=\boldsymbol{B}\boldsymbol{C}^{-1},\boldsymbol{X}=\boldsymbol{A}\hat{\boldsymbol{Q}}=\boldsymbol{U}(\boldsymbol{V}')^{-1}\hat{\boldsymbol{Q}} \tag{3.20}$$

利用产品工艺假定并可计算 $\boldsymbol{Z}$，即各产品部门的最初投入。以 $\boldsymbol{A}_z$ 表示产品部门最初投入系数矩阵，$\boldsymbol{A}_N$ 表示产业部门的最初投入系数，通过与上面类似的推理，可得

$$\boldsymbol{A}_Z=\boldsymbol{N}(\boldsymbol{V}')^{-1}=\boldsymbol{A}_N\boldsymbol{C}^{-1},\boldsymbol{Z}=\boldsymbol{A}_Z\hat{\boldsymbol{Q}}=\boldsymbol{N}(\boldsymbol{V}')^{-1}\hat{\boldsymbol{Q}} \tag{3.21}$$

2. 产业工艺假定下的推导

与产品工艺假定对称，可以有产业工艺假定，即在一个产业部门中，无论生产何种产品，其投入结构都相同。这个假定初看很不合理，但在有些产业有一定道理，如炼油厂生产的各种成品油的投入系数可以假定都相同。

在产业工艺假定下，对产业部门 i，其产出产品 j 是 V_{ij}，该产出对各种纯产品的消耗是 B_iV_{ij}，其中 B_i 是产业部门 i 的投入系数列向量。产品部门 i 的总产出是各个产业部门生产产品 i 的和，从而产品部门 i 对各种产品的投入也是各产业部门为生产产品 i 的投入向量之和，即

$$X_j=\sum_{k=1}^{n}B_kV_{kj} \tag{3.22}$$

于是

$$\boldsymbol{X}=\boldsymbol{B}\boldsymbol{V} \tag{3.23}$$

而

$$\boldsymbol{A}=\boldsymbol{X}\hat{\boldsymbol{Q}}^{-1}=\boldsymbol{B}\boldsymbol{V}\hat{\boldsymbol{Q}}^{-1}=\boldsymbol{B}\boldsymbol{D} \tag{3.24}$$

同理有

$$\boldsymbol{A}_Z=\boldsymbol{A}_N\boldsymbol{D},\boldsymbol{Z}=\boldsymbol{A}_Z\hat{\boldsymbol{Q}}=\boldsymbol{A}_N\boldsymbol{V}=\boldsymbol{A}_N\boldsymbol{D}\hat{\boldsymbol{Q}} \tag{3.25}$$

3. 矩形表

在前面的推导法中假定了产业部门数与产品部门数相同，部门分类也相同，实际工作中两者可以允许不相同，这样就产生了矩形 U 表和 V 表。例如，设产品部门数是 n 个，产业部门数 m 个，这样，矩阵 $\boldsymbol{X}$ 是 n 阶方阵，$\boldsymbol{W}$ 是 m 阶方阵，$\boldsymbol{U}$ 是 $n\times m$ 矩阵，$\boldsymbol{V}$ 是 $m\times n$ 矩阵，$\boldsymbol{B}$ 是 $n\times m$ 矩阵，$\boldsymbol{D}$ 是 $m\times n$ 矩阵，$\boldsymbol{C}$ 是 $n\times m$ 矩阵。

在矩形表情况下，因 $\boldsymbol{C}$ 和 $\boldsymbol{V}$ 不是方阵，所以 $\boldsymbol{C}^{-1}$ 和 $\boldsymbol{V}^{-1}$ 不存在，所以产品工艺假定无法应用，只能应用产业工艺假定。

另外，在产品工艺假定下，$\boldsymbol{C}^{-1}$ 可能出现负系数，或应为零时有较大的数；产业工艺假定下，不会出现负系数，但仍会出现不合理的流量，所以在推导出目标矩阵后一定要进行核查，矫正不合理的情况。

3.3.3　混合工艺假定下的 UV 表法

显然，无论是产品工艺假定还是产业工艺假定，都不能适用于所有的生产单位。在生产中与主产品同时存在的次要产品、联产品、副产品等的投入结构差异会很大。产品工艺假定对大多数产品来说是适用的，但对一些联产品则不适用，如独立水泥生产厂生产的水泥和热电厂利用废渣生产的水泥，其投入结构就不同。产业部门工艺假定对联产品、副产品比较适用，如炼焦厂生产焦炭的同时又生产了化工产品、煤气等，其投入结构基本相同，因为焦炭是主产品，其他则是同时产生的副产品。在很多情况下，产业部门工艺假定和实际有较大的距离。例如，钢铁企业生产的焦炭，其生产过程和其主产品钢铁显然不是同时进行的，投入结构有很大的不同。为了使推导法更符合实际，需要区分不同情况采用混合工艺假定。

1. 混合工艺假定下的 UV 表

为了区分适用不同工艺假定的产业部门，对 V 表结构进行改造，将其分成上下两个部分（表 3.10），上部分产业部门适用产品工艺假定，主要包含次要产品的生产，下部分适用产业部门工艺假定，主要包含联产品和副产品的生产。U 表不变。理论上，虽然产品部门数可以不等于产业部门数，但是对具有一定规模的经济而言，总是可以通过部门合并使得二者相等，所以下面的讨论针对二者部门数相等的情况。

表 3.10　产出表

产出部门 \ 产品		产品 1 2 … n	产业总产出
适用产品工艺假定的产业部门	1	V^1	G^1
	2		
	⋮		
	n		
产品总产出		$(Q^1)'$	
适用产业工艺假定的产业部门	1	V^2	G^2
	2		
	⋮		
	n		
产品总产出		$(Q^2)'$	

2. 产品×产品投入产出表的推导

表 3.9 与表 3.10 有如下关系式：

$$\begin{cases} \boldsymbol{V} = \boldsymbol{V}^1 + \boldsymbol{V}^2 \\ \boldsymbol{G} = \boldsymbol{G}^1 + \boldsymbol{G}^2 \\ \boldsymbol{Q} = \boldsymbol{Q}^1 + \boldsymbol{Q}^2 \end{cases} \tag{3.26}$$

在表 3.10 中，$\boldsymbol{V}^1$ 对应适用产品工艺假定的产出分布，$\boldsymbol{V}^2$ 对应适用产业工艺假定的产出分布。对 $\boldsymbol{V}^1$ 和 $\boldsymbol{V}^2$ 分别定义产出系数矩阵 $\boldsymbol{C}^1$ 和 $\boldsymbol{C}^2$ 、市场份额矩阵 $\boldsymbol{D}^1$ 和 $\boldsymbol{D}^2$ ，即

$$\boldsymbol{C}^1=\left(\boldsymbol{V}^1\right)'\left(\hat{\boldsymbol{G}}^1\right)^{-1},\boldsymbol{C}^2=\left(\boldsymbol{V}^2\right)'\left(\hat{\boldsymbol{G}}^2\right)^{-1}$$

$$\boldsymbol{D}^1\boldsymbol{Q}^1=\boldsymbol{G}^1,\boldsymbol{D}^2\boldsymbol{Q}^2=\boldsymbol{G}^2$$

已知产业部门的投入流量矩阵，希望推导产品部门的投入流量矩阵，方法就是把二者联系起来。

对表 3.10：

$$\boldsymbol{G}^1=\boldsymbol{V}^1\boldsymbol{e}=\boldsymbol{D}^1\boldsymbol{Q}^1\text{，}\ \boldsymbol{Q}^1=\left(\boldsymbol{e}\boldsymbol{V}^1\right)=\boldsymbol{C}^1\hat{\boldsymbol{G}}^1\boldsymbol{e}$$

$\boldsymbol{Q}^1$ 是各个产业生产的，其中产业部门 j 生产的部分是 $\boldsymbol{V}^1$ 的第 j 行 V_j^1 ，这些产出的中间消耗矩阵根据产品工艺假定是 $\left(\boldsymbol{X}^1\right)^j=\boldsymbol{A}\left\langle\left(\boldsymbol{V}^1\right)_j\right\rangle$ 。而 $\left(\boldsymbol{X}^1\right)^j\boldsymbol{e}=\boldsymbol{A}\left(\boldsymbol{V}_j^1\right)\boldsymbol{e}=\boldsymbol{A}\left(\boldsymbol{V}_j^1\right)'$ 就是产业部门 j 对各种产品部门产品的投入列，记为 U_j^1 ，所有 U_j^1 就构成了 $\boldsymbol{G}^1$ 对各产品部门产品的投入流量矩阵，于是

$$\boldsymbol{U}^1=\boldsymbol{A}\left(\boldsymbol{V}^1\right)'=\boldsymbol{B}\hat{\boldsymbol{G}}^1\tag{3.27}$$

对于下部分，有

$$\boldsymbol{G}^2=\boldsymbol{V}^2\boldsymbol{e}=\boldsymbol{D}^2\boldsymbol{Q}^2\text{，}\ \boldsymbol{Q}^2=\left(\boldsymbol{e}\boldsymbol{V}^2\right)''=\boldsymbol{C}^2\hat{\boldsymbol{G}}^2\boldsymbol{e}$$

$\boldsymbol{G}^2$ 包含各种产品部门的产品，这些产品根据产业工艺假定具有同样的投入系数，这个投入系数就是矩阵 $\boldsymbol{B}$ 的一列。产品部门 j 的产品产出是 $\boldsymbol{V}^2$ 的一列，即 V_j^2 ，这一列可以看作产业部门的一个产出分量，根据产业部门工艺假定，它们与 $\boldsymbol{G}$ 有相同的投入系数矩阵，从而其对产品部门产品的消耗矩阵是 $\left(\boldsymbol{X}^2\right)_j=\boldsymbol{B}\left\langle V_j^2\right\rangle$ ，从而为生产产品部门产品 j 对各种产品部门产品的投入列是 $\left(\boldsymbol{X}^2\right)_j\boldsymbol{e}=\boldsymbol{B}\left\langle \boldsymbol{V}_j^2\right\rangle\boldsymbol{e}=\boldsymbol{B}\boldsymbol{V}_j^2$ ，从而整个产品部门的中间流量矩阵是

$$\boldsymbol{X}^2=\boldsymbol{B}\boldsymbol{V}^2\tag{3.28}$$

若 $\boldsymbol{X}^1$ 和 $\boldsymbol{X}^2$ 分别是 $\boldsymbol{Q}^1$ 和 $\boldsymbol{Q}^2$ 对应的投入系数矩阵，则 $\boldsymbol{Q}$ 对应的投入系数矩阵就是 $\boldsymbol{X}=\boldsymbol{X}^1+\boldsymbol{X}^2$ 。在 $\boldsymbol{V}^1$ 可逆的条件下，由式（3.27）可得 $\boldsymbol{A}=\boldsymbol{B}\hat{\boldsymbol{G}}^1\left(\left(\boldsymbol{V}^1\right)'\right)^{-1}$ ，于是

$$\boldsymbol{X}^1=\boldsymbol{A}\hat{\boldsymbol{Q}}^1=\boldsymbol{B}\hat{\boldsymbol{G}}^1\left(\left(\boldsymbol{V}^1\right)'\right)^{-1}\hat{\boldsymbol{Q}}^1\tag{3.29}$$

于是

$$\boldsymbol{X}=\boldsymbol{B}\hat{\boldsymbol{G}}^1\left(\left(\boldsymbol{V}^1\right)'\right)^{-1}\hat{\boldsymbol{Q}}^1+\boldsymbol{B}\boldsymbol{V}^2\tag{3.30}$$

实际上，可以分别利用 $\boldsymbol{V}^1$ 和 $\boldsymbol{V}^2$ 获得对称产品×产品投入产出表。前面已得到 $\boldsymbol{A}=\boldsymbol{B}\hat{\boldsymbol{G}}^1\left(\left(\boldsymbol{V}^1\right)'\right)^{-1}$ ，这就仅利用了 U 表和 V^1 表的信息。在式（3.28）的等号两边分别右乘 $\left(\hat{\boldsymbol{Q}}^2\right)^{-1}$ 可得 $\boldsymbol{A}=\boldsymbol{B}\boldsymbol{V}^2\left(\left(\hat{\boldsymbol{Q}}^2\right)'\right)^{-1}$ ，这仅利用了 U 表和 V^2 表的信息。另外，进一步分析可以发现，无论是 3.3.2 小节中标明单纯使用产品工艺假定和单纯使用产业工艺假定，还是这里标明使用混合工艺法，实际上，都是在同时使用产品工艺法和产业工艺法，因为投

入系数矩阵 $\boldsymbol{A}$ 本身就是产品工艺假定，即无论产品被什么部门生产，都使用 $\boldsymbol{A}$ 作为投入系数矩阵，而投入系数矩阵 $\boldsymbol{B}$ 就是产业工艺假定，即无论产业部门的什么产品，都使用 $\boldsymbol{B}$ 为投入系数矩阵。

为了充分发挥 $\boldsymbol{V}^1$ 和 $\boldsymbol{V}^2$ 的信息作用，可令 $\boldsymbol{A}^1=\boldsymbol{B}\hat{\boldsymbol{G}}^1\left((\boldsymbol{V}^1)'\right)^{-1}$，$\boldsymbol{A}^2=\boldsymbol{B}\boldsymbol{V}^2\left((\hat{\boldsymbol{Q}}^2)'\right)^{-1}$，而总体的投入系数矩阵以各自的产品部门总产出比例加权而得，这样得到的流量矩阵就是式（3.30），而 $\boldsymbol{A}=\left[\boldsymbol{B}\hat{\boldsymbol{G}}^1\left((\boldsymbol{V}^1)'\right)^{-1}\hat{\boldsymbol{Q}}^1+\boldsymbol{B}\boldsymbol{V}^2\right]\hat{\boldsymbol{Q}}^{-1}$。

3.4 更新法编表

更新法是比推导法更简化的投入产出表编制方法，是以已有投入产出表为基础进行数据或系数更新的编表方法。作为基础的投入产出表可以是同一经济体不同时期的，也可以是比较相似的经济体的。投入产出表本身的数据量很庞大，更新法都是在数据很不充分的情况下进行的，所以不会有唯一的方法，本节将简要介绍几种。

3.4.1 RAS 法

在投入产出表的更新技术中，RAS 法的历史是最悠久的，其基本原理的提出可以追溯到 20 世纪 30 年代，并不仅仅用于投入产出分析领域①。RAS 法用于投入产出分析，有人认为是英国投入产出专家斯通等做的工作②。RAS 法又称双比例标度法或双比例平衡法，目标是求中间流量矩阵或直接投入系数矩阵，把求 n^2 个未知数的问题转化成求 $2n$ 个未知数的问题。

1. RAS 法基本模型

RAS 法的基础数据是某个作为出发点的基准投入产出表及目标投入产出表的中间流量矩阵的行和向量与列和向量，或者对应基准表的直接投入系数矩阵、目标投入产出表的最终使用矩阵及最初投入矩阵、总产出向量。

设已知基准表的中间流量矩阵是 $\bar{\boldsymbol{X}}$，目标表的行和是列向量 $\boldsymbol{U}$、列和是行向量 $\boldsymbol{V}$。如果存在向量 $\boldsymbol{R}$ 和 $\boldsymbol{S}$，使得

$$\begin{cases}\hat{\boldsymbol{R}}\bar{\boldsymbol{X}}\hat{\boldsymbol{S}}\boldsymbol{e}=\boldsymbol{U}\\ \boldsymbol{e}\hat{\boldsymbol{R}}\bar{\boldsymbol{X}}\hat{\boldsymbol{S}}=\boldsymbol{V}\end{cases}\tag{3.31}$$

成立，则把 $\boldsymbol{X}=\hat{\boldsymbol{R}}\bar{\boldsymbol{X}}\hat{\boldsymbol{S}}$ 作为目标表的中间流量矩阵。如果 $\bar{\boldsymbol{X}}$ 未知，基准表投入系数矩阵 $\bar{\boldsymbol{A}}$

---

① Lahr M L, Mesnard L D. Biproportional techniques in input-output analysis: table updating and structural analysis. Economic Systems Research, 2004, 16 (2): 115-134

② 钟契夫，陈锡康. 投入产出分析. 北京：中国财政经济出版社，1991：240；Stone R. A Programme for Growth：A Social Accounting Matrix for 1960. London：Chapman and Hall，1962

和目标表总产出 $\boldsymbol{Q}$ 已知，则令 $\boldsymbol{X}^0=\bar{\boldsymbol{A}}\hat{\boldsymbol{Q}}$，在式（3.31）中用 $\boldsymbol{X}^0$ 取代 $\bar{\boldsymbol{X}}$。于是，新表与基准表的投入系数矩阵有关系：$\boldsymbol{A}=\hat{\boldsymbol{R}}\bar{\boldsymbol{A}}\hat{\boldsymbol{S}}$，这也是 RAS 法名词的由来。

2. RAS 法的基本步骤

RAS 法的实质就是求解方程式（3.31），这是一个非线性方程组，没有解析解，所以在实践中用迭代法求解。

设经过了 k 步迭代，得到矩阵 $\boldsymbol{X}^k$，该矩阵使得 $\boldsymbol{X}^k\boldsymbol{e}=\boldsymbol{U}$ 成立。令 $\boldsymbol{\delta}$ 是各元素都为某个小数的列向量，该小数反映了希望达到的精度。于是，RAS 法的求解步骤如下：

（1）令 $\boldsymbol{R}^k=\boldsymbol{e}\boldsymbol{X}^k\hat{\boldsymbol{V}}^{-1}$，若 $\left\|\boldsymbol{R}^k-\boldsymbol{e}\right\|\leqslant\boldsymbol{\delta}$，则停止迭代；

（2）令 $\boldsymbol{X}=\boldsymbol{X}^k$，否则，令 $\boldsymbol{X}^{k+1}=\hat{\boldsymbol{R}}^k\boldsymbol{X}^k$；

（3）计算 $\boldsymbol{S}^{k+1}=\boldsymbol{X}^{k+1}\boldsymbol{e}\hat{\boldsymbol{U}}^{-1}$，若 $\left\|\boldsymbol{S}^{k+1}-\boldsymbol{e}\right\|\leqslant\boldsymbol{\delta}'$，则停止迭代，令 $\boldsymbol{X}=\boldsymbol{X}^{k+1}$，否则，令 $\boldsymbol{X}^{k+2}=\boldsymbol{X}^{k+1}\hat{\boldsymbol{S}}^{k+1}$，重复步骤（1）~（3）。

3. RAS 法解的数学性质

RAS 法具有如下重要的数学性质：

（1）在数学上，方程组式（3.31）的解不唯一。若（$\boldsymbol{R}$，$\boldsymbol{S}$）是一个解，则给定实数 $\alpha\neq0$，$\left(\boldsymbol{R}\alpha,\dfrac{\boldsymbol{S}}{\alpha}\right)$ 仍然是解。但是，$\hat{\boldsymbol{R}}\bar{\boldsymbol{X}}\hat{\boldsymbol{S}}$ 仍然是唯一的，即 RAS 法对中间流量矩阵的解是唯一的。RAS 法迭代求解的收敛速度通常很快。

（2）基准表中为 0 的中间流量单元或直接消耗系数，目标表中仍为 0。这一点很显然，因为由 $\boldsymbol{X}=\hat{\boldsymbol{R}}\bar{\boldsymbol{X}}\hat{\boldsymbol{S}}$ 知 $X_{ij}=r_i\bar{X}_{ij}s_j$，所以只要 $\bar{X}_{ij}=0$，就有 $X_{ij}=0$。

（3）RAS 法不改变中间流量的二次相对流量矩阵。这一性质对投入系数也成立。

所谓二次相对流量矩阵就是，在一个投入产出表中，对中间流量矩阵，先以某一行为基准，所有行与之相除，就得到一个相对流量矩阵，然后对这个相对流量矩阵再以某一列为基准求一次相对数，就得到一个二次相对流量矩阵。显然，先对行求还是先对列求相对数，所得二次相对流量矩阵是相同的。

证明：RAS 法的流量更新公式可以写为

$$X_{ij}=r_i\bar{X}_{ij}s_j \tag{3.32}$$

根据式（3.32），有

$$\frac{X_{ij}}{X_{kj}}=\frac{r_i\bar{X}_{ij}s_j}{r_k\bar{X}_{kj}s_j} \quad 及 \quad \frac{X_{it}}{X_{kt}}=\frac{r_i\bar{X}_{it}s_t}{r_k\bar{X}_{kj}s_t} \tag{3.33}$$

于是

$$\frac{\dfrac{X_{ij}}{X_{kj}}}{\dfrac{X_{it}}{X_{kt}}}=\frac{\dfrac{\bar{X}_{ij}}{\bar{X}_{kj}}}{\dfrac{\bar{X}_{it}}{\bar{X}_{kt}}} \tag{3.34}$$

证毕！

性质（3）的意义就是，RAS 法不改变任何一个二次相对流量矩阵。

可以将部门 i 产品想象为资本密集产品，部门 k 产品想象为劳动密集产品，该性质意味着基年某部门比另一部门更多依赖资本密集产品，在目标年仍将如此。

4. RAS 法控制量的估计

RAS 法的基础数据除了基准表外，尚需获得目标表的增加值向量、最终使用向量和总产出向量。研究者的数据资源不同会采取不同的估算方法。以公开数据《中国统计年鉴》为例，在估算中遇到的问题：①投入产出表的数据口径与一般统计资料有区别，如投入产出表的部门一般是纯产品部门，而统计资料中部门多为产业部门；②分部门中间使用合计等指标一般也不会直接出现在统计年鉴中，需要进行推算；③中间投入合计一般由总产出减增加值获得，所以需要估计投入产出表部门口径的总产出和增加值。

就总产出而言，年鉴上各部门的数据口径与投入产出表口径存在如下差异：①年鉴按产业部门分类，而投入产出表按产品部门或者说纯部门分类；②对工业部门来说，年鉴中的总产出仅包括规模以上工业企业的产出，而投入产出表则应包括全部企业；③对第三产业来说，年鉴中只给出了各部门增加值，没有公布总产出。所以直接从年鉴上是无法得到投入产出表部门口径的总产出的，更不用说中间投入合计了。另外，年鉴中的部门数与基准表和目标表的部门数也不一定一致。

以同经济的不同年份表做基准表为例，实践中对数据的处理方法：①部门数尽可能与统计年鉴相协调；②对目标年年鉴总产出进行调整使其与投入产出表口径保持一致，调整的方法一般是，计算基年投入产出表中总产出与基年年鉴中总产出的比例，对目标年年鉴总产出进行比例调整；③第三产业则根据基年增加值与总产出的比例由目标年增加值反推总产出。

对增加值估计，第三产业不存在口径问题，按照统计年鉴值保持不变即可；其他部门仍存在与总产出类似的口径问题，因此也需要做比例调整。

显然，由上述处理方法所获得的总产出、增加值及进一步推出的中间投入合计肯定是存在误差的。一般来说，农业部门误差相对较小，工业部门较大，而服务业部门的误差经常会达到10%以上。

相比中间投入合计的估计，中间使用合计的估计更加困难。根据投入产出表的平衡关系，总产出减最终使用再加上进口就是中间使用合计。总产出已知，关键是要得到最终使用与进口列的数据。由于投入产出表使用生产者价格核算，所以，几乎无法由使用购买者价格测度的一般最终使用统计资料来获得所需要的最终使用列构成数据。幸运的是，使用何种价格测度主要影响的是各类最终使用的产品构成，而基本不影响总量，所以可以采用的方法是，从现有统计资料中获得总消费、总固定资本形成、总出口、总进口等数据作为控制量，再假定各类最终使用的构成结构不变，这样即可利用基年的结构推出目标年的最终使用与进口矩阵并进而得到中间产品合计。当然，此种简单处理方法所施加的假设会带来很大的误差，所以需要根据目标年的各种统计资料尽可能地进行修正。

实践中估计得到的控制量本身也会有误差，此种误差与 RAS 算法本身作为非调查方法的误差会叠加在一起，决定 RAS 法更新的实际误差。但是，这种误差的大小无法控制，需要借助于经验进行核查。不过，根据经验，投入产出分析结果对投入系数的误差有很强的鲁棒性。

在实际应用 RAS 法时，要特别注意一点：由于各部门中间投入合计与中间使用合计数据来源于不同的资料，因此各部门中间投入合计之和（整个经济体的中间投入）很容易不等于各部门中间使用合计之和（总体中间使用），而作为一个矩阵的行向与列向的控制量，它们必须相等，应当予以协调。协调的方法是，首先把近年投入产出表都合成为单部门表，然后分析其合计总产出与合计增加值即国内生产总值的相关趋势，再以确定的国内生产总值为控制数求出目标年的合计总产出，合计总产出减去国内生产总值控制数即得合计总中间投入，然后以此调整中间使用列向量和中间投入行向量。

5. RAS 法的经济解释问题

RAS 法的模型推导及求解过程完全是数学问题，没有涉及调整系数 $\boldsymbol{R}$ 和 $\boldsymbol{S}$ 的经济意义问题。在大多数文献中，$\boldsymbol{R}$ 被解释为替代系数或乘数，$\boldsymbol{S}$ 被解释为制造系数或乘数，即 r_i 反映中间投入产品 i 替代其他投入品或被其他投入品替代的程度，s_j 反映部门 j 的中间投入比重的变化程度。如果 r_i 大于 1，意味着在目标年该种产品在一定程度上替代了其他产品，如果仅考虑替代效应，各部门对它的消耗系数会增大；如果 r_i 小于 1，意味着在目标年该种产品在一定程度上为其他产品所替代，如果仅考虑替代效应，各部门对它的消耗系数会减小。s_j 小于 1，表示由于技术进步和管理水平提高等，对很多材料的消耗系数减小，使中间投入比重下降，反之则会上升。但是，这种解释其实没有可信性，因为，首先，根据数学性质（1），在相同的更新结果下，所谓的替代系数和制造系数可以是任意的；其次，RAS 法实质是对流量的更新，它同样可以解释为对分配系数的修正。作为对分配系数的修正，$\boldsymbol{R}$ 是同一部门产出在各生产部门的使用同时提高相同的比例，是积累分配效应，即分配更多或减少在中间使用上；$\boldsymbol{S}$ 是同一部门在不同分配资源产品上获得的供给提高相同的比例，是部门能力效应，即一个部门由于生产能力相对变化，因增产或减产引起的使用资源的变化。

3.4.2　RAS 法的发展

RAS 法利用的目标年信息只有中间使用合计向量和中间投入合计向量。实际上，有时除此之外，还能获得一些其他的有助于改进更新效果的目标年信息，如何将这些信息整合进入 RAS 程序，是 RAS 法发展的一个重要方向。本节介绍有代表性的改进 RAS 法和 TRAS 法。

1. 改进 RAS 法

改进 RAS 法的数据基础是，除了标准 RAS 法的基础数据外，目标年中间流量矩阵中部分单元的数值也有比较可靠的信息，这或者是由一些重点或专门调查而得，或者是由其他相关专门统计而得。

改进 RAS 法必须解决的一个新问题是同时要满足三项约束：已知的目标年中间使用行和；已知的目标年中间投入列和；目标矩阵中某些元素必须等于确定值。如果直接使用标准 RAS 法程序，最后一项要求是无法得到保证的。改进 RAS 法的操作步骤如下：

（1）获取控制量；

（2）利用基年中间投入矩阵与总产出数据，计算直接消耗系数；

（3）用目标年总产出乘基年直接消耗系数矩阵，得到一个中间投入矩阵；

（4）将已知元素所在单元格置零，并以行控制量减去置零单元格应有的确定数值，列控制量也同样处理；

（5）执行标准 RAS 法迭代程序；

（6）根据 RAS 法的性质，零单元格更新后仍为零，此时将已确定值重新填入置零单元格。

显然，通过增加步骤（4），改进 RAS 法可以同时满足三项要求。这种方法应用了 RAS 法解的数学性质（2）。利用这种方法可以整合利用各种层面的信息。

2. TRAS 法

Gilchrist 和 St Louis 提出了 TRAS 法①，即三阶段 RAS 法。该方法可以将更多的信息整合进入 RAS 算法。

TRAS 法可以利用的目标年信息包括：目标年中间流量矩阵的行和和列和；目标年中间流量矩阵部分单元格的数值；目标年中间流量矩阵部分子矩阵的和。最后一项信息实际就是部分部门合并后的数据。

需要应用 TRAS 法的一个最常见的情形是，基年因为属于编制调查表的年份，部门分类较细（如 122 部门），目标年是编制延长表的年份，虽然有表但部门分类较粗（如 42 部门），此时出于获得目标年 122 部门分类投入产出表的目的而进行更新时，就可以获得上述三类信息：目标年 122 部门的中间流量行和、列和；部分重点系数的值；42 部门的中间流量矩阵（可以理解为 122 部门矩阵总合得到，即其元素是 122 部门中某些子矩阵的和）。

TRAS 法的核心步骤分为三步，可以理解为在改进 RAS 法原有的两步基础上再加上新的一步：

（1）已知元素所在单元格置零，并以行、列控制量减去置零单元格应有的确定数值；

（2）进行一轮标准的 RAS 迭代算法；

（3）将所获得的矩阵总合为部门分类较粗的水平，并与已知的目标年该维度矩阵（也要剔除已知元素的值）做对比，每个元素分别进行系数调整使两者一致，再通过将每个元素的调整系数用于该元素在细分类水平的各个子元素上，将总合矩阵再还原回去。

上述三步反复进行，收敛后，将已知元素重新填入置零单元格就可以得到同时满足

---

① Gilchrist D A, St Louis L V. Completing input-output tables using partial information: with an application to Canadian data. Economic Systems Research, 1999, 11 (2): 185-193

三类约束的目标年中间流量矩阵。

3.4.3　投入产出表更新的最小熵法

熵分析法是现在非常流行的一种数据分析和评价方法，是物理学方法论在各种学科领域的推广应用，于是就有人将其引入投入产出表更新法领域。

1. 熵法基本原理

在物理学中，熵的物理意义是在一个物质体系中，粒子运动状态的混乱程度，其定量的公式是 $S = k\ln\Omega$ ，其中 k 是一个物理学常数——玻尔兹曼常数，Ω 是物理体系在某个宏观态时包含的微观状态数。假设一个物理体系由 N 个独立粒子组成，每个粒子可以有 m 个可能状态，当每个粒子呈现一种状态，N 个粒子的状态向量就构成了物理体系的一个状态，称为其微观状态。物理体系的全部可能状态数是 m^N 。一个物理体系的宏观态由其宏观量确定，如一个气体物理体系，其状态由体积、温度和压强中的两个量决定。通常，一个宏观态对应多个微观态，对应的微观状态数 Ω 越大，表示这个物理体系越加混乱，其熵越大。当一个物理体系的某个宏观态只对应一种微观态时，这个体系的熵就达到最小，也最有序。例如，所有粒子都完全静止，这时就达到了绝对零度，熵最低。任何孤立的宏观物理体系，其熵总是不断增大，直至达到一个完全平衡态，即其组成粒子运动最混乱的状态，粒子没有集体的运动方向，这时宏观参数温度、压强和粒子密度处处相同。

1948 年，申农提出信息熵的概念。设某个信源，发出的信号具有 N 个可能独立状态，状态 i 的概率是 p_i，于是定义该信号的熵是 $H = -\sum_{i=1}^{N} p_i \ln p_i$ 。根据这个定义，如果所有状态出现的概率都相同，即 $p_i = \frac{1}{N}$ ，那么这时熵达到最大值：$H = \ln N$ ，这时信号对人们判断即将出现什么状态没有任何意义；如果只有一个状态是可能，其他状态出现的概率是 0，那么这时的熵最小，等于 0，这时信号完全告诉了人们即将发生哪个状态。在现实中，当人们对一件事是否发生完全没有信息时，对事件的判断是发生和不发生的概率都是 0.5；如果一个信号或消息改变了人们对事件的判断，无论是提高了发生的概率还是提高了不发生的概率，那么这个信号或消息就是包含信息的，否则，信息就为 0。这个定义非常类似于物理学的熵概念：各状态概率全等时，人们关于各种可能情况的判断完全无序，无法做出决策，当某个状态的概率为 1 时，相当于所有粒子以同一状态运动，如同时向一个方向运动，人们就获得了最大的信息，对事物状态的判断达到完全确定。后来，这种熵的定义被迁移到各种研究领域，只要涉及某个类似概率的变量，如权重，就可以定义一个熵。相对于物理学的熵，信息熵对单个状态以其概率熵进行了加权，物理学熵相当于认为每个状态的概率相等，是等概率分布。

实际上，信息熵也是统计总体组成单位间差异大小的测度，所有状态的概率相等，表示所有状态的属性相同，差异性为 0，熵最大；一个状态的概率为 1，其他状态的概率为 0，差异最大，熵最小。因此，方差最小或最大化（Max）的一些评判准则可以用一些形式的最大或最小熵代替。

2. 投入产出数据更新的交叉熵方法——RAS 法的理论根据

如果不能得知决定全部未知数的充分信息，那么用满足一定约束条件的最优化模型求解未知数是合理的选择。最自然的想法就是在满足已知条件的情况下，使修正程度最小，如使目标表与基准表的数据或系数差异最小。例如，构建如下数学规划模型：

$$\text{Min} \sum_{j=1}^{n}\sum_{i=1}^{n}(x_{ij}-\bar{x}_{ij})^2$$

$$\text{s.t.} \quad \sum_{j=1}^{n}x_{ij}=u_i，\quad i=1,2,\cdots,n$$

$$\sum_{i=1}^{n}x_{ij}=v_j，\quad j=1,2,\cdots,n$$

Golan 等针对社会核算矩阵（social accounting matrix，SAM）提出了最小化（Min）交叉熵方法[①]，其模型如下：

$$\text{Min } S=\sum_{i=1}^{n}\sum_{j=1}^{n}a_{ij}\ln\left(\frac{a_{ij}}{\bar{a}_{ij}}\right)$$

$$\text{s.t.} \quad \sum_{j}a_{ij}x_j=x_{i\bullet},\sum_{i}a_{ij}=1$$

在上面这个模型中，$\ln\left(\frac{a_{ij}}{\bar{a}_{ij}}\right)$ 被称为交叉熵，是两个状态的信息距离，因为 $\ln\left(\frac{a_{ij}}{\bar{a}_{ij}}\right)=\left(-\ln\bar{a}_{ij}\right)-\left(-\ln a_{ij}\right)$，正是两个状态的信息距离，同时用 a_{ij} 进行加权，当然权数没有归一化。另外，以目标表的投入系数为决策变量，其中对投入系数矩阵列和的约束是 1，这是 SAM 的要求。对投入产出表更新，可采用下列模型：

$$\text{Min } S=\sum_{i=1}^{n}\sum_{j=1}^{n}x_{ij}\ln\left(\frac{x_{ij}}{\bar{x}_{ij}}\right) \tag{3.35}$$

$$\text{s.t.} \quad \sum_{j=1}^{n}x_{ij}=u_i，\quad i=1,2,\cdots,n \tag{3.36}$$

$$\sum_{i=1}^{n}x_{ij}=v_j，\quad j=1,2,\cdots,n \tag{3.37}$$

模型的拉格朗日函数是

$$L=\sum_{i=1}^{n}\sum_{j=1}^{n}x_{ij}\ln\left(\frac{x_{ij}}{\bar{x}_{ij}}\right)-\sum_{i=1}^{n}\lambda_i\left(\sum_{j=1}^{n}x_{ij}-u_i\right)-\sum_{j=1}^{n}\mu_i\left(\sum_{i=1}^{n}x_{ij}-v_j\right)$$

L 对 $x_{\alpha\beta}$ 求导得

① Golan A，Vogel S J. Estimation of stationary and non-stationary accounting matrix coefficients with structural and supply-side information. Economic Systems Research，2000，12（4）：447-471

$$\frac{\partial L}{\partial x_{\alpha\beta}} = \ln\frac{x_{\alpha\beta}}{\overline{x}_{\alpha\beta}} - 1 - \lambda_{\alpha} - \mu_{\beta}$$

于是得一阶条件：

$$x_{\alpha\beta} = \overline{x}_{\alpha\beta}\mathrm{e}^{1+\lambda_{\alpha}+\mu_{\beta}}, \alpha = 1,2,\cdots,n; \beta = 1,2,\cdots,n \tag{3.38}$$

令 $r_{\alpha} = \mathrm{e}^{\lambda_{\alpha}+\frac{1}{2}}, s_{\beta} = \mathrm{e}^{\mu_{\beta}+\frac{1}{2}}$,代入式（3.38）可得

$$x_{\alpha\beta} = r_{\alpha}\overline{x}_{\alpha\beta}s_{\beta}, \alpha = 1,2,\cdots,n; \beta = 1,2,\cdots,n \tag{3.39}$$

将式（3.39）代入式（3.36）和式（3.37）得

$$\sum_{j=1}^{n} r_i\overline{x}_{ij}s_j = u_i,\quad i = 1,2,\cdots,n \tag{3.40}$$

$$\sum_{i=1}^{n} r_i\overline{x}_{ij}s_j = v_j,\quad j = 1,2,\cdots,n \tag{3.41}$$

显然，式（3.39）~式（3.41）正是前面的 RAS 法模型，由此，就发现了 RAS 法的理论根据。有了这个模型，就可以在约束条件上增加或改变已知信息，从而获得各种改进 RAS 法模型，或者其他模型。

习题

1. 利用 UV 表法推导产业×产业投入产出表。参照表 3.9，仿照推导产品×产品投入产出表的方法推导出产业×产业投入产出表，即求 $\boldsymbol{W}$ 。提示：推导产业×产业表常用的假定是市场份额不变或制造系数（产出系数）不变。市场份额不变，即一种产品无论用于什么用途，其由各产业部门生产的比例都是相同的。制造系数（产出系数）不变，即一个产业部门的产品无论用于何处，其中包含的各种产品部门产品的比例是相同的。

2. 考察 RAS 法的精度。下面分别是 2007 年和 2012 年中国六部门投入产出表的中间流量表，请用 RAS 法从 2007 年表推导 2012 年中间流量表，考察推导表与调查表的误差情况。

2007 年中国六部门投入产出表（中间流量）　　单位：万元

	1	2	3	4	5	6	中间使用合计
第一产业	68 771 565	246 574 664	2 593 001	3 797 407	18 054 711	3 648 331	343 439 679
工业	102 483 228	3 260 999 106	379 254 978	107 649 646	182 791 018	179 386 028	4 212 564 004
建筑业	113 271	1 597 878	5 980 360	998 404	3 784 814	7 524 834	19 999 562
交通运输业	7 652 485	114 898 132	47 242 283	21 623 598	39 577 350	13 756 769	244 750 616
商业	15 454 772	265 066 518	37 787 844	28 667 012	149 160 915	71 787 181	567 924 243
其他服务业	7 862 940	59 636 542	9 224 373	8 020 845	22 760 109	31 968 597	139 473 405
中间投入合计	202 338 263	3 948 772 841	482 082 842	170 756 916	416 128 922	308 071 745	5 528 151 530

续表

	1	2	3	4	5	6	中间使用合计
第一产业	123 205 603	472 286 865	614	7 576	45 506 804	11 490 173	652 497 635
工业	202 447 719	5 669 823 253	18 087 353	4 939 502	1 163 019 580	441 620 706	7 499 938 112
建筑业	7 776	3 601 386	3 243 776	2 862	8 327 156	1 471 526	16 654 483
交通运输业	33 769	5 038 692	9 532	744 592	2 293 817	1 533 770	9 654 173
商业	36 845 932	770 276 342	2 772 347	2 025 797	753 066 938	269 660 942	1 834 648 299
其他服务业	8 084 514	227 781 434	348 551	1 476 203	275 123 326	122 062 394	634 876 422
中间投入合计	370 625 314	7 148 807 973	24 462 173	9 196 532	2 247 337 621	847 839 511	10 648 269 125

3. 搜集一个 2012 年 122 部门投入产出表和一个 2015 年延长表，利用 TRAS 法推导 2015 年 122 部门表。

4. 把第 2 题中的两个表合成三部门表，三个部门分别是第一产业、第二产业和第三产业，再次考察 RAS 法的误差情况。

5. 分析说明生产者价格投入产出表中的流通部门（运输、商业）数据是如何得到的？与其他生产部门行向数据是何关系？

参 考 文 献

陈锡康，杨翠红，等. 2011. 投入产出技术. 北京：科学出版社

国家统计局国民经济核算司. 2014. 中国 2012 年投入产出表编制方法. 北京：中国统计出版社

夏明，张红霞. 2013. 投入产出分析：理论、方法与数据. 北京：中国人民大学出版社

第 4 章

动态投入占用产出分析

投入占用产出（input-occupancy-output，IOO）分析是在传统投入产出表中引入各经济部门对各种资源存量的占用后形成的数量经济分析技术。中国科学院陈锡康教授在 20 世纪 80 年代初期研究粮食产量预测问题时，发现土地、水及其他劳动资料等占用因素有重要影响作用，1988 年正式撰文提出投入占用产出分析基本理论[①]。投入占用产出技术对传统投入产出技术不仅仅是一个扩展，更是完善和发展，它对经济过程的反映更加完整。本章关于动态投入产出分析的阐述以投入占用产出理论为基础。动态投入占用产出（dynamic input-occupancy-output，DIOO）分析通过占用要素与产出的关系将不同时间的经济变量联系起来，形成动态模型。

4.1 关于占用概念

投入占用产出分析区别于经典投入产出分析之处是“占用”概念的引入。为此，首先讨论占用的定义和占用要素在经济模型与理论系统中的作用。

4.1.1 占用要素的经济意义与理论属性

投入产出技术是描述经济系统中的物质关系[②]的一种分析方法。描述经济系统中的物质关系有静态和动态两个层次。从静态来看就是描述经济系统中物质的存在状态。根据经济物质的基本生产功能划分，可以有四种基本经济生产要素（图 4.1）：劳动对象、劳动资料、劳动力和劳动产品。其中前三种都是投入物，劳动产品是产出物。从动态来看，

---

① 陈锡康. 投入占用产出分析——投入产出表的扩展//陈锡康. 当代中国投入产出理论与实践. 北京：中国国际广播出版社，1988：58-68

② 这里的物质是与精神相对的一个概念，经济单元之间的物质关系涉及有形货物与无形服务两类产品、有形资产与无形资产两类财富。

经济过程的核心是生产过程。在生产过程中，劳动力使用劳动资料作用于劳动对象，生产出劳动产品。

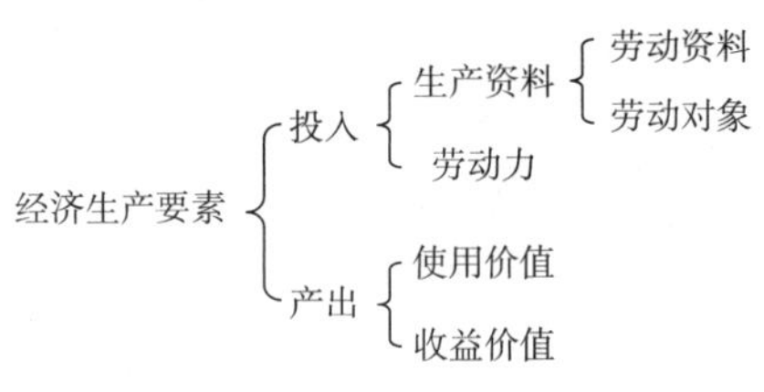

图 4.1 经济生产要素构成

在生产过程中，三类投入物都要发生变化，但变化的形式有多种。劳动对象经过生产过程以后，除了部分废弃物外都转化成了劳动产品，所以劳动产品在物质上说是劳动对象的转化物。但是，在经济形式上，劳动产品是凝聚了三种投入物的经济产物，在市场经济中表现为产品的价格（有总价格和单位价格，总价格常简称为价值），即在产品的价格中包含三种投入物的价格或价值。

任何物质在过程中都同时表现为动态和相对静态两种状态，这两种状态的物质量分别称为流量和存量。流量意味着物质的变化，存量意味着相对不变[①]。随着考察时间长短的不同，物质的这种流量存量特征也发生着转化[②]。在一定的时间内，如果一定物质的物理化学特征处于相对不变状态，那么这些物质就被认为处于存量状态，处于存量状态的物质的量称为存量；如果在既定时间内，一些物质的物理化学特征发生了一定的变化，这些变化了的物质的量就被认为是流量。可以看出，存量在统计上是一个时点统计指标，流量则是一个时期统计指标，流量形成和影响存量。除此之外也应区分变化量和变化后的量。变化量是从一种状态变化到另一种状态的物质的量，是流量，变化后的量是一定物质经过一定变化过程后的存在量，是存量。例如，100 颗青枣在树上是一个物质存量，经过一定时间，有 30 颗变红，那么变红的 30 颗是流量，而仍未变红的 70 颗和变红的 30 颗是存量。可以看出，一定物质量是存量还是流量具有相对性，与时期长度相联系是流量，其度量具有时间量纲成分；与时间点即时刻相联系是存量，其量纲是纯粹的物质量单位。

生产过程对流量的使用称为消费或消耗，对存量的使用称为占用。广义而言，消费消耗和占用都是产品或物资的投入，传统投入产出技术忽视了对存量作为生产必备条件的占用形式使用的考察。

劳动对象在生产过程中如果在既定的时间内发生变化，成为产成品或半成品的一部分，其变化的部分就是流量投入；如果不发生变化，处于“存储”状态，就是存量投入；如果损坏烂掉被废弃也是流量，记在库存变化中。劳动对象在进入某个生产单位的最初时间内一般是处于库存中，是存量。产品在一定的时间内被不断生产出来，生产量即产出是流量；生产出来以后还没有从生产单位转移走，则就处于库存存量状态，其可能仍

① 广义而言，变化包括机械运动、物理运动、化学运动、生命运动和社会运动等一切运动形式。经济运动是这些形式的一种混合形态，可以属于社会运动的一种表现，如经济价值的变化。相对静止可以是指经济功能相对不变。

② 对经济分析，物质的物理化学变化是否被认为是“变化”，还会与其承担的经济生产功能有关。

处于生产车间，或已经进入了工厂或销售部门仓储设施。

劳动资料在生产过程中的状态要复杂一些。首先，劳动资料要区分为工具和辅助材料两类。作为工具的劳动资料在或长或短的时间内都有一个相对不变的状态期，这时它是存量。但是，变化是绝对要发生的，工具会磨损或废弃，随着考察时间的延长，它的状态就可能显著变化。对工具的这种特点，在经济管理统计上做了方便化处理。一个工具，只要其生产功能还在，尽管可能已经多次进行重要维修，就仍然记为固定资产存量；对生产工具的一般维修投入则计入流量投入；如果某种生产工具的购买单价很低则简单记为流量。其次，辅助材料经过生产过程一般变成废弃物，所以记为流量。有些辅助材料在生产过程中被循环使用，如冷却水，而经济统计只记录在一个时期内从外部流入的量，所以是流量。这个流量与生产工艺所需的技术需求量不同。

对劳动力的分析首先要弄清楚劳动力概念的精确定义问题。劳动力在文献中使用通常有两个定义：①劳动力指具有劳动能力的可以作为生产主体的人，这种劳动力具有在业和失业两种状态。②劳动力是劳动者的劳动能力，是体力和脑力的总和。马克思经济学认为，在资本主义经济中，劳动力是商品，劳动者把劳动力出卖给资本，获得劳动力再生产所需要的劳动报酬，其指的是第二种定义。这里的劳动能力包括劳动者的固有能力和在使用中可以被消耗的能力。固有能力是劳动者在长期生活、实践和学习中积累获得的，可以长期保持，是存量。可以被消耗的劳动能力决定于生理条件，其使用是物质能量发挥的过程，可以称为劳动能量。劳动力的使用就是劳动。抽象劳动使用的是劳动能量，具体劳动必须以固有能力为基础，以固有能力驱使劳动能量。劳动力的再生产包括简单再生产和扩大再生产。作为脑力和体力的总和，劳动能量在使用过程中被消耗，在使用后要恢复就得进行生活消费，这就是简单再生产。生产过程对劳动能量的消耗是流量。劳动力的扩大再生产一是指劳动者本人固有能力的增长，这主要通过学习来完成，实践本身也可以增大固有能力，二是指新的劳动者的诞生和成长。经济中对劳动的报酬包括简单再生产和扩大再生产所需要的费用。如果说劳动报酬是对劳动力的购买，那么这种购买是一种社会的购买，即不仅仅是对消耗在本企业生产过程中劳动力的购买，而且包括对劳动力社会生产如家庭生活的购买。资本如果对劳动者拥有绝对占有权，即劳动者成为奴隶，那么劳动报酬就会被挤压到仅仅够恢复劳动能量的程度。大多数企业不愿意承担劳动者培训，只希望招聘熟练劳动者以逃避劳动力扩大再生产的社会成本（劳动力培训具有外部性），这是资本的远古基因的反映。现代国家财政在经济形式上承担了劳动力扩大再生产的主要成本。在全球化环境下，一个国家的经济制度在通过高工资吸引人才和通过社会保障追求社会公平之间进行折中：一部分人的高工资压缩了其他人的收入，而追求公平失去了对高智力人才的吸引力。

决定和推动经济生产力进步的基础因素是占用状况。通过对占用要素的创新，可以提高劳动生产率，从而把人从简单重复劳动中解放出来，还可以促进新产品的诞生，丰富人类的社会生活。在给定的生产技术下，既可以用流量要素的投入组合作为自变量构造生产函数（一般投入产出模型），也可以用存量要素的占用组合构造生产函数（如西方主流经济学的生产函数），二者具有等效性。但是，要注意变量的时间特性：流量要素是速率或平均速率，存量要素是时点存在量。一个时刻的存量决定的是一个时刻的流量速率，而不是一个时期的平均速率，除非在整个时期中存量固定。

4.1.2　自然资源占用的表达

自然资源在模型中的占用表达问题是一个比较复杂的问题。自然资源包括土地、矿藏、水等。土地总是作为劳动资料，具有很强的稳定性，以占用因素处理比较容易。但是作为劳动对象的矿藏如何体现占用的特性呢?

对开采企业来说，矿藏在变成产品前是劳动对象。因为劳动对象在进入劳动生产过程前暂时以库存存量的形式存在，所以矿藏的占用性质就体现在它作为生产企业的原料库存这个特性上。在市场经济制度下，使用矿藏是有偿的，因而其作为企业经济生产要素而被占用的性质显著地表现出来，具有库存成本属性，使对矿藏的占用率成为衡量企业生产效益的一个组成指标。在计划经济体制中，矿藏被生产单位无偿使用，不属其所有，不构成成本，只在整个国民经济系统下表现了资源拥有的特性，当然，在经济分析中仍可以考察企业对资源的占用状态。

矿藏在企业生产过程中虽然表现为库存（其同时对土地的占用属性则属于劳动资料），但是在一张国民经济投入占用产出表中，如何表达矿藏占用量还是需要进一步讨论的问题，在此提两点看法。

（1）矿藏占用量要反映一个什么经济意义？是不是和企业对矿藏的占用意义相同?

从经济学的角度，无论是在国民经济这个整体上，还是在采矿企业这个细胞上，矿藏占用是生产过程的必备要素。作为企业的占用量肯定是国民经济占用量的组成部分，但国民经济的占用量不等于所有企业占用量的和。

地下矿藏作为直接的生产过程占用量要经历两个阶段：从未知地下埋藏到探明储量的阶段，从探明储量到被生产企业占用的阶段，其中探明储量又被划分为工业储量和远景储量；从探明储量中扣除已开采部分和地下损失量后成为保有储量[①]。笔者认为，作为国民经济投入占用产出表中的矿藏占用量应包括两个数字：一个是国家矿产保有储量，一个是生产直接占用储量，后者是所有开采企业占用量的总和（这在矿产有偿使用之前是无法明确的）。第一个保有储量反映了国民经济发展的长远条件，第二个生产直接占用储量，其与生产产出之比从价值上可以反映矿产的市场经济性质，尤其是在开放经济系统中。

（2）显然不能将矿藏占用量直接引入动态投入占用产出分析模型方程中，因为，第一，在占用量和产出量之间不存在确定的技术比例关系；第二，矿产是自然产物，并非人类生产活动的产品，在投入产出分析平衡关系中没有与之相应的生产过程。但是，在保有储量和地质勘探业产出之间肯定存在一定的经济联系，这种投入产出关系也是一定经济社会系统的基本特征之一。矿产开采业的产出可在进出口调节之下实现某种最优开发战略。例如，我国稀土开采产业的发展就是在当前赚取外汇收入与未来战略需求之间

① 国家统计局. 中国统计年鉴 1993. 北京：中国统计出版社，1993：13。在最新的中国统计年鉴中采用了基础储量的概念：基础储量是查明矿产资源的一部分。它能满足现行采矿和生产所需的指标要求，是控制的、探明的，并通过可行性或预可行性研究认为属于经济的、边界经济的部分，用未扣除设计、采矿损失的数量表示。(《中国统计年鉴 2016》)

权衡选择。开采少，为满足需求就要多进口。

水资源的占用问题又是一类需要特殊处理的占用问题，将在第 5 章中予以详细研究。

4.1.3　投入占用产出表

在投入占用产出分析建模中考虑占用要素，一个方便的出发点仍然是一个形式表格，因此，构建合适的投入占用产出表表式是必要的前提工作。表 4.1 是一个一般形式表。

表 4.1　投入占用产出表一般表式

<table>
<tr><th colspan="3" rowspan="3"></th><th colspan="4">中间使用与中间占用</th><th colspan="5">最终使用与最终占用</th><th rowspan="3">总产出与总占用</th></tr>
<tr><th rowspan="2">部门 1</th><th rowspan="2">部门 2</th><th rowspan="2">…</th><th rowspan="2">部门 n</th><th rowspan="2">消费</th><th>固定资本形成</th><th>存货增加</th><th rowspan="2">出口</th><th rowspan="2">进口</th></tr>
<tr><th>1　2　…　n</th><th>1　2　…　n</th></tr>
<tr><td rowspan="9">流量投入部分</td><td rowspan="4">中间投入</td><td>部门 1</td><td colspan="4" rowspan="4">X_{ij}</td><td colspan="5" rowspan="4">Y_{ik}</td><td rowspan="4">Q_i</td></tr>
<tr><td>部门 2</td></tr>
<tr><td>⋮</td></tr>
<tr><td>部门 n</td></tr>
<tr><td>最初投入</td><td>从业人员报酬
固定资产折旧
生产税净额
营业盈余</td><td colspan="4">Z_{tj}</td><td colspan="5"></td><td></td></tr>
<tr><td colspan="2">总投入</td><td colspan="4">Q_j</td><td colspan="5"></td><td></td></tr>
<tr><td rowspan="12">存量占用部分</td><td rowspan="4">固定资产</td><td>部门 1</td><td colspan="4" rowspan="11"></td><td colspan="5" rowspan="11"></td><td rowspan="11"></td></tr>
<tr><td>部门 2</td></tr>
<tr><td>⋮</td></tr>
<tr><td>部门 n</td></tr>
<tr><td rowspan="4">存货</td><td>部门 1</td></tr>
<tr><td>部门 2</td></tr>
<tr><td>⋮</td></tr>
<tr><td>部门 n</td></tr>
<tr><td>金融资产</td><td>通货
存款
证券
股票
其他</td></tr>
<tr><td>劳动力</td><td>未上学者
小学
中学
大学以上</td></tr>
<tr><td>自然资源</td><td>土地
水资源
矿产
森林等</td></tr>
<tr><td>其他</td><td>商标
专利
其他</td><td colspan="4"></td><td colspan="5"></td><td></td></tr>
</table>

表 4.1 的上部即流量投入部分是经典投入产出表，下部是占用及其他投入形式。在具体建模应用中，所有的经济变量，包括存量和流量都需要仔细定义，搞清楚每个量的主体（所有者、产生者或使动者、受益者或受害者）、时间属性、空间范围、经济性质、经济关系、统计口径和量纲单位。例如，金融资产通常属于机构单位所有，如果部门是产品或产业部门，那么就很难厘清资产与部门的经济关系；自然资源要明确所有者、占用者和使用者的关系，有的自然资源为一定的生产单位所占用而发挥经济生产作用，有一些则属于社会存量，或者只是存储而不发挥任何经济作用（如没有开采的铁矿），或者不属于任何部门但具有社会效应（如原始森林）。

4.2 动态投入占用产出分析发展简史

投入产出技术自里昂惕夫 1936 年开创以来，经过不断发展，得到了广泛应用，但是其中的动态模型发展却比较缓慢。从 1936 年第一篇投入产出技术论文发表到 1949（或 1948）年动态模型的提出经历了将近 13 年的时间，而到差分模型提出并被应用则是 20 世纪 60 年代末以后的事情了。动态投入产出技术研究的历史进程主流大体可分为四个阶段：微分形式或称连续时间模型阶段、差分形式或称离散时间模型阶段、在模型中考虑投资时滞的阶段和动态投入占用产出分析阶段[①]，研究内容分为三个方面：经济技术问题（建模问题）、数学问题和实践应用问题。

4.2.1 动态投入产出模型中的有关经济技术问题

动态投入产出模型是对实际经济系统的形式描述，那么与之相关的一些经济现象和经济规律在模型中准确体现就很重要。一般研究中涉及的基本问题有四个：①技术变动跟踪即系数修订问题；②投资时滞的反映方式问题；③闲置资本或生产能力利用率的表示问题；④更新投资的表示问题。

对技术变动的跟踪问题即投入系数时变问题，除了艰苦持续的经济技术普查和抽样调查以外，没有更好的办法。最简单省力的办法是第 3 章讨论的 RAS 法或其他系数更新技术。里昂惕夫非常推崇向工程师和技术专家做调查[②]，但这种方法除了对企业和个别产品非常单一的部门如采煤工业等情形有效外，对合并了许多种产品的综合部门仍很困难。美国已有含近千部门的投入产出表，但经济系统中的产品有数十万种，某些部门包含的产品的投入结构可能差异也很大。普通价值表的投入系数不仅是工艺技术决定的，而且体现了市场价值及竞争情况。根据长期的实践应用经验，投入系数确实具有一定的稳定性，而且投入产出模型对系数扰动具有较强的鲁棒性。现今，应用综合推导法编制投入产出表越来越成熟，序列投入产出表越来越系统，以此可以研

① 刘新建. 国民经济动态投入占用产出分析的理论与方法研究及其它. 中国科学院系统科学研究所博士学位论文，1995

② 里昂惕夫 W.W. 在数量经济技术经济研究所座谈会上的讲话摘要. 数量经济技术经济研究译丛，1984，(2)：75-78

究系数变化的趋势。由于具体研究者和编表者经验与理论知识的差异，编表质量也有差异。

投资时滞是指从一项投资活动开始形成一定量生产资本到产出该投资活动的目标产品的时间间隔。在投资时滞的反映方式问题上，必须注意宏观经济与微观技术的性质差异。虽然有一些十年左右的投资时滞，但是绝大多数投资的时滞只是两年左右。有许多这方面的讨论都只是在微观工程技术层面上。里昂惕夫在这方面正确地指出过，美国经济系统中的部门投资时滞一般都在一年左右[①]。实践上，可以将一般市场引致的自由投资与政府或大企业集团的重大项目投资区别开来，一般投资按简单的统一时滞进行（通常只需包括当年投资当年见效和一年时滞的投资），重大项目按实际计划列出[②]。

关于更新投资在模型中的反映问题，也必须注意微观技术经济与宏观系统经济的差异。一项投资是更新投资（replacement investment）还是扩张投资（expansion investment）在微观企业上是明确的（且不管更新投资的多重性质），但在宏观系统经济层面上两者却是难以区分的。有不少扩张性投资很可能是对报废生产能力的补偿，如我国近年来一方面在钢铁和煤炭领域去产能，另一方面也有不少新投资项目。一些企业的收缩抵销了另一些企业的扩张。所以本书将使用综合资本损耗这一概念，它等于总投资额与资本增加额之差[③]。折旧率在这里是一个不很适用的概念，因为折旧率实质上包含一定的经济分配作用，具有政策性内涵。

因为经济运行有周期性，在衰退期有大量生产能力闲置。对闲置资本的表示问题，即系统的满负荷运行假定问题，里昂惕夫 1965 年就注意到了[④]。这个问题对模型可应用性的影响是相当大的，如出现产出在增长而资本却在减少，或资本增长了而产出却在下降的现象。没有生产能力利用率，这个问题就解释不清楚（中国经济 1990 年大幅降速，生产能力大量闲置；2008 年经济危机以来，这种现象也很明显）。有人企图用 $\boldsymbol{B}\max\left[\dot{\boldsymbol{X}},\boldsymbol{0}\right]$ 取代 $\boldsymbol{B}\dot{\boldsymbol{X}}$ ，或用 $\max[0,c^{*}(t+1)-c(t)]$ 取代 $c(t+1)-c(t)$ 来解决此类问题[⑤]。这种方法只是数学上的权宜之计，根本的方法还是准确估计或预测生产能力利用系数。

① 里昂惕夫指出："事实上，在美国经济的各生产部门中，新增生产能力的安装和最初的满负荷使用之间的时滞——按本研究中所使用的总合程度而定义——似乎在一年左右或稍微短一点。"里昂惕夫 W W. 投入产出经济学. 第二版. 崔书香，潘省初，谢鸿光译. 北京：中国统计出版社，1990：350

② 刘新建. 动态投入占用产出分析模型应用中的三个特殊处理问题. 中国管理科学，1997，5（2）：6-11

③ 实质上当划分成各个部门时，它也不完全是损耗，还隐含了资本在各个部门之间的转移。当出现产业结构突变时，会引起综合损耗系数表示方面的困难，这里没有考虑。

④ 里昂惕夫提到："为了把闲置资本放在一个动态投入产出体系的范围内考虑，我们必须引进像生产能力的持有或资本物的持有活动的这种人为概念。"里昂惕夫 W W. 投入产出经济学. 崔书香译. 北京：商务印书馆，1982：158

⑤ 此处，$c(t)$ 在原文中表示实现生产能力，$c^{*}(t)$ 表示计划生产能力需求。Uzawa H. Note on leontief' s dynamic input-output system. Preceedings of the Japan Academy，1956，32（2）：79-82；Duchin F，Szyld D B. A dynamic input-output model with assured possitive output. Metroeconomica，1985，37（3）：269-282

4.2.2 动态投入产出模型的数学性质问题

关于动态模型数学性质的讨论是投入产出研究的热点方向，通常包括三方面的问题：系统稳定性问题；非负解或有经济意义的解的存在性问题；解法或算法问题。

系统稳定性问题是指当模型参数受到一定扰动后是否会剧烈变动，这一度成为对动态投入产出模型的有效性的指责，但是不能离开具体经济系统抽象地讨论系统的稳定性问题。首先，应当明确稳定性的经济学含义，如有所谓 Lyapunov 稳定性和实践(practical)稳定性，或许还应有其他种类的稳定性。其次，稳定性是经济系统的性质而不是模型系统的性质。如果一个经济模型是由经济中的恒等关系通过一些系数或参数使若干经济变量联结在一个数学方程组中，而系数或参数的具体值是由客观数据计算的，那么这个模型的解是否具有稳定性的问题就是当前的实际系统是否有稳定性的问题。模型再稳定，如果不能反映系统本身变化的不稳定性，就是无效的模型。所以，正确的稳定性研究思路应是：①应使模型尽可能跟踪、反映系统的实际演化；②通过模型的稳定性特点研究，发现实际系统的不稳定性或突变性隐患，及时采取经济决策措施，防患于未然[①]；③由于数据误差的存在，在经济关系准确的情况下，一定的稳定性既是现实经济属性的反映(现实经济在一般情况下是稳定的)，也是模型系统的重要属性。

非负解问题来源于经济变量取值的合理性，存在与稳定性问题相类似的讨论，要区分模型非负性和实际系统非负性。但有一个特别点，即只要该模型是建立于投入产出平衡方程式基础上，且系数是来自于确定性的经验数据，那么该模型至少对基年的解是非负的。至于以后是否出现负解，是由实际系统的当时结构及模型对演化规律的描述的准确性决定的。当然，实际系统的产出在正常意义下绝不可能是负值，所以当发现负解时，就应及时检查模型的正确性，而不是想办法从简单的数学处理上来避免这种可能性。如果实际系统动态模型确实存在负值解，那么说明系统本身可能存在缺陷，如不矫正，就可能走向崩溃或死寂，如发生经济危机。

关于解法问题，是从两方面说的，一方面是纯计算方法问题，这是数学工作者的特长，另一方面是预测和决策方式的问题，如前向递推、后向递推等。

4.2.3 动态投入产出分析的应用

动态模型的早期实证和应用研究始于 20 世纪 60 年代中后期，里昂惕夫著名的“动态逆矩阵”(1970 年)一文中曾描述了美国经济系统中的动态逆。但据 Duchin 和 Szyld 的文章[②]，正式的应用是里昂惕夫领导的小组于 1985 年做的大型课题，所出版的专著名为 *The Future Impact of Automation on Workers*，而在此之前都没有被真正应用过。里昂惕夫在“投入产出分析法”(1985 年)一文中曾说：“投入产出法最大的一项应用就是建立

① 这里的一个要点是区分工程系统设计模型的稳定性和自然系统模型的稳定性。设计模型当然要保证稳定性，因为希望建造的工程系统是稳定的；而自然系统模型是对自然存在的模拟，要反映系统真实的性质，不能用模型的稳定性掩盖系统的不稳定。

② Duchin F，Szyld D B. A dynamic input-output model with assured possitive output. Metroeconomica，1985，37 (3)：269-282

了有关整个世界的多地区、多部门、动态投入产出模型”[①]。动态模型的应用在 20 世纪 80 年代中后期达到了高潮，这从第八届（1986 年）和第九届（1989 年）国际投入产出技术大会的论文中可以看得出来。我国在这时恰好赶上了世界潮流，理论和应用研究都出了一些成果。

苏联在动态投入产出技术的研究与应用中也取得过很大成绩，如提出并应用了半动态投入产出模型。

基于有关文献资料，中国第一篇关于动态投入产出模型的论文是刘豹和沈建中 1982 年在《天津大学学报》第 3 期上发表的论文《以投资为增产手段的动态投入产出闭环模型及其分析》。1983 年，皮声浩在论文集《数量经济理论、模型和预测》上发表一篇题为《关于部门联系平衡（投入产出）动态模型的研究》的文章。陈锡康 1988 年提出投入占用产出分析后，刘新建发表考虑资本补偿的动态投入占用产出模型[②]和考虑人力资源的动态投入占用产出模型[③]，刘秀丽等提出非线性投入占用产出模型[④]。

中国在动态投入产出技术的应用方面也做了大量工作。清华大学的夏绍玮等与山西省计划委员会合作，于 1984 年首先研制了山西省的动态模型[⑤]，以后又与国务院发展研究中心合作研制了全国中长期动态模型。另外，国家信息中心、国家发改委有关研究机构等也研制出全国动态模型。在地区模型方面，除山西模型外，河南、湖南、广西、吉林、湖北沙市（现为荆州市沙市区）、北京、辽宁等地也都研制过地区动态模型，尤其是辽宁省的模型，做了艰苦的数据收集整理工作，并出版了我国第一本动态投入产出技术专著[⑥]。

4.3　连续时间动态投入占用产出分析

一般动态模型系统的研究都分两种情况：连续时间模型与离散时间模型。在连续时间模型中，系统过程的时间以连续实数顺序计量，即时间变量的值域是连续或分段连续区间；在离散时间模型中，系统过程的时间以整实数顺序计量，即时间变量的值域是整数集合[⑦]。

4.3.1　连续时间投入占用产出分析基本关系

对既定的经济系统，将其按一定准则划分成 n 个生产部门，记

① 里昂惕夫 W.W. 投入产出经济学. 第二版. 崔书香，潘省初，谢鸿光译. 北京：中国统计出版社，1990：39

② 刘新建. 考虑资本补偿的动态投入占用产出分析基本模型. 数学的实践与认识，1994，(3)：21-26

③ 刘新建. 人力资源动态投入占用产出分析模型探讨. 数量经济技术经济研究，1996，(3)：40-45

④ 刘秀丽，陈锡康. 主系数非线性投入占用产出模型. 南京理工大学学报（自然科学版），2005，29（3）：371-374

⑤ 夏绍玮，张如浩，赵纯钧，等. 动态投入产出模型在综合经济规划中的应用. 清华大学学报，1984，(1)：103-113

⑥ 赵新良，方晓林，郁红军，等. 动态投入产出. 沈阳：辽宁人民出版社，1988

⑦ 总可以找到一个可数集合与整实数集合或其某个子集之间的对应关系，所以离散系统时间坐标总可以用整数表示。真实的系统总是处于连续存在过程，所以系统的离散表示是根据认识者或研究者的需求决定的，也是管理实践的需要。

$Q_i(t)$：从初始时刻到时刻t，部门i的累计产出量；

$X_{ij}(t)$：从初始时刻到时刻t，部门j为生产$Q_j(t)$所消耗的部门i的产品数量；

$\mathrm{YC}_i(t)$：从初始时刻到时刻t，最终消费部门（包括居民消费、公共消费和进出口）消耗的部门i产品总量，称为最终净产品；

$Z_{ij}(t)$：从初始时刻到时刻t，部门j的总投资中使用部门i产品作固定资本的数量，称为固定资本形成。

$S_{ij}(t)$：从初始时刻到时刻t，部门j的库存产品i净增加的数量。当$i=j$时，S_{jj}可以是部门j的产品，也可以是其原材料，因为一个部门通常是多种产品的集合。

根据投入产出平衡关系可以写出代数式：

$$\sum_{j=1}^{n} X_{ij}(t)+\sum_{j=1}^{n} Z_{ij}(t)+\sum_{j=1}^{n} S_{ij}(t)+\mathrm{YC}_i(t)=Q_i(t),\quad i=1,2,\cdots,n \tag{4.1}$$

从理论角度考虑，设式（4.1）中的每个变量对t都是连续可微的，记

$$q_i(t)=\frac{\mathrm{d}Q_i(t)}{\mathrm{d}t},\ x_{ij}(t)=\frac{\mathrm{d}X_{ij}(t)}{\mathrm{d}t},\ \mathrm{yc}_i(t)=\frac{\mathrm{d}\,\mathrm{YC}_i(t)}{\mathrm{d}t}$$

$$z_{ij}(t)=\frac{\mathrm{d}Z_{ij}(t)}{\mathrm{d}t},\ s_{ij}(t)=\frac{\mathrm{d}S_{ij}(t)}{\mathrm{d}t}$$

则由式（4.1）可得

$$\sum_{j=1}^{n} x_{ij}(t)+\sum_{j=1}^{n} z_{ij}(t)+\sum_{j=1}^{n} s_{ij}(t)+\mathrm{yc}_i(t)=q_i(t),\quad i=1,2,\cdots,n \tag{4.2}$$

后文讨论中，有时将$z_{ij}(t)$与$s_{ij}(t)$合记为$z_{ij}(t)$，总称为资本形成，有时记为$\sum_{j=1}^{n} s_{ij}(t)=s_i(t)$，见具体说明。

4.3.2 固定资本形成模型

从投资形成固定资产（在量上即固定资本形成）到可以投入生产的固定资产之间存在着一定的时间延迟关系，这种关系的准确描述是动态投入产出分析也即动态投入占用产出分析建模的关键环节之一[①]。为简便和符合习惯起见，本章把投入产出表中的资本形成简称为投资。

1. 基本定义

定义 4.1 当前可以投入实际生产过程（包括非物质生产部门）发挥其规定功能的固定资本称为有效固定资本。

说明：

（1）已经形成固定资本占用，但尚未完成一定整体建造过程的固定资本不包括在有效固定资本之内，如一座建造数年尚未投入运行还在建的大坝或一艘大型舰船。

（2）虽然闲置，但尚未报废，可以投入一定生产过程运行的固定资本包括在有效

① 固定资本形成与固定资产投资在统计上是两个关系密切而不同的概念，其关系参见本章附录。

固定资本的范围之内，如经济危机时处于停车中的机器设备、停业整顿中的企业的固定资产。

（3）实际已经报废弃用，但尚未作处理的固定资本在理论上应被排除在有效固定资本范围之外，如停在场地中弃之不用的汽车。

（4）一项固定资本，只有在它可以作为一个生产系统的劳动资料参与生产（直接用于生产过程）时，才可能成为有效固定资本，如处于库房中的汽车只能算库存。建筑业的生产活动时刻在形成固定资产，但不一定就是有效固定资本；船厂建造的船在被用户置于生产过程之前只能算库存。

定义 4.2　在时刻 t 投资的固定资本，若在时刻 $t+\tau$ 才形成有效固定资本，则称该部分投资的时滞为 τ 。

注意：在时刻 t ，时滞为 τ 的投资可能是某项计划的一个整体固定资本的一部分，而整体固定资本的建造不一定开始于 t ，但必完成于 $t+\tau$ ，即在时刻 $t+\tau$ 成为有效固定资产。例如，时刻 t 处于建设中的水利大坝，在 t 之前已经完工了一部分，t 时投资的时滞为 τ ，在 $t+\tau$ 时大坝完工，那么在时刻 t 以前的投资的时滞大于 τ 。

定义 4.3　设 $Z_{ij}(t,\tau)$ 是时刻 t 满足时滞 $s\leqslant\tau$ 的投资活动的总投资速率，c_j 是部门 j 投资活动的最大时滞（此 c_j 当然可再具体到 c_{ij} ）。若存在 $z_{ij}(t,s)$ ，使对任意 $\tau\leqslant c_j$ ，都有

$$Z_{ij}(t,\tau)=\int_0^{\tau} z_{ij}(t,s)\,\mathrm{d}s,\quad i,j=1,2,\cdots,n \tag{4.3}$$

则称 $z_{ij}(t,s)$ 是时刻 t 部门 j 的使用投资产品 i 的总速率 $z_{ij}(t)$ 在 s 处的分布密度。

由此定义，可以推出：

$$z_{ij}(t)=Z_{ij}(t,c_j)=\int_0^{c_j} z_{ij}(t,\tau)\,\mathrm{d}\tau,\quad j=1,2,\cdots,n \tag{4.4}$$

若时滞 τ 的值域是离散集 $\{\tau_k,k=1,2,\cdots,m_j\}$ ，则

$$z_{ij}(t)=\sum_{k=1}^{m_j} z_{ij}(t,\tau_k) \tag{4.5}$$

其中，$z_{ij}(t,\tau_k)$ 称为 $z_{ij}(t)$ 的 τ_k 时滞分量，对连续集的 $z_{ij}(t,\tau)$ 也可简称为 $z_{ij}(t)$ 的 τ 分量。

2. 连续时间过程的资本形成基本关系式

在存在时滞的情况下，投资与有效固定资本之间的关系不是直接的代数关系，需要仔细分析。

记：

$K_{ij}(t)$ ：时刻 t 部门 j 占用的有效固定资本 i 的数量；

$d_{ij}(t)$ ：$K_{ij}(t)$ 在时刻 t 的综合损耗速率；

$k_{ij}(t)=\dot{K}_{ij}(t)$ ：有效固定资本 $K_{ij}(t)$ 在时刻 t 的变化速率①。

根据基本定义，当 τ 的值域为连续集时，有

① 变量上方加点表示变量对时间求导。

$$k_{ij}(t)=\int_0^{c_j} z_{ij}(t-\tau,\tau)\mathrm{d}\tau-d_{ij}(t),\quad i,j=1,2,\cdots,n \tag{4.6}$$

比较式（4.4）和式（4.6）可知，在 $z_{ij}(t)$ 和 $k_{ij}(t+\tau)$ 之间没有直接的代数关系式。这是因为 $z_{ij}(t)$ 不一定在 $t+\tau$ 时全形成有效固定资本，而 $k_{ij}(t+\tau)$ 也不都是由 t 时刻的投资形成的。根据经济规划与计划工作的实际做法，一般都是规划一个投资项目的规模即 $k_{ij}(t)$，然后做出分期建设计划，所以这里设一个投资计划分配系数为 $\alpha_{ij}(t,\tau)$，使

$$z_{ij}(t)=d_{ij}(t)+\int_0^{c_j}\alpha_{ij}(t,\tau)k_{ij}(t+\tau)\mathrm{d}\tau \tag{4.7}$$

$d_{ij}(t)$ 是资本综合损耗，对其补偿主要是因为简单再生产的维持需要，这里假定它是边损耗边补偿，即关于它的投资时滞是 0，所以对式（4.4）做了一定的修改（式（4.4）中的 $z_{ij}(t,\tau)$ 包含损耗补偿）[①]。

当 τ 的值域为离散的有限集时，有

$$k_{ij}(t)=\sum_{\tau=0}^{c_j}z_{ij}(t-\tau,\tau)-d_{ij}(t) \tag{4.8}$$

同样定义投资计划分配系数 $\alpha_{ij}(t,\tau)$,使

$$z_{ij}(t)=d_{ij}(t)+\sum_{\tau=0}^{c_j}\alpha_{ij}(t,\tau)k_{ij}(t+\tau) \tag{4.9}$$

4.3.3 连续时间过程动态投入占用产出基本模型

连续时间过程投入产出平衡方程式（参见式（4.2）和式（4.7））为

$$\sum_{j=1}^{n}x_{ij}(t)+\sum_{j=1}^{n}z_{ij}(t)+\mathrm{yc}_i(t)=q_i(t),\quad i=1,2,\cdots,n \tag{4.10}$$

$$z_{ij}(t)=d_{ij}(t)+\int_0^{c_j}\alpha_{ij}(t,\tau)k_{ij}(t+\tau)\mathrm{d}\tau,\quad i,j=1,2,\cdots,n \tag{4.11}$$

1. 简化的模型

为给出一个清晰的整体理论轮廓，下面先考虑一个极其简化的模型。

基本假定：

（1）不考虑时滞，设 $\tau\equiv 0$，即 $z_{ij}(t)$ 一旦被投入立即形成有效资本，用数学语言表示，即为

$$z_{ij}(t)=k_{ij}(t)+d_{ij}(t),\quad i=1,2,\cdots,n \tag{4.12}$$

式（4.12）表示投资的一部分用于增加资本存量，另一部分用于补偿资本损耗。这种情况下，投资与资本形成有直接的代数关系式。

（2）定义资本产出系数 $b_{ij}(t)$，使时刻 t 的生产速率 $\dot{q}_j(t)$ 与资本存量变化率 $k_{ij}(t)$ 存在如下关系：

---

① 如果对 $d_{ij}(t)$ 的补偿需求也是有时滞的，那么在时刻 t 的补偿投资需求是 $\int_0^{c_j}d_{ij}(t+\tau,\tau)\mathrm{d}\tau$，其中 $d_{ij}(t+\tau,\tau)$ 表示在时刻 $t+\tau$ 的损耗需要在时刻 t 投资。

$$k_{ij}(t)=b_{ij}(t)\dot{q}_j(t) \tag{4.13}$$

（3）定义综合资本损耗产出系数 $\beta_{ij}(t)$，使时刻 t 的综合资本损耗 $d_{ij}(t)$ 与生产速率 $q_j(t)$ 之间存在如下关系[①]：

$$d_{ij}(t)=\beta_{ij}(t)q_j(t) \tag{4.14}$$

（4）定义直接消耗系数 $a_{ij}(t)$ 为

$$a_{ij}(t)=\frac{x_{ij}(t)}{q_j(t)} \tag{4.15}$$

将式（4.12）~式（4.15）代入式（4.10）得[②]

$$\sum_{j=1}^{n}a_{ij}(t)q_j(t)+\sum_{j=1}^{n}[b_{ij}(t)\dot{q}_j(t)+\beta_{ij}(t)q_j(t)]+\mathrm{yc}_i(t)=q_i(t),\quad i=1,2,\cdots,n \tag{4.16}$$

写成矩阵形式，即

$$[\mathbf{1}-\boldsymbol{A}(t)-\boldsymbol{\beta}(t)]\boldsymbol{q}(t)-\boldsymbol{B}(t)\dot{\boldsymbol{q}}(t)=\mathbf{yc}(t) \tag{4.17}$$

式（4.16）和式（4.17）就是一个极其简化的连续时间型动态投入占用产出分析基本模型，在这个模型中，假设所有投资的时滞是 0。

当 $\boldsymbol{A}(t)$，$\boldsymbol{\beta}(t)$ 和 $\boldsymbol{B}(t)$ 为常量矩阵时，有

$$(\mathbf{1}-\boldsymbol{A}-\boldsymbol{\beta})\boldsymbol{q}(t)-\boldsymbol{B}\dot{\boldsymbol{q}}(t)=\mathbf{yc}(t) \tag{4.18}$$

设 t 的单位是年，式（4.18）两边对 t 从 $t-1$ 到 t 积分，即

$$(\mathbf{1}-\boldsymbol{A}-\boldsymbol{\beta})\int_{t-1}^{t}\boldsymbol{q}(s)\mathrm{d}s-\boldsymbol{B}\int_{t-1}^{t}\dot{\boldsymbol{q}}(s)\mathrm{d}s=\int_{t-1}^{t}\mathbf{yc}(s)\mathrm{d}s$$

令 $\boldsymbol{Q}(t)=\int_{t-1}^{t}\boldsymbol{q}(s)\mathrm{d}s$， $\mathrm{YC}(t)=\int_{t-1}^{t}\mathbf{yc}(s)\mathrm{d}s$，则

$$(\mathbf{1}-\boldsymbol{A}-\boldsymbol{\beta})\boldsymbol{Q}(t)-\boldsymbol{B}[\boldsymbol{q}(t)-\boldsymbol{q}(t-1)]=\mathbf{YC}(t) \tag{4.19}$$

可以看出，$\boldsymbol{Q}(t)$ 表示 t 年的总产出，$\mathbf{YC}(t)$ 表示 t 年的最终净产品，$\boldsymbol{q}(t)$ 和 $\boldsymbol{q}(t-1)$ 分别是经济系统在 t 年末和 $t-1$ 年末的产出速率。另外，$\boldsymbol{Q}(t)$ 也可做 $\boldsymbol{q}(t)$ 在 t 年中的平均值，以平均值代替 $\boldsymbol{q}(t)$ 和 $\boldsymbol{q}(t-1)$ 可得

$$(\mathbf{1}-\boldsymbol{A}-\boldsymbol{B}-\boldsymbol{\beta})\boldsymbol{Q}(t)+\boldsymbol{B}\boldsymbol{Q}(t-1)=\mathbf{YC}(t) \tag{4.20}$$

式（4.19）和式（4.20）可以看作所有投资时滞为 0 或时滞不足一年的离散时间动态投入占用产出模型。在此需要特别注意的是 $\boldsymbol{B}$ 的定义，其元素 b_{ij} 是 $k_{ij}(t)$ 与 $\dot{q}_j(t)$ 之比，而在传统的连续时间模型中是 $k_{ij}(t)$ 与 $q_j(t)$ 之比。在 $b_{ij}(t)$ 为常数的情况下，离散化模型可有

$$b_{ij}=\frac{K_{ij}(t)-K_{ij}(t-1)}{q_j(t)-q_j(t-1)}\approx\frac{K_{ij}(t)-K_{ij}(t-1)}{Q_j(t)-Q_j(t-1)} \tag{4.21}$$

而 $b_{ij}=\dfrac{K_{ij}(t)}{q_j(t)}\approx\dfrac{K_{ij}(t)}{Q_j(t)}$ 是式（4.21）成立的一个充分而非必要的条件。

---

① 或许有人想定义 $d_{ij}(t)=\beta_{ij}(t)k_{ij}(t)$，但考虑到资本的损耗速度与生产运行强度直接相关，式（4.14）还是更合适。实际上，资本损耗也是一种中间投入。

② 如果假定 $K_{ij}(t)=b_{ij}(t)q_j(t)$，那么 $k_{ij}(t)=b_{ij}(t)\dot{q}_j(t)+\dot{b}_{ij}(t)q_j(t)$，于是，$z_{ij}(t)=b_{ij}(t)\dot{q}_j(t)+\dot{b}_{ij}(t)q_j(t)+\beta_{ij}(t)q_j(t)$。

因 $\boldsymbol{A}$ 和 $\boldsymbol{\beta}$ 的定义与导数无关，故可直接用下式计算：

$$a_{ij}=\frac{X_{ij}(t)}{Q_j(t)},\quad \beta_{ij}=\frac{D_{ij}(t)}{Q_j(t)} \tag{4.22}$$

通过以上推演过程，我们可以充分认识到经典的连续型动态投入产出分析模型中隐含的一些基本假定。

2. 考虑时滞的模型

定义资本产出系数、综合资本损耗系数和直接消耗系数，如式（4.13）~式（4.15），应用式（4.7）的有效资本与投资关系式，可以写出：

$$\sum_{j=1}^{n}a_{ij}(t)q_j(t)+\sum_{j=1}^{n}[\beta_{ij}(t)q_j(t)+\int_0^{c_j}\alpha_{ij}(t,\tau)b_{ij}(t+\tau)\dot{q}_j(t+\tau)\mathrm{d}\tau]+\mathrm{yc}_i(t)=q_i(t) \tag{4.23}$$

写成矩阵形式，即

$$\boldsymbol{A}(t)\boldsymbol{q}(t)+\boldsymbol{\beta}(t)\boldsymbol{q}(t)+\int_0^{c_{\max}}\boldsymbol{\alpha}(t,\tau)\circ\boldsymbol{B}(t+\tau)\boldsymbol{q}(t+\tau)\mathrm{d}\tau+\mathbf{yc}(t)=\boldsymbol{q}(t) \tag{4.24}$$

其中，$c_{\max}$ 是 c_j 中的最大值，对 $c_j<c_{\max}$ 的部门，当 $\tau>c_j$ 时，令 $\alpha_{ij}(t,\tau)=0$。如果 $a_{ij}(t)$，$\beta_{ij}(t)$，$\alpha_{ij}(t,\tau)$ 和 $b_{ij}(t)$ 都不依赖于 t，式（4.23）就可写作：

$$\sum_{j=1}^{n}a_{ij}x_j(t)+\sum_{j=1}^{n}[\beta_{ij}q_j(t)+b_{ij}\int_0^{c_j}\alpha_{ij}(\tau)\mathrm{d}q_j(t+\tau)]+\mathrm{yc}_i(t)=q_i(t) \tag{4.25}$$

当 τ 的值域为离散集时，则有

$$\sum_{j=1}^{n}a_{ij}q_j(t)+\sum_{j=1}^{n}\left[\beta_{ij}q_j(t)+b_{ij}\sum_{\tau=0}^{c_j}\alpha_{ij}(\tau)\dot{q}_j(t+\tau)\right]+\mathrm{yc}_i(t)=q_i(t)$$

写成矩阵形式，则有

$$(\boldsymbol{A}+\boldsymbol{\beta})\boldsymbol{q}(t)+\sum_{\tau=0}^{c_{\max}}\boldsymbol{B}\circ\boldsymbol{\alpha}(\tau)\dot{\boldsymbol{q}}(t+\tau)+\mathbf{yc}(t)=\boldsymbol{q}(t) \tag{4.26}$$

即

$$(\mathbf{1}-\boldsymbol{A}-\boldsymbol{\beta})\boldsymbol{q}(t)-\boldsymbol{B}\circ\sum_{\tau=0}^{c_{\max}}\boldsymbol{\alpha}(\tau)\dot{\boldsymbol{q}}(t+\tau)=\mathbf{yc}(t) \tag{4.27}$$

众所周知，连续时间动态投入占用产出分析方程目前仅仅是作为动态模型的一个类别而存在，没有对实际经济应用。但是作为经济学研究的理论工具是会有用的，对定性上研究经济政策的效应会有所帮助。

4.4 离散时间动态投入占用产出分析

离散时间模型是动态投入产出分析运用于现实经济分析的主要形式。在实际的经济统计系统中，经常使用的指标是系统在一段时间内的某种流量，如部门总产出就是一个部门在一个统计年度中的总产出。在这种情况下，对某一段时间变量赋值以 t，表示从

时刻 $t-1$ 开始到时刻 t 终止的一段时间，常称为第 t 期、t 期、t 年，t 通常取值整数。

4.4.1　离散时间投入占用产出分析系统

为了避免使用过多的符号，在不引起误解的情况下，本节使用某些与连续时间系统相同的符号，其新的经济意义如下：

$Q_i(t)$：部门 i 在 t 年的总产出；

$X_{ij}(t)$：t 年内，部门 j 为生产 $Q_i(t)$ 而消耗的部门 i 的产品数量；

$\mathrm{YC}_i(t)$：消费部门（包括净出口）在 t 年内消费的部门 i 的产品总量，称最终净产品；

$Z_{ij}(t)$：t 年内，由部门 i 生产的产品用于部门 j 的固定资本形成即投资的数量；

$S_{ij}(t)$：部门 j 的库存在 t 年末比 $t-1$ 年末增加的量中来自于部门 i 的产品数量。

根据投入产出平衡关系可以写出如下代数式：

$$\sum_{j=1}^{n} X_{ij}(t)+\sum_{j=1}^{n} Z_{ij}(t)+\sum_{j=1}^{n} S_{ij}(t)+\mathrm{YC}_i(t)=Q_i(t),\quad i=1,2,\cdots,n \tag{4.28}$$

显然，式（4.28）可以认为是式（4.2）从 $t-1$ 到 t 的积分。

4.4.2　离散时间过程的资本形成基本关系式

令

$K_{ij}(t)$：部门 j 在 t 年末占用的有效固定资本中产品 i 的数量；

$D_{ij}(t)$：部门 j 在 t 年中综合损耗的有效固定资本中产品 i 的数量；

τ：与连续时间情况相同，仍表示时滞，但本节只考虑离散情况；

c_j：j 部门投资活动的最大时滞。

$D_{ij}(t)$ 也可以当作连续时间情况下的相应变量从 $t-1$ 到 t 的积分。

设 $Z_{ij}(t,\tau)$ 表示 $Z_{ij}(t)$ 在 t 年中投资、在 $t+\tau$ 年中形成有效固定资本的数量。于是[①]

$$K_{ij}(t)=\sum_{\tau=0}^{c_j} Z_{ij}(t-\tau,\tau)+K_{ij}(t-1)-D_{ij}(t) \tag{4.29}$$

$$Z_{ij}(t)=\sum_{\tau=0}^{c_j} Z_{ij}(t,\tau),\quad i,j=1,2,\cdots,n \tag{4.30}$$

从式（4.29）无法直接得出 $Z_{ij}(t)$ 的表示式，即无法建立 $Z_{ij}(t)$ 与以后各年资本形成需求的直接联系，需要一些先验或假定的投资分配系数。与连续时间过程情况相似，同样从计划或规划的角度定义一个资本形成计划投资分配系数 $\alpha_{ij}(t,\tau)$，使

$$Z_{ij}(t)=\sum_{\tau=0}^{c_j} \alpha_{ij}(t,\tau)[\Delta K_{ij}(t+\tau)+D_{ij}(t+\tau)],\quad i,j=1,2,\cdots,n \tag{4.31}$$

其中，$\Delta K_{ij}(t)=K_{ij}(t)-K_{ij}(t-1)$。

---

① 式（4.29）可由式（4.8）通过从 $t-1$ 到 t 积分得到，其中，$Z_{ij}(t-\tau,\tau)=\int_{t-1}^{t} z_{ij}(s-\tau,\tau)\mathrm{d}s$。

如果经济系统是一个纯粹的市场经济系统，那么可定义投资分布系数$\gamma_{ij}(t,\tau)$，使

$$K_{ij}(t)=\sum_{\tau=0}^{c_j}\gamma_{ij}(t-\tau,\tau)Z_{ij}(t-\tau)+K_{ij}(t-1)-D_{ij}(t) \tag{4.32}$$

$\gamma_{ij}(t,\tau)$表示 t 期投资在$t+\tau$期生效的比例，这时$Z_{ij}(t)$是根据市场的历史而不是未来计划决定的。

如果$c_j=1$，则式（4.29）可写为

$$K_{ij}(t)=Z_{ij}(t,0)+Z_{ij}(t-1,1)+K_{ij}(t-1)-D_{ij}(t) \tag{4.33}$$

如果假定：

$$Z_{ij}(t,0)=D_{ij}(t) \tag{4.34}$$

那么

$$K_{ij}(t+1)=Z_{ij}(t,1)+K_{ij}(t)=Z_{ij}(t)-D_{ij}(t)+K_{ij}(t) \tag{4.35}$$

$$Z_{ij}(t)=Z_{ij}(t,0)+Z_{ij}(t,1)=K_{ij}(t+1)-K_{ij}(t)+D_{ij}(t) \tag{4.36}$$

若假定$Z_{ij}(t,0)=0$，则可得

$$K_{ij}(t+1)=Z_{ij}(t,1)+K_{ij}(t)-D_{ij}(t+1)=Z_{ij}(t)+K_{ij}(t)-D_{ij}(t+1)$$

于是

$$Z_{ij}(t)=K_{ij}(t+1)-K_{ij}(t)+D_{ij}(t+1) \tag{4.37}$$

假定式（4.34）在实际中有一定的合理性，这是因为当我们将固定资本和库存资本分开考虑时，在经济系统中，用于扩大生产能力的固定资本建设，其时滞一般都要在一年以上①，而一年以内的投资活动都可视为对已损固定资本的补偿。而假定$Z_{ij}(t,0)=0$则是一种强行规定：所有投资包括损耗补偿的时滞都为一年。

4.4.3 离散时间过程动态投入占用产出模型

离散时间过程的建模思路与连续时间过程类似，把基本系数参数定义和有效固定资本与投资的关系式代入基本平衡方程式（4.28），即可得到动态投入占用产出分析基本模型。

1. 基本模型

为简便，将式（4.28）中的固定资本形成和库存增量合并，则基本平衡方程变为

$$\sum_{j=1}^{n}X_{ij}(t)+\sum_{j=1}^{n}Z_{ij}(t)+\mathrm{YC}_i(t)=Q_i(t),\quad i=1,2,\cdots,n \tag{4.38}$$

写成矩阵式为

$$\boldsymbol{X}(t)\boldsymbol{e}+\boldsymbol{Z}(t)\boldsymbol{e}+\mathbf{YC}(t)=\boldsymbol{Q}(t)$$

定义 4.4 （1）直接消耗系数：

$$a_{ij}(t)=\frac{X_{ij}(t)}{Q_j(t)},\quad i,j=1,2,\cdots,n \tag{4.39}$$

① 这里实际指变为有效固定资本的时间。当然也有相当一部分时滞小于一年。

（2）增量资本产出系数①：

$$b_{ij}(t)=\frac{K_{ij}(t)-K_{ij}(t-1)}{Q_j(t)-Q_j(t-1)},\quad i,j=1,2,\cdots,n \tag{4.40}$$

（3）综合资本损耗产出系数：

$$\beta_{ij}(t)=\frac{D_{ij}(t)}{Q_j(t)},\quad i,j=1,2,\cdots,n \tag{4.41}$$

将式（4.40）和式（4.41）代入式（4.31）得

$$\begin{aligned}Z_{ij}(t)=\sum_{\tau=0}^{c_j}\alpha_{ij}(t,\tau)\{&b_{ij}(t+\tau)[Q_j(t+\tau)-Q_j(t+\tau-1)]\\&+\beta_{ij}(t+\tau)Q_j(t+\tau)\}\end{aligned} \tag{4.42}$$

将式（4.39）和式（4.42）代入式（4.38）得

$$\begin{aligned}&\sum_{j=1}^{n}a_{ij}(t)Q_j(t)+\sum_{j=1}^{n}\left\{\sum_{\tau=0}^{c_j}\alpha_{ij}(t,\tau)\left\{b_{ij}(t+\tau)\left[Q_j(t+\tau)-Q_j(t+\tau-1)\right]+\beta_{ij}(t+\tau)Q_j(t+\tau)\right\}\right\}\\&+\mathrm{YC}_i(t)=Q_i(t)\end{aligned} \tag{4.43}$$

写成矩阵式②，即

$$\begin{aligned}&\boldsymbol{A}(t)\boldsymbol{Q}(t)+\sum_{\tau=0}^{c_{\max}}\boldsymbol{\alpha}(t,\tau)\circ\left\{\boldsymbol{B}(t+\tau)[\boldsymbol{Q}(t+\tau)-\boldsymbol{Q}(t+\tau-1)]+\boldsymbol{\beta}(t+\tau)\cdot\right.\\&\left.\boldsymbol{Q}(t+\tau)\right\}+\mathbf{YC}(t)=\boldsymbol{Q}(t)\end{aligned} \tag{4.44}$$

或

$$\begin{aligned}&\left\{\mathbf{1}-\boldsymbol{A}(t)-\boldsymbol{\alpha}(t,0)\circ\left[\boldsymbol{B}(t)+\boldsymbol{\beta}(t)\right]+\boldsymbol{\alpha}(t,1)\circ\boldsymbol{B}(t+1)\right\}\boldsymbol{Q}(t)-\sum_{\tau=1}^{c_{\max}}\boldsymbol{\alpha}(t,\tau)\circ\left[\boldsymbol{B}(t+\tau)+\boldsymbol{\beta}(t+\tau)\right]\cdot\\&\boldsymbol{Q}(t+\tau)+\sum_{\tau=2}^{c_{\max}}\boldsymbol{\alpha}(t,\tau)\circ\boldsymbol{B}(t+\tau)\boldsymbol{Q}(t+\tau-1)=\boldsymbol{\alpha}(t,0)\circ\boldsymbol{B}(t)\boldsymbol{Q}(t-1)+\mathbf{YC}(t)\end{aligned} \tag{4.45}$$

式（4.44）的经济意义是，当年总产出首先用于本年度的中间消耗，其次用于以后年度扩张所需的资本形成，再次用于本年及以后年度的资本存量损耗补偿，最后用于最终消费和进出口。

2. 简化模型

详细的多年时滞模型统计建模和求解都很复杂,实际应用分析可以用短时滞的模型。前面已指出，对总体经济，考虑 1~2 年的时滞就行。本节分三种情况给出时滞在一年以内的简化模型。

（1）当 c_j 只取 0 和 1 时，式（4.45）简化为

---

① 严格来说，这个定义在经济意义上是不严谨的，因为它把时点存量当做时期流量。严谨的定义应类似式（4.21），但近似意义上是可以的。

② $\boldsymbol{A}\circ\boldsymbol{B}$ 表示矩阵 $\boldsymbol{A}$ 和 $\boldsymbol{B}$ 的对应元素相乘。

$$\begin{aligned}&\{\mathbf{1}-\boldsymbol{A}(t)-\boldsymbol{\alpha}(t,0)\circ[\boldsymbol{B}(t)+\boldsymbol{\beta}(t)]+\boldsymbol{\alpha}(t,1)\circ\boldsymbol{B}(t+1)\}\boldsymbol{Q}(t)-\boldsymbol{\alpha}(t,1)\circ\\&\quad[\boldsymbol{B}(t+1)+\boldsymbol{\beta}(t+1)]\boldsymbol{Q}(t+1)=\boldsymbol{\alpha}(t,0)\circ\boldsymbol{B}(t)\boldsymbol{Q}(t-1)+\mathbf{YC}(t)\end{aligned}\tag{4.46}$$

在这种简化情况下，$\alpha_{ij}(t,0)+\alpha_{ij}(t,1)=1$。

（2）如果令时滞为 0 的投资刚好等于损耗补偿需求，即 $Z_{ij}(t,0)=D_{ij}(t)$，其余投资的时滞都等于 1，则有

$$\begin{aligned}Z_{ij}(t)&=K_{ij}(t+1)-K_{ij}(t)+D_{ij}(t)\\&=b_{ij}(t+1)[Q_j(t+1)-Q_j(t)]+\beta_{ij}(t)Q_j(t),\quad i,j=1,2,\cdots,n\end{aligned}\tag{4.47}$$

写成矩阵式，即

$$\boldsymbol{Z}(t)=\boldsymbol{B}(t+1)\left[\hat{\boldsymbol{Q}}(t+1)-\hat{\boldsymbol{Q}}(t)\right]+\boldsymbol{\beta}(t)\hat{\boldsymbol{Q}}(t)\tag{4.48}$$

将式（4.48）和式（4.39）代入式（4.38）得

$$\boldsymbol{A}(t)\boldsymbol{Q}(t)+\boldsymbol{B}(t+1)[\boldsymbol{Q}(t+1)-\boldsymbol{Q}(t)]+\boldsymbol{\beta}(t)\boldsymbol{Q}(t)+\mathbf{YC}(t)=\boldsymbol{Q}(t)\tag{4.49}$$

$$[\mathbf{1}-\boldsymbol{A}(t)-\boldsymbol{\beta}(t)+\boldsymbol{B}(t+1)]\boldsymbol{Q}(t)-\boldsymbol{B}(t+1)\boldsymbol{Q}(t+1)=\mathbf{YC}(t)\tag{4.50}$$

（3）如果假定对任意 $i,j=1,2,\cdots,n$，$c_j=1$ 且 $Z_{ij}(t,0)=0$，即所有投资的时滞都为 1，则有

$$K_{ij}(t+1)=K_{ij}(t)+Z_{ij}(t)-D_{ij}(t+1),\quad i,j=1,2,\cdots,n\tag{4.51}$$

于是

$$Z_{ij}(t)=b_{ij}(t+1)(Q_j(t+1)-Q_j(t))+\beta_{ij}(t+1)Q_j(t+1),\quad i,j=1,2,\cdots,n\tag{4.52}$$

写成矩阵式，即

$$\boldsymbol{Z}(t)=\boldsymbol{B}(t+1)\left[\hat{\boldsymbol{Q}}(t+1)-\hat{\boldsymbol{Q}}(t)\right]+\boldsymbol{\beta}(t+1)\hat{\boldsymbol{Q}}(t+1)\tag{4.53}$$

将式（4.52）和式（4.39）代入式（4.38）可得

$$\begin{aligned}&\sum_{j=1}^{n}a_{ij}(t)X_j(t)+\sum_{j=1}^{n}[b_{ij}(t+1)(Q_j(t+1)-Q_j(t))+\beta_{ij}(t+1)\cdot\\&Q_j(t+1)]+\mathrm{YC}_i(t)=Q_i(t),\quad i,j=1,2,\cdots,n\end{aligned}\tag{4.54}$$

式（4.54）写成矩阵式为

$$[\mathbf{1}-\boldsymbol{A}(t)+\boldsymbol{B}(t+1)]\boldsymbol{Q}(t)-[\boldsymbol{B}(t+1)+\boldsymbol{\beta}(t+1)]\boldsymbol{Q}(t+1)=\mathbf{YC}(t)\tag{4.55}$$

纵观各种形式的动态模型，无非是对既定时期的资本形成进行分解，通过资本形成与产出的关系建立不同时期经济的动态关系。

4.5 动态逆

动态逆是与静态模型逆矩阵 $(1-\boldsymbol{A})^{-1}$ 对称的动态投入产出模型的逆矩阵，能非常全面地反映动态模型的动态特点和经济意义。里昂惕夫首先提出了经典动态模型的动态逆，并专门为此写了一篇文章。本节推导和分析基本动态投入占用产出模型的动态逆。

4.5.1　动态模型的因果悖论

纯粹的数学模型一般是无法表达出因果关系的，对前面推导出的动态模型也无法直接分辨出是过去的经济变量决定了现在和将来的经济状态，还是未来的经济需求决定现在的经济状态[①]。这个问题的矛盾之处在于，如果是过去决定现在和将来，那么现在就已经是确定的了，或者我们要接受宿命论的观点，因为无法为了将来的增长目标安排现在的生产任务，但现实是人们总是在为未来决定当前的行为计划。为了从经济理论上说明过去、现在和未来的科学因果关系，下面以所有投资时滞都为 1 的离散时间动态投入占用产出模型为例进行解释。

令 $\mathbf{G}(t)=\mathbf{1}-\mathbf{A}(t)+\mathbf{B}(t+1)$，$\boldsymbol{H}(t+1)=\boldsymbol{B}(t+1)+\boldsymbol{\beta}(t+1)$，于是式（4.55）变成：

$$\boldsymbol{G}(t)\boldsymbol{Q}(t)-\boldsymbol{H}(t+1)\boldsymbol{Q}(t+1)=\mathbf{YC}(t) \tag{4.56}$$

因为 $\mathbf{G}(t)$ 一般是可逆的，所以

$$\boldsymbol{Q}(t)=\boldsymbol{G}^{-1}(t)\left[\mathbf{YC}(t)+\boldsymbol{H}(t+1)\boldsymbol{Q}(t+1)\right] \tag{4.57}$$

在式（4.57）中，可以根据对 $\mathbf{YC}(t)$ 和 $\boldsymbol{Q}(t+1)$ 的计划来安排时期 t 的经济生产，即 $\mathbf{YC}(t)$ 和 $\boldsymbol{Q}(t+1)$ 是 $\boldsymbol{Q}(t)$ 的原因，这也是通常把消费、投资和出口当作拉动经济增长的三驾马车的缘由。但是，由式（4.56）同样可以推出：

$$\boldsymbol{H}(t)\boldsymbol{Q}(t)=\boldsymbol{G}(t-1)\boldsymbol{Q}(t-1)-\mathbf{YC}(t-1) \tag{4.58}$$

当 $\boldsymbol{H}(t)$ 可逆时，有

$$\boldsymbol{Q}(t)=\boldsymbol{H}^{-1}(t)[\boldsymbol{G}(t-1)\boldsymbol{Q}(t-1)-\mathbf{YC}(t-1)] \tag{4.59}$$

式（4.59）说明，当 $\mathbf{YC}(t-1)$ 和 $\boldsymbol{Q}(t-1)$ 已定时，$\boldsymbol{Q}(t)$ 就完全确定了。因为对时期 t，$\mathbf{YC}(t-1)$ 和 $\boldsymbol{Q}(t-1)$ 是已经发生的，所以 $\boldsymbol{Q}(t)$ 是无法改变的，同理可以类推，所有的未来也都已经决定了。这样，就从同一个动态投入占用产出模型推出了两个矛盾的结论，成为一个悖论。

在多部门特别是包括多个服务业部门的模型中，系数矩阵 $\boldsymbol{H}(t)$ 即 $\boldsymbol{B}(t)+\boldsymbol{\beta}(t)$ 一般是不可逆的，那么就不能通过式（4.58）完全由时期 $t-1$ 决定时期 t 各部门的总产出，有若干部门的总产出要由式（4.57）或计划决定。这样，从数学上看，由式（4.58）可以解出的未知数最多是 n 个（假定将经济系统划分为 n 个生产部门），有一些自由变量似乎可以通过规划决定，从而可以有计划地提高 t 年的增长率。但是多部门系统总是可以合成单部门系统，在单部门模型中，$\boldsymbol{H}(t)$ 是一个实数，总是可逆的，因而 t 年的国内生产总值增长率似乎总是可以由 $t-1$ 年的经济状态决定。

要解决过去、现在和未来的经济因果悖论，必须从经济内部找原因。首先，由式（4.57）决定的是未来一年的潜在经济增长，模型解的效果是在全部资本充分就业的状态下得出的。现实是总是存在闲置的资源或资本，即使在就业很充分的情况下也有一些细行业部门或生产单位存在开工不足、生产停顿甚或破产倒闭的情况，这也是凯恩斯说的存在有效需求不足的问题。其次，总产出的总量资源分配是可以改变的，如可以从消费改为投资或出口，或者反之。正是这种分配方向问题为未来计划提供了可能。根据这种可能性，由式（4.57）和式（4.59）可得

① 刘新建. 考虑资本补偿的动态投入占用产出分析基本模型. 数学的实践与认识，1994，（3）：21-26

$$\boldsymbol{Q}(t)=\boldsymbol{G}^{-1}(t)[\mathbf{YC}(t)+\boldsymbol{H}(t+1)\boldsymbol{Q}(t+1)]=\boldsymbol{H}^{-1}(t)\left[\boldsymbol{G}(t-1)\boldsymbol{Q}(t-1)-\mathbf{YC}(t-1)\right]$$

该式经过变换以后可得

$$\mathbf{YC}(t)=\boldsymbol{G}(t)\left\{\boldsymbol{H}^{-1}(t)\left[\boldsymbol{G}(t-1)\boldsymbol{Q}(t-1)-\mathbf{YC}(t-1)\right]\right\}-\boldsymbol{H}(t+1)\boldsymbol{Q}(t+1) \qquad (4.60)$$

式（4.60）的经济意义是，过去的经济状态和未来的经济计划共同决定了现在的消费状态。过去是确定的，要想未来增长更大，现在的消费就得更少；要想现在消费得更多，未来的增长就要受限。式（4.60）为经济调控提供的思维方式是，积极促进就业，保证人民消费生活，实现当年潜在增长能力，合理调控当前消费投资计划，实现未来稳定增长。

经济模型对经济的描述一般总是连续的（不是指时间变量的连续性，而是指前后变换的衔接性），但是现实经济发展总是存在阶跃性。周期性危机作为资本主义市场经济的固有特性总是不断发生，现在也必然要传导到我国经济中。随着每一次大的危机，世界经济就会出现快速的大的结构调整，这同时也是我国经济结构调整的时候。这种调整意味着大量传统生产能力被淘汰，新的经济需求持续产生。即使我国在强大的计划能力下，可以做出一些前馈调整，但是很难完全到位，这就是我国 2009 年以来大幅度“去产能，去库存，去杠杆，补短板”和实行供给侧改革调控方针的理论依据。

4.5.2 简化模型的动态逆

从式（4.56）出发，将 t 年及以后的总产出作为未知变量，记

$$\mathbf{YC}^{*}(t+T)=\mathbf{YC}(t+T)+\boldsymbol{H}(t+T+1)\boldsymbol{Q}(t+T+1)$$

就形成了下面的方程组：

$$\begin{pmatrix} \boldsymbol{G}(t+1) & -\boldsymbol{H}(t+2) & 0 & \cdots & 0 & 0 \\ 0 & \boldsymbol{G}(t+2) & -\boldsymbol{H}(t+3) & \cdots & 0 & 0 \\ \vdots & \vdots & \vdots & \vdots & \vdots & \vdots \\ 0 & 0 & \cdots & 0 & \boldsymbol{G}(t+T-1) & -\boldsymbol{H}(t+T) \\ 0 & 0 & 0 & 0 & \cdots & \boldsymbol{G}(t+T) \end{pmatrix}\begin{pmatrix} \boldsymbol{Q}(t+1) \\ \boldsymbol{Q}(t+2) \\ \vdots \\ \boldsymbol{Q}(t+T-1) \\ \boldsymbol{Q}(t+T) \end{pmatrix} = \begin{pmatrix} \mathbf{YC}(t+1) \\ \mathbf{YC}(t+2) \\ \vdots \\ \mathbf{YC}(t+T-1) \\ \mathbf{YC}^{*}(t+T) \end{pmatrix} \qquad (4.61)$$

若 $\boldsymbol{G}(t)$ 可逆，设经济规划期是 T，则由式（4.56）可得

$$\begin{aligned} \boldsymbol{Q}(t+1)&=\boldsymbol{G}^{-1}(t+1)[\mathbf{YC}(t+1)+\boldsymbol{H}(t+2)\boldsymbol{Q}(t+2) \\ &=\boldsymbol{G}^{-1}(t+1)\mathbf{YC}(t+1)+\boldsymbol{G}^{-1}(t+1)\sum_{m=1}^{T-1}\prod_{k=1}^{m}\boldsymbol{H}(t+k+1)\boldsymbol{G}^{-1}(t+m+1)\mathbf{YC}(t+m+1) \\ &\quad+\boldsymbol{G}^{-1}(t+1)\prod_{k=1}^{T-1}\boldsymbol{H}(t+k+1)\boldsymbol{G}^{-1}(t+T)\boldsymbol{H}(t+T+1)\boldsymbol{Q}(t+T+1) \end{aligned} \qquad (4.62)$$

令

$$\boldsymbol{R}(t+s,m)=\begin{cases}\mathbf{1}(\text{单位矩阵}), & m=0\\ \boldsymbol{G}^{-1}(t+s)\prod_{k=1}^{m}\boldsymbol{H}(t+s+k), & m\geqslant 1\end{cases}$$

$$\boldsymbol{V}(t+s,m)=\begin{cases}\boldsymbol{R}(t+s,m-1)\boldsymbol{G}^{-1}(t+s+m-1), & s\leqslant m\\ \mathbf{0}, & s>m\end{cases}$$

则

$$\begin{aligned}\boldsymbol{Q}(t+1)&=\sum_{m=1}^{T-1}\boldsymbol{R}(t+1,m-1)\boldsymbol{G}^{-1}(t+m-1)\mathbf{YC}(t+m-1)+\boldsymbol{R}(t+1,T)\boldsymbol{G}^{-1}(t+T)\mathbf{YC}^{*}(t+T)\\&=\sum_{m=1}^{T-1}\boldsymbol{V}(t+1,m)\mathbf{YC}(t+m)+\boldsymbol{V}(t+1,T)\mathbf{YC}^{*}(t+T)\end{aligned}\tag{4.63}$$

式（4.63）也可以从 $\boldsymbol{Q}(t+T)$ 开始倒推而得，即

$$\begin{aligned}\boldsymbol{Q}(t+T)&=\boldsymbol{G}^{-1}(t+T)\left[\mathbf{YC}(t+T)+\boldsymbol{H}(t+T+1)\boldsymbol{Q}(t+T+1)\right]\\&=\boldsymbol{G}^{-1}(t+T)\mathbf{YC}^{*}(t+T)\\&=\boldsymbol{V}(t+T,T)\mathbf{YC}^{*}(t+T)\end{aligned}$$

$$\begin{aligned}\boldsymbol{Q}(t+T-1)&=\boldsymbol{G}^{-1}(t+T-1)\left[\mathbf{YC}(t+T-1)+\boldsymbol{H}(t+T)\boldsymbol{Q}(t+T)\right]\\&=\boldsymbol{G}^{-1}(t+T-1)\mathbf{YC}(t+T-1)+\boldsymbol{G}^{-1}(t+T-1)\boldsymbol{H}(t+T)\boldsymbol{G}^{-1}(t+T)\mathbf{YC}^{*}(t+T)\\&=\boldsymbol{V}(t+T-1,t-1)\mathbf{YC}(t+T-1)+\boldsymbol{V}(t+T-1,T)\mathbf{YC}^{*}(t+T)\end{aligned}$$

$$\begin{aligned}\boldsymbol{Q}(t+T-2)&=\boldsymbol{G}^{-1}(t+T-2)\left[\mathbf{YC}(t+T-2)+\boldsymbol{H}(t+T-1)\boldsymbol{Q}(t+T-1)\right]\\&=\boldsymbol{G}^{-1}(t+T-2)\mathbf{YC}(t+T-2)+\boldsymbol{G}^{-1}(t+T-2)\boldsymbol{H}(t+T-1)\boldsymbol{G}^{-1}(t+T-1)\mathbf{YC}(t+T\\&\quad-1)+\boldsymbol{G}^{-1}(t+T-2)\boldsymbol{H}(t+T-1)\boldsymbol{G}^{-1}(t+T-1)\boldsymbol{H}(t+T)\boldsymbol{G}^{-1}(t+T)\mathbf{YC}^{*}(t+T)\\&=\sum_{j=T-2}^{T-1}\boldsymbol{V}(t+j,j)\mathbf{YC}(t+j)+\boldsymbol{V}(t+T-2,T)\mathbf{YC}^{*}(t+T)\end{aligned}$$

以此类推，可以有

$$\boldsymbol{Q}(t+s)=\sum_{j=s}^{T-1}\boldsymbol{V}(t+s,j)\mathbf{YC}(t+j)+\boldsymbol{V}(t+s,T)\mathbf{YC}^{*}(t+T)$$

其中，

$$\boldsymbol{V}(t+s,m)=\begin{cases}\boldsymbol{R}(t+s,m-1)\boldsymbol{G}^{-1}(t+s+m-1), & s<m\\ \boldsymbol{G}^{-1}(t+m), & s=m\\ \mathbf{0}, & s>m\end{cases}$$

$$\boldsymbol{R}(t+s,m)=\boldsymbol{G}^{-1}(t+s)\prod_{k=1}^{m-1}\boldsymbol{H}(t+k),\quad m>s$$

$$\boldsymbol{V}(t)=\begin{pmatrix} \boldsymbol{G}^{-1}(t+1) & \boldsymbol{G}^{-1}(t+1)\boldsymbol{H}(t+1)\boldsymbol{G}^{-1}(t+2) & \cdots & \boldsymbol{G}^{-1}(t+1)\prod_{k=1}^{T-1}\boldsymbol{H}(t+k)\boldsymbol{G}^{-1}(t+T-1) & \boldsymbol{G}^{-1}(t+1)\prod_{k=1}^{T}\boldsymbol{H}(t+k)\boldsymbol{G}^{-1}(t+T) \\ \boldsymbol{0} & \boldsymbol{G}^{-1}(t+2) & \cdots & \boldsymbol{G}^{-1}(t+2)\prod_{k=2}^{T-1}\boldsymbol{H}(t+k)\boldsymbol{G}^{-1}(t+T-1) & \boldsymbol{G}^{-1}(t+2)\prod_{k=2}^{T}\boldsymbol{H}(t+k)\boldsymbol{G}^{-1}(t+T) \\ \vdots & \vdots & & \vdots & \vdots \\ \boldsymbol{0} & \boldsymbol{0} & \cdots & \boldsymbol{G}^{-1}(t+T-1) & \boldsymbol{G}^{-1}(t+T-1)\boldsymbol{H}(t+T)\boldsymbol{G}^{-1}(t+T) \\ \boldsymbol{0} & \boldsymbol{0} & \cdots & \cdots & \boldsymbol{G}^{-1}(t+T) \end{pmatrix}$$

如果令 $\tilde{\boldsymbol{Q}}(t)=(\boldsymbol{Q}(t+s))_{T\times 1}$，$\tilde{\boldsymbol{F}}(t)=(\boldsymbol{F}(t+s))_{T\times 1}$，其中，$\boldsymbol{F}(t+s)=\mathbf{YC}(t+s)$，$s<T$；$\boldsymbol{F}(t+T)=\mathbf{YC}^{*}(t+T)$，于是

$$\tilde{\boldsymbol{Q}}(t)=\boldsymbol{V}(t)\tilde{\boldsymbol{F}}(t) \tag{4.64}$$

这里的矩阵 $\boldsymbol{V}(t)$ 被称为动态逆矩阵，简称动态逆，是一个上三角矩阵，t 是考察的起始时期。$\boldsymbol{V}(t+s,m)$ $\mathbf{YC}(t+m)$ 表示 t 后 m 时期的最终净产品 $\mathbf{YC}(t+m)$ 对时期 $t+s$ 的各部门总产出的需求，所以 $\boldsymbol{V}(t+s,m)$ 的元素 $v_{ij}^{m}(t+s)$ 表示 t 后 m 时期对部门 j 的单位最终净产品需求在 $t+s$ 时期产生对部门 i 产品的总产出需求。因为当 $s>m$ 时，$\boldsymbol{V}(t+s,m)=0$，所以 $\mathbf{YC}(t+m)$ 对 $t+s$ 以后各时期的经济状态没有影响。从实际经济意义上说，当 m 年距 t 年相当远时，$\boldsymbol{V}(t,m)$ 趋于 0。现实中有些固定资本，尤其是房屋，已存在数十年甚至上百年，似乎并没有消失。但是，从价值上说，只要它一直处于使用中，实际上就已通过维护活动被完全更新，在价值上已与百十年前完全无关。这种现象是经济学上实物与价值的矛盾运动的一个典型例子。$\boldsymbol{V}(t,m)$ 的收敛性还可从分量与总量的关系上解释：当 $t<<m$ 时，若 $V_{ij}(t,m)$ 不等于 0，也只是 $\mathbf{YC}_{i}(m)$ 中很小的可以忽略不计的一个部分。

习题

1. 分析不同类型固定资产占用因素在生产力进步中的作用及其对人类发展的意义。

2. 讨论动态投入占用产出模型在经济分析中的应用前景。

3. 假定投入占用产出表总合成一个单部门表，以此为出发点，构造一个动态投入占用产出模型（连续与离散），并写出其动态逆公式。

4. 你如何看待用动态投入占用产出模型进行经济预测？

参考文献

陈锡康，杨翠红，等. 2011. 投入产出技术. 北京：科学出版社
里昂惕夫 W W. 1990. 投入产出经济学. 第二版. 崔书香，潘省初，谢鸿光译. 北京：中国统计出版社
刘新建. 1995. 国民经济动态投入占用产出分析的理论与方法研究及其它. 中国科学院系统科学研究所博士学位论文
刘新建. 1997. 国民经济动态投入占用产出分析的理论与方法. 系统工程学报，(1)：40-48
刘新建，房俊峰，谢姝琳. 2009. 知识经济分析的 DIOO 模型及其应用. 科技管理研究，29(2)：77-78，90

附录　固定资产投资与固定资本形成的关系

《中国统计年鉴 2016》的指标解释是，固定资本形成总额指常住单位在一定时期内获得的固定资产减处置的固定资产的价值总额。固定资产是通过生产活动生产出来的，且其使用年限在一年以上、单位价值在规定标准以上的资产，不包括自然资产、耐用消费品、小型工器具。固定资本形成总额包括住宅、其他建筑和构筑物、机器和设备、培育性生物资源、知识产权产品（研发支出、矿藏的勘探、计算机软件）的价值获得减处置。全社会固定资产投资是以货币形式表现的在一定时期内全社会建造和购置固定资产的工作量及与此有关的费用的总称。该指标是反映固定资产投资规模、结构和发展速度的综合性指标，又是观察工程进度和考核投资效果的重要依据。全社会固定资产投资按登记注册类型可分为国有、集体、联营、股份制、私营和个体、港澳台商、外商、其他等。《中国 2012 年投入产出表编制方法》给出的两者定量关系如下：

全社会固定资产投资形成的固定资本
= 全社会固定资产投资额 − 购置旧建筑物的价值 − 购置旧设备的价值
− 土地征用、购置及迁移补偿费

固定资本形成总额包括全社会固定资产投资形成的固定资本、商品房销售增值形成的固定资本、土地改良支出形成的固定资本、矿藏勘探费、计算机软件和其他六个部分。

徐宪春曾撰文指出两者间的区别包括以下几个方面[①]：

（1）固定资产投资额统计中不包括 5 万元以下的固定资产投资（1997 年开始统计起点定为 50 万元），固定资本形成总额则包括。

（2）固定资本形成总额理论上应包括上面定义的所有土地改良投资，而固定资产投资额只包括部分土地改良投资，即通过正式立项的土地改良投资，而没有通过正式立项

① 徐宪春. 支出法国内生产总值构成指标与有关统计指标间的关系. 经济改革与发展，1998，(7)：46-51

的土地改良支出则没有包括在固定资产投资额中。

（3）固定资本形成总额理论上包括非生产资产的所有权转移费用，而固定资产投资额则不包括相应的费用。

（4）固定资本形成总额包括人工林的成长价值和役畜、奶畜的成长价值及通过购买、易货交易和实物资本转移所实现的役畜、奶畜的净增加价值，而固定资产投资额则不包括这部分价值。

（5）固定资本形成总额中包括部分无形固定资产的净增加额，即用于矿藏勘探的支出，固定资产投资额不包括相应部分。

（6）固定资本形成总额中扣除了由于出售、易货交易和实物资本转移而转出的旧固定资产价值，而固定资产投资额不扣除相应的价值。

对机构单位来说，固定资本形成包括了从其他机构购买的已核算的资产，但对整体经济而言，除了来自境外的，各机构单位之间的固定资产转移相互抵消。

第5章

投入占用产出扩展模型

扩展模型是投入产出分析领域的重要发展方向。广义而言，任何在基本投入产出表基础上增加一些行，并从此出发建立的模型都可称为投入产出扩展模型，所以有人建议把投入占用产出模型也称为投入产出扩展模型，但其理论意义毕竟不同。投入占用产出扩展模型是指除了包括一般资本产品占用之外增加其他生产相关因素行的投入产出模型，本章模型将分别考虑人力资源和水资源两类占用要素。

5.1 人力资源投入产出分析系统

根据一般词典中的定义，“资源”是物资、动力等的天然来源。但从目前社会生活及学术文章中使用的情况看，“资源”的广义含义是指对一定的社会与经济过程可以作为其基本“生产资料”的一种系统存在，如“信息资源”“旅游资源”等，这种存在一般具有数量巨大，可以较长时期供给的特点。作为投入占用产出分析的研究对象的资源，一般应具有广泛的用途，被大多数生产部门所需要。人力资源的概念正是在这种意义上使用的。

一个社会的人力资源是其所有常态人的集合。所谓常态的人就是有可能经历出生、幼儿发育、受教育、劳动到衰亡的全过程的人①。其中，社会为正式进入劳动过程以前的人所建立的服务系统可称之为人力资源生产系统。因此，人力资源的生产系统就包括家庭幼儿抚育、学前教育、学历学校教育三个阶段教育。而在现代教育体系中，幼儿园教育和各种级别的职业技术非学历教育也占据了极其重要的地位，人力资源系统投入产出分析的任务就是将这些各类人力资源的生产过程在投入产出分析系统的框架内表示出来，并进行理论和应用分析。

---

① 必须承认这类概念的模糊类的存在，即有些人处于常态和非常态之间。这里在理论上略去这种区分讨论。

5.1.1 人力资源投入产出表

人力资源投入产出分析不同于人口投入产出分析和教育投入产出分析。人口投入产出分析是人口学的范畴，研究各类人口之间（可以以年龄或其他特征分部门）的转化运动过程；教育投入产出分析一般是研究教育系统内部各类机构或学生之间的转化运动关系和过程，属于教育科学范畴。人力资源投入产出分析研究不同类别人力资源的转化运动关系和过程，以最终劳动力的供给分析为目标，属于经济分析范畴。

一个社会的人力资源系统是由所有可以为该社会服务，或在一般情况下将要为社会服务的成员所组成的系统。系统中的每一个成员都被确认为具有某种类型或级别的为社会服务的能力。为研究问题的方便或作为广义的概念，这里将婴幼儿也包括在内。

将要研究的人力资源系统的结构划分如下。

（1）在第一层次上，人力资源系统被分成三个子系统：婴幼儿子系统、学校教育子系统和社会劳动力子系统。此处的学校是广义的。

（2）学校教育子系统又分成三部分：学前教育部分、学历教育部分和职业技术培训教育部分。

（3）婴幼儿系统由尚未进入学前教育系统的婴幼儿组成。

（4）社会劳动力按照学历等级被分成了相应的等级序列。

（5）一个社会的人力资源系统是一个开放系统，存在着与自然及其他社会的人力资源系统的交流，所以此处特设一个总的外界系统。

根据以上结构划分做出如表 5.1 所示的人力资源投入产出表。

表 5.1　人力资源投入产出表

	婴幼儿 1	学校教育 2	社会劳动力 3	外界系统 4	总产出 $(t-1)$
1	$\boldsymbol{S}^{11}(t)$	$\boldsymbol{S}^{12}(t)$	$\boldsymbol{0}$	$\boldsymbol{S}^{14}(t)$	$\boldsymbol{M}^{1}(t-1)$
2	$\boldsymbol{0}$	$\boldsymbol{S}^{22}(t)$	$\boldsymbol{S}^{23}(t)$	$\boldsymbol{S}^{24}(t)$	$\boldsymbol{M}^{2}(t-1)$
3	$\boldsymbol{0}$	$\boldsymbol{S}^{32}(t)$	$\boldsymbol{S}^{33}(t)$	$\boldsymbol{S}^{34}(t)$	$\boldsymbol{M}^{3}(t-1)$
4	$\boldsymbol{S}^{41}(t)$	$\boldsymbol{S}^{42}(t)$	$\boldsymbol{S}^{43}(t)$	$\boldsymbol{S}^{44}(t)$	$\boldsymbol{M}_{I}^{4}(t-1)$
总产出 (t)	$\boldsymbol{M}^{1}(t)$	$\boldsymbol{M}^{2}(t)$	$\boldsymbol{M}^{3}(t)$	$\boldsymbol{M}_{E}^{4}(t)$	

变量解释：

（1）$\boldsymbol{M}^{k}(t), k=1,2,3$：$t$ 年末各系统人力资源存量向量。对每一个 k，$\boldsymbol{M}^{k}(t)$ 都是一个列向量，里面包括更细的分类或分级；

（2）$\boldsymbol{S}^{kr}(t), k,r=1,2,3$：$t$ 年度中，由 $\boldsymbol{M}^{k}(t-1)$ 转变成 $\boldsymbol{M}^{r}(t)$ 的数量；其中，$\boldsymbol{S}^{rr}(t)$ 表示 $t-1$ 年末为 r 类，t 年末仍为 r 类的人力资源数量矩阵。在正常情况下，$\boldsymbol{S}^{rr}(t)$（r=1，2）显然是一个上三角矩阵，即人力资源成员不存在降级；在劳动力按学历分组的情况下，$\boldsymbol{S}^{23}(t)$ 是一个对角矩阵，即从学校教育系统进入社会的劳动力不会自动降级或升级，$\boldsymbol{S}^{33}(t)$ 也是一个对角矩阵[①]。

① 不考虑个别的本科毕业生返回读专科一类情况。

（3）对外界系统，$\boldsymbol{S}^{41}(t)$ 是 t 年新出生婴儿及外界迁入婴幼儿，$\boldsymbol{S}^{42}(t)$ 是外界进来的“留学”生，$\boldsymbol{S}^{43}(t)$ 是劳动力输入；$\mathbf{S}^{k4}(t)(k=1,2,3)$ 包括死亡人数、不再工作的人数、出国人数；$\boldsymbol{M}_E^4(t)$ 规定 $\boldsymbol{S}^{44}(t)$ 可以表示 t 年迁入又迁出者，表 5.1 只考虑净迁入，所以规定 $\boldsymbol{S}^{44}(t)\equiv\mathbf{0}$。

$\boldsymbol{M}_I^4(t)$ 和一般不再细分，等于各项之和，其中 $\boldsymbol{M}_I^4(t)$ 是 t 年本系统新进入的人力资源，$\boldsymbol{M}_E^4(t)$ 表示 t 年流出去的人力资源。与 $\boldsymbol{M}^k(t)$ 是存量不同，$\boldsymbol{M}_I^4(t)$ 和 $\boldsymbol{M}_E^4(t)$ 是流量。

5.1.2　人力资源状态转移分析

今规定，人力资源系统中某一成员的状态是指该成员在年末时属于哪一类人力资源。人力资源状态转移分析，即人力资源投入产出分析，就是对一个系统中各类人力资源在一个统计年度中转变为其他类人力资源的分布结构进行分析，或者说，分析一个人力资源系统状态的动态变化。

注意：下文中的下标与前面的上标意义不同，下标表示的是细分的人力资源级别类，在必要时，同时使用上下标。

记表 5.1 的人力资源投入产出表为矩阵形式：

$$\begin{pmatrix} \boldsymbol{S}(t) & \bar{\boldsymbol{M}}(t-1) \\ \bar{\boldsymbol{M}}'(t) & \end{pmatrix} = \begin{pmatrix} \boldsymbol{S}_0(t) & \boldsymbol{S}_4(t) \\ \boldsymbol{S}^4(t) & \boldsymbol{S}^{44}(t) \end{pmatrix} \begin{pmatrix} \boldsymbol{M}(t-1) \\ \boldsymbol{M}_I^4(t-1) \end{pmatrix}$$

$$\boldsymbol{M}'(t) \quad \boldsymbol{M}_E^4(t-1)$$

令

$$P_{ij}(t) = \frac{S_{ij}(t)}{M_i(t-1)} \quad 或 \quad \boldsymbol{P}(t) = \hat{\boldsymbol{M}}^{-1}(t-1)\big(\boldsymbol{S}_0(t) \quad \boldsymbol{S}_4(t)\big) \tag{5.1}$$

称 $P_{ij}(t)$ 为 $t-1$ 年末的 i 类人力资源在 t 年度中向 j 类的转移率或转移系数①，$\boldsymbol{P}(t)$ 为该人力资源系统 t 年度的状态转移矩阵。

$$\boldsymbol{P}(t) = [P_{ij}(t)] = \begin{bmatrix} \boldsymbol{P}^{11}(t) & \boldsymbol{P}^{12}(t) & \boldsymbol{P}^{13}(t) & \boldsymbol{P}^{14}(t) \\ \boldsymbol{P}^{21}(t) & \boldsymbol{P}^{22}(t) & \boldsymbol{P}^{23}(t) & \boldsymbol{P}^{24}(t) \\ \boldsymbol{P}^{31}(t) & \boldsymbol{P}^{32}(t) & \boldsymbol{P}^{33}(t) & \boldsymbol{P}^{34}(t) \end{bmatrix}$$

此处，$\boldsymbol{P}^{rs}(t)$ 是一个矩阵。因为 $\boldsymbol{M}_i(t-1) = \sum_j \boldsymbol{S}_{ij}(t)$，所以有

$$\sum_j \boldsymbol{P}_{ij} = 1, \quad \boldsymbol{P}(t)\boldsymbol{e} = \boldsymbol{e}$$

为了方便，记

$$\boldsymbol{P}_0(t) = \begin{bmatrix} \boldsymbol{P}^{11}(t) & \boldsymbol{P}^{12}(t) & \boldsymbol{P}^{13}(t) \\ \boldsymbol{P}^{21}(t) & \boldsymbol{P}^{22}(t) & \boldsymbol{P}^{23}(t) \\ \boldsymbol{P}^{31}(t) & \boldsymbol{P}^{32}(t) & \boldsymbol{P}^{33}(t) \end{bmatrix}, \quad \boldsymbol{P}^4(t) = \begin{bmatrix} \boldsymbol{P}^{14}(t) \\ \boldsymbol{P}^{24}(t) \\ \boldsymbol{P}^{34}(t) \end{bmatrix}$$

---

① 有人在类似情况下使用“概率”一词，这里避免使用，因为概率只对整体“1”定义，而这里研究的是系统的结构运动。

$$\boldsymbol{P}(t)=[\boldsymbol{P}_0(t) \quad \boldsymbol{P}^4(t)]$$

由定义可知，$\boldsymbol{P}(t)$描述了一个人力资源系统状态转移的全面分布情况。

根据人力资源投入产出表的平衡关系：

$$\boldsymbol{M}_j(t)=\sum_i \boldsymbol{S}_{ij}(t) \quad \text{或} \quad \boldsymbol{M}(t)=\boldsymbol{S}'(t)\boldsymbol{e} \tag{5.2}$$

将式（5.1）代入式（5.2）得

$$\boldsymbol{M}(t)=\boldsymbol{P}_0'(t)\boldsymbol{M}(t-1)+\boldsymbol{S}^4(t) \tag{5.3}$$

$$\boldsymbol{M}_E^4(t)=(\boldsymbol{P}^4(t))'\boldsymbol{M}(t-1) \tag{5.4}$$

其中，

$$\boldsymbol{M}(t)=\begin{bmatrix}\boldsymbol{M}^1(t)\\ \boldsymbol{M}^2(t)\\ \boldsymbol{M}^3(t)\end{bmatrix}, \quad \boldsymbol{S}^4(t)=\begin{bmatrix}\boldsymbol{S}^{41}(t)\\ \boldsymbol{S}^{42}(t)\\ \boldsymbol{S}^{43}(t)\end{bmatrix}$$

由式（5.3）可得自t_0年开始h年后的人力资源状态：

$$\boldsymbol{M}(t_0+h)=\prod_{k=1}^{h}\boldsymbol{P}_0'(\tau_0+k)\boldsymbol{M}(\tau_0)+\sum_{\varDelta=1}^{h-1}\prod_{\delta=1}^{\varDelta-1}\boldsymbol{P}_0'(t_0+h-\delta)\boldsymbol{S}^4(t_0+h-\varDelta)+\boldsymbol{S}^4(t_0+h) \tag{5.5}$$

式（5.5）描述了某一年末各类状态的人力资源数量与最初年以及外界系统的关系。在与外界的关系上，对我国来说，$\boldsymbol{S}^{41}(t)$有决定性的意义，其主要成分是由我国的人口出生率水平决定的，而$\boldsymbol{S}^{42}(t)$和$\boldsymbol{S}^{43}(t)$在总体份额上很小。令$\mathbf{TR}(t_0,h,\varDelta)=\prod_{\delta=1}^{\varDelta-1}\boldsymbol{P}_0'(t_0+h-\delta)$，且$\mathbf{TR}(t_0,h,0)=\mathbf{1}$。又令${}^0\mathbf{TR}(t_0,h)=\prod_{k=1}^{h}\boldsymbol{P}_0'(t_0+k)$，于是式（5.5）变成：

$$\boldsymbol{M}(t_0+h)={}^0\mathbf{TR}(t_0,h)\boldsymbol{M}(t_0)+\sum_{\varDelta=1}^{h-1}\mathbf{TR}(t_0,h,\varDelta)\boldsymbol{S}^4(t_0+h-\varDelta) \tag{5.6}$$

显然，${}^0\mathbf{TR}(t_0,h)$就是由t_0年末的各类人力资源转变为t_0+h年末的各类人力资源的多步转移率矩阵；而$\mathbf{TR}(t_0,h,\varDelta)$就是$t_0+h-\varDelta$年度由外界进入本系统的人员转变为$t_0+h$年末的各类人力资源的比率矩阵。

5.1.3　劳动力供给分析

由定义公式可以推出：

$$\boldsymbol{S}^{23}(t)=\left(\boldsymbol{P}^{23}(t)\right)\hat{\boldsymbol{M}}^2(t-1) \tag{5.7}$$

式（5.7）反映了由$t-1$年末的学生数可以向社会提供的劳动力情况。由于婴幼儿系统不可能提供劳动力，根据表5.1，社会劳动力的来源除了上年留下的，就主要来自学校教育系统，所以式（5.7）实际就是t年内，本人力资源系统自身可以提供的新劳动力。

从式（5.7）和式（5.6）可以推出：

$$\boldsymbol{S}^{23}(t_0+h+1)\boldsymbol{e}=\boldsymbol{P}^{23}(t_0+h)\sum_{r=1}^{3}\left[{}^0\mathbf{TR}^{2r}(t_0,h)\boldsymbol{M}^r(t_0)+\sum_{\varDelta=1}^{h-1}\mathbf{TR}^{2r}(t_0,h,\varDelta)\boldsymbol{S}^{4r}(t_0+h-\varDelta)\right] \tag{5.8}$$

根据人力资源投入产出表的平衡关系，在 t_0+h+1 年初到年末由外面进入该年末的社会劳动力系统的劳动力供给可表示成：

$$\boldsymbol{F}_S(t_0+h+1)=\boldsymbol{S}^{23}(t_0+h+1)\boldsymbol{e}+\boldsymbol{S}^{43}(t_0+h+1)\boldsymbol{e} \tag{5.9}$$

其中，等号右边的第一项由式（5.8）算出，第二项则是由当时的内外经济和社会状态所决定，不在本人力资源投入产出分析系统内解得，并且对我国来说，只是很小的部分。

由式（5.8）可以看出，$t=t_0+h+1$ 年时的劳动力供给状况与若干年前的学校教育状况和外界提供的人力资源（主要是出生人数）的关系。毫无疑问，当 $h\to\infty$ 时，${}^0\mathbf{TR}^{2r}(t_0,h)\to\mathbf{0}$ ，$\mathbf{TR}^{2r}(t_0,h,\varDelta)\to\mathbf{0}$ ，即滞后效应越来越小。

5.2　教育-经济投入占用产出分析

教育-经济投入占用产出分析是一种部门投入产出分析，不同于教育投入产出分析。教育-经济投入占用产出分析是在考虑与其他经济部门的关联的情况下，对教育系统的各种经济投入、资本与资源占用和教育系统的产出情况进行定量分析。

5.2.1　教育-经济投入占用产出表

部门投入产出表的总体结构与一般经济投入产出表相同，具体差异之处一是把重点研究的产业部门细化，包含更多的分部门，其他产业类可以合并为更少的部门，二是可以增加一些辅助或补充信息，以便分析特殊的部门问题，如教育-经济投入占用产出分析中把教育-经济投入占用产出表与人力资源投入产出表结合利用。表 5.2 是一种形式的教育-经济投入占用产出表。

表 5.2　教育-经济投入占用产出表

	其他部门	教育部门	最终使用部门	总产出
其他部门	① X_{ij}	② X_{ij}	Y_{ik}	Q_i
教育部门	③ X_{ij}	④ X_{ij}	Y_{ik}	Q_i
最初投入	…	…	0	
劳动力占用	…	…	0	
资本占用	…	…	…	
其他占用	…	…	…	

进行教育经济分析必须注意到教育部门产出的特殊性。一般投入产出分析中的产出有两种测度方法：一种是用货币单位表示的价值交易量，一种是生产产品的实物单位量。在我国现行投入产出表编制方法中，一般正规学历教育的价值产出量是其活动中支付的各种费用之和（包括固定资本折旧基金），而随着私立学校和多种办学方式的兴起，教育部门有了利润收入并且交税。然而学校教育系统的真实产出只能是学生①，而学生是没有

① 教育部门的知识和技术创新产出是另外的问题，不在这里讨论。

价格的，因为实际使用从学校出来的劳动力的部门并不直接支付教育培养费，学生也只交纳一部分，大部分培养费用要通过国家财政金融系统的再分配过程获得，这样就导致其实物产出量与价值产出量之间不存在市场决定关系。这样一种特殊性质，就导致了在动态投入占用产出分析中描述人力资源的生产和使用的方式与描述一般产品资本的方式的最主要差别。要分析教育经济问题，必须考虑教育的真正产出和教育投入的关系。在表 5.2 中，教育部门的总产出向量就是各类教育的总经费，既包括家庭、政府和社会提供的经费，也包括各教育机构通过市场收取的学费和培训费。即使盈利教育机构有利润，从社会角度看，这种机构包括盈利的总投入也是一种教育成本。

5.2.2　教育-经济投入产出基本静态模型

首先讨论作为部门投入产出分析的教育-经济投入产出基本模型。基本出发点还是投入产出平衡方程，这里直接跳到投入产出基本静态模型：

$$\boldsymbol{AQ}+\boldsymbol{Y}=\boldsymbol{Q} \tag{5.10}$$

式（5.10）中符号意义同前。部门投入产出分析的基本特征是把全体部门集合分成两类，这里即分成教育部门和其他部门两个子集，其中，教育部门以“2”标识，其他部门以“1”标识，这样对式（5.10）中的矩阵和向量进行分块以后就形成了下面的方程组：

$$\boldsymbol{A}^{11}\boldsymbol{Q}^{1}+\boldsymbol{A}^{12}\boldsymbol{Q}^{2}+\boldsymbol{Y}^{1}=\boldsymbol{Q}^{1} \tag{5.11}$$

$$\boldsymbol{A}^{21}\boldsymbol{Q}^{1}+\boldsymbol{A}^{22}\boldsymbol{Q}^{2}+\boldsymbol{Y}^{2}=\boldsymbol{Q}^{2} \tag{5.12}$$

1. 教育经费分析

在式（5.12）中，由于教育部门的产出实际上就是教育经费投入，而教育经费又以家庭和国家财政的投入为主要部分，所以最终消费中的教育分量在教育-经济投入产出分析中有关键作用。

教育经费的数量决定是与一个国家的经济与技术发展水平密切相关的。同是小学生，生均经费在我国的 20 世纪 70 年代和 90 年代有着非常的不同，90 年代与当今时期又非常不同。经费水平的差别反映在教育投入上，则表现为教育部门的投入结构和数量的变化。

长期以来，存在教育部门是生产部门还是非生产部门的争论。这里认为，教育部门从经济学角度上看具有双重性质，既具有通过提升劳动力素质提高劳动力生产效率的生产性质，也具有社会文化消费的消费性质。大学生在学校的大量社会文化生活消费实际上属于个人消费的性质，但由国家财政买单。在放开大学入学年龄的限制以后，甚至有人读大学就是享受生活，并不是为了就业工作。改革开放以来，人们认识到了教育的生产性，提出“再穷不能穷教育”的口号，但矫枉过正，在大中城市的学校中出现了教育高消费倾向，而许多农村地区尚不能有效完成九年义务教育。

根据人力资源投入产出分析，可以得到学生数量向量 $\boldsymbol{M}^2$（暂时省略时间变量），对各类学生教育制定一个生均经费标准，设为列向量 $\boldsymbol{\omega}$，则可得到各类教育的总经费列向量，于是应有

$$\boldsymbol{\omega} = (\hat{\boldsymbol{M}}^2)^{-1}\boldsymbol{Q}^2 \quad \text{或} \quad \boldsymbol{Q}^2 = (\hat{\boldsymbol{M}}^2)\boldsymbol{\omega} \tag{5.13}$$

首先，应用式（5.13）可以计算教育经费。一是根据报告期人力资源投入产出表和教育-经济投入产出表计算出生均经费，二是可以计算在生均经费发生变化时，各类教育总经费的变化情况。

其次，将式（5.13）代入式（5.11）和式（5.12），可以在一定假设（如教育部门的投入结构不变）下分析教育系统的变化——如招生规模变化、生均经费变化——可能引起的经济系统变化。

2. 人力资本的价值计算

在第 4 章的资本形成中，资本的价值来源于资本生产部门的生产投入。与此相类比，人力资源通过教育系统的投入也可以形成自身的价值，尤其是当劳动力成为商品时，这一点更有意义。

在当代西方教育经济学的研究中提出了人力资本这一概念，但它的资本绝不是传统政治经济学或马克思经济学意义下的资本，且一般从个人“投资”与个人收入的角度计算所谓人力资本的收益率①。本书认为，在整个国家的意义下，这个资本的概念才有原“资本”的类比含义，这是因为，劳动力的再生产价值只有在全社会范围内才能完成。劳动力对整个国家（社会）来说，也有一定意义的所有权；整个国家（社会）的人力资本通过劳动力的活动得到发展“增值”。对单个的资本家，他虽可通过使用劳动力获得价值增值，但他不是劳动力的所有者，所以不是他的资本；对单个的劳动者，他虽是劳动力的所有者，但他一般不能通过劳动力的使用获得劳动力价值的增值。

既然我们说，劳动力可以为整个国家实现价值增值，那么如何计算这个增值大小呢？这就是劳动力的生产效率问题。劳动力要实现增值作用，首先必须补偿自己的简单再生产价值，为此就有劳动力本身价值的计算问题。通过应用人力资源投入产出分析技术，解决了这个问题。

与一般产品资本相似，劳动力这一生产要素的生命过程也包括：原值——刚从教育系统出来作为生产要素进入其他经济部门的生产过程；维护补偿——日常消费和岗位学习费用；报废——退出所有经济生产部门的生产过程。下面要计算的就是劳动力或叫人力资本的原值。

严格说来，人力资本的原值应包括劳动力在进入教育系统前的抚育消费和在教育系统中的一切费用。因为人的生活消费应通过其他途经计算，所以这里只计算劳动力在教育系统中通过教育部门投入形成的部分原值②。

定义学生投入系数 $r_{ij}(t)$，使

$$S_{ij}(t) = r_{ij}(t)M_j(t), \quad i, j = 1, 2, \cdots, m \tag{5.14}$$

① 伊特韦尔 J，米尔盖特 M，纽曼 B. 新帕尔格雷夫经济学大辞典·第二卷. 陈岱孙，董辅初，罗元明译. 北京：经济科学出版社，1992：736-744

② 现代经济文献中，已有人用劳动力所受教育学历作加权来计算一个国家的人力资本，这里的计算公式提供了一种新的计算方法。

且令 $\boldsymbol{R}(t)=[r_{ij}(t)]_{m\times m}$，$r_{ij}(t)$ 表示 t 年末的 j 类学生中从 $t-1$ 年末的 i 类学生中来的比例。

如果不考虑学前教育的投入，那么单位 j 类人力资源从教育系统中输出前的全部教育费用平均数可表示为

$$N_j(t)=\omega_j(t)+\sum_{i_2=1}^{m}\omega_{i_2}(t-1)r_{i_1j}(t)+\sum_{i_2=1}^{m}\omega_{i_2}(t-2)\sum_{i_1=1}^{m}r_{i_2i_1}(t-1)r_{i_1j}(t)+\cdots,\quad j=1,2,\cdots,m \tag{5.15}$$

令 $\boldsymbol{N}(t)=[N_j(t)]_{m\times 1}$，则由式（5.15）可得

$$\boldsymbol{N}'(t)=\boldsymbol{\omega}'(t)+\boldsymbol{\omega}'(t-1)\boldsymbol{R}(t)+\boldsymbol{\omega}'(t-2)\boldsymbol{R}(t-1)\boldsymbol{R}(t)+\cdots$$

该式经转置后可写为

$$\boldsymbol{N}(t)=\boldsymbol{\omega}(t)+\sum_{n=0}^{\infty}\left[\prod_{k=0}^{n}\boldsymbol{R}'(t-k)\right]\boldsymbol{\omega}(t-n-1) \tag{5.16}$$

其中，$\prod_{k=0}^{n}\boldsymbol{R}'(t-k)=\boldsymbol{R}^{\tau}(t)\boldsymbol{R}^{\tau}(t-k)\cdots\boldsymbol{R}^{\tau}(t-n)$。实际上，当 n 较大时，式（5.16）中的余项将趋于零。

因 $\boldsymbol{\omega}(t-n-1)$ 是当年的单位学生教育费用原值，所以 $\boldsymbol{N}(t)$ 就是用原值表示的单位人力资源的全部教育投入。在不考虑个人生活费用和幼儿教育投入的假定情形下，$\boldsymbol{N}(t)$ 就可以称为单位劳动力或人力资本原值，或人力资本原值系数。

由人力资本原值系数和人力资源占用系数可以算出各部门占用的人力资本原值，而由此就可以考察各个部门人力资本占用的效率大小，通过加总求和就可以算出全社会的人力资源或人力资本占用效率系数。

有了人力资本的价值概念，那么在教育-经济投入占用产出表中，就可以有人力资源库存增加的概念或人力资本形成的概念，从而可以将最终部门中的教育经费列入资本形成列中去。

5.2.3　考虑人力资源的动态投入占用产出模型体系

各级人力资源的形成都要经历社会经济系统的生产过程，所以可以在动态投入占用产出模型中嵌入人力资源的变动影响。本小节以第 4 章的一般资本动态投入占用产出分析基本模型式（4.50）为基础，建立考虑人力资源的动态投入占用产出基本模型。

1. 基础模型

令 $\boldsymbol{G}(t)=\mathbf{1}-\boldsymbol{A}(t)+\boldsymbol{B}(t+1)-\boldsymbol{\beta}(t)$，则式（4.50）变成[①]：

$$\boldsymbol{G}(t)\boldsymbol{Q}(t)-\boldsymbol{B}(t+1)\boldsymbol{Q}(t+1)=\mathbf{YC}(t)$$

为了特别考察人力资源，对上式中的各矩阵和各向量作分块，其中上标“2”表示教育类部门，“1”表示其他经济生产部门，于是有

$$\boldsymbol{Q}(t)=\begin{pmatrix}\boldsymbol{Q}^1(t)\\ \boldsymbol{Q}^2(t)\end{pmatrix},\ \mathbf{YC}(t)=\begin{pmatrix}\mathbf{YC}^1(t)\\ \mathbf{YC}^2(t)\end{pmatrix}$$

① 从式（4.55）或式（4.56）出发也可以构造相应的人力资源的模型。

$$\boldsymbol{G}(t)=\begin{pmatrix}\boldsymbol{G}^{11}(t) & \boldsymbol{G}^{12}(t)\\ \boldsymbol{G}^{21}(t) & \boldsymbol{G}^{22}(t)\end{pmatrix},\ \boldsymbol{B}(t)=\begin{pmatrix}\boldsymbol{B}^{11}(t) & \boldsymbol{B}^{12}(t)\\ \boldsymbol{B}^{21}(t) & \boldsymbol{B}^{22}(t)\end{pmatrix}$$

则动态投入占用产出基础模型可以分解为

$$\boldsymbol{G}^{11}(t)\boldsymbol{Q}^{1}(t)+\boldsymbol{G}^{12}(t)\boldsymbol{Q}^{2}(t)-\boldsymbol{B}^{11}(t+1)\boldsymbol{Q}^{1}(t+1)-\boldsymbol{B}^{12}(t+1)\boldsymbol{Q}^{2}(t+1)=\mathbf{YC}^{1}(t) \tag{5.17}$$

$$\boldsymbol{G}^{21}(t)\boldsymbol{Q}^{1}(t)+\boldsymbol{G}^{22}(t)\boldsymbol{Q}^{2}(t)-\boldsymbol{B}^{21}(t+1)\boldsymbol{Q}^{1}(t+1)-\boldsymbol{B}^{22}(t+1)\boldsymbol{Q}^{2}(t+1)=\mathbf{YC}^{2}(t) \tag{5.18}$$

式（5.18）中的 $\mathbf{YC}^{2}(t)$ 就是政府、社会和家庭提供的教育经费。

由于教育服务暂不能作为存量，所以

$$\boldsymbol{B}^{21}=\boldsymbol{\beta}^{21}=\mathbf{0},\quad \boldsymbol{B}^{22}=\boldsymbol{\beta}^{22}=\mathbf{0}$$

所以

$$\boldsymbol{G}^{21}=-\boldsymbol{A}^{21},\quad \boldsymbol{G}^{22}=\mathbf{1}-\boldsymbol{A}^{22} \tag{5.19}$$

于是，式（5.17）与式（5.18）可以简缩成：

$$\boldsymbol{G}^{11}(t)\boldsymbol{Q}^{1}(t)+\boldsymbol{B}^{11}(t+1)\boldsymbol{Q}^{1}(t+1)=\mathbf{YC}^{1}(t)-\boldsymbol{G}^{12}(t)\boldsymbol{Q}^{2}(t)+\boldsymbol{B}^{12}(t+1)\boldsymbol{Q}^{2}(t+1) \tag{5.20}$$

$$\left[\mathbf{1}-\boldsymbol{A}^{22}(t)\right]\boldsymbol{Q}^{2}(t)=\mathbf{YC}^{2}(t)+\boldsymbol{A}^{21}(t)\boldsymbol{Q}^{1}(t) \tag{5.21}$$

由式（5.21）可推出：

$$\boldsymbol{Q}^{2}(t)=\left[\mathbf{1}-\boldsymbol{A}^{22}(t)\right]^{-1}\left[\mathbf{YC}^{2}(t)+\boldsymbol{A}^{21}(t)\boldsymbol{Q}^{1}(t)\right] \tag{5.22}$$

将式（5.22）代入式（5.20）得

$$\begin{aligned}&\left[\boldsymbol{G}^{11}(t)+\boldsymbol{G}^{12}(t)(\mathbf{1}-\boldsymbol{A}^{22}(t))^{-1}\boldsymbol{A}^{21}(t)\right]\boldsymbol{Q}^{1}(t)+[\boldsymbol{B}^{11}(t+1)-\boldsymbol{B}^{12}(t+1)(\mathbf{1}-\boldsymbol{A}^{22}(t+1))^{-1}\bullet\\&\boldsymbol{A}^{21}(t+1)]\boldsymbol{Q}^{1}(t+1)\\&=\mathbf{YC}^{1}(t)-\boldsymbol{G}^{12}(t)(\mathbf{1}-\boldsymbol{A}^{22}(t))^{-1}\mathbf{YC}^{2}(t)+\boldsymbol{B}^{12}(t+1)(\mathbf{1}-\boldsymbol{A}^{22}(t+1))^{-1}\mathbf{YC}^{2}(t+1)\end{aligned} \tag{5.23}$$

由式（5.22）和式（5.23）可以看出，与一般动态投入占用产出分析类似，当各种系数确定以后，模型求解的必要条件是求得最终需求 $\mathbf{YC}(t)$。关于 $\mathbf{YC}^{1}(t)$ 的确定不是这里要讨论的问题，下面讨论确定 $\mathbf{YC}^{2}(t)$。

2. 劳动力占用分析

对 $\mathbf{YC}^{2}(t)$，从教育投入的角度看，它是对教育经费的需求；从教育产出的角度看，它是教育对人力资源的供给。基于教育部门生产劳动力的长周期性特点，当年的教育部门产出有一大部分是为将来的劳动力需求准备的，即未来的经济生产产生对劳动力的供给需求，而劳动力的供给需求产生对教育经费的需求。这就是教育需求分析的基本思路。

（1）劳动力需求方程。

记 $\boldsymbol{L}(t)=(L_{kj}(t))_{m\times n}$，$L_{kj}(t)$ 表示 t 年末部门 j 占用的 k 类人力资源量，即 t 年末部门 j 对 k 类劳动力的总需求；$\boldsymbol{O}(t)=\left(O_{kj}(t)\right)_{m\times n}$，$O_{kj}(t)$ 表示 t 年度内从经济生产部门 j 退出的 k 类劳动力数量；$\boldsymbol{F}_{d}(t)=(F_{di}(t))_{m\times 1}$，$F_{di}(t)$ 表示整个经济系统对 i 类劳动力的增加需求，于是

$$\boldsymbol{F}_{d}(t)=\boldsymbol{L}(t)\boldsymbol{e}-\boldsymbol{L}(t-1)\boldsymbol{e}+\boldsymbol{O}(t)\boldsymbol{e} \tag{5.24}$$

（2）定义人力资源占用系数矩阵 $\boldsymbol{C}(t)$ ①，使

$$\boldsymbol{L}(t-1)=\boldsymbol{C}(t)\hat{\boldsymbol{Q}}(t) \quad (5.25)$$

因为 $\boldsymbol{L}(t)$ 是存量，$\boldsymbol{Q}(t)$ 是流量，所以式（5.25）假定在 t 年度内各部门占用的劳动力数量及结构不发生变化，否则就要使用连续时间模型。

（3）定义劳动力退出系数矩阵 $\boldsymbol{\delta}(t)$，使

$$\boldsymbol{O}(t)=\boldsymbol{\delta}(t)\circ\boldsymbol{L}(t-1) \quad (5.26)$$

将式（5.26）与式（5.25）代入式（5.24）得

$$\boldsymbol{F}_d(t)=\boldsymbol{C}(t+1)\boldsymbol{Q}(t+1)-\boldsymbol{C}(t)\boldsymbol{Q}(t)+\boldsymbol{\delta}(t)\circ\boldsymbol{C}(t)\boldsymbol{Q}(t) \quad (5.27)$$

式（5.27）就是经济系统对劳动力的需求方程，供给的劳动力一方面满足扩大生产的需求，一方面补充丧失的劳动力。

3. 学生需求分析

要计算对教育投入的需求，必须确定对所有各级各类学生总量的需求。式（5.7）或式（5.8）反映了学校教育系统可以向社会提供的劳动力。

如果不考虑学前教育，那么学校教育系统可以分成两部分：学历教育和职业技术培训教育。在假定第二种教育不提高一个劳动力的能力级别的情况，我们设：学校教育和社会劳动力都分别有 m 级，职业技术培训教育则可根据投入结构和办学形式等特点分成若干类别。本书为讨论简便，将所有的职业技术培训教育都归为一类，即为第 $m+1$ 级教育。

因为 $\boldsymbol{P}^{23}(t)$ 实际上为如下形式的三角阵：

$$\begin{pmatrix} P_{11}^{23}(t) & 0 & \cdots & 0 \\ 0 & P_{22}^{23}(t) & \cdots & 0 \\ \vdots & \vdots & & \vdots \\ 0 & 0 & \cdots & P_{mm}^{23}(t) \\ P_{(m+1)1}^{23}(t) & P_{(m+1)2}^{23}(t) & \cdots & P_{(m+1)m}^{23}(t) \end{pmatrix}_{(m+1)\times m}$$

所以从式（5.8）或式（5.6）及式（5.7）可以推出教育系统在 t_0+h+1 年中提供的 t_0+h+1 年末的 k 类社会劳动力：

$$\begin{aligned} S_k^{23}(t_0+h+1) &= S_{kk}^{23}(t_0+h+1)+S_{(m+1)k}^{23}(t_0+h+1) \\ &= P_{kk}^{23}(t_0+h+1)M_k^2(t_0+h)+P_{(m+1)k}^{23}(t_0+h+1)M_{m+1}^2(t_0+h) \\ &= P_{kk}^{23}(t_0+h+1)\left[\sum_{r=1}^{3}\sum_{i=1}^{m_r}{}^0\mathrm{TR}_{ik}^{2r}(t_0,h)M_i^r(t_0)+H_k(t_0,h)\right] \\ &\quad +P_{(m+1)k}^{23}(t_0+h+1)\left[\sum_{r=1}^{3}\sum_{i=1}^{m_r}{}^0\mathrm{TR}_{i(m+1)}^{2r}(t_0,h)M_i^r(t_0)+H_{m+1}(t_0,h)\right] \end{aligned} \quad (5.28)$$

① 在连续时间情况下，式（5.24）和式（5.25）分别变成：

$$\boldsymbol{F}_d(t)=\dot{\boldsymbol{L}}(t)\boldsymbol{e}+\boldsymbol{O}(t)\boldsymbol{e} \quad (5.24)'$$

$$\boldsymbol{L}(t)=\boldsymbol{C}(t)\hat{\boldsymbol{q}}(t) \quad (5.25)'$$

其中，$\boldsymbol{q}(t)$ 表示生产速率。

其中，

$$\boldsymbol{H}(t_0,h)=\sum_{r=1}^{3}\sum_{\Delta=1}^{h-1}\mathbf{TR}^{2r}(t_0,h,\Delta)\boldsymbol{S}^{4r}(t_0+h-\Delta) \tag{5.29}$$

m_1 、m_2 和 m_3 分别对应于婴幼儿系统、学校教育系统和社会劳动力系统的细分类数。

从式（5.28）看出，$S_k^{23}(t_0+h+1)$ 与 $M_i^r(t_0)$ 是线性关系，为后面叙述的直观方便起见，将式（5.28）缩写成：

$$S_k^{23}(t_0+h+1)=\sum_{r=1}^{3}\sum_{i=1}^{m_r}V_{ik}^{2r}(t_0,h)M_i^r(t_0)+U_k(t_0,h) \tag{5.30}$$

其中，$V_{ik}^{2r}(t_0,h)=P_{kk}^{23}(t_0+h+1)^0\mathrm{TR}_{ik}^{2r}(t_0,h)+P_{(m+1)k}^{23}(t_0+h+1)^0\mathrm{TR}_{i(m+1)}^{2r}(t_0,h)$ ，$U_k(t_0,h)=P_{kk}^{23}\bullet(t_0+h+1)H_k(t_0,h)+P_{(m+1)k}^{23}(t_0+h+1)H_{m+1}(t_0,h)$ 。

在式（5.30）中，$M_i^1(t_0),i=1,2,\cdots,m_1$ 是通过婴幼儿系统计算的，它具有客观规律性，不在本书考虑之内；对 $M_i^3(t_0)$ ，它实际上是 t_0 年末，经济生产部门的劳动力资源的占用，将由后面的占用关系给出；$U_k(t_0,h)$ 可以作为外生变量（实际与决策有关），目前的任务就是求解 $M_i^2(t_0),i=1,2,\cdots,m,m+1$ 。

因为对非阶段教育毕业级的人力资源，它们进入社会劳动力的数量很小，尤其是对初中级教育，当社会经济发展达到一定程度，这部分数量可以忽略不计，这时对这些级别的人力资源必有

$$P_{kk}^{23}(t)=0 \tag{5.31}$$

为了解出 $M_i^2(t_0),i=1,2,\cdots,m,m+1$ ，找出 $m+1$ 个独立的方程，可以采取下面的方法：

若对某 k ，有

$$P_{kk}^{23}(t_0+1)\neq 0 \tag{5.32}$$

则由式（5.28）可得

$$S_k^{23}(t_0+1)=P_{kk}^{23}(t_0+1)M_k^2(t_0)+P_{(m+1)k}^{23}(t_0+1)M_{m+1}^2(t_0) \tag{5.33}$$

由

$$M_{m+1}^2(t_0)=\sum_{r=1}^{3}\sum_{i=1}^{m_r}P_{(m+1)i}^{r2}(t_0)M_i^r(t_0-1)+S_{m+1}^{42}(t_0) \tag{5.34}$$

计算的情况下，$M_k^2(t_0)$ 即可由式（5.33）算出。

若 $P_{(k-1)(k-1)}^{23}(t_0+1)\equiv 0$ ，则

$$\begin{aligned}S_{k_2}^{23}(t_0+2)&=P_{k_2k_2}^{23}(t_0+2)M_{k_2}^2(t_0+1)P_{(m+1)k_2}^{23}(t_0+2)M_{m+1}^2(t_0+1)\\&=P_{k_2k_2}^{23}(t_0+2)\left[\sum_{r=1}^{3}\sum_{i_r=1}^{m_r}P_{i_rk}^{r2}(t_0+1)M_{i_r}^r(t_0)S_{k_2}^{42}(t_0+1)\right]\\&\quad+P_{(m+1)k_2}^{23}(t_0+2)\left[\sum_{r=1}^{3}\sum_{i_r=1}^{m_r}P_{i_r(m+1)}^{r2}(t_0+1)M_{i_r}^r(t_0)S_{m+1}^{42}(t_0+1)\right]\end{aligned} \tag{5.35}$$

对 $\forall k-k_0\geqslant 1$ ，若 $P_{k_0k_0}^{23}(t_0+1)\equiv 0$ ，则由式（5.30）可得

$$S_k^{23}(t_0+k_0+1)=\sum_{r=1}^{3}\sum_{i=1}^{m_r}V_{ik}^{2r}(t_0,k_0)M_i^r(t_0)+U_k(t_0,k_0),\quad k_0=1,2,\cdots,k-1 \tag{5.36}$$

于是，由式（5.33）、式（5.34）及式（5.36）组成一个联立方程组，共$k+1$个独立方程，$k+1$个未知数$Q_i^2(t_0),i=1,2,\cdots,k,m+1$。显然，这个方程组的解必具有形式

$$\boldsymbol{M}^2(t_0,k)=\boldsymbol{M}(t_0,k)\boldsymbol{S}^{23}(t_0,k)+\sum_{r=1}^{3}\sum_{i_r=1}^{m_r}\boldsymbol{R}_{ir}^r(t_0,k)\boldsymbol{S}_{ir}^{4r}(t_0,k) \tag{5.37}$$

其中，

$$\boldsymbol{S}^{23}(t_0,k)=\begin{pmatrix}S_k^{23}(t_0+1)\\ S_k^{23}(t_0+2)\\ \vdots\\ S_k^{23}(t_0+k)\end{pmatrix}_{k\times 1},\ \boldsymbol{M}^2(t_0,k)=\begin{pmatrix}M_1^2(t_0)\\ M_2^2(t_0)\\ \vdots\\ M_k^2(t_0)\\ M_{m+1}^2(t_0)\end{pmatrix}_{(k+1)\times 1}$$

$$\boldsymbol{S}_{ir}^{4r}(t_0,k)=\begin{pmatrix}S_{ir}^{4r}(t_0)\\ S_{ir}^{4r}(t_0+1)\\ \vdots\\ S_{ir}^{4r}(t_0+k)\end{pmatrix}_{(k+1)\times 1}$$

式（5.37）反映了将来的劳动力供给需求对当前t_0年末的学生规模要求。

显然，式（5.36）的成立，并不要求$P_{(k-k_0)(k-k_0)}^{23}(t_0+1)\equiv 0$，只是在$P_{(k-k_0)(k-k_0)}^{23}(t_0+1)\equiv 0$时，必须增加方程（5.36）才能解出$M_{k-k_0}^2(t_0)$。因为在一般情况下，必有

$$P_{mm}^{23}(t_0+1)\neq 0$$

所以在式（5.36）和式（5.37）中可令$k=m$，此时

$$M^2(t_0,m)=M(t_0,m)S^{23}(t_0,m)+\sum_{r=1}^{3}\sum_{i_r=1}^{m_r}R_{ir}^r(t_0,m)S_{ir}^{4r}(t_0,m) \tag{5.38}$$

4. 劳动力需求的规划问题及教育经费计算

根据前文的结论，由式（5.38），只要知道最高一级的劳动力供给要求序列$S_m^{23}(t_0+k)$，$k=1,2,\cdots,m$，就可求得t_0末各级学生的需求。但在实际的劳动力需求规划问题中，一般要求在各个级别的劳动力之间保持一定的比例。因此，这就同时对各级劳动力的数量需求做出了规定。为了协调这种规划需求与总决定模式（5.38）的矛盾，可采取以下措施：

设k_1，$k_2,\cdots,k_{n_0}=m$是对应的规划劳动力级别，则对$k=k_1,k_2,\cdots,m$可以应用式（5.33）来计算$M_{k_1}^2(t_0),M_{k_2}^2(t_0),\cdots,M_m^2(t_0)$；然后，对$1\leqslant k<k_1,k_1<k<k_2,\cdots,k_{n_0-1}<k<k_{n_0}$，依次应用式（5.36），通过解方程组就可解出$M_k^2(t_0),k=1,2,\cdots$。

但是，解中的$S_k^{23}(t_0+\Delta)$实际上是个未知数，它要用劳动力需求方程（5.27）来计算。所以关于式（5.36）的求解问题，实质上是要从中计算出（5.37）中的系数矩阵$\boldsymbol{M}(t_0,k)$，

然后，以式（5.37）与各级学生的生均经费相乘得教育经费需求表达式，然后应用动态投入占用产出分析模型与技术，方可计算出定量的 $M^2(t_0)$。

教育经费方程即

$$\mathbf{YC}^2(t_0)=\hat{\boldsymbol{\omega}}(t_0)\boldsymbol{M}^2(t_0) \tag{5.39}$$

其中，$\boldsymbol{\omega}(t_0)$ 表示生均经费向量。

关于式（5.39）有个细节需要说明，因为 $\boldsymbol{M}^2(t_0)$ 是年末学生存量，而 $\mathbf{YC}^2(t_0)$ 是全年经费，与整个一年过程中的学生流量状态有关，所以式（5.39）只是在所有的学生都是从年初到年末始终处于同一级教育部门中时才成立，否则只是一种近似关系，这是用离散时间过程表示系统的固有缺陷，在第 4 章已遇到过①。

5. 考虑人力资源的动态投入占用产出模型方程组

总结以上各节的分析结论，可得考虑人力资源的动态投入占用产出模型体系：

$$\boldsymbol{G}^{11}(t)\boldsymbol{Q}^1(t)+\boldsymbol{G}^{12}(t)\boldsymbol{Q}^2(t)=\mathbf{YC}^1(t)+\boldsymbol{B}^{11}(t+1)\boldsymbol{Q}^1(t+1)+\boldsymbol{B}^{12}(t+1)\boldsymbol{Q}^2(t+1) \tag{S1}$$

$$\boldsymbol{G}^{21}(t)\boldsymbol{Q}^1(t)+\boldsymbol{G}^{22}(t)\boldsymbol{Q}^2(t)=\mathbf{YC}^2(t)+\boldsymbol{B}^{21}(t+1)\boldsymbol{Q}^1(t+1)+\boldsymbol{B}^{22}(t+1)\boldsymbol{Q}^2(t+2) \tag{S2}$$

$$\boldsymbol{F}_S(t)-\boldsymbol{S}^{23}(t)\boldsymbol{e}=\boldsymbol{S}^{43}(t)\boldsymbol{e} \tag{S3}$$

$$\boldsymbol{F}_d(t)+\boldsymbol{C}(t)\boldsymbol{Q}(t)-\boldsymbol{\delta}(t)\circ\boldsymbol{C}(t)\boldsymbol{Q}(t)=\boldsymbol{C}(t+1)\boldsymbol{Q}(t+1) \tag{S4}$$

$$\boldsymbol{F}_d(t)-\boldsymbol{F}_S(t)=\boldsymbol{0} \tag{S5}$$

若对某些 k②，$P_{kk}^{23}(t+1)\neq 0$，则

$$P_{kk}^{23}(t+1)M_{kk}^2(t)=S_k^{23}(t+1)-P_{(m+1)k}^{23}(t+1)M_{m+1}^2(t) \tag{S6}$$

而对 $\forall k-k_0\geqslant 1$，若 $P_{k_0k_0}^{23}(t+1)\equiv 0$，则

$$\sum_{r=1}^{3}\sum_{i=1}^{m_r}V_{ik}^{2r}(t,k_0)M_i^r(t)=S_k^{23}(t+k_0+1)-U_k(t,k_0),\quad k_0=k-1,k-2,\cdots \tag{S7}$$

$$M_{m+1}^2(t)=\sum_{r=1}^{3}\sum_{i=1}^{m_r}P_{(m+1)i}^{r2}(t)M_i^r(t-1)+S_{m+1}^{42}(t) \tag{S8}$$

$$\mathbf{YC}^2(t)-\hat{\boldsymbol{\omega}}(t)\boldsymbol{M}^2(t)=\boldsymbol{0} \tag{S9}$$

方程（S1）~（S9）中除方程（S5）外，分别源于式（5.17）、式（5.18）、式（5.9）、式（5.27）、式（5.33）、式（5.36）、式（5.34）和式（5.39）。以逆时递推的观点看，设 t 年为计划期，则内生变量有 $\boldsymbol{Q}(t)$、$\boldsymbol{S}^{23}(t)$、$\boldsymbol{M}^2(t)$、$\boldsymbol{F}_S(t)$、$\boldsymbol{F}_d(t)$ 和 $\mathbf{YC}^2(t)$，外生变量有 $\boldsymbol{Q}(t+1)$、$\boldsymbol{M}^2(t-1)$、$\boldsymbol{S}_{m+1}^{42}(t)$、$\boldsymbol{S}^{23}(t+1)$ 和 $\boldsymbol{U}(t,k_0)$（定义见式(5.30)），其中共 $n+4m+2$ 个未知数，$n+4m+2$ 个方程，在正常情况下，应有唯一解。有一点需指出，由方程（S7）和方程（S3）、方程（S4）的关系可以看出，实际上外生变量应该增加 $\boldsymbol{Q}(t+k_0+1)$，而 $\boldsymbol{S}^{23}(t+k_0+1),k_0=k-1,k-2,\cdots$ 成为内生变量。若计划期包括 T 年，则对 T 年以后，至少

① 这里没有考虑企业内部的岗位培训，而且认为企业外部进行的培训，其费用记在社会集体消费即最终净需求 $\mathbf{YC}^2(t)$ 中，实际投入产出表编制中的处理可参阅国家统计局关于投入产出表编制方法的手册读本。

② 对方程（S6）和方程（S7），用严格的数学语言可写成：定义正整数集合 $I=\left\{k\,\middle|\,P_{kk}^{23}(t+1)\neq 0\right\}$ 和 $J=\left\{k_0\,\middle|\,P_{k_0k_0}^{23}(t+1)\equiv 0\right\}$，则对 $\forall k\in I$，方程（S6）成立；而对 $\forall k_0\in J,k_1<k_0<k_2,k_1,k_2$ 为 I 中的相邻整数，方程（S7）成立，其中，$k=k_2$。

教育产出最大时滞期内的各部门总产出发展应有一个假定。由于这个必需的假定，对中长期经济规划问题，如里昂惕夫认为，不要侈谈预测，应谨慎地在一些设定情景下进行分析。而对短期计划，则可采取顺时递推的方法。

5.3 水利用–经济投入占用产出分析

水是所有国民经济生产单位和人类生活不可缺少的物质资料，是经济顺利发展的关键制约因素之一，但水资源量有限。在世界的许多地方，干旱严重地威胁着人类的生存。我国三分之二以上的国土是贫水或缺水的。为了解决北方缺水问题，我国规划了三条南水北调工程，已经有两条通水，西线工程暂未开工。虽然从物理和化学理论上讲，水是一种可以制造和循环再生的资源，但是在确定的时间和空间范围内，它是一个平稳的常数。利用投入占用产出技术可以对水利用的相关经济问题进行研究，如水利用的总体经济效率、水资源分配的经济效应、节水战略的经济分析、水价经济分析等。

5.3.1 水资源的性质特点

水资源作为经济占用要素与资本占用和人力资源占用的特点差别很大，可以说，水资源利用不是纯粹的存量属性。要在经济模型中准确描述反映水资源与经济的关系，必须对水资源的基本属性有很好的了解。

1. 经济系统中水的运动特点

经济系统中对水的使用有两种情况，一是作为生产的动力或辅助用水，如水压机用水、冷却水、洗涤水等；二是作为生产的原材料，如食品工业的原料、建筑业和建材工业的黏合添加剂等。

作为动力或辅助作用的水又可分为三种情况：①在使用过程中，其组成成分几乎没有任何改变，如冷却水等；②在使用过程中，其组成成分只被轻微改变，仍然可以直接用于某些生产过程（如冷却、清洗、灌溉等）的水，如游泳池水、渔塘水、某些生活清洗用水等；③在使用过程中，被严重污染了的水，如化工生产中排放的水等。

对三种动力或辅助作用水，其在整个经济系统中的运动特点是不一样的。其中，第一种水是完全可以被重复循环使用的水，所以它们在一个微观经济单位中就能得到充分利用，形成零排放。第二种水，或直接重复使用，直至其被污染的程度达到其必须排出生产过程（如许多洗涤用水），或直接被另一生产过程使用，如灌溉农田、某些冷却用水。这种水也可作一定的去污处理，成为更高质量的水。第三种水是绝对的废水，不经过一定的化学及物理处理，就不能再被用于任何生产过程，甚至不允许直接排放到自然中去。而且随着社会经济的发展，对它们进行 100%的处理的要求已成为必需。

作为生产原材料的水分为两种情况，一种是从理论上可以 100% 的加入产品（如矿泉水）中，另一种是经过生产过程，大部分进入产品中，而其余部分必须作为生产过程中的废水被排放出去，如某些农业用水、食品工业用水。

无论是作为动力或辅助作用的水，还是作为原材料的水，在大多数生产使用过程中，它们都有部分被“浪费”掉，或蒸发，或渗漏或白白地流失。

经济系统中使用的水按照其加工程度可以分为三种：

（1）完全或几乎不费任何生产成本就被运用于生产过程的纯自然水，如直接使用泉水、雨雪水等，这种水多用于农业。

（2）经过一定的水利工程（包括水井）但不对水质进行任何加工的水，这种水多用于工业（发电厂）或市政，也用于农业。

（3）自来水。通常除了受条件制约外，在一个经济生产单位中，自来水是必有的。

按照是否进入过生产功能过程[①]，生产用水被分为新鲜水和回用水。回用水和复用水不同。回用水是指一定经济过程中排放出来的废水经过去污处理后被再利用的水（可直接被另一生产过程使用），而复用水是指一定质量的水，在其成分不被改变的情况下，在一个生产过程中被循环使用。

按照来源划分，水资源可以分为地下水、地表水及降水。自然的地下水和地表水一般都通过自来水或水利工程成为产品水，而降水则主要用于农业和某些农村生活用水[②]，其余大部分都转化成地下水或地表水。

2. 水资源的有关概念

根据对经济系统中水的运动过程的分析和水资源学的有关论述，可以定义两个水资源概念。一个是自然水资源，一个是经济水资源或称可供水水资源[③]。

自然水资源是普通水资源学的概念，其定义如下：

一个区域的水资源总量为当地降水形成的地表和地下的产水量。由于地表和地下水既相互联系又相互转化，河川径流中的基流部分是由地下水补给的，地下水补给中有一部分来源于地表水入渗，因此计算水资源总量时，不能将地表水资源量与地下水资源量直接相加，应扣除相互转化的重复计算水量。

经济水资源或可供水水资源是水资源利用研究或水资源经济学中的概念，已有的定义如下：

“可供水量”通常指的是“不同水平年、不同保证率工程供水量”。对这一定义可理解为：①“不同水平年”反映了经济发展的水平与技术可能达到的程度；②“不同保证率”则可理解为从不同的角度，考虑不同的需要，所能达到的保证程度；③“工程供水量”则可理解为供水系统与需水系统的矛盾统一，既由供水系统中的各类工程作为供水的保证，而又以供水对象的需水系统来制约和控制工程规模及供水的数量、质量与时间分配。根据这一概念，可供水量既有别于“可利用量”“可开采量”，又有别于工程的“供水能力”“提水能力”，它与前者的区别主要在于受工程的制约，而与后者的区别主要在

① 所谓功能过程是指除作为水利工程和自来水生产劳动对象以外的水的使用过程。

② 北方农村有一种叫天井的储水设施，用于收集雨水，以供牲口饮用和洗衣等日常使用。人工修建的池塘也有同样的用途。

③ 关于水资源概念的详细描述可参阅关于水资源的工具资料书。

于受需水系统的制约。

在上述可供水概念中尚未明显包含回用水量，而在我国的实际应用中已做了考虑，但应注意把污水回用与水的企业内部循环使用分开。

3. 水利用的占用性

生产部门对水的使用一方面表现为消耗，即用水量随总产出变化，另一方面表现为对水资源的占用，具有稳定性。因为水在自然界总量的相对稳定，所以尽管经济总量可以持续不断增长，但是对水的生产和使用，除了在不同用途之间转移之外，社会经济对新鲜水的使用总量会达到一个平稳值，即一个经济体对水的使用总量在长期表现为 S 形曲线。目前，我国经济已经显示出这种拐点。表 5.3 是我国 2004~2015 年的供水用水统计，从表中看出，供用水总量都达到一个 6 000 亿立方米的平稳值，工农业用水总量也处于平稳值。随着城市化、人民生活水平的提高和国家持续解决饮水困难地区的努力，虽然生活用水还会有所增长，但是其增长所需的量要从生产用水的节约中补充。将来南水北调西线工程实施，规划调水量是 170 亿立方米，对总用水量不会改变很多。未来生产用水和城市用水的增加主要从水的循环使用途径解决。因此，从水资源总量的既定性角度，各个生产部门和居民消费用水是对水资源或供水能力的一个占用。各个细分部门的用水量特别是工艺用水量会随机变化，但部门之间有升有降。可以说，生产部门和生活消费对水是消耗和消费，但对水资源是占用。

表 5.3 我国 2004~2015 年的供水用水统计

年份	供水总量/亿立方米	地表水供水总量/亿立方米	地下水供水总量/亿立方米	其他供水总量/亿立方米	用水总量/亿立方米	农业用水总量/亿立方米	工业用水总量/亿立方米	生活用水总量/亿立方米	生态用水总量/亿立方米	人均用水量/立方米
2004	5 547.80	4 504.20	1 026.40	17.20	5 547.80	3 585.70	1 228.90	651.20	82.00	428.00
2005	5 632.98	4 572.19	1 038.83	21.96	5 632.98	3 580.00	1 285.20	675.10	92.68	432.07
2006	5 794.97	4 706.80	1 065.52	22.70	5 794.97	3 664.45	1 343.76	693.76	93.00	442.02
2007	5 818.67	4 723.90	1 069.06	25.70	5 818.67	3 599.51	1 403.04	710.39	105.73	441.52
2008	5 909.95	4 796.42	1 084.79	28.74	5 909.95	3 663.46	1 397.08	729.25	120.16	446.15
2009	5 965.15	4 839.47	1 094.52	31.16	5 965.15	3 723.11	1 390.90	748.17	102.96	448.04
2010	6 021.99	4 881.57	1 107.31	33.12	6 022.00	3 689.10	1 447.30	765.80	119.80	450.17
2011	6 107.20	4 953.30	1 109.10	44.80	6 107.20	3 743.60	1 461.80	789.90	111.90	454.40
2012	6 141.80	4 963.02	1 134.22	44.55	6 131.00	3 903.00	1 381.00	740.00	108.00	454.71
2013	6 183.45	5 007.29	1 126.22	49.94	6 183.40	3 921.50	1 406.40	750.10	105.40	455.54
2014	6 094.88	4 920.46	1 116.94	57.46	6 094.86	3 868.98	1 356.10	766.58	103.20	446.75
2015	6 103.20	4 971.50	1 069.20	62.50	6 103.20	3 852.20	1 334.80	793.50	122.70	445.09

资料来源：国家统计局网站《中国统计年鉴 2016》

5.3.2 水利用–经济投入占用产出表

因为生产部门使用的水绝大多数都是工程水，居民消费用水更是要深度加工处理，所以水生产部门在经济中有重要地位。水利用–经济投入占用产出表在流量投入部分类似于部门投入产出表，首先把全体部门集合分成两组，第一组称为非水生产部门，第二组称为水生产部门，而作为投入占用产出分析系统，在表的下面要再增加占用的行。为简化起见，这里仅列出水的占用部分，于是有表 5.4 所示的水利用–经济投入占用产出表基本表式①。

1. 关于水占用部分的结构说明

在表 5.4 中，水的扩展部分共包括三类，第一类称为水资源占用，第二类称为水的循环使用，第三类称为废水排放。

在水资源占用中包括三种水资源（这里都是指可供水资源），其中的自然水包括水利工程供水、农业使用的自然水和自备水源工程供水。自来水是指由自来水公司提供的经过严格卫生处理的水，而各单位使用的井水都可称为自备水源工程供水即自然水。

表 5.4　水利用–经济投入占用产出表表式

		非水生产部门	水生产部门	最终使用	总产出
非水生产部门					
水生产部门					
最初投入					
总投入					
水资源占用	自然水				
	自来水				
	回用水				
水的循环使用	复用水				
	总用水				
废水排放					

需要特别指出的一点是，这里将废水中的回用水看作水资源，这种水一般是要有大型生产设施，二是具有从自然回归的特点，扩大了水资源。

2. 复用水和回用水与一般水资源的关系

水的循环使用即复用水问题是水资源开发利用中一个非常重要的研究课题，复用水率是水资源利用效率的基本指标之一。这在各种水资源投入产出模型中已经被很好地注意到。但是循环用水即复用水与前面提出的水资源有着相当的不同。第一，它一般是经济细胞单位即企业内的过程，不与总的水资源分配发生直接联系，在外部看到的只是企业从大的水资源系统中取走或占用的水量。第二，作为一般的循环水，提高复用水率，对大多数企业单位只能降低它的成本，而不是提高它的成本。当然，这里是在从外界取到的水的价格能抵补其成本并获取利润的情况下说的，这一般能保证。而且在市场经济中，随着水资源紧缺程度的提高，水的市场价格将大大提高，无偿或低价用水对大多数企业成为不可能的事情，因此，循环用水系统就成为用水企业的基本设施。第三，循环水的使用量与对一般水资源的占用量在一定意义下成反比，所以不能用来衡量对一般水资源的占用量。

废水的回用则是稍微不同的事情。第一，废水必须从企业的生产过程排出，不经处

① 因为这里不研究废水或污水的排放及污染问题，所以不对废水做更详细的分类说明。

理根本不能再用的水，而废水的处理则是与本企业的生产性质根本不同的另一种产品的生产过程。所以可以说，回用水是一种可使用的其他部门的产品，也就是可以在社会中进行直接分配的物资资源（通过市场或其他方式）。第二，废水本来是要从正常的经济系统排出的废物，现在它被再生回收利用，并且与一般的水具有某些相同的生产功用，自然应当是原来水资源的增量，不妨将其与其他一般自然水的循环系统看成一体。

3. 水生产的部门结构与占用数据编制

从标准化的角度考虑，有几种水资源就应有几个水的生产部门，这里就应有三个生产部门。但是如果从价值量来考虑，水的生产部门，尤其是回用水生产部门只是很小的部分，所以在不仔细研究水生产部门的生产成本结构及水价问题时，可以在行中（有时包括列中）都合并成一个部门。

既然将经济系统中使用的水都作为一定部门的产品，那么非水生产部门使用和占用的水只能来自水生产部门，这一点是容易搞清楚的，复杂一点的是水的生产部门使用的水。

水的生产部门使用的水应包括两部分：一种是作为劳动对象即原材料的水，在三个水资源生产部门中的来源都有所不同；一种是作为动力或辅助作用的水，它自然只能是本系统三个部门之一的产品，这一点与非水生产部门相同。

对自来水生产部门，作为其劳动对象的水必定是来自自然界，或者地表水，或者地下水。自来水生产部门的劳动对象按理说只能来自自然水生产部门，但许多自来水生产部门的财务核算并不把其从自备水井中取水的成本单独核算，所以对这种自提水，为了计算水资源总提取量的方便，应单列一子行。因回用水生产部门劳动对象是废水，不能算做水资源水，所以不计。

根据上述水利用数据的编制技术规则，可以计算出一个经济系统从自然水资源中总共提取的水量，称为总取水，以W记，则

W=自然水生产部门提取的（地表水+地下水）+自来水生产部门提取的（地表水+地下水）

经济系统对水的总利用量称为总用水，记为$\overline{W}$，可计算如下：

$\overline{W}$=非水生产部门利用的（自然水+自来水+回用水）+水生产部门作为动力或辅助作用的水

需注意：非水生产部门利用的自然水、自来水和回用水是指产品水，不是其本部门的产品，而是水生产部门的产品。对一个实际经济系统，在W和$\overline{W}$之间肯定存在一个差额，记为Δ_ω：$\Delta_\omega = W - \overline{W}$。

忽略回用水，近似地说，Δ_ω就是水的生产部门生产过程中挥发渗漏掉的水量。在实际统计中水量计量口的设置位置对其有影响。

5.3.3 水资源利用投入占用产出模型

水利用经济投入占用产出分析是对水资源利用情况变量及其与经济系统其他变量之

间关系的研究，包括水利用效率分析、水分配的经济效应分析和水价分析等多方面内容。水价分析是 5.3.5 小节的内容。

1. 水资源利用率分析

一个经济系统中开发利用的水量与该系统所属地区的水资源总量之比称为水资源利用率，它是水资源开发利用研究中一个非常重要的指标，也是我国水资源利用综合评价中的一个基本指标。

对两个水资源利用量概念 W 和 W'，在水资源利用率的定义中应使用 W，以 LYR_ω 表示水资源利用率，W_R 表示当地的水资源总量，则

$$\mathrm{LYR}_\omega = \frac{W}{W_R} \tag{5.40}$$

相应地也可以分别定义地下水资源利用率和地表水资源利用率。

众所共识，自然界中的水有一个循环平衡问题。现在人类已经极大地干扰了自然界的各种原始平衡态，对水也不例外。由于地下水超采，在一些大中城市形成严重的沉降漏斗，而在沿海城市还造成海水浸润。进一步，人类对水资源的严重干预是否会造成显著的气候失衡呢？所以，从自然-人类大水循环系统平衡考虑，应对水资源的利用率进行定量控制。

2. 取水系数

在一般水利用研究中，把各部门对新鲜水即这里的自然水和自来水的直接使用量称为取水量，把对三种水资源的使用量都称为取水量，记为 $F_{ij}\left(i=1,2,3; j=1,2,\cdots,n\right)$，于是，直接取水系数可定义为

$$f_{ij} = \frac{F_{ij}}{Q_j},\quad i=1,2,3; j=1,2,\cdots,n \tag{5.41}$$

于是，水资源的完全占用系数矩阵 $\boldsymbol{L}$ 可以表示为

$$\boldsymbol{L} = \boldsymbol{F}(\boldsymbol{I}-\boldsymbol{A})^{-1} \tag{5.42}$$

如果各部门对水的消耗都使用实物单位，那么各部门对水资源的完全取水系数就包含在完全需要系数矩阵中。记

$$\tilde{\boldsymbol{A}} = \begin{pmatrix} \boldsymbol{A} & \boldsymbol{A}_\omega \\ \boldsymbol{F}_1 & \boldsymbol{F}_2 \end{pmatrix},\quad \boldsymbol{F} = \begin{pmatrix} \boldsymbol{F}_1 & \boldsymbol{F}_2 \end{pmatrix}$$

则

$$\begin{aligned}(\mathbf{1}-\tilde{\boldsymbol{A}})^{-1} &= \begin{pmatrix} \mathbf{1}-\boldsymbol{A} & -\boldsymbol{A}_\omega \\ -\boldsymbol{F}_1 & \mathbf{1}-\boldsymbol{F}_2 \end{pmatrix}^{-1} \\ &= \begin{pmatrix} \left[(\mathbf{1}-\boldsymbol{A})-\boldsymbol{A}_\omega(\mathbf{1}-\boldsymbol{F}_2)^{-1}\boldsymbol{F}_1\right]^{-1} & (\mathbf{1}-\boldsymbol{A})^{-1}\boldsymbol{A}_\omega\left[\mathbf{1}-\boldsymbol{F}_2-\boldsymbol{F}_1(\mathbf{1}-\boldsymbol{A})^{-1}\boldsymbol{A}_\omega\right]^{-1} \\ (\mathbf{1}-\boldsymbol{F}_2)^{-1}\boldsymbol{F}_1\left[\mathbf{1}-\boldsymbol{A}-\boldsymbol{A}_\omega(\mathbf{1}-\boldsymbol{F}_2)^{-1}\boldsymbol{F}_1\right]^{-1} & \left[\mathbf{1}-\boldsymbol{F}_2-\boldsymbol{F}_1(\mathbf{1}-\boldsymbol{A})^{-1}\boldsymbol{A}_\omega\right]^{-1} \end{pmatrix}\end{aligned} \tag{5.43}$$

式（5.43）中的$(\boldsymbol{1}-\boldsymbol{F}_2)^{-1}\boldsymbol{F}_1\left[\boldsymbol{1}-\boldsymbol{A}-\boldsymbol{A}_\omega(\boldsymbol{1}-\boldsymbol{F}_2)^{-1}\boldsymbol{F}_1\right]^{-1}$就是非水生产部门最终使用产品对水资源的完全占用系数，$\left[\boldsymbol{1}-\boldsymbol{F}_2-\boldsymbol{F}_1(\boldsymbol{1}-\boldsymbol{A})^{-1}\boldsymbol{A}_\omega\right]^{-1}$就是水生产部门最终使用产品对水资源的完全使用系数。

3. 总用水系数及复用水率

由于存在循环用水，所以对许多生产单位使用总用水系数比取水系数更能反映其技术经济要求。设$\bar{W}_j$是部门j的总用水量，则直接总用水系数可定义为

$$\omega_j=\frac{\bar{W}_j}{Q_j},\quad j=1,2,\cdots,n \tag{5.44}$$

对循环用水，复用水率是一个重要的技术经济指标，其定义如下：

$$r_{\omega j}=1-\frac{\sum_{i=1}^{3}F_{ij}}{\bar{W}_j},\quad j=1,2,\cdots,n \tag{5.45}$$

4. 生产部门总取水量模型

在生产用水方面，总用水系数和复用水率是基本的技术经济指标，所以由此出发计算各部门对水资源的占用需求量。水资源有三种，设置一个用水结构系数SW_{ij}，表示部门j单位水资源占用需求量中第i种水的分配比例，于是，部门j对第i种水的占用需求量应为

$$F_{ij}=\mathrm{SW}_{ij}(1-r_{\omega j})\omega_j Q_j,\quad i=1,2,3;\ j=1,2,\cdots,n \tag{5.46}$$

5. 最终使用部门对水的使用分析

最终使用部门是水资源占用的大户之一。根据目前投入产出表编制规则，虽然从总产出方向上，最终使用部门包括居民家庭、公共事业和行政三大部门，但由于公共事业和行政部门的消费结构都表现在中间部门，所以其用水自然也就应放在中间部门的相应行上，这样水的最终使用部门就只有居民家庭。因为城市居民和农村居民的消费结构（包括对水的消费）有很大的差异，所以应将城市居民和农村居民分别列出、分别研究。

以Z_{ui}和Z_{Pi}分别表示城市居民和农村居民对第i种水资源的占用量，C_u和C_P分别表示城市居民和农村居民的总消费额（包括用水支出），以f_{ui}和f_{Pi}分别表示相应占用或取水系数，则

$$f_{ui}=\frac{Z_{ui}}{C_u},f_{Pi}=\frac{Z_{Pi}}{C_P},\quad i=1,2,3 \tag{5.47}$$

记

$$\boldsymbol{F}_P=[f_{Pi}]_{3\times1},\boldsymbol{F}_u=[f_{ui}]_{3\times1} \tag{5.48}$$

$$\boldsymbol{F}_Z=\boldsymbol{F}_P+\boldsymbol{F}_u \tag{5.49}$$

以$\boldsymbol{y}_P$和$\boldsymbol{y}_u$分别表示农村居民和城市居民的消费结构向量，则农村居民和城市居民对水的完全占用系数分别是

$$L_P=\left[\left(I-F_2\right)^{-1}F_1\left(I-A-A_\omega\left(I-F_2\right)^{-1}F_1\right)^{-1}\left(I-F_2-F_1(I-A)^{-1}A\right)^{-1}\right]y_P+F_P \quad (5.50)$$

$$L_u=\left[\left(I-F_2\right)^{-1}F_1\left(I-A-A_\omega\left(I-F_2\right)^{-1}F_1\right)^{-1}\left(I-F_2-F_1(I-A)^{-1}A\right)^{-1}\right]y_u+F_u \quad (5.51)$$

6. 水资源分配系数

对资源性占用品来说，由于其总量的有限性和定常性，所以研究其对各部门的分配系数有重要的意义。以 $W_{\omega k}$ 表示第 k 种水资源总供给量。水资源分配系数的定义为

$$d_{kj}^{\omega}=\frac{F_{kj}}{W_{\omega k}},\quad k=1,2,3;j=1,2,\cdots,n,n+1,n+2 \quad (5.52)$$

这里的 $n+1$ 和 $n+2$ 分别指农村居民和城市居民。

5.3.4　水资源投入占用产出的静态模拟

利用前文给出的各种静态分析指标，可以利用直接分配系数研究水资源节约开发的主导部门；利用完全取水系数研究节水型国民经济体系。

1．水资源节约开发主导部门分析

对水资源紧缺的地区来说，制定节水战略是必要的。在水资源利用投入占用产出模型体系中，变量很多，逐一列出各种变量影响的解析表达式是困难的事情，所以采取数字模拟仿真的方法是有效的。通过模拟揭示节水调控的关键产业部门和重要因素参数。

首先定义部门总取水分配系数：

$$d_j^{\omega}=\frac{\sum_{k=1}^{3}F_{kj}}{W},\quad j=1,2,\cdots,n,n+1,n+2 \quad (5.53)$$

其次把 $\{d_j^{\omega},j=1,2,\cdots,n\}$ 按照从大到小的顺序排列，得 $\{d_{j'}^{\omega},j'=1,2,\cdots,n\}$，然后计算累加和序列

$$d_{j'}^{s\omega}=\sum_{k'=1}^{j'}d_{k'}^{\omega}\times 100,\quad j'=1,2,\cdots,n,n+1,n+2 \quad (5.54)$$

应用 ABC 分析法①可以找出经济系统中的用水大户，以这些产业部门作为水资源节约技术开发的主攻方向，就可实现用水量的显著有效下降。通过投入占用产出技术，可以分析这些大户的取水系数下降对整个经济系统用水的影响。

2. 节水型国民经济产业结构的模拟

一个经济系统中的总用水根据投入占用产出平衡方程，可写作

$$W_{\omega k}=\sum_{j=1}^{n}F_{kj}+Z_{Pk}+Z_{uk}=\sum_{j=1}^{n}f_{kj}Q_j+Z_k$$

---

① ABC 分析法有许多叫法，如二八法则，其基本做法是将对象集合总体按照某指标从低到高分为三类，A 类包括累计频率在 90%以上的对象，B 类包括 80%~90%的对象，其余归为 C 类。通常 A 类包含的对象最少，但是对考察指标的贡献最大，所以最重要，在管理中优先考虑。所谓“二八”现象就是 20%的对象做了 80%的贡献。

写成矩阵形式，即

$$W_{\omega}=\left(W_{\omega 1}, W_{\omega 2}, \cdots, W_{\omega n}\right)'=FQ+Z=F(1-A)^{-1} Y+Z \tag{5.55}$$

为了分析产业结构，应将Y中的进出口净额独立出来，记作

$$Y=\begin{pmatrix}Y_1 & Y_2\end{pmatrix}\begin{pmatrix}1\\1\end{pmatrix}$$

其中，Y_2是进出口净额列向量，于是

$$W_{\omega}=F(I-A)^{-1}\left(Y_1+Y_2\right)+Z \tag{5.56}$$

当Y_1作为一个客观定量时，进出口结构就决定了一个国家的产业结构。从式（5.56）看出，$F(I-A)^{-1}$就是完全用水系数，因此，要有效地实现节水型产业结构，决定于三个因素：①产业部门的总规模结构；②进出口变化的最大可能性；③完全用水系数。节水型产业结构调整的部门选择应是完全用水系数大、分配系数大、产业规模大、进出口较易变化的部门。

5.3.5 水价分析

既然水是一种极其有限的定常资源，那么在市场经济制度下，正确的水价的制定就是一件非常重要的事情。它的意义包括以下三个方面：

（1）让用水成本成为企业总成本的一个重要组成部分，尤其是对用水大户，从而推动企业积极采用节水的工艺技术和管理措施；

（2）提高居民的节水意识，认识水资源的紧缺性；

（3）为水生产部门积累专用资金，用于水源的维护及供水能力和废水处理能力的提高。

因为水是一种普用资源，涉及所有部门的相互关联，所以投入占用产出技术是最有效的分析方法。

以“1”标识水生产部门，“2”标识其他生产部门，将价格影响模型式（2.53）和式（2.54）重列于下：

$$\left(1-A_{11}'-\hat{z}_1\right)P_1=A_{21}'P_2 \tag{2.53}$$

$$\left(1-A_{22}'-\hat{z}_2\right)P_2=A_{12}'P_1 \tag{2.54}$$

对式（2.53）和式（2.54）需注意：投入系数矩阵A是不变价格定义的，而最初投入系数z是现价定义的。如果矩阵$1-A_{11}'-\hat{z}_1$满秩，那么在水价给定的情况下，由式（2.53）就可以完全决定P_1，此时解P_1也必须同时满足式（2.54）。

令

$$H^1=1-A_{11}'-\hat{z}_1 \tag{5.57}$$

$$H^2=1-A_{22}'-\hat{z}_2 \tag{5.58}$$

于是式（2.53）和式（2.54）可写作

$$H^1P_1=A_{21}'P_2 \tag{5.59}$$

$$\boldsymbol{H}^2\boldsymbol{P}_2 = \boldsymbol{A}'_{12}\boldsymbol{P}_1 \tag{5.60}$$

而对于基准年，所有部门价格指数都是 1，所以应有

$$\bar{\boldsymbol{H}}^1\boldsymbol{e}^1 = \bar{\boldsymbol{A}}'_{21}\boldsymbol{e}^2 \tag{5.61}$$

$$\bar{\boldsymbol{H}}^2\boldsymbol{e}^2 = \bar{\boldsymbol{A}}'_{12}\boldsymbol{e}^1 \tag{5.62}$$

式（5.61）和式（5.62）中，$\boldsymbol{e}^1$ 和 $\boldsymbol{e}^2$ 是两个分别与非水部门和水部门维度相同的求和向量。假定经济在基准年基础上有变化，首先假设变量和参数都有变化，于是

$$\boldsymbol{H}^1 = \bar{\boldsymbol{H}}^1 + \Delta\boldsymbol{H}^1, \boldsymbol{H}^2 = \bar{\boldsymbol{H}}^2 + \Delta\boldsymbol{H}^2$$

$$\boldsymbol{P}^1 = \boldsymbol{e}^1 + \Delta\boldsymbol{P}^1, \boldsymbol{P}^2 = \boldsymbol{e}^2 + \Delta\boldsymbol{P}^2$$

于是由式（5.59）和式（5.60）可得

$$\bar{\boldsymbol{H}}^1\boldsymbol{e}^1 + \bar{\boldsymbol{H}}^1\Delta\boldsymbol{P}^1 + \Delta\boldsymbol{H}^1\boldsymbol{e}^1 + \Delta\boldsymbol{H}^1\Delta\boldsymbol{P}^1 = \bar{\boldsymbol{A}}'_{21}\boldsymbol{e}^2 + \bar{\boldsymbol{A}}'_{21}\Delta\boldsymbol{P}^2 + \Delta\bar{\boldsymbol{A}}'_{21}\boldsymbol{e}^1 + \Delta\bar{\boldsymbol{A}}'_{21}\Delta\boldsymbol{P}^2 \tag{5.63}$$

$$\bar{\boldsymbol{A}}'_{12}\boldsymbol{e}^1 + \bar{\boldsymbol{A}}'_{12}\Delta\boldsymbol{P} + \Delta\bar{\boldsymbol{A}}'_{12}\boldsymbol{e}^1 + \Delta\bar{\boldsymbol{A}}'_{12}\Delta\boldsymbol{P}^1 = \bar{\boldsymbol{H}}^2\boldsymbol{e}^2 + \bar{\boldsymbol{H}}^2\Delta\boldsymbol{P}^2 + \Delta\boldsymbol{H}^2\boldsymbol{e}^2 + \Delta\boldsymbol{H}^2\Delta\boldsymbol{P}^2 \tag{5.64}$$

将式（5.61）和式（5.62）代入可得

$$\bar{\boldsymbol{H}}^1\Delta\boldsymbol{P}^1 + \Delta\boldsymbol{H}^1\boldsymbol{e}^1 + \Delta\boldsymbol{H}^1\Delta\boldsymbol{P}^1 = \bar{\boldsymbol{A}}'_{21}\Delta\boldsymbol{P}^2 + \Delta\bar{\boldsymbol{A}}'_{21}\boldsymbol{e}^2 + \Delta\bar{\boldsymbol{A}}'_{21}\Delta\boldsymbol{P}^2 \tag{5.65}$$

$$\bar{\boldsymbol{A}}'_{12}\Delta\boldsymbol{P}^1 + \Delta\bar{\boldsymbol{A}}'_{12}\boldsymbol{e}^1 + \Delta\bar{\boldsymbol{A}}'_{12}\Delta\boldsymbol{P}^1 = \bar{\boldsymbol{H}}^2\Delta\boldsymbol{P}^2 + \Delta\boldsymbol{H}^2\boldsymbol{e}^2 + \Delta\boldsymbol{H}^2\Delta\boldsymbol{P}^2 \tag{5.66}$$

对式（5.65）和式（5.66）整理可得

$$\left(\bar{\boldsymbol{H}}^1 + \Delta\boldsymbol{H}^1\right)\Delta\boldsymbol{P}^1 = \left(\bar{\boldsymbol{A}}'_{21} + \Delta\bar{\boldsymbol{A}}'_{21}\right)\Delta\boldsymbol{P}^2 + \Delta\boldsymbol{H}^1\boldsymbol{e}^1 + \Delta\bar{\boldsymbol{A}}'_{21}\boldsymbol{e}^2 \tag{5.67}$$

$$\left(\bar{\boldsymbol{A}}'_{12} + \Delta\bar{\boldsymbol{A}}'_{12}\right)\Delta\boldsymbol{P}^1 = \left[\boldsymbol{H}^2 + \Delta\boldsymbol{H}^2\right]\Delta\boldsymbol{P}^2 + \Delta\boldsymbol{H}^2\boldsymbol{e}^2 + \Delta\bar{\boldsymbol{A}}'_{12}\boldsymbol{e}^1 \tag{5.68}$$

如果假定：① $\Delta\boldsymbol{H}^1 = \boldsymbol{0}$；② $\Delta\bar{\boldsymbol{A}}_{12} = \boldsymbol{0}$；③只有一个水生产部门，于是

$$\bar{\boldsymbol{H}}^1\Delta\boldsymbol{P}^1 = \left(\bar{\boldsymbol{A}}'_{21} + \Delta\bar{\boldsymbol{A}}'_{21}\right)\Delta\boldsymbol{P}^2 + \Delta\bar{\boldsymbol{A}}'_{21}\boldsymbol{e}^2 \tag{5.69}$$

$$\bar{\boldsymbol{A}}'_{12}\Delta\boldsymbol{P}^1 = \left(\bar{\boldsymbol{H}}^2 + \Delta\boldsymbol{H}^2\right)\Delta\boldsymbol{P}^2 + \Delta\boldsymbol{H}^2\boldsymbol{e}^2 \tag{5.70}$$

如果 $\bar{\boldsymbol{H}}^1$ 满秩，那么可以研究如下有关水价问题：

（1）当 $\Delta\bar{\boldsymbol{A}}'_{21}{}^{21} = \boldsymbol{0}$，即非水部门对水的技术系数不变时，提高水价 $\Delta\boldsymbol{P}^2$ 所引起的其他部门价格变化可由式（5.69）解出来；由于式（5.69）的解必须同时满足式（5.70），此时式（5.70）中一般有 $\Delta\boldsymbol{H}^2 \neq \boldsymbol{0}$。

根据式（5.58），$\Delta\boldsymbol{H}^2 \neq \boldsymbol{0}$ 的原因可能是 $\boldsymbol{A}'_{22}$ 或 $\boldsymbol{z}$ 的某个组分或它们的一种组合发生变化，它们分别代表了水生产部门技术系数结构与价值分配结构。

（2）当 $\Delta\boldsymbol{H}^2 = \boldsymbol{0}$ 且 $\Delta\bar{\boldsymbol{A}}'_{21} = \boldsymbol{0}$ 时，如果由式（5.69）得到的解满足式（5.70），那么说明水价的变化完全是由于其他部门价格变化引起的，是中间成本推动的涨价。此时假定了水生产部门的技术经济结构和单位产值增加值率都不发生变化。

（3）由式（5.69）和式（5.70）可得

$$\begin{pmatrix} \bar{\boldsymbol{H}}^1 & -\bar{\boldsymbol{A}}'_{21} - \Delta\bar{\boldsymbol{A}}'_{21} \\ \bar{\boldsymbol{A}}'_{12} & -\bar{\boldsymbol{H}}^2 - \Delta\boldsymbol{H}^2 \end{pmatrix}\begin{pmatrix} \Delta\boldsymbol{P}^1 \\ \Delta\boldsymbol{P}^2 \end{pmatrix} = \begin{pmatrix} \Delta\bar{\boldsymbol{A}}'_{21} \\ \Delta\boldsymbol{H}^2 \end{pmatrix}\boldsymbol{e}^2 \tag{5.71}$$

式（5.71）说明，当

$$\begin{pmatrix} \bar{\boldsymbol{H}}^1 & -\bar{\boldsymbol{A}}'_{21} - \Delta\bar{\boldsymbol{A}}'_{21} \\ \bar{\boldsymbol{A}}'_{12} & -\bar{\boldsymbol{H}}^2 - \Delta\boldsymbol{H}^2 \end{pmatrix}$$

满秩时，价格的变化可以完全由用水技术系数的变动引起。这当然与前面的假定 $\Delta \boldsymbol{H}^1 = \mathbf{0}$ 有关。实际上，由 $(\mathbf{1} - \bar{\boldsymbol{A}}' - \hat{\boldsymbol{z}})\boldsymbol{P} = \mathbf{0}$ 可得

$$(\mathbf{1} - \bar{\boldsymbol{A}}' - \Delta\bar{\boldsymbol{A}}' - \hat{\boldsymbol{z}} - \Delta\hat{\boldsymbol{z}})\Delta\boldsymbol{P} = (\Delta\bar{\boldsymbol{A}}' + \Delta\hat{\boldsymbol{z}})\boldsymbol{e} \tag{5.72}$$

如果 $(\mathbf{1} - \bar{\boldsymbol{A}}' - \Delta\bar{\boldsymbol{A}}' - \hat{\boldsymbol{z}} - \Delta\hat{\boldsymbol{z}})$ 满秩，则由式（5.72）可得唯一的 $\Delta\boldsymbol{P}$ 。进一步，只要式（5.72）仅包含几个未知数，且各方程之间无矛盾，那么式（5.72）都可以给出其解。所以由式（5.72）可以考虑各部门的用水系数变化时对价格变化的影响。如果还想通过水价增加水生产部门的专项基金，则可令其他不变，而 $\boldsymbol{z}$ 的组分变化。

习题

1. 人力资源投入产出表与一般经济投入产出表有何异同？

2. 人力资源投入产出表与马尔可夫链状态转移矩阵有何不同？

3. 构造一个能源-经济投入占用产出表，并尝试写出基本模型。

4. 应用水资源-经济投入占用产出表结构构造一个关于进出口的完全用水分析模型。可考虑使用局部闭模型。

5. 找到一张投入产出表，把所有生产部门合成为水生产部门和非水生产部门两个部门，使用局部闭模型设计一个方案，分析提高水价一个百分数对经济系统的影响（价格和产出）。

参 考 文 献

陈锡康，杨翠红，等. 2011. 投入产出技术. 北京：科学出版社

刘新建. 1995. 国民经济动态投入占用产出分析的理论与方法研究及其它. 中国科学院系统科学研究所博士学位论文

刘新建. 1996. 人力资源动态投入占用产出分析模型探讨. 数量经济技术经济研究，(3)：40-45

第6章

企业投入产出分析

企业投入产出分析是将投入产出技术用于企业管理问题的方法论，是中国投入产出研究的特色领域。20 世纪 60 年代，中国科学院陈锡康、李秉全等在天津化工厂和鞍山钢铁集团有限公司（以下简称鞍山钢铁公司）开展企业投入产出研究，分别编制了 1964 年天津化工厂实物型投入产出表和 1964 年鞍山钢铁公司投入产出表。鞍山钢铁公司在完成了 1964 年以金属物料平衡为主线的投入产出表后，还编制了 1977~1981 年的实物表和部分年份的价值型投入产出表。20 世纪 80 年代，李秉全主持的课题组先后在鞍山钢铁公司、云南锡业公司、吉化公司有机合成厂、青岛第二橡胶厂等单位研发企业投入产出系统，创新性地提出了一整套适合我国企业特点的企业投入产出模型体系——实物价值综合模型和编制该模型的综合比例分摊法[①]。20 世纪 80 年代末以后，在中国科学院佟仁城主持下，对企业投入产出技术进行了深化研究，推进企业的管理现代化，提出消耗量由产出量和装置负荷量决定的双因素企业投入产出模型，在燕山石油化工公司（现为中国石化北京燕山分公司）、桦林橡胶厂、东北输油管理局、石油地球物理仪器总厂等企业进行了推广应用[②]。南开大学于仲鸣在 20 世纪 90 年代开始企业投入产出研究，研究了企业投入产出技术与制造资源计划（MRPⅡ）的结合[③]。张玲玲等在 2007 年提出了基于 ERP（enterprise resource planning，企业资源计划）的企业投入产出模型[④]。宋辉等在 20 世纪 80 年代和 90 年代首先在保定毛纺厂开展投入产出技术应用，取得很大成功[⑤]，然后在河北省开展了广泛的企业投入产出技术推广和应用活动。

---

① 李秉全. 投入产出技术与企业管理现代化. 北京：科学出版社，1988；李秉全. 提高企业管理水平和经济效益的投入产出模型//许宪春，刘起运. 中国投入产出分析应用论文精粹. 北京：中国统计出版社，2004：249-263

② 佟仁城. 双因素投入产出模型. 系统工程理论与实践，1990，10（1）：24-29；佟仁城. 企业投入产出的理论、方法与实践——兼论《桦林橡胶厂成本核算及预测系统》的设计思想和方法. 数量经济技术经济研究，1995，（2）：27-35

③ 于仲鸣. 企业投入产出方法与制造资源计划方法的结合研究. 郑州航空工业管理学院学报，2006，24（1）：33-38

④ 张玲玲，李军，佟仁城. 基于 ERP 的机械制造企业投入产出表结构及分析. 中国管理科学，2007，15（1）：55-63

⑤ 宋辉，高宝贵. 推行企业投入产出系统管理法的初步效果. 数量经济技术经济研究，1990，（10）：65-68

6.1　企业系统

投入产出技术的核心特征是，在将分析对象系统划分成若干构成单元的基础上，利用各单元间的投入产出关系建立基本模型。企业投入产出分析在继承这个核心特征的基础上，还有其独特的理论和技术性质。建立企业投入产出模型系统的前提是认识企业系统的结构和企业的管理需求。

6.1.1　企业系统的结构

市场经济中企业的最基础特性是对利润的追求，所以企业投入产出分析作为一种管理分析工具必须为企业决策指挥提供有效的信息，帮助经营者改善管理状况，做出正确决策。一个企业决策支持系统是由多种类型的管理科学模型和信息分析子系统组成的，投入产出分析是总系统的一个部分。不能指望一个投入产出表和几个投入产出模型解决所有企业决策信息需求问题。

1. 企业系统的基本结构

企业通过产品制造与供给满足社会的需求，实现自己的价值追求。在生产过程中，随着生产要素（劳动者、劳动对象、劳动手段）在各个阶段和各个部分的投入，产品成形，经过市场销售，最终实现产品的市场价值，使资本增值，即实现利润。

企业系统的基本组成有四个部门类别：管理部门、生产部门、辅助服务部门和市场营销部门。管理部门指企业的高层管理者及辅助人员（如总经理秘书）组成的系统，是企业的经营决策部门，包括总经理及其办公室、董事会及其办公室，国有企业包括党委会及其办公室。生产部门通常被称为企业的一线部门，是从原材料开始被加工到产品成形的各个单位组成的部门，经常被称为车间。市场营销部门是企业与客户和用户的连接部门，可以看作生产部门的延伸，通过此类部门，企业的产品从生产者传送到使用者或商业企业。辅助服务部门是除前述三类部门外的其他部门，包括财务部门、人力资源部门、法务部门、研发部门、售后服务部门、宣传推广部门、群团组织部门、后勤保障部门等。生产维护部门和仓储部门可以归于生产部门，医务服务部门可以归于后勤保障部门，私营企业的党委会属于辅助服务部门。

一个系统与其环境的关系影响系统行为，关系越紧密，外部环境变化对系统的行为影响越大。在企业投入产出分析中，外部经济单位既是企业投入的主要来源，也是企业产品的去向。

作为经济系统的一个细胞，企业系统的结构与一般经济系统既类似，也不同，见图 6.1。一般经济系统的消费系统在系统内部，企业系统的产品使用部门在系统的外部，属于外部经济系统。企业内部部门之间的关系不再是市场交易关系，它们之间首先是信息交流，其次其他部门都要服务于生产部门，联系变得比较简单。在图 6.1 中，把营销部门合并于生产部门。企业的总收益日常用于支付投入和投资，在一个时期结束时产生收入结余，这个结余是企业的金融资产。

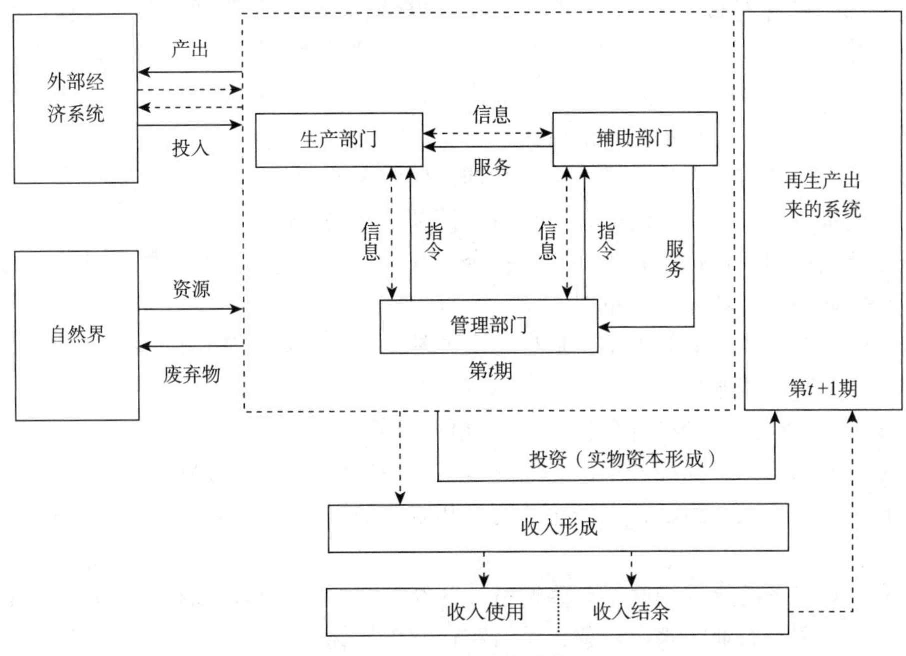

图 6.1　企业系统结构

图 6.1 系统结构模型适用于单一法人企业。对集团企业，包含若干个独立法人单位，不同法人单位之间的投入产出关系是市场交易，所以更类似于一个经济系统，但是其产品的最终消费者也是属于外部经济系统的，用户也在系统之外。

2. 企业内部的投入产出关系

从理论上说，企业的非生产部门都是为生产部门服务的，但是这种服务是没有任何结算的，有些服务是对企业整体而言的，所以部门之间的投入产出关系存在一个计量问题。实际上，在企业内部的大多数部门之间都没有货币结算，因此编制企业投入产出表的基础资料首先是实物单位计量。

企业投入产出结构的特点之一就是外部输入产品占据投入要素的大部分，所以要特别区分自产产品和外购产品。从前后向关系讲，从初始阶段单元开始，以最终产品为目标，企业投入产出分析的部门间主要是单向投入关联，也存在少数的双向投入关联，如钢铁企业会使用一些产品作为原材料投入，水生产企业会有一些水作为中间投入。

管理部门的投入几乎都是外购产品，某些类型企业也会有一些自产产品投入，如钢铁、煤炭、电力等类企业会使用自发电，印刷企业会使用自己的生产设备完成文件的印制，大多数企业都会使用自己的维修部门修理电器及其他办公器具等。管理部门的产出对内部来说是无法计量的，如果要编制价值表，可以如国民经济投入产出表那样，以投入成本作为总产出，设置一个公共部门作为产出的消耗使用部门。

生产部门是企业的主功能部门，其内部各子部门之间可以有投入产出关系，而其作为一个整体主要消耗的是外购产品；在实物计量上，则可以消耗内部其他生产部门的产品。生产部门对管理部门在物质上既没有投入也没有需求，只接受从管理部门发来的指挥指令，并把自己的运行信息发给管理部门。生产部门接受辅助服务部门的服务，但对其一般没有投入。在一些特殊企业，如前指出，生产部门生产的一些产品也供给本企业内部使用，特别是动力和水生产部门。

营销部门虽然可以看作生产部门的延伸，但在企业内部，产品的流通库存属于仓储部门，营销部门实际上操作的是信息，所以该部门在物质的投入产出关系上似乎非常独立。当然营销部门同样接受管理部门的指令，其活动强度与生产部门的活动强度关联很大，也与企业外部市场环境关系很大。

企业内部的各类辅助服务单位从根本上说都是为生产部门提供服务的，其投入基本上单向的，只是有些服务直接投向生产单位，有些直接投向管理单位，有些直接投向职工（如食堂），各辅助服务单位之间还有些相互服务。

一个企业系统与外部经济单位之间通常是产品的供给和投入品的输入，这些交流一般是物和资金双重相对运动，但是有些物资和服务的流通是单向的，如提供和接受社会援助捐赠。

企业与自然系统之间的联系有些通过外部经济单位，这是市场行为，有些在企业内部进行，如采掘类企业的生产对象，矿石和自然生长物成为企业的投入，许多企业用自己的水井供水。企业与自然之间还有排废关系。但是作为投入产出模型，通常把环境作为外生因素，仅仅考虑其与本系统的直接输入输出关系。

3. 企业系统的时间结构

在一个企业系统中存在不同的时间系统。首先是自然日期时间系统，记录企业各种单元每日甚至每时每刻的活动轨迹。其次是生产周期时间系统。不同企业的生产周期不同。例如，有以季节需求为转移的周期，有以季节生产条件如气候为转移的周期，有的产品如大型轮船的生产周期很长，可以跨年度。最后企业都有财务周期，一般要进行月度、季度、半年期和年度核算。

6.1.2 产品概念

因为企业活动的核心是产品，实物表是企业投入产出分析的基础，所以产品划分在企业投入产出分析中是非常基础的工作。企业表中的产品概念要尽可能清晰确定，以便容易区分，以满足企业管理需求为准则，兼顾统计核算的方便性。以制造业为例，有四对半共九种产品概念。

1. 产成品和半成品

企业的最终产出是向外销售的产品，在最终形式的产品形成之前，要经历一系列零部件和半成品阶段。产成品是指在本企业内经过全部加工过程已制造完毕，经检验符合质量标准、可供销售的产品。半成品是指在企业内已经完成部分生产加工组装过程，经检验合格尚待进入下一阶段继续加工或装配的产品。从统计和管理需求出发，半成品部门的划分一般以生产流程各个阶段的相对独立生产单元即车间为界。

2. 自产产品和外购产品

生产过程中所消耗的各种物料和动力都称为产品。企业各个部门投入的产品按照来源可分为自产产品和外购产品。

凡是由企业内部门生产的产品，无论是半成品还是产成品，也不管它具有何种功能，包括各个非生产部门的服务，统称为自产产品。凡是从企业外部购买的产品，包括原材料、动力、辅助材料、元器件、零件、部件、低值易耗品、劳保用品、办公用品、各种服务等，统称为外购产品。在企业管理中，对外购产品，按照其在生产中的作用及财务核算原则和办法作以下分类处理：①外购物料：包括主要原材料、元器件、外购零件、部件，在核算中计入物料消耗；②外购动力按种类分为电、蒸汽等列出；③辅助材料、低值易耗品、劳保用品、办公用品等均作费用处理，分别列入各自的费用项目，而不再以物料消耗的形式出现，在投入产出表中可以采用与财务核算完全相同的原则和方式对这些费用归集，方便编制价值表和进行成本效益分析①。

在企业生产中，存在一种特殊投入品，称为外协件，这是自产品和外购品之间的一个模糊类。一般情况下，由本企业向协作厂家提供主要原材料、同时支付加工费的外协件作为自产产品处理，但外购了加工服务费；由协作厂家自备主要原材料的外协件应视为外购零部件，作为原材料处理。

3. 中间产品和最终产品

在经济投入产出表中，中间产品和最终产品的划分是以同时考虑时空边界属性划分的。在企业投入产出表中，将自产产品按照其用途分为中间需求产品（中间产品）和最终需求产品（最终产品）。所谓中间产品是指在报告期内作为投入要素被继续投入生产过程做进一步加工、制作的自产产品。因此自制半成品是中间产品。最终产品是指退出报告期生产活动、本期没有继续被加工的产品，包括外售产成品和用于库存、盘存、报废的产品等。最终产品中不仅有产成品，而且也包括半成品存货。

需要说明的是，报废产品并非指生产过程中因设备水平、操作技术、偶然事故等问题出现的质量不合格产品或废品，而是指那些因转产、产品改型已不合用或因库存时间过长而变质等长期在仓库内积压且又无法利用，并经主管部门批准后在报告期内作报废处理的产品。

4. 补充性外购产品和非补充性外购产品

企业购入的原材料、动力可分为两类：一类是本企业根本不生产，完全靠外购的原材料、动力，在企业投入产出技术中，把这一类外购产品称为非补充性外购产品；另一

---

① 这是传统企业投入产出分析的处理方法。在现代信息技术条件下，企业内各种活动及其投入产出关系都可以详细记录，参见6.2~6.4节的相关讨论。

类是本企业也作为中间产品生产，但不能满足生产需要，缺口需要从外部购入。例如，一个钢铁企业有较强的轧钢能力，但炼钢能力不足，部分钢锭需从其他厂家购买，购入的钢锭就称为补充性外购产品。

5. 在制品

所谓在制品是指那些尚在加工制作过程中，需经过进一步加工才能成为半成品或产成品（投入产出表中所列出的产品）的被加工对象。这些在制品在投入产出表中并无任何一种自产产品与之对应。一般情况下，在编制投入产出表时需将它们还原为其加工制作过程中所投入的半成品、原材料和加工工时，作为期末盘存处理，而还原出的半成品、原材料在投入产出表中都已列名[①]。

6.2　实物型企业投入占用产出分析

企业管理的基础是物质资料和人力资源的实物形式，企业管理的最终目标是经济效益，经济效益的计算分析是市场价格和实物量的结合，所以实物型投入产出表在企业投入产出分析中有着非常基础的地位。因为占用因素是企业生产的基础因素，所以从基础意义出发，本节首先从一般结构上讨论实物型企业投入占用产出表。

6.2.1　实物型企业投入占用产出表的结构

企业投入产出表的结构基础是对企业系统结构的认识。根据图 6.1，企业投入产出表的大结构如表 6.1 所示。编表周期对企业表非常关键，可根据不同类型企业的需求确定，这里假设是月度表。

表 6.1　实物型企业投入占用产出表大结构

<table>
<tr><th colspan="3" rowspan="2"></th><th colspan="4">中间使用</th><th colspan="5">最终使用</th><th rowspan="2">总使用</th></tr>
<tr><th>生产部门</th><th>辅助服务部门</th><th>管理部门</th><th>公共使用部门</th><th>库存增量</th><th>盘存增量</th><th>销售</th><th>报废</th><th>…</th></tr>
<tr><td rowspan="7">流量投入</td><td rowspan="3">自产产品</td><td>生产部门</td><td colspan="4" rowspan="3"></td><td colspan="5" rowspan="3"></td><td rowspan="3"></td></tr>
<tr><td>辅助服务部门</td></tr>
<tr><td>管理部门</td></tr>
<tr><td>外购产品</td><td>外部经济部门</td><td colspan="4"></td><td colspan="5"></td><td></td></tr>
<tr><td rowspan="3">最初投入</td><td>劳动工时</td><td colspan="4" rowspan="3"></td><td colspan="5" rowspan="3"></td><td rowspan="3"></td></tr>
<tr><td>设备工时</td></tr>
<tr><td>自然环境</td></tr>
</table>

① 可考虑对每一个车间再附加一两个部门，专列其在制品的投入产出。

续表

		中间使用				最终使用					总使用
		生产部门	辅助服务部门	管理部门	公共使用部门	库存增量	盘存增量	销售	报废	…	
存量投入	人力资源										
	机器设备										
	库存										
	盘存										
	土地										
	建筑资产										
	金融资产										
	⋮										
排放	废气										
	废液										
	废渣										

在企业活动中，基建活动是一个重要的部分。对经常性的维护修理、小型建筑安装，如果是企业内部部门承担，那么视为辅助服务部门活动，其物资消耗和提供的服务都计入使用单元的投入；如果是外部单位承担，那么是外购产品，其结果是存量的增加。大型基建活动，则应列为一个单独的活动单位，独立核算，独立于常规表，所以在表 6.1 中不包括这部分①。

表 6.1 将企业内部的活动部门分成了四大类，即狭义生产部门②、辅助服务部门、管理部门和公共使用部门。生产部门是企业的核心部门，其最终产品是为了向企业外（主要是向市场）提供，但是生产部门的内部有多个阶段，分成了多个生产单元；除初始生产单元即外购原材料最早被加工的单元外，其余每个生产单元都把其前位单元产品作为投入，直到最后一个单元生产出最终产品，提供给最终使用③。在个别情况下，由生产单元之间相互提供投入品，但有一个流向是主要的，与目标主产品流向一致。很明显，实物型企业投入产出表的广义生产部门数与投入产品部门数不相等，投入产品部门数一般远大于广义生产部门数。投入产品按商品品种划分，生产部门按单元独立性划分④。

销售产品虽然一般直接来自于库存，但其生产部门应是原车间。库存部门作为辅助服务部门，其产品提供的是库存服务，库存服务的使用部门是相应产品的生产部门。如果把库存部门看作生产部门，那么对于自产品，它是半成品的最后生产环节，产品在这里最终完成，这时对不同的产品和半成品可以设置不同的库存部门；对原材料，库存部门功能相当于初始生产环节，所以可以把产成品、半成品库存与原材料库存分别设为一

① 大型基建的产品是以后时期某个单元的占用投入。

② 狭义生产部门即企业产品的核心生产部门，简称生产部门，广义生产部门包括辅助服务部门和管理部门。

③ 建议在编表时，按工序排列各个生产单元。

④ 目前经济投入产出表编制技术提倡使用供给使用表法，企业投入产出表中间使用和中间投入栏部门的划分更体现了使用表法编表的特征（参见 3.3 节）。

个生产部门。因为一个仓库会存放不同的产品，所以库存部门像一个多产品生产部门，其处理方式参见 6.4.1 小节。

除销售部门和仓储部门外，辅助服务部门的投入都是外购产品，来源于外部经济部门。各辅助服务部门根据各自的职能界定向不同企业系统部门提供服务产品。辅助服务部门之间也相互提供服务。

表 6.1 中的公共使用是一个虚拟部门，只有消耗没有产出。在实际分析应用时，公共使用的所有投入可以直接添加到最终产品生产部门的投入列中，从而公共使用这个虚拟部门可以不出现在表中。如果有多种用于销售的最终产品，那么可以按照一定比例进行分摊（参见 6.1.2 小节自产产品和外购产品的讨论）。

如在上文说到的，管理部门的产品是各种决策指令，可以认为是公共产品。与一般经济投入产出分析不同，企业投入产出分析的公共产品不是最终产品，而是中间产品，形成了用于销售的最终产品的部分生产成本。

来自外部经济部门的外购产品是一般企业的主要投入来源。企业的社会职能就是将其中的原材料在其中的辅助材料辅助下，通过劳动和设备设施转化为满足最终需要的各种产品。对复杂产品的生产，来自外部经济部门的产品是非常庞大的。在一般经济投入产出表中，部门可以根据需要进行合并和拆分，投入产出表的规模可大可小，但是对企业投入产出表，投入产出表的大小首先决定于企业的规模和产品的复杂程度。产品的结构越复杂，需要投入的外部产品也越多，投入产出表的规模也就越大。当然，当产品复杂时，企业内部的生产组织也会复杂，内部的生产部门也会越多。对实物型企业投入产出表，部门合并是很困难的，合并之后会失去分析的意义，即制订企业生产与采购计划的意义减小。

劳动工时和设备工时是企业投入产出表相对于一般经济投入产出表的特殊投入项。对企业的不同部门，这两项的表现不同。对一些生产部门，这两项直接与产量有关，产量大对这两项的需求就大。而管理和不少辅助服务部门对这两项的需求则基本是固定的，如企业办公室的人员天天同此上班，安保部门工作也基本固定。

自然环境给企业生产的投入是原始状态的自然资源，如空气、水、动植物、矿物等。这些原始自然资源经过企业系统的一个生产单元后就成为人工产品，并且有的已经与其他原材料混合在一起。

存量投入或占用是企业生产的基本条件，决定一个企业的生产能力。存量资产有各种形式，企业对有的有所有权，有的仅有使用权（如租赁或借用资产）。存量资产在占用的过程中都形成了流量投入，如劳动工时、设备工时、维护材料等。金融资产对银行等金融类企业是基本的生产性资产，对以非金融产品为主要最终产品的企业，如果同时经营金融资产，那么宜把金融业务单独处理，不在以主要最终产品为核心的企业投入产出表中表现。实际上，对任何与主产品的生产没有直接关系的业务都应该分离处理，如集团企业中两个完全独立的工厂应分别处理。对管理服务等公共产品应按照一定规则进行分摊。对所有存量都记录两行，即期初存量和期末存量。

企业投入产出表的最终使用是指退出本期生产活动的产品、物料和劳动工时[①]等，不

① 劳动工时和设备工时之所以能成为最终产品是因为在制品要还原为其原来的投入。

同类型的企业有较大差别。以有形物质产品的生产为例，最终使用包括销售、库存、盘存等。库存量与盘存量的区别在于，产品库存量所记录的是经过检验合格入库的产品数量，而产品盘存量所记录的是核算期末在工位旁：①等待加工的产品；②正在加工的产品；③虽然已经加工完毕，但尚未检验入库的产品。原材料、能源的盘存量是指虽然已经出库，但尚未被消耗使用或尚处于加工制作的部分。

库存增量和盘存增量不都是核算时期内的新生产产品，它们与存量的关系如下：

$$\begin{aligned}\text{库(盘)存增量} &= \text{期末库(盘)存量} - \text{期初库(盘)存量} \\ &= \text{新入库(盘)量} - \text{库(盘)存产品报废量} - \text{出库量}\end{aligned} \tag{6.1}$$

这里的报废产品概念与 6.1 节相同，报废产品数据是负的。要特别说明的是对废品的处理。废品是由于各种原因被检验不合格的产成品或半成品，它们是不计入各类产品产量的，但生产它们的投入是要计入相应投入列的。为了考核废品率情况，可以在企业投入产出表的下方增加一行废品量。式（6.1）中的出库量或者到了生产车间成为中间使用或盘存量，或者到了销售渠道成为销售量。对自产产品，新入库产品来自本企业生产部门，对外购产品，新入库量来自外部经济单位。

排放模块记录各种物质材料经过生产过程以后，不再具有经济价值、需要向自然环境中排放或倾倒的废弃物。根据物态形式，排放物有气废、液废和固废三种形式，根据物质的化学组成可以进一步细分为各种更具体的排放物。在环保要求越来越高的制度环境下，企业内部也有一定的三废处理部门，可以作为辅助服务部门对待。

在企业投入产出表的最右边一列数据中，除了主产品外，其余实际上都是投入，这也是与一般经济投入产出表的重要差别，所以可以称为总投入或总使用。对外购产品，总投入实际就是当期购进的总入库量，即

$$\text{总入库量}=\text{中间消耗量}+\text{盘存增量}+\text{库存增量}+\text{报废量}+\text{再销售量} \tag{6.2}$$

式（6.2）中的再销售量即购进的物资没有自用而被再次转售。

6.2.2　实物型企业投入产出模型

宏观经济的实物型投入产出表中的产品集合一般是不完全的，甚至差得很多，其功能是对主要社会产品进行规划或计划。实物型企业投入产出模型主要用于生产计划安排和原材料采购安排，应尽可能详细完备，避免因计划不周导致生产过程的中断而造成企业利益的重大损失。但是对企业经营核算，应当区分可变投入和固定投入。固定投入一般不随企业产品产量的变化而变，仅与分析周期长度相关，如机关管理投入。

对固定投入，根据企业发展需要进行安排，在特定安排下，根据企业投入产出表的相关列可以计算出对各种物质资料和服务的投入需求。固定投入虽然不与产量成比例变化，但是当企业生产任务增大较多时，有些固定投入会有一定程度的增长，如财会人员可能需要增加一些，或需要临时雇佣一些人员；当市场暂时萧条时，可能需要临时裁减一些人员，同时一些正常生产下的管理费用会减少。

对可变投入，需要区分自产产品和外购产品。自产产品之间会有相互需求，形成间接投入需求。对外购产品既有主产品的生产需求，又有作为中间产品的自产产品的生产

需求。设自产产品对自产产品的中间消耗系数矩阵是 $\boldsymbol{A}$，对自产产品的最终使用需求向量是 $\boldsymbol{Y}$，则对自产产品的总需求向量是[①]

$$\boldsymbol{Q}=(\boldsymbol{1}-\boldsymbol{A})^{-1}\boldsymbol{Y} \tag{6.3}$$

对外购产品，设总使用向量是 $\boldsymbol{G}$，企业各部门对外购产品的消耗系数矩阵是 $\boldsymbol{A}^G$，最终使用对外购产品的需求量是 $\boldsymbol{Y}^G$，于是对外购产品的可变投入总需求是

$$\boldsymbol{G}=\boldsymbol{A}^G\boldsymbol{Q}+\boldsymbol{Y}^G=\boldsymbol{A}^G(\boldsymbol{1}-\boldsymbol{A})^{-1}\boldsymbol{Y}+\boldsymbol{Y}^G \tag{6.4}$$

可变投入需求再加上固定投入需求就是对外购产品的总需求量。

与对外购产品需求的计算同理，可以计算对各类劳动工时、设备工时及自然资源的总需求。同样，还可以计算由既定最终产品需求 $\boldsymbol{Y}$ 引起的三废排放情况，请读者自行推导相关计算公式。

不同的企业，生产计划的制定模式不同。对产品销路不是很畅通的企业，需要以销定产，因此应根据上述模型，在最终需求确定的情况下计算生产量；对产品供不应求、不愁销路的企业，可以以产定销，则可以根据对企业生产能力的利用计划，基于自产产品产量计划计算可销售产品，然后安排销售活动计划。对产量和订单都有要求的企业，可以综合利用投入占用产出模型进行求解分析，制订出一个平衡的产购销计划[②]。

投入产出表就是一个信息丰富的数据库，根据不同的分析和管理需求，可以构造多种多样的分析程序，计算出多种多样的计划和需求数据。投入产出表的一个重要特性就是其系统性，如果纯粹用传统思维去计算一定产量计划下对各种自产和外购产品的总需求，就容易造成遗漏。只要构建了周密的投入产出表结构，对企业的系统管理就有了一个摸得着的观察和核算平台。一般情况下，根据系统平衡关系能构建的平衡方程数目，再加上必要的约束条件数目，就是可以求解的未知数的数目。如果变量不是很多，在现代电子表格软件系统如 WPS 和 Excel 上，就可以以既定投入占用产出表为框架，确定好可变单元格和目标单元格，然后就可以进行企业产购销的计划制订。对企业较大、产品和约束较多的情况，可以用更高级的现代信息技术软件进行求解。

6.3 成本型企业投入产出分析

市场经济企业经营的基本目标是获取最大化的利润，利润核算的基础是投入成本核算和产出收益核算。在产品价格由市场决定的情况下，提高利润的基本途径就是降低成本。观察投入产出表的结构可以发现，表的主要内容是投入数据，只有少数的最终使用列是关于销售的，因此，价值型企业投入产出表又被称为成本型投入产出表。如何应用投入产出技术实现成本核算及其管理的科学化和规范化是企业投入产出技术应用的重要内容。

---

① 此处假定每个生产单元只生产一种产品。

② 刘树，宋辉. 企业投入产出. 北京：中国经济出版社，1990：50-67

6.3.1　成本型企业投入产出表

实物型投入产出表是价值型投入产出表的基础，除了税和经营盈余及一些金融交易外，成本型投入产出表的结构与实物型投入产出表是对应的[①]，见表 6.2。成本型企业投入产出表编制的关键是确定价格核算准则。由于篇幅所限，且为了简化讨论，在本小节不讨论占用部分，所以在表 6.2 中将占用部分略去。

表 6.2　成本型企业投入产出表大结构

<table>
<tr><td colspan="4" rowspan="2">使用
投入</td><td colspan="4">中间使用</td><td colspan="5">最终使用</td><td rowspan="2">总使用</td></tr>
<tr><td>生产部门</td><td>辅助服务部门</td><td>管理部门</td><td>公共使用部门</td><td>库存增量</td><td>盘存增量</td><td>销售</td><td>报废</td><td>…</td></tr>
<tr><td rowspan="3">流量投入</td><td>自产品</td><td>生产部门
辅助服务部门
管理部门</td><td>产品 1
产品 2
⋮
产品 n</td><td colspan="4"></td><td colspan="5"></td><td rowspan="3"></td></tr>
<tr><td>外部经济部门</td><td colspan="2">外购产品 1
外购产品 2
⋮</td><td colspan="4"></td><td colspan="5"></td></tr>
<tr><td>最初投入</td><td colspan="2">劳动报酬
折旧提取
税费
盈余</td><td colspan="4"></td><td colspan="5"></td></tr>
</table>

编制企业投入产出表的基本原则之一是尽量以原始数据入表，减少分摊操作，把分摊工作放到模型建立阶段，所以自产产品和外部经济部门产品各行数据按理应以其购买时的价格计入。但是由于企业购、产、销关系的复杂性，实际处理有不少麻烦。关于自产产品和外购产品的计量计价问题参见 6.4 节相关讨论。

在每一个员工都属于企业一个单元的情况下，劳动报酬的计量和分配比较容易。如果出现拖欠工资的情况，则按应付额计算。劳动报酬的编制可以反映更细的结构，如分成基本薪资、附加津贴和奖励工资等。员工持股分红部分暂时没有反映在表中，其数额计入盈余部分。

折旧基金是按占用的固定资产品种和价值确定的比例提取的。有的固定资产对生产单元的归属比较明确，相应折旧基金的归属也就比较明确，归到相应的列中。有的固定资产的归属不明确，如厂区道路和共用水电设施，可以单设一个公共部门，其只有物没有人，相应折旧基金也可以归属这个公共部门。公共部门提供的服务也属于公共使用，

① 佟仁城. 企业投入占用产出模型应用中的几个问题. 数量经济技术经济研究，2002，(10)：91-93

在成本核算中需要适当分摊。

税费是依据生产情况确定的企业对政府的支付，一般称为生产税。根据有关规定，生产税指企业由于在报告期内的经营活动而被征收的各项税金、附加费和规费，通常包括营业税、增值税、消费税、烟酒专卖专项收入、进口税、固定资产使用税、车船使用税、印花税、排污费、教育费附加、水电费附加等，但不包括所得税。因为政府为了鼓励某些生产活动或支持某些产业会给企业补贴，所以在计算企业的生产投入时应把这部分补贴减掉。生产补贴包括政策亏损补贴、粮食价格补贴、企业出口退税收入等。当企业只有一种外售产品时，生产税可以记在外售最终产品的最后生产单元列中；当企业有多种产品销售时，企业支付的税费有些不能严格辨别是属于哪种产品的生产引起的，这时可以暂且记在管理部门或公共使用的列中，在分析中需要分摊时再单独计算，所以税费也适宜分类列出。

盈余是各内部生产单元产品的市场价值减去以上各项投入后的余额。对应外售产品，其价值等于产量乘市场价格；如果是分批出售的，按理应对各批次使用各自的市场价格先分别计算总价值，再加总得到本期的总产值。由于生产和销售的错期性，这种核算需要制定准则，参见 6.4.2 小节的讨论。

6.3.2　成本型企业投入产出模型

成本型投入产出表的重要应用是核算自产产品的生产成本。所谓成本就是生产过程投入物的货币价值。如果一个企业的生产过程完全不消耗自产产品，所有自产产品完全销售，那么这个企业在一定时间内的生产成本就是消耗的全部外购产品的市场价值。在实践中，因为一个现代企业总是有相当规模的管理部门，企业必然要消耗自产产品。如果企业只生产一种外销产品，那么问题也好解决，因为无论内部如何复杂，九九归一，其所有投入都是为了这一种产品，所以在这种情况下，只要核算对外购产品包括劳动力投入的成本，也就可以核算出该产品的生产成本，用总成本除以总产量就得单位成本。但是如果有多种产品外售，它们的生产过程又相互关联，那么核算每种自产产品的成本就没有那么直观了，这时就需要建立投入产出模型。

设想一种极端情况企业，其只生产一种产品，并在生产过程中使用此产品作为中间投入，如电力企业。设在时期 t，总产量是 q ，其中 βq 做中间消耗，另外消耗 f 单位的外购产品（包括劳动）。其中，q 是实物单位，f 是货币单位。设企业产品的本期价格是 p ，盈余是 z ，那么存在以下价值均衡方程：

$$p\beta q+f+z=pq \tag{6.5}$$

由式（6.5）可以解得

$$p=(f+z)(q-\beta q)^{-1}=(f+z)\left[(1-\beta)q\right]^{-1} \tag{6.6}$$

当利润即盈余 $z=0$ 时，由式（6.6）计算出的价格就是该企业本期的成本价格，即 $p=f(q-\beta q)^{-1}$ 。成本价格的意义是，只有当该批产品的平均市场售价大于此价格时，该企业才能有利润可赚。但是当实际市场价格大于此价格如为 p^* 时，实际的总成本并不

是 pq ，而是 $p^*\beta q+f$ ，盈余是 $z^*=p^*q-(p^*\beta q+f)=p^*(1-\beta)q-f$ 。

在上面的特例中，虽然该企业的总产量是 q ，但是能够作为市场销售的只有 $(1-\beta)q$ ，从而在市场价格为 p^* 时，实际获得的总收益是 $p^*(1-\beta)q$ ，实际支付的总成本是 f ，获得的盈余是 $p^*(1-\beta)q-f=p^*q-(p^*\beta q+f)$ 。当市场价格等于成本价格时，$f=pq(1-\beta)$ ，即销售收益刚好补偿投入。

对一般可能有多种自产产品的企业，式（6.5）中的各个量都是矩阵或向量，写为

$$\boldsymbol{P'A\hat{Q}}+\boldsymbol{eF}+\boldsymbol{Z}=\boldsymbol{P'\hat{Q}} \tag{6.7}$$

其中，$\boldsymbol{A}$ 是对自产产品的直接消耗系数（以实物单位计量）；$\boldsymbol{Q}$ 是自产产品总产量；$\boldsymbol{F}$ 是对外部产品的消耗矩阵（包括劳动报酬和税费）；$\boldsymbol{Z}$ 是各自产产品生产单元的盈余额向量（包括折旧基金）；$\boldsymbol{P}$ 是均衡的价格向量；$\boldsymbol{e}$ 是求和向量。式（6.7）的形式实际上是假定了一个生产单元只生产一种自产产品。由式（6.7）可以导出：

$$\boldsymbol{P'}=(\boldsymbol{eF}+\boldsymbol{Z})(\boldsymbol{\hat{Q}}-\boldsymbol{A\hat{Q}})^{-1}=(\boldsymbol{eF}+\boldsymbol{Z})(\boldsymbol{\hat{Q}}-\boldsymbol{X})^{-1}=(\boldsymbol{eF}+\boldsymbol{Z})\boldsymbol{\hat{Q}}^{-1}(\boldsymbol{1}-\boldsymbol{A})^{-1} \tag{6.8}$$

当 $\boldsymbol{Z}=\boldsymbol{0}$ 时，这里计算出的就是成本价格向量[①]。

如果给定产品的生产即出厂价格，那么由式（6.7）可以导出企业盈余的计算公式：

$$\boldsymbol{Z}=\boldsymbol{P'\hat{Q}}-(\boldsymbol{P'A\hat{Q}}+\boldsymbol{eF}) \tag{6.9}$$

通过式（6.9）可以分析各种价格策略下企业的经营效益状况。

6.4　企业投入占用产出表的编制和应用问题

前面从理论上确立了投入占用产出表的结构和基本投入产出模型，看起来比较简洁易晓，但是对实际应用而言，有大量的编制技术和应用需求情况需要特定的处理方法。企业投入占用产出表的编制和应用应以反映实物运动的实物表为准则，价值表在实物表的基础上根据合适的价格标准编制。

6.4.1　生产单元的多产品问题

在前文叙述中，企业投入产出表的结构是按照生产单元进行部门划分的，但是实际企业的一个车间可能会生产多种产品。这些产品既可能是外销产品也可能是本企业其他生产单元的投入品。这些产品的生产方式可能是联产品，即在同一个流程中被生产出来的产品，也可能是独立分别生产的（虽然使用了相同的生产工具），还可能是副产品。

对联产品和副产品，由于属于同一个生产过程，所以建议作为生产部门，一个这样的生产单元在主栏上只列一列，在宾栏的自产产品部分则列多行反映不同品种的产品。作为列，其反映的是生产活动的投入，其大小仅与活动的强度有关，所以可以用该单元

① 对折旧基金，不能当做真实的固定资产消耗，其本质是一种收入。即使按一定折旧率有些固定资产已经折旧完，它可能还在使用；如果在期末处理卖掉，其收入也不宜记入企业的生产收益。

的某个主产品的产量代表其活动强度。

对一个生产单元中独立生产的多个产品，如果生产过程是设备主导的，可以用设备工时表示生产强度，代表实物产出量；如果生产过程是劳动工时主导的，可以用劳动工时表示生产强度，代表实物产出量。列向只用一列反映本单元的投入情况，行向以每种产品占一行。如果该单元的某种产品只在本单元内作为投入，也即是本单元内部的一个中间产品，则不在企业投入产出表中反映。在这样的规定下，对自产产品的行向平衡关系可以表示如下：

$$\boldsymbol{Xe}+\boldsymbol{Y}=\boldsymbol{AW}+\boldsymbol{Y}=\boldsymbol{Q} \tag{6.10}$$

其中，$\boldsymbol{A}$ 是各生产单元对自产产品的直接消耗系数矩阵；$\boldsymbol{W}$ 是各生产单元的活动强度。对单产品生产单元，其活动强度以产品产量表示；对联产品或副产品的生产单元，其活动强度以主产品产量表示；对以设备工时主导的多产品生产单元，其活动强度以设备工时表示；对以劳动工时主导的生产单元，其活动强度以劳动工时表示。因为 $\boldsymbol{X}$ 不是方阵，所以 $\boldsymbol{A}$ 也不是方阵，无法求逆，从而无法直接在最终需求确定的情况下计算对各种产品和各生产单元生产的需求。为此，设立一个产品活动强度分配矩阵，使得

$$\boldsymbol{CQ}=\boldsymbol{W} \tag{6.11}$$

$\boldsymbol{C}$ 中的一行是一个生产单元各产品产量对活动强度的分配系数。对单产品单元，其对应产品分配系数是 1，即活动强度与生产的产品产量相等，非本生产单元产品其对应元素是 0；对联产品或副产品，其活动强度按照一个主产品的产量计算，分配系数把主产品设为 1，非本生产单元产品其对应元素是 0；对以设备工时主导的生产单元的多元产品，其分配系数是单位产品所需设备工时，非本生产单元产品其对应元素是 0；对以劳动工时主导的生产单元的多元产品，其分配系数是单位产品所需劳动工时，非本生产单元产品其对应元素是 0。

将式（6.11）代入式（6.10）可以推得

$$\boldsymbol{Q}=(\boldsymbol{1}-\boldsymbol{AC})^{-1}\boldsymbol{Y} \tag{6.12}$$

根据式（6.12），在已知最终产品需求且消耗系数和分配系数稳定的情况下，可以安排自产产品的生产计划。

将式（6.12）计算出的自产产品需求量代入式（6.11），可以计算对各个生产单元生产强度的需求量。将各生产单元的强度需求量代入对外部产品的平衡方程式（6.4），可以计算对外部产品的需求量。同理可以计算对劳动工时的需求量。

在实物量计算完成后，对存在多元产品的情况同样可以利用列向关系计算成本价格。列价值平衡关系是

$$\boldsymbol{P}_q'\boldsymbol{A}\hat{\boldsymbol{W}}+\boldsymbol{eF}+\boldsymbol{Z}=\boldsymbol{P}_w'\hat{\boldsymbol{W}} \tag{6.13}$$

其中，$\boldsymbol{P}_q$ 是自产产品的计算价格；$\boldsymbol{P}_w$ 是生产单元活动强度的计算价格。根据活动强度与自产产品产量的关系，可以建立 $\boldsymbol{P}_q$ 与 $\boldsymbol{P}_w$ 的对应关系（见式（6.16））。

每一个生产单元的总产值是其所有产品价值之和。对只有一种产品的生产单元，其活动强度以自产产品产量计量，所以产品价格与活动强度价格相同；对生产联产品或副产品的生产单元，其活动强度的价格是单位活动强度生产的各种自产产品的价值之和。对生产

多个独立产品的生产单元，其活动强度的价格与计算期各种产品的产量结构有关。设 p_{kq} 是自产产品 k 的价格，p_{iw} 是生产单元 i 活动强度的价格，则有如下关系式：

$$V_{iw} = p_{iw}W_i = \sum_{k=1}^{n_i} V_{kq} = \sum_{k=1}^{n_i} p_{kq}Q_k \tag{6.14}$$

由此可得

$$p_{iw} = \sum_{k=1}^{n_i} p_{kq}\frac{Q_{kq}}{W_i} = \sum_{k=1}^{n_i} \tilde{c}_{ik}p_{kq} \tag{6.15}$$

写成矩阵形式，即

$$\boldsymbol{P_w} = \boldsymbol{\tilde{C}P_q} \tag{6.16}$$

其中，$\boldsymbol{\tilde{C}}$ 称为生产单元的价格形成系数矩阵，定义如下：

$$\tilde{C}_{ik} = \begin{cases} 1 & \text{如果生产单元}i\text{只生产一种产品}k \\ c_{ik} & \text{如果生产单元}i\text{生产联产品或副产品，}c_{ik}\text{等于联产品或副产品产量与主产品}k\text{产量之比} \\ \theta_{ik} & \text{如果生产单元}i\text{生产多元独立产品，}\theta_{ik}\text{等于产品}k\text{占用单元活动强度的比例与单位产品}k\text{使用工时之比} \\ 0 & \text{如果产品}k\text{不是生产单元}i\text{生产} \end{cases}$$

将式（6.16）代入式（6.13）可以推导出：

$$\boldsymbol{P_q'A\hat{W}} + \boldsymbol{eF} + \boldsymbol{Z} = \boldsymbol{P_q'\tilde{C}'\hat{W}} \tag{6.17}$$

因为自产产品数和生产单元数不一定相等，且自产产品数大于生产单元数，所以式（6.17）中的 $\boldsymbol{A\hat{W}}$ 和 $\boldsymbol{\tilde{C}'\hat{W}}$ 一般不是方阵，不能完全确定自产产品的价格，冗余维度的产品价格处于自由悬浮状态，在外生确定这些冗余维度的价格后可以计算出其他产品的价格。要完全且比较准确地确定所有自产产品的价格，必须对列向生产单元进行分解，使每一列仅生产一种产品。对只生产一种产品的单元，不必讨论；对生产联产品或副产品的生产单元，生产单元的投入列的拆分应按外销产品的市场价格计算每种产品的产值，按产值分解投入；对生产独立多元产品的生产单元，首先把能明确归属的投入划到相应产品的名下，其次把其余不能明确归属的共用投入按照设备或劳动工时消耗即活动强度占用进行分摊。分摊完毕后，列数与自产产品行数一致，从而式（6.17）变成：

$$\boldsymbol{P_q'A\hat{Q}} + \boldsymbol{eF} + \boldsymbol{Z} = \boldsymbol{P_q'\hat{Q}} \tag{6.18}$$

$$\boldsymbol{P_q'} = (\boldsymbol{eF}+\boldsymbol{Z})\left(\boldsymbol{\hat{Q}} - \boldsymbol{A\hat{Q}}\right)^{-1} = (\boldsymbol{eF}+\boldsymbol{Z})\left(\boldsymbol{\hat{Q}} - \boldsymbol{X}\right)^{-1} = (\boldsymbol{eF}+\boldsymbol{Z})\boldsymbol{\hat{Q}}^{-1}(\boldsymbol{1}-\boldsymbol{A})^{-1} \tag{6.19}$$

这与式（6.8）是完全相同的。在假定 $\boldsymbol{Z} = \boldsymbol{0}$ 时，可以求得成本价格。

6.4.2　产出与价值计量问题

编制实物型投入产出表的重要问题之一是各类单元产品的计量问题。对物质产品和用于销售的产品，其计量一般不成问题，由技术或市场决定，但是对自产服务产品，则计量困难些。例如，维修保障部门的服务如何计量就费思量，管理部门的服务计量也是问题。在传统企业投入产出分析中，对这些部门包含的折旧、材料费和工资等，都只在价值表中以总管理费用和车间经费的方式核算，并分摊到各生产单元。

1. 价格选择

编制成本型或价值型投入产出表的关键问题是确定各种消耗或产出的价格。因为在一个时期内，产、购、销的步调不一致，具有错期性，同一种产出可能以多种价格卖出或者还没有卖出，同一种投入品可能是不同批次进货、跨期使用，价格也可能不相同，那么到底如何计算全部实物量的价值呢？

在计算成本价格的模型中，对外购产品就存在价值核算问题。按照经济学原理，所有投入都应该按照当期的市场价格计算以代表机会成本价格，即不是按照其具体购买时的价格计算。如果在核算期，市场价格也经历了变动，那么应按照某种平均价格核算成本。

如果编制过去一个时期的价值表，那么自产产品的价格也是需要斟酌的，因为本期生产的产品不一定都销售出去，本期销售的也不一定是本期生产的。为了编制价值表，就需要制定一个核算价格。同样根据机会成本原理，应以当期市场价格作为基准，考虑产量结构，确定一个平均价格。在自产产品价格确定以后，就可以计算每个生产单元的总产值，然后在总生产活动强度已知的情况下，就可以计算平均单位活动强度的产值。

2. 利润理论

很显然，按照以上原则核算出的企业利润与当期企业的会计利润一般是有差异的，但应该更能准确反映企业的生产经营效益。利润公式在理论上简单：总利润=总收益-总成本，但是实际的核算问题很多。

根据马克思的资本理论，企业的利润即剩余价值等于资本的增值，即在一定时期内，有

总利润=期初资本总值-期末资本总值

在期初，存在一个初始投入总资本，包括已经存在的物质资本——各种原材料和固定资产，还包括未归到企业所有者或股东私人账户的货币资产，还包括自产产品库存。企业的货币资产如果在既定时期内不转化为生产资本，那么在生产利润核算中就应不予考虑；如果在某个时间点转化为生产资本并投入生产，则应该根据生产使用的时间进行一定折算。对物质资本，关键的是价格计量。因为物质资本的购买时间不同，则价格变化很大，还有折旧问题。根据微观经济学理论，应该使用机会成本核算这些物质投入，但机会成本是个不确定性变量，所以应当制定一定的价格选取准则。

在期末，企业持有的总资本同样包括物质资本——库存原材料、未出售产品和固定资产，还有货币资产。期末的货币资产一般主要来源于产品销售，还可能来源于一些资产处置。如果在核算期对所有者或股东进行了分配，那么这部分分配掉的资产应增加到期末总资产中。应从期末货币资产中扣除期初持有的货币资产。期末物质资本的核算同样存在价格选择问题。

在核算周期过程中如果投入了新的资本，包括从其他处转移来的物资和用新增货币资本新购买的物资，则本期总投入等于初始资本加新增资本。新增资本作为本期投入应根据投入的时间作一定的折算。用本期收益在本期购买的物资不计入总投入资本。对从他处转移来的物资也需要制定一个核算价格。

在资本核算中，要把握一个基本原则，即核算资本的范围应以生产过程为基准，参与生产过程则计算，不参与生产过程则应排除。例如，一台放在仓库中长期不用的机械设备就应排除在外。虽然这种物资占用企业的资源，甚至消耗一定的投入，但是与考察的生产过程无关，属于企业的总体经营问题。在企业投入产出核算中应考虑其适当的处理方式。

上述根据马克思资本理论核算的总利润可以作为当期企业利润的控制数，使其分配到一定的生产单元。总利润除以期初总资本就是当期资本利润率。

6.4.3　企业管理的信息需求和编表原则

投入产出分析的基本功能是提供信息。投入占用产出表是一个数据库，投入产出模型能够生成信息。企业对投入产出技术的需求就是对其能产生的信息的需求，以这些信息作为决策的依据。

对企业管理，核心的信息是企业投入产出信息，通过这些信息形成成本、收益和盈利信息，这自然也是投入产出分析的特长。因为投入产出分析把企业系统分成了若干个相对独立的运营单元，所以它可以提供企业的成本、收益和利润的变动影响因素信息。

相对于宏观经济管理，企业管理对信息的质量水平要求更高，首先是准确，其次是及时。企业决策的时间特性是多层次的，有实时运行状态信息，有短期经营信息，还有多层次的战略决策信息。在传统手工编表的时代，编表周期比较长，所以企业投入产出分析一般只能提供一年为期的长期战略决策信息，但在信息技术已经非常发达的今天，实际上可以实时获得企业的各种各类运行信息，因此可以快速编制适合各种决策信息需求的投入产出表，进行各种各样的模型分析。

因为不同类型行业的企业内部结构差异比较大，所以结合企业的决策需求，通常认为，对企业投入产出表编制有以下几点要求①。

1. 企业投入占用产出表的结构和模型应以企业经营管理的信息需求为目标而设计

企业投入占用产出技术虽然可以灵活用于企业管理的许多方面，但是不同类型企业应用的关键目标不同，有的强调成本管理，有的强调生产计划控制，有的强调全面核算，有的注重关键过程，这些都会对表的结构和繁简提出不同要求。因此，编表之前弄清使用要求，并将其作为确定投入占用产出表结构、类型、产品分类的依据。

2. 编表周期应与企业核算周期同步

企业的生产经营状态的核算以及计划的制订和实施，一般以周或月为基本周期。企业的财务有日清月结的说法。企业通过对连续核算期生产经营状况的分析，及时发现存在的问题，做出调控决策，发出指挥指令，采取管理措施，以保证年度和战略目标的实现。另外，由于市场需求的变动，企业经常调整自己的生产计划，更新产品。这些都对

---

① 陈锡康，杨翠红，等. 投入产出技术. 北京：科学出版社，2011：160-163；佟仁城. 企业投入占用产出模型应用中的几个问题. 数量经济技术经济研究，2002，(10)：91-93

投入产出表的编制周期和质量提出了要求。不同类型和规模的企业，可以根据自身的管理需求确定合适的编表周期。编表周期可以根据实践应用经验进行调整。

3. 投入占用产出表的内容应全面反映对资源的消耗构成

从投入占用产出表的结构看，它必须能清晰地描述从原材料到产成品的形态变化阶段和不断增值的过程，不仅要反映各种自产产品间的技术经济联系，而且还应反映出各种产品对不同类型投入的消耗，如对原材料、设备工时、人工工时、费用等的消耗，即全面反映生产过程中劳动对象、劳动手段、劳动工时的投入和价值的形成。企业投入产出分析对产品同质性的要求越高越好。为了成本核算分析的需要，应编制多层次综合度的投入产出表。一般是财务分析要求的综合度高，生产技术分析要求的同质性水平高。

因为企业部门之间的物质联系比较少，企业投入占用产出表的数据矩阵特别是中间流量和存量矩阵就非常稀疏。

4. 数据处理方法应与企业的管理制度（统计制度、核算制度等）保持一致

投入占用产出表所需资料与现行统计资料并不一致。统计资料所提供的是原材料及其他物料的领用量、中间产品的交付量等，而投入占用产出表却要求各种产品的产出量、库存量、对各种投入的消耗量等。两者虽然不同，但大部分可以利用统计资料生成。通常，企业的统计制度、统计指标大都由行业主管部门制定，在行业内部具有统计口径的一致性和同类企业间的可比性，企业不能随意更改，对相当一部分企业来说，保证统计资料的质量并非易事。如果在此基础上再建立一套投入产出统计台账，不仅会增加企业的负担，提高运行成本，而且还会给企业的统计工作造成混乱。因此，应充分发挥现有统计资料的作用，充分利用电子计算机进行规范化转换，以满足编制投入占用产出表的需要。企业应建立基础数据库，应对各种统计与管理数据需求。

另外，在处理方法的选择上，要以企业现行核算制度为基础，并尽量与其保持一致。例如，投入占用产出表中多产品的处理方法，应由企业采用的核算方法所决定，如果企业采用副产品倒扣法，则应采用与其相一致的副投入方法；如果企业采用联产品成本分摊法，则应采用与其相一致的分摊法。只有如此，投入占用产出分析的结果才能在企业经营管理中得到应用，并得到与现行管理口径相一致的结论，而不能凭臆断脱离企业管理实际进行处理方法的选择，否则，在企业中推行投入产出技术难以成功。

建议以企业的生产与运营单元为基准，建立每个单元的投入向量（矩阵）和产出向量（矩阵），从这些向量（矩阵）出发，用计算机软件产生适合各种要求的数据集合系统。

5. 实现企业投入产出模型参数与定额的比照

在技术条件不变的情况下，各种产品间的投入占用产出关系通常都有标准或规定，这种标准或规定就是“定额”（如物耗定额、工时定额等）。企业的投入产出效率与效益评估一般从两个方面进行，一是进行历史时间序列分析，二是与“定额”或先进水平进行比较。因此，在条件许可的情况下，可以同时编制定额投入占用产出表。我国的许多行业都开展了对标管理，进行与标准或先进水平的差距分析。

6. 投入占用产出表的描述应准确反映企业的生产工艺特点

因为企业投入占用产出表以对各种产品间的消耗占用关系的描述为基础，并把这种描述和分析结果用于管理决策，因此，对生产过程中各种消耗占用关系的描述应力求准确。有一些特殊的生产工艺问题需要在投入产出技术中做特殊处理，如在制品与库存品的区分、联产品和副产品问题等。这些问题在非企业投入产出技术中一般是不存在的。

要合理应对生产工艺过程的一些特殊情况。因为企业投入产出分析要求的细节特殊性及企业生产工艺的多样性，在企业投入产出表和建模分析中有不少特殊情况，如同一部门的多种产出问题、可替代产品问题、配方问题、消耗量由多种因素决定问题等。只有对这些问题提出符合生产实际并适合企业管理特点的处理方法，才能使投入产出技术的描述做到准确、实用。

7. 投入占用产出表应能跟踪企业技术进步与生产变动

现代市场经济的特点就是变化迅速，市场需求和生产技术都变化很快，有些企业的产品甚至每个月都发生变化。面对剧烈变化的市场和社会环境，现代企业的产品和投入都变动频繁。随着市场需求的变动，不同报告期产品的种类会有所不同，另外，随着技术进步、工艺改进，以及为了增加花色品种，提高质量及降低成本，产品的规格、牌号也经常出现新旧更替，原材料的品种也会有所变化。这些都对企业投入产出表的编制和应用分析提出了高水平的要求。为了适应企业生产经营的这些变动，企业投入产出表最好设计成“积木”式，随时根据变化快速响应管理需求。

也许，企业投入产出分析才准确反映了“投入产出”一词的原本含义，如此，可以不必拘泥于传统投入产出表的结构形式。可以说，一个企业就是一个投入产出转换系统，各种投入通过生产“函数”转化为产品产出，通过市场转化为企业的收益。企业投入产出分析深入企业内部，考察各个环节和部门的运行情况，为管理决策提供信息支持。所以为了企业投入产出分析的数据需要，可以将企业的外部购进按品种进行编号，编号的不同位反映投入品的不同属性，如产地、进货时间、材质、品名等。自产产品也进行同样的编号。在如此详细的数据情况下，表格形式的投入产出表有可能非常庞大，这时利用数据库信息技术，形成一个虚拟投入产出表，对每一个部门都存在两个向量，一个列向量记录投入来源，一个行向量记录产出分配去向。在需要编制投入产出模型时，在部门划分规则确定后，对每一个单元记录进行部门合并。在合理的编号体系下，合并可以根据编号自动化进行。

8. 把握投入占用产出技术方法论思想、避免机械套用

在企业投入占用产出技术的应用中，人们往往习惯于套用现成的方法，既缺乏对应用对象具体特点的分析，又缺乏在应用对象特点分析基础上的方法创新。其问题在于过于看重投入产出模型的外在形式，而忽视对其思想内涵的认识。从本质上讲，企业投入占用产出技术就是以各种产品之间的技术经济联系为基础，全面揭示在产品辗转加工过程中，伴随着产品形态的转化、价值凝结和不断增值的过程。然而不同企业产品的加工和增值过程具有不同特点，同时也使用不同的核算方法，这就决定了投入占用产出模型

在方法上和结构上的差异。显然使用一种固定的模式是难以反映不同企业加工方式和增值过程的差异的。为此，需要方法上的创新，以使投入占用产出技术适用于不同特点生产过程的描述。这个要求实际上对应用流行的 ERP 系统也是适用的，大量企业花巨资引入 ERP 系统失败就是因为对企业的适应性改造不足。

企业投入产出技术是现代化管理工具，具有大数据特性，其推广应用要适应现代化和信息化管理的需求，编制规范的应用软件系统，融入企业的信息管理系统和决策支持系统。对建成的信息系统应编制使用手册，使用手册要电子智能化，方便查询检索，并要制定相应制度体系以保障系统的顺畅运行。

习题

1. 比较企业投入产出表和一般经济投入产出表的异同。

2. 为什么企业投入产出分析要以实物型投入产出表为基础?

3. 下面是某工厂的年度投入产出表，其中对自产产品是实物单位，对外购产品是价值单位。另外，还已知工厂总部的管理费用为 70.3 万元，其中，折旧费为 25.3 万元，材料费为 21.3 万元，人工费为 23.7 万元；年度利税总额为 55.9 万元。

某工厂年度投入产出表

<table>
<tr><th colspan="3" rowspan="3"></th><th rowspan="3">计量单位</th><th colspan="6">中间使用</th><th colspan="2" rowspan="2">最终使用</th><th rowspan="3">总使用</th></tr>
<tr><th colspan="2">车间 1</th><th colspan="2">车间 2</th><th colspan="2">车间 3</th></tr>
<tr><th>1</th><th>2</th><th>3</th><th>4</th><th>5</th><th>6</th><th>库存增减量</th><th>销售量</th></tr>
<tr><td rowspan="6">自产产品</td><td rowspan="2">车间 1</td><td>1</td><td>吨</td><td></td><td></td><td>79</td><td></td><td></td><td></td><td>1</td><td></td><td>80</td></tr>
<tr><td>2</td><td>吨</td><td></td><td></td><td></td><td>84</td><td></td><td></td><td>1</td><td></td><td>85</td></tr>
<tr><td rowspan="2">车间 2</td><td>3</td><td>千米</td><td></td><td></td><td></td><td></td><td>193</td><td></td><td>−3</td><td></td><td>190</td></tr>
<tr><td>4</td><td>千米</td><td></td><td></td><td></td><td></td><td></td><td>217</td><td>3</td><td></td><td>220</td></tr>
<tr><td rowspan="2">车间 3</td><td>5</td><td>千米</td><td></td><td></td><td></td><td></td><td></td><td></td><td>−5</td><td>185</td><td>180</td></tr>
<tr><td>6</td><td>千米</td><td></td><td></td><td></td><td></td><td></td><td></td><td>−10</td><td>210</td><td>200</td></tr>
<tr><td rowspan="3">外购产品</td><td colspan="2">原料</td><td>千元</td><td>4 288</td><td>2 988</td><td></td><td></td><td></td><td></td><td>4</td><td></td><td>7 280</td></tr>
<tr><td colspan="2">辅材</td><td>千元</td><td></td><td></td><td></td><td></td><td>23</td><td>22</td><td>1</td><td></td><td>47</td></tr>
<tr><td colspan="2">动力</td><td>千元</td><td>27</td><td>34</td><td>41</td><td>46</td><td>53</td><td>54</td><td></td><td></td><td>255</td></tr>
<tr><td colspan="3">工资</td><td>千元</td><td>74</td><td>78</td><td>75</td><td>80</td><td>43</td><td>44</td><td></td><td></td><td></td></tr>
<tr><td rowspan="3">车间经费</td><td colspan="2">折旧</td><td>千元</td><td colspan="2">66</td><td colspan="2">91</td><td colspan="2">128</td><td></td><td></td><td></td></tr>
<tr><td colspan="2">材料费</td><td>千元</td><td colspan="2">33</td><td colspan="2">60</td><td colspan="2">55</td><td></td><td></td><td></td></tr>
<tr><td colspan="2">人工费</td><td>千元</td><td colspan="2">37</td><td colspan="2">41</td><td colspan="2">56</td><td></td><td></td><td></td></tr>
</table>

（1）观察上表，说明该工厂生产系统的一些特点；

（2）计算该工厂对自产产品的完全消耗系数，说明其特点；

（3）分析该工厂自产产品的成本价格和外销产品的工厂价格。

参 考 文 献

李秉全. 1988. 投入产出技术与企业管理现代化. 北京：科学出版社
刘树，宋辉. 1990. 企业投入产出. 北京：中国经济出版社
宋瑞昆，佟仁城，许亦平. 1998. 投入产出分析中在产品的计算方法. 系统工程理论与实践，(9): 127-130
佟仁城. 1995. 企业投入产出模型中可替代产品的处理方式. 系统工程理论与实践，(12): 53-59
佟仁城，王冬. 1989. 应用企业投入产出表的几个问题. 数量经济技术经济研究，(10): 48-51
佟仁城，王万才，郭爱林. 1995. 管道输油投入产出模型. 系统工程理论与实践，15(6): 48-56

第二篇　预测理论与技术

凡事豫则立，不豫则废。言前定，则不跲；事前定，则不困；行前定，则不疚；道前定，则不穷。——《礼记·中庸》

“预测”作为动词，是对未来事物做出判断的行为，作为名词是对未来事物进行判断的过程或结果。预测对个人、机构或社会的重要性是不言而喻的，是决策的前提和基础。古人的“豫则立，不豫则废”的“预（豫）”虽不是预测而是预案、计划，但是，预案、计划的依据必然是预测。然而预测之难，使学者不敢轻言之。不敢言又必须言，总得有些理论来指导，这理论就是预测理论与技术这门学科的知识体系。这门学科的名称按照人们现在的习惯有多种，如预测理论与方法、预测科学与技术、预测科学、预测学、预测等。

第7章

预测原理与初级预测技术

作为专业实践的预测，是一项系统工程，以一定的科学理论为指导，采用规范的系统分析方法，对一个系统的未来行为或行为结果做出估计。预测科学是关于预测理论和预测技术的知识体系。

7.1 预测科学的基本范畴

预测科学是技术科学，也是综合科学。要对具体领域的对象进行预测，需要的基础科学和相关学科知识领域包括哲学、系统科学、数学和专门实体科学（包括自然科学、工程科学和社会科学）。作为对经济分析一般方法论的介绍，本书主要内容是以数学模型为核心的定量预测技术。

7.1.1 预测的哲学与系统学基础

就一般而言，预测的可能性是显然的，因为人类的日常行为都是在自觉或不自觉的预测下进行的，如果预测总是错误的，那么人类就无法正常生活。影响预测可行性的主要因素包括两方面：一是预测的时期近远，二是预测人对被预测事物运动知识和相关信息的掌握完备性。其中前一个因素在大多数时候会影响后一个因素，后一个因素具有各种不确定性。

从哲学基础看，客观事物的运动是有规律的，事物的发展有其必然的趋势。规律的存在是预测可能性的理论基础。恩格斯说："历史事件总的说来同样是由偶然性支配着的，但是，在表面上是偶然性起作用的地方，这种偶然性始终是受内部的隐蔽着的规律支配的，而问题只是在于发现这些规律。"（恩格斯：《路德维希·费尔巴哈和德国古典哲学的终结》（1886年初）。《马克思恩格斯全集》第21卷第341页）

在对人类可干预事件的预测中，预测越精确、越详细，预测就越容易失败。这就是预测的悖论，也是人们通过预测预防不利事件发生的理论依据。这是因为，当事件过程的参与者知道预测结果时，他们就会想办法改变预测结果成立的条件，使事情朝着符合自己的某种目的的方向改变，所以神仙常说："天机不可泄露！"但是，有些事件，即使已经预测到结果，在过程已经开始的情况下，结果还是无可改变的。这首先是因为，过程是复杂系统的运动，作为规律，是难以改变大方向的，如一些战争的结局①；其次是因为人类总是存在侥幸心理，会因为自负而不愿改变已开始的行为。这也说明，预测结果都是在一定的假设条件下做出的，如果现实中这个假设由于人的主观能动性而被改变，预测结果也就随着变了。

系统学是关于一般事物发展的共有规律及其特定表现形式的科学知识体系。系统学与哲学的不同在于，哲学关于一般规律的描述是非规范性的，哲学的核心问题是人的主观世界与客观世界的关系问题；系统学关于一般规律的描述是规范形式化的，系统学的核心问题是跨类型系统是否存在共有的规律及其具体表现形式。

专业预测工作必须建立在一定的科学理论基础之上，必须采用可以逻辑追溯的规范技术，这就是预测学的科学性特征。预测工作的科学理论基础除了哲学外，既包括一般或特定领域系统学原理，还包括专业科学领域的理论。

7.1.2　预测与预测方法分类

预测活动的基本要素包括预测事项、预测主体、预测方法、预测步骤和预测精度等。预测事项就是要完成的预测任务，对其陈述一般应包括预测委托人、预测对象（预测客体）、预测内容（待预测指标）、预测期间，许多时候也明确提出预测精度要求。预测主体包括委托人主体和预测实施主体两方。预测委托人是提出预测需求的一方，他可以自己去实施预测研究，也可以把预测任务外包。预测实施主体是具体完成预测任务的一方。预测方法特指预测过程的科学结构，包含预测模型和操作过程。预测步骤是预测方法实施的活动逻辑过程，与预测方法紧密一致。预测精度是指预测值偏离实际值的幅度，包括任务要求精度、预估精度和实际达到精度。预测模型的结构由预测指标、预测因素和对应关系组成。预测指标与预测因素的对应关系可以是一般的数学模型，也可以是其他表现形式，如表格、图形、结构符号关联等。

选择预测方法是预测活动开始的基本工作。正确选择预测方法的重要条件就是熟悉预测和预测方法的分类体系。

预测分类与预测方法分类是两个概念。预测分类是对预测活动本身的分类，一般是根据预测系统工程的基本要素特征分类。预测方法分类是对预测中所采用的具体方法的分类，是根据方法的特征分类。预测本身也可以从方法角度分类，这时的分类与预测方法分类会有很大重叠。

① 毛泽东在《论持久战》中预测了抗日战争的几个阶段和结局，虽然这是公开的文章，但战争的发展仍然按这个预测的过程展开，日本军国主义者无法避免其最终的失败结局。

1. 预测分类

预测分类是根据预测活动要素进行的，每个要素可以形成一个分类体系。每类预测活动要素有多种属性，于是可以做出多角度分类。

1）根据预测的主客体特征分类

预测的主客体有多种属性，从不同属性可以做出不同角度分类。

根据委托主体划分有自然人主体委托预测和机构主体委托预测、私人主体委托预测和公共主体委托预测、个人主体委托预测和法人主体委托预测等。

根据预测实施主体划分有自主预测和委托预测、内部预测和外部预测、个人预测和机构预测等。

根据预测客体（对象）的特征划分有个体预测、群体预测、单位机构预测、区域预测（微观预测、宏观预测）、世界预测、国别预测；自然客体预测和社会客体预测；工程预测和社会组织预测；可接触调查预测和非接触预测；生物预测和非生物预测；简单系统预测和复杂系统预测。

2）根据预测内容分类

预测内容是非常丰富的，所以依据其进行分类也是非常庞大的体系。

根据预测指标的连续性划分有连续指标（变量）预测、离散指标（变量）预测。

根据预测指标的数量性划分有定性指标预测、定量指标预测。

根据对预测结果数量的粗度特性划分有点数量预测、区间预测和方向预测。

根据预测结果的不确定性特征划分有精准预测、统计预测、模糊预测和灰色预测。

根据预测内容的内外部性划分有内部指标预测和环境（外部）指标预测。

根据预测指标的维度划分有单指标预测、多维预测和系统预测。

按照预测对象或内容的专业领域划分有物理预测、化学预测、生物预测、农业预测、自然灾害预测、气象预测、天文预测、医疗预测、技术预测、工程预测、心理预测、社会预测（政治预测、经济预测、群体事件预测、军事预测、社会意识预测、民意预测、人类个体事件预测、特定人类活动事件预测）、体育预测、社会发展预测、环境预测、生态预测……

根据预测期间划分有即刻预测（超短期预测）、短期预测、中期预测、长期预测和超长期预测（终了预测）。对不同预测对象事务，预测的短、中、长期的具体时间长度不同。

3）根据预测方法划分

根据预测方法首先可以区分为规范预测和非规范预测。所谓规范预测就是有比较严格的步骤和专业的报告模式的预测。非规范预测包括随意猜测和直觉经验推测。其次非规范预测通过科学安排可以包括进规范预测。例如，广泛应用的 Delphi 法就是把专家的直觉经验预测纳入规范预测，变成专家咨询预测。钱学森提出的综合集成研讨厅体系更是一个把普通规范分析方法和专家经验组织起来的大成智慧分析方法论，也适用于预测。算卦本身虽然是非科学的，但是因为大多数算卦都有规范的操作，所以也属于规范预测。在人们面临决策困境实在无法做出可信预测的情况下采取掷骰子的方式决定事情，也具有规范性，可以称为纯随机预测。算卦其实也是纯随机预测，只是可以掺入人的主观能动性，利用人的心理表现。

从其他角度分类则有定量预测和定性预测，模型预测（属于规范预测）、非模型预测（直觉经验预测、随意预测、直觉预测）和系统预测（智慧综合研讨厅）。

2. 预测方法分类

预测方法分类与预测按照预测方法分类具有较大的重合性。预测方法分类偏重预测使用的模型属性。

根据预测模型的介质特性划分有数学模型方法、实物模型方法和概念模型方法。概念模型方法是指根据概念之间的逻辑关系，运用形式逻辑、辩证逻辑和数理逻辑等逻辑方法进行演绎推理获取预测结果的方法。实物模型方法是指根据预测客体的规律特性，制作成一定的仿真模型——比例缩减模型（水利模型、飞机试验风洞）、机理比拟模型（集成电路），通过运行仿真模型获取预测结果的方法。

根据使用的数学理论领域划分有确定性数学方法、统计数学方法、模糊数学方法和灰色系统方法。

根据数学模型中预测指标与预测因素之间的关系划分有相关性回归模型、时间序列模型。

根据使用的数学模型的个数划分有单模型方法、组合模型方法和综合集成方法。

7.2 预测的基本原理

面对各种各样的结构系统和各种各样的预测要求，具体的预测方法是千种百样的，有的很简单，如简单常模预测；有的很复杂，如综合集成研讨厅。但是各种预测方法背后的基本原理具有共同性。基本的预测原理有六条，本节分述之[①]。

7.2.1 惯性原理

惯性原理的基本内容是，事物具有保持既有运动状态的性质。惯性原理既是基本的物理规律（牛顿第一定律），也是一切事物运动的基本规律。可以说，没有一种事物的发展与其过去的行为没有联系。过去的行为不仅影响到现时，还会影响到未来，这表明任何事物的发展都有时间上的延续性，即惯性。

惯性原理为人们进行预测活动提供了最基本的预测方法：常模预测法。常模即不变的数。可以说，所有预测方法都是某种形式的常模预测法。

人口预测最能体现常模预测特性。尽管从 10 年以上的长期预测来看，年度人口增长

① 本节阐述的预测学基本原理参考的主要文献：陈玉祥. 第二讲 基本预测原理. 预测，1990，9（4）：68-71；郝康. 论预测学的基本原则体系. 预测，1987，6（5）：4-8。所述内容经过了比较全面的改造，一是总结了多篇文献，二是将其从“原则”上升为“原理”，三是对内容进行了较为深刻的发掘，在阐发中融入了本书的思想。原则是规定，是经验的总结，是指导行动的规则，原理则是客观规律。由于这些客观规律的存在，预测才成为可能。

率可能出现显著的变化，但是对几年内（如两年）的预测来讲，可以使用关于时间的线性函数进行高精度的人口预测。温血动物的体温预测是常模预测法最可靠的应用情景，因为其基本就是恒温。

事物的惯性特征表现在两种类型：时间结构不变性和空间结构不变性。

（1）单属性值的延续性。最基本的惯性就是事物某个属性或指标的发展趋势的特征（如发展方向、发展速度、变化周期等）在一段时间呈现延续性，这也可以称为事物时间结构的延续性。例如，一个经济指标的发展趋势、增长速度，一个厂商产品的市场份额、季节性商品价格的变动周期等，常常会在某一段时间内保持不变。这些都体现了发展趋势或基本性质的延续性，而这些趋势特征或基本性质对进行预测是很有利用价值的。

（2）结构和关系的延续性。结构即不同部分的比例，关系即两个或多个指标间的相关性。这种结构和关系可以称为事物的空间结构。一定的时期内，预测指标及某些环境因素的结构和相互关系按照一定的格局延续下去，也就是说系统的结构模式在这段时期内基本不变，即空间结构在时间方向上的不变性。分析这种结构上的延续性也是预测的主要手法之一。结构是相对数，有些变量绝对数关系式不稳定，但相对数关系式就会稳定①。

事物发展延续性即惯性的存在，不仅为预测工作提供了方便，也为预测的可行性提供了一定的理论依据。目前广泛应用的各种预测方法，有许多是属于或基本属于惯性理论的范围。例如，应用得最多的两类预测技术——利用时间序列外推法建立趋势预测模型和利用回归法建立因果关系预测模型，就其逻辑思路来说，都是以惯性的存在为前提的。前一种模型即趋势外推模型，是以第一种延续性形式为依据的。它假定预测变量是随着时间的推移而按一定的趋势和一定的变化率向前发展的。因此利用历史数据建立了趋势外推模型后，就可把趋势和变化率作为经济变量之间的不变特征延拓到未来；后一种模型即因果关系预测模型反映了预测指标和有关的其他经济变量在以往发展变化中的依赖关系和内在联系。这种模型所以能用于预测，就是认为模型所反映的依赖关系和内在联系具有延续性，并以此作为预测的基础。

单指标惯性是最基本的惯性，其他惯性可以表达为一个或多个单指标惯性的函数或组合。对单指标，可以有水平不变性、一阶或多阶差分或微分不变性、趋势或周期不变性。但是水平不变性是最基本的，高阶不变性存在向水平不变性的回归，这类似于热力学第二定律，也可以说是热力学第二定律在一般事物运动上的反映。在经济上，经济增长速度虽然可以在一定时期内维持高速，但维持高速一是需要不断地输入动力，二是最终还要回归低速，甚至回归停滞。

7.2.2　相关性原理

世界上任何事物的发展变化都不是孤立的，各种事物之间都存在着直接或间接的联系，都与其他事物的发展存在或大或小的相互影响、相互制约、相互促进的关系，这些关系或联系就是科学研究中的相关性。在经济领域中，许多经济指标与一些其他事物之

① 刘新建，刘丽楠. 中国居民消费支出结构的预测方法. 统计与决策，2016，（13）：26-30

间存在着非常紧密的联系，许多商品的市场需求变化都与各种环境因素有关，认识、了解这些联系或关系即相关性就为预测提供了基础。

因果关系是事物之间普遍联系和相互作用的形式之一，是最重要的相关性，因为任何事物的发展变化都是有原因的。例如，力是物质运动状态发生变化的原因，因此，动力学是物理学的理论核心，是物质运动预测的理论基础。经济动力学也是经济学的理论核心，其模型正是因果变量之间的关系方程，所以如果知道了预测指标的动力学方程，经济预测也就不是难事。但是经济系统远比物理系统复杂得多，理论上的经济动力学在经济分析实践中经常无法直接应用。以经济学中的供求均衡模型为例。理论模型分析的逻辑是供求均衡决定价格，但是供给和需求模型建立的基础是价格水平决定供给量与需求量，于是就形成了逻辑循环悖论。解开这个悖论的关键是要确定变量的时间属性，即要从静态模型进化为动态模型。在动态模型中，前一刻的价格决定现时的供给与需求，现时的供给与需求决策决定现时或未来的价格。

在大量经济实际分析中，更困难的是无法明确预测指标的动力学因果关系，统计数据达不到建立动力学模型的要求，这就是一般回归模型和时间序列分析预测技术具有重要意义的原因。回归模型中的因变量与自变量关系不一定是因果关系，而是一般的相关关系。例如，在一定范围内，随着收入水平的提高，人们的食品消费和文化消费同时增长，当用统计数据分析时，可以发现在食品消费和文化消费之间存在较大相关系数，但是人们一般不会认为高食品消费是高文化消费的原因，或者反之。实际上，即使在文化水平和收入水平之间，其因果联系也很复杂，存在相互影响和其他因素影响。但是因果关系的模糊不影响用变量之间的统计相关关系去做预测。只要能建立食品消费和文化消费之间的回归相关模型，就可以在已预测食品消费的情况下，再用食品消费去预测文化消费。所以对预测来讲，重要的是发现变量之间的相关关系。纯时间序列模型是典型非因果关系模型。

对非因果性的相关性，除了偶然性之外，相关指标之间必然是第三方指标的结果或原因，如收入水平提高是食品消费增大和文化消费增大的共同原因。但是预测一个指标可能需要同时利用多个指标。在预测模型中，预测指标是因变量，也叫被解释变量，预测因素是自变量，也叫解释变量。在多解释变量模型中，如果是可分离的，那么可以计算每个解释变量的贡献，通常用方差贡献率来度量。如设一个预测模型如下：

$$y = f_1(x_1) + f_2(x_2) + f_3(x_3)$$

其中，$f_k\left(k = 1,2,3\right)$ 表示 y 与 $x_k\left(k = 1,2,3\right)$ 的某种函数关系，该模型显示，三种因素对 y 的关系是加法可分离的，其影响是独立的。设 $y_k = f_k(x_k)$，y_k 的方差是 σ_k^2，则

$$\sigma_y^2 = \sigma_1^2 + \sigma_2^2 + \sigma_3^2$$

在这种情况下，σ_k^2 是 x_k 的变化造成的，因此可以说，x_k 对 y 的方差解释的比例是 $\dfrac{\sigma_k^2}{\sigma_y^2}$，代表 x_k 对 y 的变动的贡献率。

除加法可分离关系外，y 与其影响因素的关系还有乘法可分离模式，即

$$y = f_1(x_1)f_2(x_2)f_3(x_3)$$

在乘法可分离模式下，因为 $\ln y=\ln f_1(x_1)+\ln f_2(x_2)+\ln f_3(x_3)$，所以在连续时间情况下，可以计算 x_k 的变化对 y 的变化率的贡献率；在离散情况下，只能计算 x_k 对 $\ln y$ 的方差的贡献率。这种贡献率的分析只有在确认因果关系存在的情况下才是有意义的。因果关系的判断必须依据逻辑分析，不能说有数学模型代表的相关关系就有因果关系。

时间变量是一个特殊的预测因素，许多预测指标存在与时间的高度相关模型，但一般不能把时间看作预测指标的原因，任何指标也不是时间的原因。时间能作为预测因素正是惯性定律的直接体现。水平常模的变化速度是 0，速度常模的水平模型是时间的一次曲线，表 7.1 列出了几种简单常模的水平模型。

表 7.1　简单常模模型

连续时间		离散时间	
常模	水平模型 y_t	常模	水平模型 y_t
$\dot{y}=0$ 或 $\frac{\dot{y}}{y}=0$	c	$\Delta y=0$	c
$\dot{y}=c$	y_0+ct	$\Delta y=c$	y_0+ct
$\frac{\dot{y}}{y}=\frac{\mathrm{d}(\ln y)}{\mathrm{d}t}=c$	y_0e^{ct}	$\frac{\Delta y}{y}=c$	$(1+c)^t y_0$
$\ddot{y}=0$ 或 $\dot{y}=c$	y_0+ct	$\Delta(\Delta y)=\Delta^2 y=0$	y_0+ct
$\ddot{y}=c$	$y_0+bt+ct^2$	$\Delta(\Delta y)=\Delta^2 y=c$	$t(y_0-y_{-1})+\frac{t(t+1)}{2}c$
$\frac{\ddot{y}}{\dot{y}}=c$	$be^{ct}+y_0-b$	$\frac{\Delta(\Delta y)}{\Delta y}=\frac{\Delta^2 y}{\Delta y}=c$	$\frac{(c+1)^{t+1}-1}{c}(y_0-y_{-1})+y_{-1}$

用相关关系进行预测，惯性也是基础，其利用的是指标关系的延续性。依据事物的惯性属性做预测，利用的也是未来与过去的因果关系，即过去及现在的指标水平是其未来水平的基础，没有现在的基础，未来的水平是不可能的。

7.2.3　相似性原理

如果说惯性原理是依据事物本身发展的延续性即未来与过去相似的特性预测未来的话，那么相似性原理则是根据不同事物之间的相似性预测未来。世界上许多事物在发展变化上具有相似的特征，这是哲学、系统学和数学作为学科独立存在的原因。相似性是对物质世界存在共同属性的反映。分类是人类对客观世界认识的基本方法，分类的依据就是一些事物存在共同属性。分类越细，事物之间的共同性越丰富。最高的分类就是物质与意识。分类可以从大到小或从小到大形成一个层级体系。从不同的属性或属性组合进行分类，得到不同的分类，也可以得到不同的分类体系。属于同一类的事物就有一些共同的发展规律，这就是相似性。

利用相似性原理可以采用类推或类比进行预测，把已知发展规律的事物的表现过程类推到未知规律事物上去，对未知事物的前景做出预测。成语“举一反三”就是指利用相似性原理进行预测。例如，研究技术先进国家某些产品更新换代的情况，可以类推预测落后国家同类产品更新换代的发展过程；了解历史上某类产品投入市场后的发展状况，可以预测类似的新产品在未来市场上的发展变化情况；根据先进国家的当前经济结构可以预测同类落后国家的未来经济结构。

在预测中，人们常从以下三个方面进行类推或类比。

（1）依据历史上曾经发生过的事件类推当前或未来的同类事件。人们常说，历史有惊人的相似，正是相似性定律的体现。例如，可以根据模拟电视机的发展过程类推出数字电视机的市场需求变化趋势。据有关研究，电视机及许多家用电器的发展过程往往遵循一条“萌芽—成长—成熟—衰退”的四阶段生命周期演变过程。每个阶段，产品有特定的市场需求特征。在萌芽期，人们对该产品的性能及用途处于了解和适应的过程，产品的市场销量增长缓慢；通过不断宣传、促销，市场逐步扩大，需求量逐步增加，当普及率上升到 5%左右时，标志着产品进入成长期，这时大众对产品需求产生连锁反应，需求量迅速上升，可能形成“流行热”；当普及率超过 50%时，标志该产品已进入成熟期，这时市场销量增长缓慢，连锁反应逐步消失；随着新一代产品的出现，老产品逐步进入衰退期。因此，如果通过对历史上同类产品的发展过程进行系统分析，掌握其各个阶段的市场需求特征及发生转折的时机，那么就可以对未来新产品的市场需求进行恰当的估计，为生产决策提供可靠依据。

（2）依据其他地区（或其他国家）曾经发生过的事件进行类推。例如，根据德国、美国等发达国家统计数据观察，机械设备租赁、公共管理、卫生及社会工作等行业部门在经济中占有较大比重，而我国这些行业的比重不及其一半。随着我国进入中高收入水平国家，对这些行业的投入发展需要予以特别重视，并可类比推算未来既定时期的发展规划。再如大学教育普及率、家用轿车普及程度、城市化率等指标，后发展国家都可以参考先进同类型国家的水平进行未来需求预测。

（3）利用局部与总体的相似性由局部信息类推总体属性。通过抽样调查或其他方式进行一些具有代表性的调查，分析市场变化动态，预测和类推全局或大范围的市场变化。在前面的投入产出表编制和应用中已经大量应用到这种方法，后面介绍的统计性原理、通常的统计预测方法也与这个原理紧密相关。

利用相似性原理进行类比或类推预测必须注意相似性的约束条件，分析相似事物的共同基础是否满足。随着时间、地点、范围、环境及其他许多条件的不同，事物之间的相似程度和相似特征不同。在社会经济预测上，必须考虑社会制度、经济基础、风俗习惯等一系列差异可能造成的影响，加以恰当的估计和修正，才能提高预测的精度和可靠性。

7.2.4 作用衰减原理

在根据预测对象系统的历史资料建立预测模型时，往往并不要求这些预测模型能准确地说明预测对象系统发展变化历史的整个结构，而是考察其最近一个阶段的情况。事实上，想要完全符合预测对象系统全部历史数据一般也是不可能的。研究者往往是希望预测模型能够比较合理地说明近期历史及不远的将来的基本情况。这一点体现了预测模型与传统的统计拟合模型的根本差别，尽管二者在形式上表现为同样的统计的或数学的模型。在构造拟合模型时，对最初的观测值与最近的观测值都是同样地重视，而在构造预测模型时，关心的是未来。只要根据模型能得到令人满意的预测结果，我们并不在乎预测模型能否拟合那些遥远的观测值。这种预测模型与拟合模型的区别，正是预测学的又一基本原理——作用衰减原理表现的结果。

作用衰减原理的含义是，一个事件的发生对各种相关系统的影响随着时间的推移是逐渐减小的[①]。事件在系统分析中一般抽象为一个指标值的变化。

事物统计指标的任何变化都是事物之间相互作用的反映。事物的相互作用效果一是具有延续性，二是作用的后续影响越来越小。尽管长期以来人们无论是在预测方法研究还是在预测实践中都不知不觉地运用了近大远小原则，但尚未上升为理论的高度。根据作用衰减原理，在建立预测模型进行外推预测时，反映社会经济现象的近期数据比远期数据意义更大，更加重要。未来的社会经济信息在近期数据中包含较多，远期数据中包含较少。预测客体在时间上离过去和现在越远，它依赖于过去既定时期水平的程度越小。在投入占用产出分析的动态逆分析中，我们指出了存在这种现象。

整个预测过程中运用作用衰减原理包括三个方面，即模型选择、参数估计、预测效果评价。

（1）模型选择。选择模型的目的是为了预测而不是为了拟合。因此，应致力于选择那些虽不能很好地拟合远期数据，但却能较好地拟合近期数据的模型。

（2）参数估计。在参数估计方法上，要体现出近大远小的特征。例如，过去习惯用最小二乘法估计参数，这实际上是借用的传统统计拟合方法，可以尝试折扣最小二乘法，即对不同时期的误差评价基于不同的权重。

（3）预测效果评价。这主要指对预测期各种预测误差指标的比较分析。例如，反映预测误差的平均绝对误差和误差标准差等指标，都应按近大远小的思想加以处理，对近期的评价给予较大的权重。

7.2.5　概率性原理

概率性原理也叫统计性原理。是否承认概率原理是预测学的一条重要原则。预测科学既是对客观现实的完全因果决定论的批判，又是对完全非决定论的扬弃。

著名的决定论观点是由法国数学家拉普拉斯提出来的[②]。他把未来的不确定性和过去的不确定性统统归结于人类智慧的不完善和数据资料的不足下的信息不全，从根本上否认世界上偶然性和内生的不定性的存在。按照拉普拉斯决定论的观点，一切事物的未来状态都必定是现在就被决定了的，原则上没有不可预测的东西，任何事件都可以在它们发生之前预知，正如在它们发生后知晓它们一样。毫无疑问，在绝对严格的决定论下，

---

① 这里不是讨论两个相关指标的影响。对相关指标，指标间的影响可能存在滞后效应，但作用最终也会衰减。

② 拉普拉斯说："我们可以把宇宙现在的状态视为其过去的果以及未来的因。如果一个智者能知道某一刻所有自然运动的力和所有自然构成的物件的位置，假如他也能够对这些数据进行分析，那宇宙里最大的物体到最小的粒子的运动都会包含在一条简单公式中。对于这智者来说没有事物会是含糊的，而未来只会像过去般出现在他面前。"（拉普拉斯：《概率的哲学导论》）

预测已经失去了意义，因为无论如何，对未来都是不可能施加影响的，而预测必要性的根据却恰恰在于通过施加影响而得到期望的未来状态。

与完全决定论相对立的是完全非决定论。这种观点否认事物发展变化的规律性，认为事物发展变化的趋势完全决定于所谓“自由意志”的选择。显然，在完全非决定论的情况下，预测是不可能的。

普里高津根据其耗散结构理论提出，在现实社会中，任何事物的发展进化都是必然的，但是进化过程中有若干个分叉点，这些分叉点并不具有绝对的必然性，而只具有不完全的必然性。进化是必然的，但是进化的具体形式、可能的突破点则带有很大的随机性、偶然性。这种观点似乎有道理，既没有肯定完全决定论，也没有肯定完全非决定论，但是它仍然没有正确解答世界的决定性和概率性悖论。正确回答这个问题应使用辩证法。两可论并不等于辩证论。

如果不能肯定现实世界在客观上是完全决定的，就不能明确对世界认识的可能性。实际上说世界是概率论的，就承认存在一个概率分布，那么这个分布就是完全确定的。当物理学认可惯性定律，认为在一个光滑平面上直线运动的小球会无限运动下去时就是承认了完全决定论，否则小球的未来就是不确定的，可能随机地改变运动方向甚至停下来，而这是不会被物理学允许的。但是在真理的反映论视角下，在一定的界限内，世界在人们面前的表现又具有不确定性。因为现实世界中，绝对光滑的平面和绝对不受影响的小球都是不存在的，环境对小球的影响具有不可测的部分。这种不可测性既是由于现实物质几何维度的无限性，也是由于一般事物属性维度的无限性。人的认识要在有限的时间、有限的资源下认识客观的无限性是不可能的。辩证唯物主义既承认人类对物质的无限可认识性，又承认在有限的时空下认识的不完全性，体现了关于有限与无限的辩证观。能被容易认识的是大尺度的和显著的，那些极微观尺度的影响因素就形成了认识反映结果的概率性。物质的无限性特性对认识的影响不仅造成了结果的概率性，也会造成认识的错误可能性。所以概率性是与认识紧密联系在一起的，脱离人的主体性，就无所谓不确定性。但是概率性又是绝对客观的存在，是一种规律的表现，是物质体系内部属性在人的认识中的外部表现。在耗散理论描述的事物现实演化中，每一步都会存在概率性，而不是仅在一些分叉点上。变量变化的幅度与变量值的概率性是不同质的概念；方差不是不确定性大小的度量，而是差异性大小的度量。

经济系统是复杂系统，对一个经济指标的影响因素既有少数基础性、决定性的，也有大量细小的、非显著的，还有没有发现的，更有因统计缺陷形成的误差和错谬，因而经济系统模型一般只能是统计性即概率性的。经济预测模型同此。由于概率性是现实世界的本质特征，因而对未来的任何预测也必然是在统计意义上的或者说是概率预测。由于概率性的存在，除了极度离散的类别预测，用一个单个实数或整数数字表示对一项指标的预测将是不完备的，预测应是区间的和附有概率的，当然概率也只是预测性的。人们曾批评我国天气预报没有概率说明，此要求似乎很科学，但是对大众来说，这种要求是无意义的，因为大众不懂概率。不能因为说了预测结果的概率就免除你的预测失误之责，因为大众并不能知道那失误是否属于随机性失误。

7.2.6　反馈原理

反馈是控制论的基本范畴，其基本含义是，系统输出端的信息返回到输入端，经过比较处理，生成校正信息输入系统，从而改变系统的行为和输出（图 7.1）。反馈首先存在于自然系统中，如人体系统就是在反馈的作用下保持了稳定的体温。

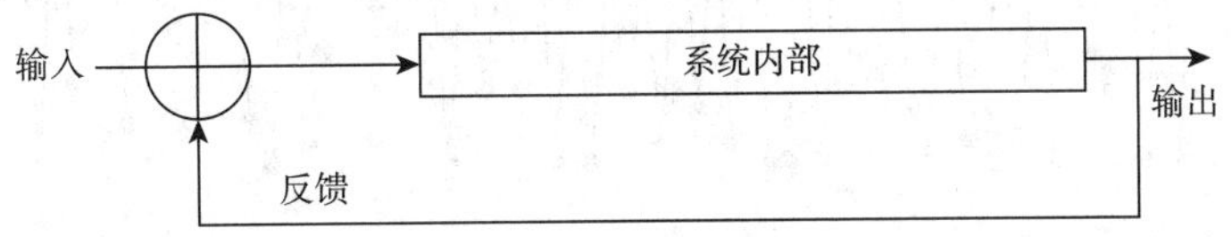

图 7.1　反馈控制图

从认识论的角度看，人的认识是在实践的基础上从感性认识上升到理性认识，又从理性认识飞跃到实践的循环过程。在每一次认识中，都从实践中获得新的信息，对前一次的认识做出确认或修正，这个过程也就是反馈。作为人们对未来事物认识的预测，同样要经过这一个过程。尚未进行反馈的第一次预测，只是经过了认识过程的第一次飞跃，实现对预测对象未来状态的理性认识，还有待于进行第二次飞跃，即以理性认识指导实践并检查认识是否正确，具体地说就是，必须进行预测信息反馈。通过预测信息反馈，排除各种干扰信息，对预测模型和预测结果进行修正，提高预测可靠性。

由于预测对象的相互作用因素和不确定因素很多，根据反馈的信息对预测进行调整修正一般不可能一次完成，而必须是一个反复进行的过程。

当然，由于预测模型只是客观现实的一种近似，无论怎样调整、修正，预测模型都不可能彻底消除预测结果与实际发展状况之间的偏差。考虑到反馈时间、预测费用等一系列因素，反馈只能是有限反馈，精度和可靠性也只能是有限的。

预测反馈的关键在于反馈信息的获得，因此对专业定期预测，建立规范的反馈系统，及时发现和收集预测对象最新发展状况和有关的各种新信息，系统分析近期和历史预测偏差，就是非常必要的预测系统工作。

7.3　时间序列的平稳性与平稳化

时间序列分析的基础是一个平稳序列。所谓平稳性即不变性，指一个指标值不随时间发生变化。平稳化即将不平稳的序列通过运算操作变成平稳序列。根据评价指标的不同可以有不同的平稳性概念。这里的不变性当然指统计不变性。在时间序列分析中，常使用均值平稳性和方差平稳性两种平稳性概念。

定义 7.1　对时间序列$\{Y_t\}$：①如果数学期望$EY_t=m$，m是一个与时间变量t无关的常数，则称这个时间序列是均值平稳的。②如果$DY_t=\sigma^2$，σ^2是一个与时间变量t无关的常数，则称这个时间序列是方差平稳的。

对时间序列的平稳性判断，首先可以利用图象观察。如图 7.2 所示的时间序列在均值和方差上基本都是平稳的；图 7.3 的时间序列在均值上是平稳的，在方差上不平稳；

图 7.4 的时间序列在均值上不平稳，但在方差上是基本平稳的。

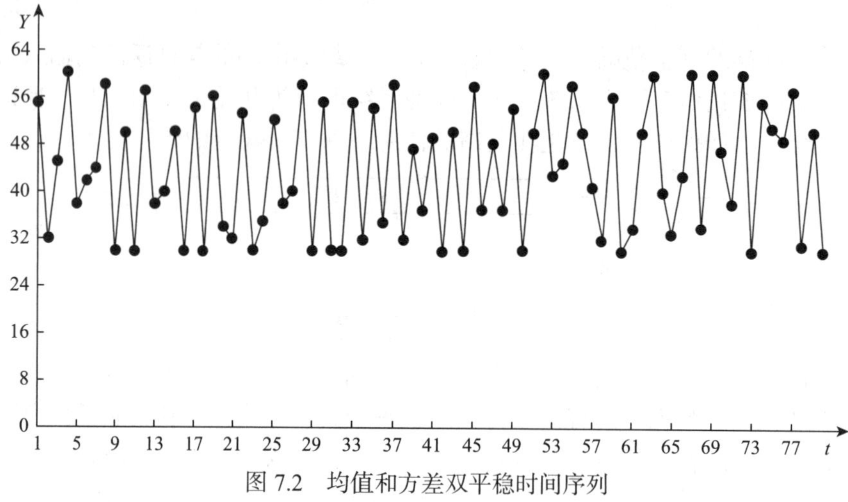

图 7.2　均值和方差双平稳时间序列

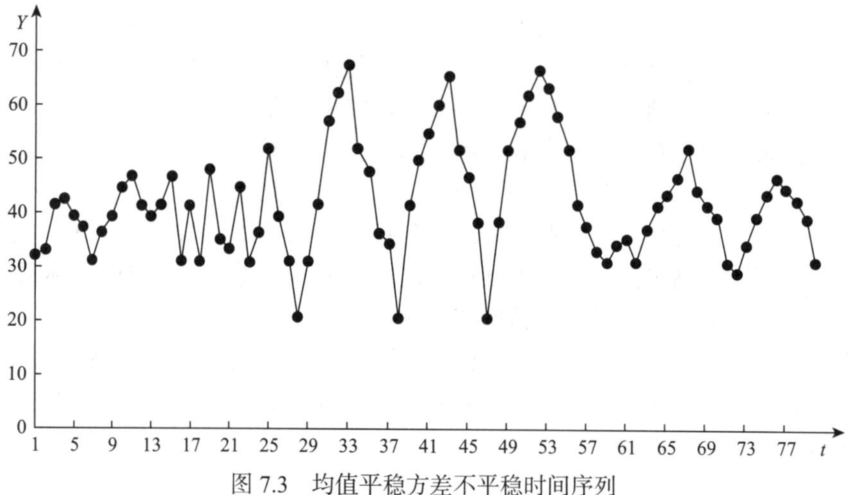

图 7.3　均值平稳方差不平稳时间序列

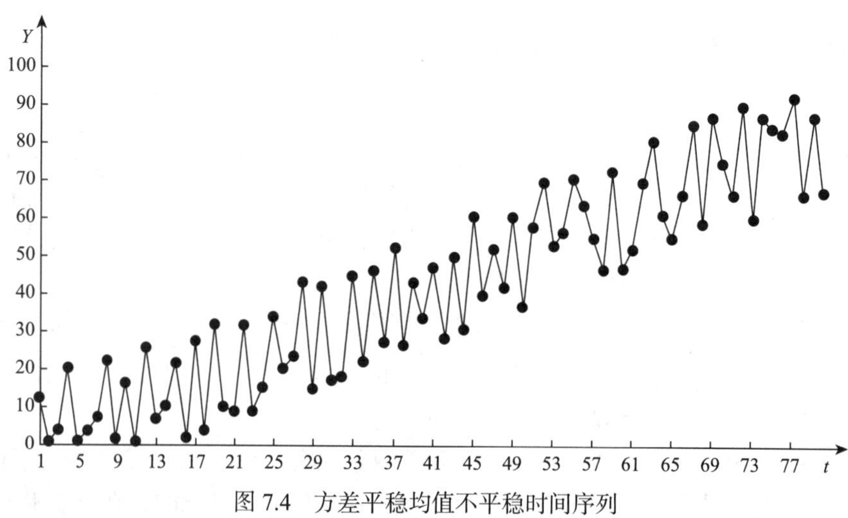

图 7.4　方差平稳均值不平稳时间序列

如果时间序列在均值上不平稳，可以用差分的方法使之平稳。以∇表示差分算子，则Y_t的一阶差分是$\nabla Y_t = Y_t - Y_{t-1}$。如果进行一阶差分后所得到的时间序列在均值上仍不平稳，则可继续进行差分运算。二阶差分为

$$\nabla^2 Y_t = \nabla(\nabla Y_t) = \nabla(Y_t - Y_{t-1}) = (Y_t - Y_{t-1}) - (Y_{t-1} - Y_{t-2}) = Y_t - 2Y_{t-1} + Y_{t-2}$$

引入后移算子B，记

$$\mathrm{B}^d Y_t = Y_{t-d}$$

利用后移算子，可以得到

$$\nabla Y_t = Y_t - Y_{t-1} = (1-\mathrm{B})Y_t$$

$$\nabla^2 Y_t = \nabla(\nabla Y_t) = (1-\mathrm{B})Y_t - (1-\mathrm{B})Y_{t-1} = (1-\mathrm{B})^2 Y_t$$

$$\nabla^d Y_t = (1-\mathrm{B})^d Y_t$$

【例 7.1】　表 7.2 是某经济指标Y的 36 年数据，以原指标作图得图 7.5。从表 7.2 和图 7.5 可以看出，该时间序列有明显的增长趋势，也就是说，这个时间序列在均值上是不平稳的。对这个时间序列进行一次差分运算，得到表 7.2 两栏的第三列，并作图 7.6。

观察图 7.6 看出，∇Y_t在均值上仍不平稳，为此进行二阶差分$\nabla^2 Y_t$，得表 7.2 两栏的第四列，并作图 7.7，可看出$\nabla^2 Y_t$是基本平稳的。

表 7.2　例 7.1 数据及差分计算

时间	原数据/万元	一阶差分	二阶差分	时间	原数据/万元	一阶差分	二阶差分
1	4 394			19	7 061	157	327
2	4 810	416		20	7 190	129	−28
3	5 209	399	−17	21	7 222	32	−97
4	5 660	451	52	22	7 358	136	104
5	6 008	348	−103	23	7 399	41	−95
6	6 362	354	6	24	7 387	−12	−53
7	6 595	233	−121	25	7 468	81	93
8	6 660	65	−168	26	7 455	−13	−94
9	6 361	−299	−364	27	7 355	−100	−87
10	5 907	−454	−155	28	7 169	−186	−86
11	6 109	202	656	29	7 040	−129	57
12	5 744	−365	−567	30	7 072	32	161
13	5 501	−243	122	31	7 135	63	31
14	5 572	71	314	32	7 168	33	−30
15	5 968	396	325	33	7 330	162	129
16	6 316	348	−48	34	7 607	277	115
17	6 695	379	31	35	7 808	201	−76
18	6 904	209	−170	36	8 213	405	204

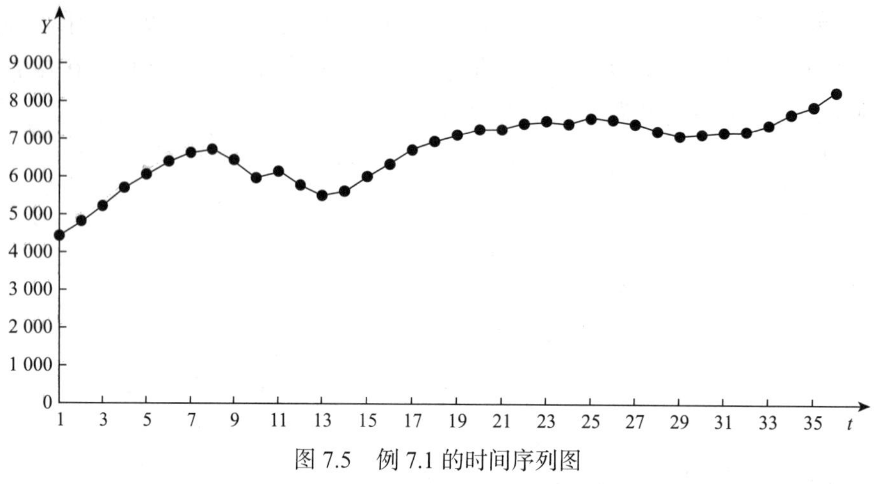

图 7.5　例 7.1 的时间序列图

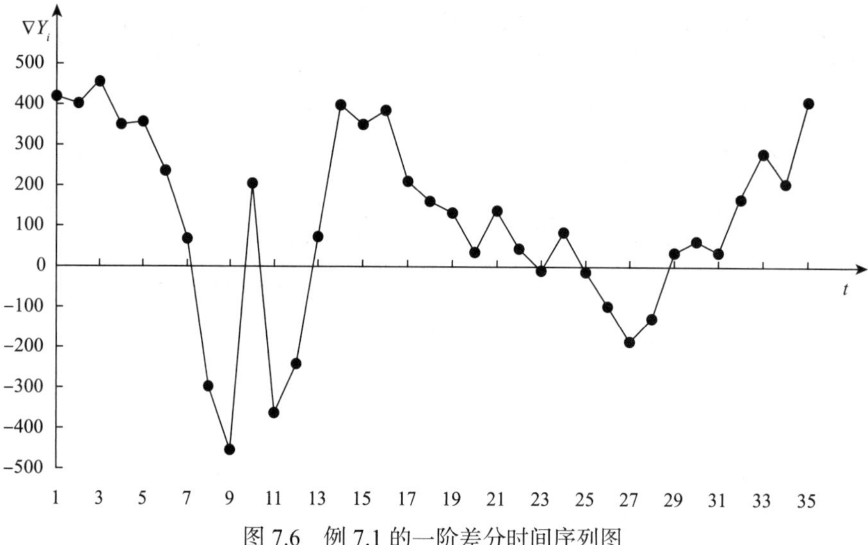

图 7.6　例 7.1 的一阶差分时间序列图

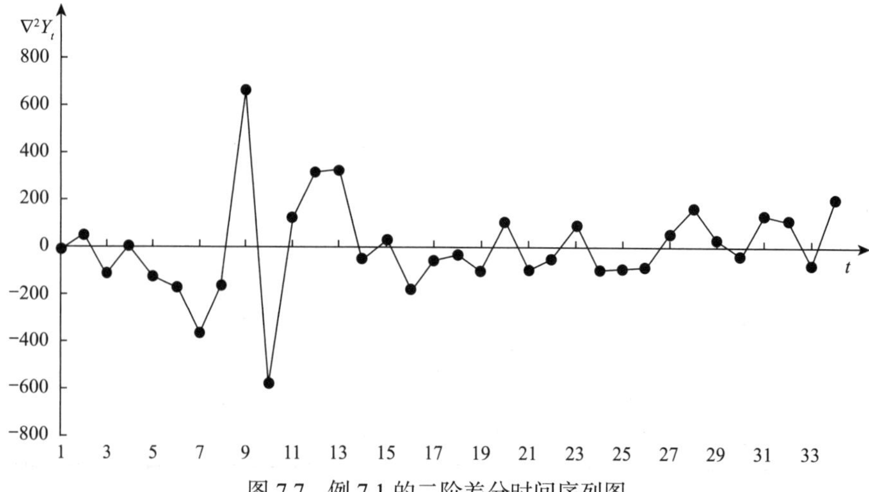

图 7.7　例 7.1 的二阶差分时间序列图

如果时间序列在方差上不平稳，那么可采用对数变换的方法使之平稳化，即令 $W_t = \ln Y_t$，然后再研究 W_t 的方差是否平稳，如有必要可再进行一次对数变换。如果时间序列在均值和方差上都不平稳，通常对时间序列先进行对数变换，然后再进行差分运算①，即 $W_t = (1-B)\ln Y_t$，然后再研究 W_t 的预测模型。

7.4　时间序列平滑预测法

将一个变量或经济指标在一个历史时期的值予以记录，形成一个按时间排列的有序集合，就得到一个历史时间序列。大多数预测技术都会利用时间序列数据建模。时间序列分析作为一种统计学分支学科，是关于应用概率论与统计学理论对时间序列所代表的变量的时序运动结构规律进行分析的方法学科。应用时间序列分析理论和方法进行预测，就是从时间序列中发现历史规律，并通过时间外推法预测变量的未来值时间序列。任何一个闭环的预测模型系统都必然至少有一个变量是用纯时间序列分析进行预测，即该变量的预测只需要时间这个唯一未来值，否则预测模型无法推算目标预测指标的未来值。本章后文介绍作为初等时间序列分析的平滑法和分解法，第 8 章是作为高级时间序列分析内容的 Box-Jenkins 预测技术。

在时间序列分析中，平滑和分解是两种最基本的方法。

7.4.1　一次移动平均预测法

设有时间序列 $\{X_t : t = 1, 2, \cdots\}$，定义：

$$\bar{X}'_t = \frac{X_t + X_{t-1} + \cdots + X_{t-N+1}}{N} = \frac{1}{N}\sum_{s=0}^{N-1} X_{t-s} \tag{7.1}$$

则称 $\bar{X}'_t$ 为变量 X 的一个一次移动平均数，N 称为阶长（时期长度）或步长。在应用中，X_t 是一个统计指标 X 在时期或时刻 t 的值。$\bar{X}'_t$ 作为 X 在 $t-N+1$ 到 t 之间的平均值，应对应于哪个时间，在不同文献中处理方法不同，有置于中间位置的，有置于末端位置的，在预测应用中可以通过尝试决定，本书一般置于最后时间即 t 处。

【例 7.2】　某公司某年各个月份手机销售量见表 7.3。如取阶长为 3，则可以计算出 3~12 月的移动平均数。如：

$$\bar{X}'_5 = \frac{1}{3}(X_5 + X_{5-1} + X_{5-2}) = \frac{1}{3} \times (17 + 15 + 13) = 15.0(\text{万只})$$

表 7.3　例 7.2 的基本数据及一次平均数　　单位：万只

月份	实际销售量 X_t	一次移动平均数 $\bar{X}'_t$	误差 $X_t - \bar{X}'_t$
1	12	—	—
2	14	—	—

① 如先做差分使时间序列在均值上平稳，这时部分数值为负，就无法进行对数运算。

续表

月份	实际销售量 X_t	一次移动平均数 $\bar{X}'_t$	误差 $X_t-\bar{X}'_t$
3	13	13.0	0.0
4	15	14.0	1.0
5	17	15.0	2.0
6	16	16.0	0.0
7	17	16.7	0.3
8	19	17.3	1.7
9	18	18.0	0.0
10	19	18.7	0.3
11	20	19.0	1.0
12	20	19.7	0.3

时期 t 后新的移动平均数可以在时期 t 的移动平均数的基础上进行计算，即

$$\bar{X}'_{t+1}=\bar{X}'_t+\frac{X_{t+1}-X_{t-N+1}}{N} \tag{7.2}$$

移动平均数的实质是通过对经济指标在若干时期的数值取平均数的办法来抹平实际经济过程的波动，称为平滑，主要目的是消除和抵消随机变动因素的影响，显示经济过程的主要发展趋势。从图 7.8 中可以看出，移动平均数的波动幅度，远较实际数值的波动幅度小。

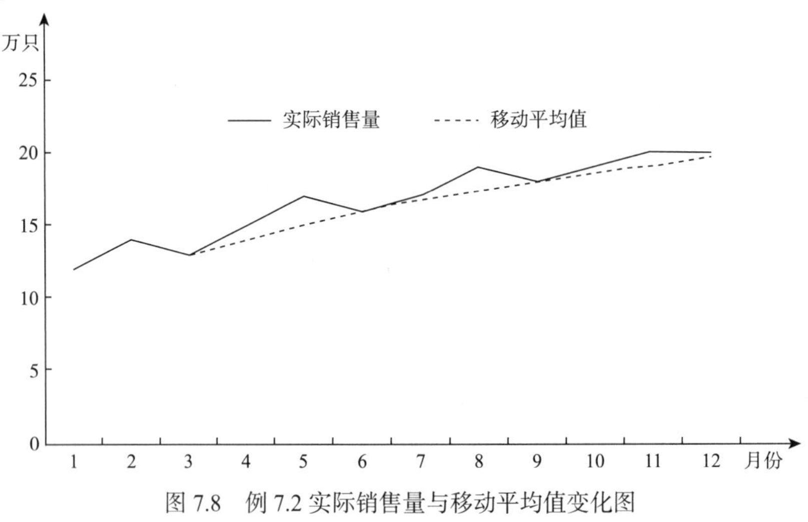

图 7.8　例 7.2 实际销售量与移动平均值变化图

一次移动平均预测法就是利用发展水平的惯性属性进行外推。假设已知经济指标 X 的历史时间序列为 $\{X_1,X_2,\cdots,X_t\}$，则一次移动平均法对 X 在 $t+1$ 时期值的预测为

$$F_{t+1}=\bar{X}'_t=\frac{1}{N}\sum_{s=0}^{N-1}X_{t-s} \tag{7.3}$$

F_{t+1} 表示 X 在时期 $t+1$ 的预测值。应当注意，这个公式只是简单地用过去数值预测未来，而没有考虑时间趋势，只有在确认没有显著稳定增长趋势的情况下，才能使用。

7.4.2　二次移动平均预测法

在一次移动平均数的基础上可以计算二次移动平均数，计算公式如下：

$$\bar{X}_t''=\frac{\bar{X}_t'+\bar{X}_{t-1}'+\cdots+\bar{X}_{t-N+1}'}{N}=\frac{1}{N}\sum_{s=0}^{N-1}\bar{X}_{t-s}' \tag{7.4}$$

对例 7.2 的数据，计算二次移动平均数如表 7.4 所示。

二次移动平均数的阶长可以与一次移动平均数相同，也可以不同。下面讨论经济指标数值在没有明显时间趋势情况下，利用二次移动平均数进行预测的问题。

表 7.4　例 7.2 数据二次移动平均数　　单位：万只

月份	实际销售量 X_t	一次移动平均数 $N=3,\bar{X}_t'$	二次移动平均数 $N=3,\bar{X}_t''$	误差 $\bar{X}_t'-\bar{X}_t''$
1	12			
2	14			
3	13	13.0		
4	15	14.0		
5	17	15.0	14.0	1.0
6	16	16.0	15.0	1.0
7	17	16.7	15.9	0.8
8	19	17.3	16.7	0.6
9	18	18.0	17.3	0.7
10	19	18.7	18.0	0.7
11	20	19.0	18.6	0.4
12	20	19.7	19.1	0.6

按照一次移动平均数的计算公式，$\bar{X}_t'$ 实质上表示 $t-N+1$ 到 t 这段时期的中等水平数。如果假定 X 在这段时期均匀增长，那么 $\bar{X}_t'$ 应是中间时期的值。在例 7.2 中，$\bar{X}_5'=15.0$，它是 3 月、4 月、5 月销售量的平均数，因为这个时期刚好均匀增长，它正等于 4 月的数，所以用它代表 4 月的数更合适。由于这个数只有在有 5 月统计资料时才能计算，其最早计算点为 5 月末，故在经济文献中常把 5 月的移动平均数放在 4 月的位置，并认为 $\bar{X}_t'$ 具有长度为 $\frac{N-1}{2}$ 的时滞。当经济指标具有明显的增长趋势时，这个由于时滞而产生的偏差必须予以调整。

因为二次移动平均数 $\bar{X}_t''$ 是在一次移动平均数基础上计算的，所以它对 $\bar{X}_t'$ 来说也可以认为有长度为 $\frac{N-1}{2}$ 的时滞，所以用 $\bar{X}_t''$ 代表 $\bar{X}_t'$ 也具有长度为 $\frac{N-1}{2}$ 的时间偏差需要调整。在均匀增长下，平均一个时期的偏差值为

$$\frac{2}{N-1}\left(\bar{X}_t'-\bar{X}_t''\right)$$

在经济指标具有明显时间趋势时，为了反映增长趋势，校正预测偏差，用 $\bar{X}_t'-\bar{X}_t''$ 对 $\bar{X}_t'$ 进行调整。这样，$\bar{X}_t'+\left(\bar{X}_t'-\bar{X}_t''\right)$ 就是 X 在时期 t 的理论计算值。于是 X 在 $t+1$ 时期的预测值是

$$F_{t+1}=\bar{X}_t'+\left(\bar{X}_t'-\bar{X}_t''\right)+\frac{2}{N-1}\left(\bar{X}_t'-\bar{X}_t''\right) \tag{7.5}$$

令 $a_t=\bar{X}_t'+\left(\bar{X}_t'-\bar{X}_t''\right)$，$b_t=\dfrac{2}{N-1}\left(\bar{X}_t'-\bar{X}_t''\right)$，则有 $F_{t+1}=a_t+b_t$，这里 b_t 实际上代表增长量。F_{t+1} 也可写为

$$F_{t+1}=\left(\frac{2N}{N-1}\right)\bar{X}_t'-\left(\frac{N+1}{N-1}\right)\bar{X}_t'' \tag{7.5$'$}$$

在假定匀速增长时，有线性预测模型：

$$F_{t+m}=a_t+mb_t \tag{7.6}$$

其中，F_{t+m} 表示时期 $t+m$ 的预测值。式（7.6）也可写为

$$F_{t+m}=\left(\frac{2N-2+2m}{N-1}\right)\bar{X}_t'-\left(\frac{N-1+2m}{N-1}\right)\bar{X}_t'' \tag{7.6$'$}$$

对例 7.2 的预测问题，如果在 5 月末预测后三个月的销售量，则有

$$a_5=2\bar{X}_5'-\bar{X}_5''=16.0\text{，}\quad b_5=\frac{2}{N-1}\left(\bar{X}_5'-\bar{X}_5''\right)=1.0$$

故 $F_6=a_5+b_5=17$ 万只。预测误差是 $e_6=X_6-F_6=16-17=-1$（万只）。同样有 $F_7=a_5+2\times b_5=18$ 万只，$e_7=X_7-F_7=17-18=-1$ 万只，以及 $F_8=a_5+3\times b_5=19$ 万只，$e_8=X_8-F_8=19-19=0$ 万只。

7.4.3　加权移动平均预测法

在一次移动平均数的公式中，对 N 个历史时期的数据实际上赋予了相同的权数，均为 $1/N$，

$$\bar{X}_t'=\frac{X_t}{N}+\frac{X_{t-1}}{N}+\cdots+\frac{X_{t-N+1}}{N}$$

二次移动平均数对一次移动平均数来说，其 N 个权数也是相等的，但是二次移动平均数对原始值来说，其权数是不相等的。例如，设 $N=3$，则

$$\bar{X}_t''=\frac{\bar{X}_t'+\bar{X}_{t-1}'+\bar{X}_{t-2}'}{3}\text{，}\quad \bar{X}_t'=\frac{X_t+X_{t-1}+X_{t-2}}{3}$$

故

$$\bar{X}_t''=\frac{1}{9}X_t+\frac{2}{9}X_{t-1}+\frac{3}{9}X_{t-2}+\frac{2}{9}X_{t-3}+\frac{1}{9}X_{t-4}$$

当对 $t+1$ 期进行预测时，由式（7.5），当 $N=3$ 时，

$$F_{t+1}=3\bar{X}_t'-2\bar{X}_t''=\frac{7}{9}X_t+\frac{5}{9}X_{t-1}+\frac{3}{9}X_{t-2}-\frac{4}{9}X_{t-3}-\frac{2}{9}X_{t-4}$$

故不同时期数据的权数是不相等的，并且与时期 t+1 越近的时期权数越大，且权数之和为 1，即

$$\frac{7}{9}+\frac{5}{9}+\frac{3}{9}+\left(-\frac{4}{9}\right)+\left(-\frac{2}{9}\right)=1$$

基于以上分析，可以有广义加权移动平均预测法，预测公式为

$$F_{t+1}=\sum_{s=0}^{N-1}w_{t-s}X_{t-s}\ ,\quad \sum_{s=0}^{N-1}w_{t-s}=1 \tag{7.7}$$

其中，w_t 是对各历史时期值所赋的权重。根据作用衰减原理，式（7.7）中的权数可以根据与预测期的远近进行递减赋值。

7.4.4　一次指数平滑预测法

一次指数平滑法是一种特殊的加权移动平均法，预测公式为

$$F_{t+1}=F_t+\alpha\left(X_t-F\right)_t=F_t+\alpha e_t,\ \ 0\leqslant\alpha\leqslant 1 \tag{7.8}$$

其中，e_t 表示时期 t 的预测误差，α 称为平滑系数。式（7.8）的含义是下一个时期的预测值等于本期预测值再加上一个修正值，修正值与本期预测误差成正比。式（7.8）可写为

$$F_{t+1}=\alpha X_t+\left(1-\alpha\right)F_t,\ \ 0\leqslant\alpha\leqslant 1 \tag{7.9}$$

也就是说，时期 t+1 的预测值 F_{t+1} 是时期 t 的实际值 X_t 和预测值 F_t 的一个加权平均数，其权数分别为 α 和 $1-\alpha$。通过递推，可以得到

$$\begin{aligned}F_{t+1}&=\alpha X_t+\alpha\left(1-\alpha\right)X_{t-1}+\alpha\left(1-\alpha\right)^2X_{t-2}+\alpha\left(1-\alpha\right)^3X_{t-3}+\cdots\\&=\sum_{k=0}^{\infty}\alpha\left(1-\alpha\right)^kX_{t-k}\end{aligned} \tag{7.10}$$

式（7.10）是一个级数，其意义是预测值 F_{t+1} 是过去所有实际值的一个加权平均数，其权数为 $\alpha\left(1-\alpha\right)^k$，最近时期的权数是 α。因为权数是一个指数函数，所以称为指数平滑法。且有

$$\alpha+\alpha\left(1-\alpha\right)+\alpha\left(1-\alpha\right)^2+\alpha\left(1-\alpha\right)^3+\cdots=\sum_{k=0}^{\infty}\alpha\left(1-\alpha\right)^k=\frac{\alpha}{1-\left(1-\alpha\right)}=1,\ \ 0\leqslant\alpha\leqslant 1$$

式（7.10）也可写成

$$F_t=\alpha(1-\alpha)^{-1}\sum_{k=1}^{\infty}\left(1-\alpha\right)^kX_{t-k} \tag{7.11}$$

指数平滑法需要确定初始值和初始预测值。因为初始值已知，可以假设初始预测误差为 0。若有历史预测，则可算出初始误差。对例 7.2 的预测问题，利用一次指数平滑法计算预测值见表 7.5，其中预测值 1 的初始预测值假设是 11.5，预测值 2 的初始误差假设为 0。可以看出，经过几个时期后，初始预测误差的影响就消失了。

表 7.5　例 7.2 的一次指数平滑法预测　　单位：万只

月份	实际销售量	预测值 1 α=0.5	预测误差 1	预测值 2 α=0.5	预测误差 2
1	12	11.5	0.5	12	0
2	14	11.8	2.3	12.0	2.0
3	13	12.9	0.1	13.0	0.0
4	15	12.9	2.1	13.0	2.0
5	17	14.0	3.0	14.0	3.0
6	16	15.5	0.5	15.5	0.5
7	17	15.7	1.3	15.8	1.3
8	19	16.4	2.6	16.4	2.6
9	18	17.7	0.3	17.7	0.3
10	19	17.8	1.2	17.8	1.2
11	20	18.4	1.6	18.4	1.6
12	20	19.2	0.8	19.2	0.8

在指数平滑法中，平滑系数起着重要作用。α 取值越大，即越接近于 1，近期数值在预测中所起的作用越大。由表 7.6 可以看出，权数衰减速度很快，α 越大衰减越快。

表 7.6　一次指数平滑法权数分布

时期 \ α	1	0.8	0.6	0.5	0.3	0.1
t	1.000 0	0.800 0	0.600 0	0.500 0	0.300 0	0.100 0
$t-1$	0.000 0	0.160 0	0.240 0	0.250 0	0.210 0	0.090 0
$t-2$	0.000 0	0.032 0	0.096 0	0.125 0	0.147 0	0.081 0
$t-3$	0.000 0	0.006 4	0.038 4	0.062 5	0.102 9	0.072 9
$t-4$	0.000 0	0.001 3	0.015 4	0.031 3	0.072 0	0.065 6
$t-5$	0.000 0	0.000 3	0.006 1	0.015 6	0.050 4	0.059 0

7.4.5　二次指数平滑预测法

对指标 X，以 S'_t 表示一次指数平滑值，且以 S'_{t-1} 预测 X_t，根据式（7.9）有

$$S'_t=\alpha X_t+(1-\alpha)S'_{t-1}=S'_{t-1}+\alpha(X_t-S'_{t-1}) \tag{7.12}$$

今对 S'_t 再做一次平滑，即

$$S''_t=\alpha S'_t+(1-\alpha)S''_{t-1} \tag{7.13}$$

S''_t 称为 X_t 的二次指数平滑值。

一次指数平滑值 S'_t 是对全部历史数值的加权平均数，如同 $\overline{X}'_t$ 对 X_t 具有时滞一样，S'_t 在匀速增长假定下对 X_t 也具有时滞。因为对各期数据权数不同，综合时滞应是加权平均数。因为滞后 k 期的权数是 $\alpha(1-\alpha)^k$，所以综合滞后时间为

$$\sum_{k=0}^{\infty}\alpha(1-\alpha)^k k$$

无穷级数 $\sum_{k=0}^{\infty} k(1-\alpha)^k$ 当 $0<\alpha\leqslant 1$ 时收敛，并且其和为

$$\sum_{k=0}^{\infty} k(1-\alpha)^k = \frac{1-\alpha}{\alpha^2}$$

故 S_t' 对 X_t 的平均滞后时间为

$$\sum_{k=0}^{\infty} \alpha(1-\alpha)^k k = \frac{1-\alpha}{\alpha}$$

同样，S_t'' 对 S_t' 的滞后时间也为 $\frac{1-\alpha}{\alpha}$。

当经济指标的数值具有明显时间趋势时，必须对这些时滞加以调整。设当前时期是 t，根据一次指数平滑法，以 S_t' 预测 X_t，S_t'' 作为对滞后时期 $t-(1-\alpha)/\alpha$ 的理论指标值，从 $t-(1-\alpha)/\alpha$ 到 t 总增长量是 $S_t'-S_t''$，平均每期增长

$$\frac{\alpha}{1-\alpha}(S_t'-S_t''),$$

则对 X_t 的理论估计值是 $S_t'+(S_t'-S_t'')$，对时期 t+1 的预测可以估计为

$$F_{t+1} = S_t' + (S_t'-S_t'') + \frac{\alpha}{1-\alpha}(S_t'-S_t'') = \frac{(2-\alpha)S_t'-S_t''}{1-\alpha} \tag{7.14}$$

令 $a_t = S_t' + (S_t'-S_t'')$，$b_t = \frac{\alpha}{1-\alpha}(S_t'-S_t'')$，则有

$$F_{t+1} = a_t + b_t \tag{7.15}$$

对指标 X 在时期 t+m 的预测值为

$$F_{t+m} = a_t + b_t m \tag{7.16}$$

表 7.7 给出了例 7.2 预测问题的二次指数平滑预测。一次指数平滑预测按表 7.5。

表 7.7　例 7.2 的二次指数平滑预测（$\alpha=0.5$）　　单位：万只

月份	实际销售量	一次指数平滑预测值	一次指数平滑预测值误差	一次指数平滑值	二次指数平滑值	二次指数平滑预测值	二次指数平滑预测值误差
1	12	11.5	0.5	11,8	11.75		
2	14	11.8	2.3	12.9	12.31	11.75	2.25
3	13	12.9	0.1	12.9	12.63	14.00	−1.00
4	15	12.9	2.1	14.0	13.30	13.56	1.44
5	17	14.0	3.0	15.5	14.39	15.31	1.69
6	16	15.5	0.5	15.7	15.07	17.67	−1.67
7	17	15.7	1.3	16.4	15.72	17.09	−0.09
8	19	16.4	2.6	17.7	16.70	17.68	1.32
9	18	17.7	0.3	17.8	17.27	19.65	−1.65
10	19	17.8	1.2	18.4	17.85	18.98	0.02
11	20	18.4	1.6	19.2	18.53	19.57	0.43
12	20	19.2	0.8	19.2	18.87	20.57	−0.57
均值	16.67	15.32	1.35		15.37	16.90	0.20
标准差	2.71	2.68	0.96		2.51	2.87	1.35
标准误差			2.89				1.71

在二次指数平滑计算值的基础上，可以计算三次指数平滑值 S_t'''，即

$$S_t''' = \alpha S_t'' + (1-\alpha) S_{t-1}''' \tag{7.17}$$

可用之进行预测。

在指数平滑法中，α 大小与所研究经济指标的时间序列数值的增长趋势有关，可以基于历史数据，用最小二乘法求最优 α。如果经济指标时间序列数值增长趋势很明显，那么应选用较大的 α 值，使预测公式能快速响应经济变量的变动。当经济指标的增长较平缓时，选用较小的 α 值。根据一般经验，当增长很平缓不显著时，最优 $\alpha \in (0.1, 0.3)$，当有明显增长趋势时，最优 $\alpha \in (0.3, 0.5)$，当增长趋势较陡时，最优 $\alpha \in (0.6, 0.8)$。对增长趋势平缓的经济指标，一次指数平滑法的预测精度较高，对增长趋势很显著的经济指标，二次指数平滑法的预测精度比一次指数平滑法的预测精度好很多。对一次指数平滑法，应取较大的 α。

7.5 时间序列影响分解预测法

观察经济指标沿时间坐标轴的变化情况，无非是两种特征：增长趋势和波动，此外就是随机变动。在波动中，如果考虑一个时间单位如一年内的波动，则又可想到随季节的变化，于是就形成了将总指标值分成四个组成部分的分解分析法。

7.5.1 分解法的基本思想

经济指标值随时间变动受很多因素的影响，可以把这些因素分为两大类：

第一类，基本因素。通过经济分析可以把基本因素列出。一般情况下，基本因素的数目不太多，反映了推动事物发展的主要矛盾。

第二类，随机因素。随机因素通常是影响事物发展的非主要矛盾，其影响力一般比较小，数目比较多。但是要区分随机因素与突变因素。事物的发展存在量变到质变的过程，这个过程有时是平缓的，也可能出现剧烈的骤变。量变到质变的发生，使某些次要矛盾上升为主要矛盾，突变则中断了既有趋势的连续性。时间序列分析基于水平常模，一般不能预言突变的发生。

基本因素引起的指标变动通常可分为以下三种：

（1）趋势。趋势指经济指标的一种单向变动，或增长，或减退。不变可归为特殊的增长，即速度为 0 的增长。趋势反映经济指标数值在一定时期内的发展变化规律及大趋向。

（2）周期。市场经济发展过程有明显的周期性波动。当整体经济处于高涨阶段，大部分经济指标都呈现明显增长；当整体经济处于危机或萧条阶段，所有经济指标都将受到很大的负面影响。

（3）季节性。季节性是一种特殊的周期性。很多经济指标在每年中各个季度或各个月份，或每个月份中各旬，或每周中各天表现出周期性波动。季节性波动形成的原因很

复杂。有的是与气候等自然因素有关，如冬季是照明用电、取暖用煤高峰期，夏季某些肉类的消费量减少；有的是与生活习惯、宗教信仰、节假日安排有关，如春节、元旦、国庆等节日前一些商品的销售量急剧上升。

对经济指标 X，如果可以将趋势变动、周期变动、季节变动等基本因素形成的变动分离开，则存在这样的数学模型：

$$X_t = f\left(T_t, C_t, S_t, E_t\right) \tag{7.18}$$

其中，T_t 表示趋势影响；C_t 表示 t 时期的周期影响；S_t 表示季节性影响；E_t 表示随机影响。时间序列分解法的目标就是将四种特征的变化分离开，分别形成预测模型。

分解法的基本前提有两个：

（1）三种基本因素对经济指标值变动的效果是可以分离的；

（2）随机因素的影响及少数时期出现的一些虚假关系，可以采用某些方法加以消除或基本上消除。

分解法的种类很多，可以说，任何在数学模型中将四种成分独立成团的形式都是一种分解法，如式（7.19）所示。最基本的分解法是加法模型和乘法模型。

$$Y_t = \frac{T_t + C_t + S_t}{\left(\ln T_t\right)\left(C_t\right)^2} + E_t \tag{7.19}$$

7.5.2　加法分解法

加法模型的主要前提是，各种基本因素对经济指标在各时期的数值的影响具有加法迭加关系，即相互独立，模型形式为

$$X_t = \left(T_t + C_t + S_t\right) + E_t \tag{7.20}$$

加法分解法的操作步骤如下：

（1）计算阶长等于季节长度的居中移动平均数 $\bar{X}'_t$。

居中移动平均数就是将计算出的移动平均数记为所依据时期的中间一个时期的指标值。它消除了前面所讨论的时滞，当阶长 N 为奇数时，一次居中移动平均数计算公式为

$$\bar{X}'_t = \frac{1}{N}\sum_{s=-\frac{N-1}{2}}^{\frac{N-1}{2}} X_{t+s} \tag{7.21}$$

例如，1980~1984 年我国粮食产量分别为 6 411.1 亿斤（1 斤=500 克）、6 500.4 亿斤、7 090 亿斤、7 745.5 亿斤、8 146 亿斤，这些数的阶长为 5 的居中移动平均数为

$$\begin{aligned}\bar{X}'_{82} &= \frac{X_{80} + X_{81} + X_{82} + X_{83} + X_{84}}{5} \\ &= \frac{6\,411.1 + 6\,500.4 + 7\,090 + 7\,745.5 + 8\,146}{5} \\ &= 7\,178.6(\text{亿斤})\end{aligned}$$

当阶长 N 为偶数时，居中移动平均数的计算公式为

$$\bar{X}_t' = \frac{\frac{1}{2}X_{t-\frac{N}{2}} + X_{t-\frac{N}{2}+1} + \cdots + X_{t+\frac{N}{2}-1} + \frac{1}{2}X_{t+\frac{N}{2}}}{N} = \frac{\frac{1}{2}\left(X_{t-\frac{N}{2}} + X_{t+\frac{N}{2}}\right) + \sum_{s=1-\frac{N}{2}}^{\frac{N}{2}-1} X_{t+s}}{N} \tag{7.22}$$

上述我国粮食产量五年数据的阶长为 4 的居中移动平均数为

$$\bar{X}_{82}' = \frac{\frac{1}{2}X_{80} + X_{81} + X_{82} + X_{83} + \frac{1}{2}X_{84}}{4} \approx 7\,153.6(\text{亿斤})$$

居中移动平均数的阶长通常等于以基本时间单位计算的波动周期的长度，如数据是季节数据，四个季度为一个循环周期，则阶长应等于 4；如数据是月度数据，一年一个循环，则阶长应等于 12。商场销售额和银行储蓄额拥有日数据，假设因为工资按月发放的缘故，形成月度时间序列的相似性，则阶长可以等于 10，也可以把数据总合成旬度数据，阶长取 3。移动平均数能消除周期性因素的影响。如果基本时间单位比数据记录时间单位大一个级别（如基本时间单位是年，数据记录时间单位是季，周期的单位就是年），那么认为按数据记录单位周期计算的移动平均数消除的就是季节影响。如果仅消除季节影响，那么形成的移动平均数新时间序列就可能同时包含周期部分和趋势部分。

（2）计算季节偏移量 $X_t - \bar{X}_t'$。

由第一步得到的居中移动平均数 $\bar{X}_t'$ 包含了趋势和周期等基本因素的影响，所以

$$\bar{X}_t' = T_t + C_t, \quad X_t - \bar{X}_t' = S_t + E_t \tag{7.23}$$

（3）估计趋势模型，计算各时期的趋势值 T_t。

回归方法是求出预测指标的趋势模型的基本方法。用趋势模型计算各时期趋势值 T_t。

（4）计算周期因素影响值 $C_t = \bar{X}_t' - T_t$。

从居中移动平均数减去同时期的趋势值，即为周期因素的影响值。这是把 $\bar{X}_t'$ 除去确定的趋势后的余值都划归周期，实际上也含有随机因素作用。

（5）计算季节调整因子 S_t。

计算同名季节的季节偏移量的平均数作为季节调整因子 S_t。可以认为，利用计算平均值消除了偶然因素的影响，而这个平均数反映了季节性因素的影响，于是

$$E_t = \left(X_t - \bar{X}_t'\right) - S_t \tag{7.24}$$

这里简单情况是假定调整因子 S_t 仅与季节类别有关，即仅是季节名称的函数，对 $\forall t = 1, 2, \cdots$，有

$$S_t^k = S^k \tag{7.25}$$

复杂情况可以估计 K_{ij} 的时间趋势。

（6）预测模型：

$$F(t,k) = T_t + C_t + S_t^k \tag{7.26}$$

在理论上，虽然把一次移动平均值完全作为基本因素的效应，没有随机波动，但是一次移动平均实际上不能完全消除随机因素影响；在假定统计测量完全准确的情况下，只有总体总和数才是确定的。在时间序列普遍包含随机效应的情况下，任何移动平均序列都是有随机效应的，所以预测模型的随机误差项与分解法计算的随机项数值是不一致

的。另外，周期因素如果是不规则的，如大多数经济危机周期，在预测实践上也被当作随机因素来处理（见例 7.3）。

【例 7.3】 某电子商务公司五个月按旬统计的商品销售额数据列于表 7.8，利用加法分解模型构建预测模型。

分析：本例中，基本时间单位是月，记录时间单位是旬。观察原时间序列，旬商品销售额可能存在的变动形式：①长期趋势：有不断增长的态势（图 7.9）；②季节性影响：每个月三旬的数存在微弱季节周期性，有三个月的上旬数不小于下旬数，无长周期性；③随机因素影响。

解：(1) 计算居中移动平均数：阶长 N=3，见表 7.8。移动平均数消除了季节性因素，减弱了随机因素的影响。从表 7.8 中可以看出，旬商品销售额有上下波动的现象，但是移动平均数是逐旬上升的。

(2) 计算季节偏移量。表 7.8 中的最后一列计算了 $X_t - \bar{X}'_t$，它反映了季节性因素和随机因素的影响。

表 7.8　例 7.3 的数据及计算　单位：万元

月份		商品零售额 X_t	居中移动平均数 $\bar{X}'_t$，$N=3$	季节偏移量 $X_t - \bar{X}'_t$
一月	上旬	14	—	—
	中旬	15	14.33	0.67
	下旬	14	15.00	−1.00
二月	上旬	16	15.67	0.33
	中旬	17	17.00	0.00
	下旬	18	18.67	−0.67
三月	上旬	21	19.67	1.33
	中旬	20	20.00	0.00
	下旬	19	20.67	−1.67
四月	上旬	23	21.33	1.67
	中旬	22	22.67	−0.67
	下旬	23	22.67	0.33
五月	上旬	23	23.33	−0.33
	中旬	24	24.00	0.00
	下旬	25	—	—

(3) 计算季节调整因子 $S^k\,(k=1,2,3)$。分别将各月上旬、中旬、下旬的 $X_t - \bar{X}'_t$ 求和再除以月数，得平均值，即为季节调整因子，见表 7.9。

表 7.9　例 7.3 的季节调整因子　单位：万元

月份及均值	上旬	中旬	下旬
一月	—	0.67	−1.00
二月	0.33	0.00	−0.67
三月	1.33	0.00	−1.67
四月	1.67	−0.67	0.33
五月	−0.33	0.00	—
平均值	0.75	0.00	−0.75

（4）建立趋势模型：根据观察，对居中移动平均项建立线性回归模型比较合适，见图 7.9。趋势模型为

$$T_t = 0.829\,7t + 12.978,\ R^2 = 0.975\,6$$

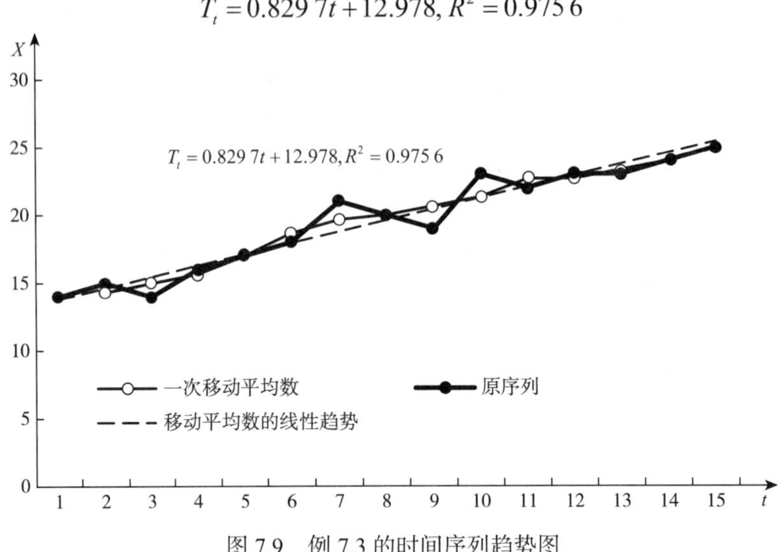

图 7.9　例 7.3 的时间序列趋势图

（5）计算随机项：$E_t = X_t - \overline{X}' - S_t$，见表 7.10。

表 7.10　例 7.3 的数据加法分解随机项计算　　单位：万元

月份		$X_t - \overline{X}_t'$	S_t	E_t
一月	上旬	—	—	—
	中旬	0.67	0.00	0.67
	下旬	−1.00	−0.75	−0.25
二月	上旬	0.33	0.75	−0.42
	中旬	0.00	0.00	0.00
	下旬	−0.67	−0.75	0.08
三月	上旬	1.33	0.75	0.58
	中旬	0.00	0.00	0.00
	下旬	−1.67	−0.75	−0.92
四月	上旬	1.67	0.75	0.92
	中旬	−0.67	0.00	−0.67
	下旬	0.33	−0.75	1.08
五月	上旬	−0.33	0.75	−1.08
	中旬	0.00	0.00	0.00
	下旬	—	—	—

（6）建立预测模型：$F_X(t,k) = T_t + S^k$。利用此模型对六月的三旬销售额预测：

上旬：$F_X(16,1) = T_{16} + S^1 = 26.992$，

中旬：$F_X(17,2) = T_{17} + S^2 = 27.071$，

下旬：$F_X(18,3) = T_{18} + S^3 = 27.15$。

7.5.3　乘法分解法

在加法分解法模型中，四种因素的影响是相互独立的，可以分别计算。如果认为四种因素的影响不独立，则可应用乘法模型。在乘法模型中，假设各种基本因素对经济指标数值的影响可以用乘积的形式表示出来，即

$$X_t = (T_t \times C_t \times S_t) \times E_t \tag{7.27}$$

式（7.27）中各符号的含义与加法模型相同。在此模型中，以趋势因素为基准，其他因素可以看作调整因子。

乘法模型的操作步骤如下：

（1）消除季节性因素和主要随机因素影响：计算阶长等于季节长度的居中移动平均数 $\bar{X}_t'$。假定 $\bar{X}_t'$ 已基本消除了季节性因素和随机因素的影响，则

$$\bar{X}_t' = T_t \times C_t \tag{7.28}$$

（2）计算各时期季节影响率：利用居中移动平均数除以相应时期的原值，得

$$\frac{X_t}{\bar{X}'} = \frac{T_t \times C_t \times S_t \times E_t}{T_t \times C_t} = S_t \times E_t \tag{7.29}$$

（3）估计趋势模型。采用线性回归方程：

$$T_t = a + bt \tag{7.30}$$

或非线性回归方程。趋势方程的形式可根据居中移动平均数的图象观察设定。

（4）计算周期因素影响因子：

$$C_t = \frac{\bar{X}_t'}{T_t} = \frac{T_t \times C_t}{T_t} \tag{7.31}$$

（5）计算季节调整因子 S_t。通常对各年份同名季节（或同名月份）的 $\frac{X_t}{\bar{X}_t'}$ 值计算简单平均数，把它作为季节性因子的初始值。各月份季节性因子初始值之和一般不等于季节长度（如 12），乘调整系数，使其和等于季节长度（如 12），就得到季节调整因子 S_t。

（6）计算随机因素影响系数：

$$E_t = \frac{X_t}{\bar{X}_t' \times S_t} \tag{7.32}$$

（7）预测：在进行预测时，首先根据趋势方程算出预测期的趋势值，然后以周期因素影响因子 C_t 和相应的季节性指标 S_t 与趋势值相乘，即可得出这个经济指标在预测期的数值。

与加法模型类似，把移动平均数作为趋势和周期的因素影响度量是理论上的，其实际上仍然包含随机因素，甚至把除去趋势后的部分都当作随机因素影响。乘法模型中的随机因子，实际也可以用实际值减去预测值得到，此时或称随机误差。这就不是纯乘法模型了。

对周期因子，其实也有办法估计其预测模型。首先，观察 C_t 的变动规律。若有显著

周期现象，则可用一定的谱分析方法得到其估计模型，若没有或周期性不显著，则可忽略周期性因素作用。从原始数据中分离开趋势值、周期值和季节性因子，剩余的就是随机误差。

习题

1. 辨析预测概念，阐述对预测工作的认识。

2. 列出惯性原理在解释社会生活和其他方面的一些事例。

3. 下表是三组不同增长趋势的时间序列，考察不同 α 取值对普通移动平均法、一次指数平滑法和二次指数平滑法预测精度的影响。

时期	指标值 1	指标值 2	指标值 3
1	13	13	13
2	14	14	15
3	13	15	17
4	15	15	18
5	17	17	20
6	16	16	23
7	17	18	25
8	16	20	28
9	18	23	33
10	17	28	35
11	17	30	39
12	19	33	43

4. 对例 7.3 中的数据应用乘法分解法进行预测建模，并与加法模型效果进行比较。

参 考 文 献

惠尔莱特 S C，马克利达基斯 S. 1986. 管理用预测方法. 崔之庆，戴健群，汪行远，等译. 上海：上海人民出版社

郝康. 1987. 论预测学的基本原则体系. 预测，6（5）：4-8

陈锡康. 1986. 经济数学模型与方法. 北京：中国财政经济出版社

陈锡康. 1989. 现代科学管理方法基础. 北京：科学出版社

陈玉祥. 1990. 第二讲 基本预测原理. 预测，9（4）：68-71

第 8 章

博克斯–金肯斯预测技术

本章我们将介绍比较高级的时间序列预测技术——ARIMA 预测技术。英国统计学家 George Edward Pelham Box 和 Gwilym M. Jenkins 于 1976 年出版了《时间序列分析：预测和控制》一书[①]，全面阐述了这种技术，所以该技术又称为博克斯–金肯斯（Box-Jenkins）预测技术。

这种方法与所有的时间序列预测方法的基本原理相同，都是根据经济指标的历史数据，以数学模型整理出一定的规律性，然后进行外延。这种方法有很多优点，其中最突出的一个优点是它不需要事先确定所研究的时间序列的模型函数形式，而是通过模型的反复识别、估计和检验，制定出最简单而又最合适的模型结构。应用这种技术进行预测的精度较高，在大部分情况下比其他方法精确，但是该方法相对复杂，计算工作量很大。

博克斯–金肯斯预测技术的数学模型名称为 ARIMA(p,d,q) 模型。ARIMA 是自回归（autoregressive，AR）、综合（integrated，I）和移动平均（moving average，MA）的缩写，含义即集成了移动平均的自回归模型。其中，p 是自回归阶数，d 是差分阶数，q 是移动平均阶数。p、d、q 均为非负整数，但在实际应用中，很少取大于 2 的数。

8.1 自回归移动平均混合模型概述

自回归移动平均混合模型即自回归模型和移动平均模型组合在一起的模型，简称 ARMA 模型。下面分别介绍自回归模型和一般移动平均模型。

8.1.1 自回归模型

在多元回归模型中，通常是把因变量 Y 对若干解释变量如 $x_2,x_3,\cdots,x_k$ 进行回归，求

① Box G E P，Jenkins G M. Time Series Analysis，Forecasting and Control. San Francisco：Holden-day，1976

得回归方程

$$Y = b_1 + b_2 x_2 + \cdots + b_k x_k + e$$

其中，e 是随机误差。因变量 Y 与解释变量 $x_2, x_3, \cdots, x_k$ 一般是相异变量，如因变量为货物运输量，解释变量为各物质生产行业总产出。如果 $x_2, x_3, \cdots, x_k$ 与 Y 是同时期量，那么就无法应用回归模型进行经济预测。预测的前提是未来变量值与当前及过去变量值存在紧密的相关性，这就是自相关模型的必要性。对经济指标 Y，以 Y_t 为因变量，$Y_{t-1}, Y_{t-2}, \cdots, Y_{t-p}$ 为解释变量，若存在满足一定精度和可靠性的回归方程：

$$Y_t = \varphi_0 + \varphi_1 Y_{t-1} + \varphi_2 Y_{t-2} + \cdots + \varphi_p Y_{t-p} + e_t = \varphi_0 + \sum_{k=1}^{p} \varphi_k Y_{t-k} + e_t \tag{8.1}$$

式（8.1）就称为 Y 的 p 阶自回归模型，简记为 $\mathrm{AR}(p)$。其中 φ_0 是常数项，φ_k（k=1, 2, ⋯, p）称为自回归系数，e_t 是随机影响项。当 $k \geqslant 2$ 时，φ_k 也称为偏（自）回归系数。

相对于一般的 $\mathrm{ARIMA}(p,d,q)$ 模型，纯自回归模型 $\mathrm{AR}(p)$ 也可记为 $\mathrm{ARIMA}(p, 0, 0)$，即 $d = q = 0$。

1. 一阶自回归模型：$\mathrm{AR}(1)$ 或 $\mathrm{ARIMA}(1,0,0)$

当 $p = 1$ 时，$\mathrm{AR}(1)$ 的形式为

$$Y_t = \varphi_0 + \varphi_1 Y_{t-1} + e_t \tag{8.2}$$

自回归系数 φ_1 的取值范围为 $-1 < \varphi_1 < 1$。

若 Y_t 的数学期望 $EY_t = 0$，则式（8.2）可以写成：

$$Y_t = \varphi_1 Y_{t-1} + e_t \tag{8.3}$$

若 $EY_t = m$，令 $\tilde{Y}_t = Y_t - m$，则式（8.2）变成：

$$\tilde{Y}_t = \varphi_1 \tilde{Y}_{t-1} + e_t \tag{8.4}$$

由此可推知：

$$\varphi_0 = (1 - \varphi_1) m \tag{8.5}$$

2. 二阶自回归模型 $\mathrm{AR}(2)$ 或 $\mathrm{ARIMA}(2, 0, 0)$

当 $p = 2$ 时，$\mathrm{AR}(2)$ 的形式为

$$Y_t = \varphi_0 + \varphi_1 Y_{t-1} + \varphi_2 Y_{t-2} + e_t \tag{8.6}$$

若 Y_t 的数学期望 $EY_t = 0$，则式（8.6）变为

$$Y_t = \varphi_1 Y_{t-1} + \varphi_2 Y_{t-2} + e_t \tag{8.7}$$

若 Y_t 的数学期望 $EY_t = m$，令 $\tilde{Y}_t = Y_t - m$ 则式（8.6）变为

$$\tilde{Y}_t = \varphi_1 \tilde{Y}_{t-1} + \varphi_2 \tilde{Y}_{t-2} + e_t \tag{8.8}$$

可以推得，$\varphi_0 = (1 - \varphi_1 - \varphi_2) m$。偏回归系数 φ_1 和 φ_2 的取值范围为 $-2 < \varphi_1 < 2$，$-1 < \varphi_2 < 1$。

3. p 阶自回归模型：$\mathrm{AR}(p)$ 或 $\mathrm{ARIMA}(p,0,0)$

对 p 阶自回归模型式（8.1），若 Y_t 的数学期望 $EY_t = m$，令 $\tilde{Y}_t = Y_t - m$，则式（8.1）变为

$$\tilde{Y}_t = \varphi_1\tilde{Y}_{t-1} + \varphi_2\tilde{Y}_{t-2} + \cdots + \varphi_p\tilde{Y}_{t-p} + e_t \tag{8.9}$$

容易证明，φ_0 与 m 的关系式如下：

$$\varphi_0 = \left(1 - \varphi_1 - \varphi_2 - \cdots - \varphi_p\right)m \tag{8.10}$$

偏回归系数 φ_k 的取值范围为 $k-p-1<\varphi_k<p-k+1$，k=1,2,⋯,p。

8.1.2　移动平均模型

令 $X_t - F_t = e_t$，则一次指数平滑法预测公式（7.10）可以写成

$$F_{t+1} = \sum_{k=0}^{\infty}\alpha(1-\alpha)^k\left(F_{t-k} + e_{t-k}\right) = \sum_{k=0}^{\infty}\alpha(1-\alpha)^k F_{t-k} + \sum_{k=0}^{\infty}\alpha(1-\alpha)^k e_{t-k}$$

该式中的第一个求和项就是所有历史预测值的加权平均数，如果 X_t 是平稳的，理论上可以让该项等于预测指标 X 的均值 m，令 $\theta_k = \alpha(1-\alpha)^k$，得

$$F_{t+1} = m + \sum_{k=0}^{\infty}\theta_k e_{t-k}$$

其中，θ_k 称为移动平均模型的 k 阶系数。前面已经指出，α 较大时，历史数据的权数衰减很快，因此可以简化成：

$$F_{t+1} = m + \sum_{j=0}^{q}\theta_j e_{t-j} \tag{8.11}$$

其中，q 是一个有限非负整数。式（8.11）就称为 q 阶移动平均预测模型，简记为 MA（q）。式（8.11）的标准形式通常写成：

$$Y_t = m + e_t - \sum_{j=1}^{q}\theta_j e_{t-j} \tag{8.12}$$

相对于一般的 ARIMA(p,d,q)，MA(q) 也可记为 ARIMA$(0,0,q)$，即 $d=p=0$。很显然，移动平均预测模型适用于比较平稳的时间序列。

1. 一阶移动平均模型

MA(1) 或 ARIMA$(0,0,q)$ 模型的形式为

$$Y_t = m + e_t - \theta_1 e_{t-1} \tag{8.13}$$

其中，m 是常数项；θ_1 是一阶系数，其取值范围为 $-1<\theta_t<1$。

2. 二阶移动平均模型

MA(2) 或 ARIMA$(0,0,2)$ 的形式为

$$Y_t = m + e_t - \theta_1 e_{t-1} - \theta_2 e_{t-2} \tag{8.14}$$

其中，θ_1 和 θ_2 的取值范围为 $-2<\theta_1<2$，$-1<\theta_2<1$。

3. q 阶移动平均模型

对平稳、正态、零均值的时间序列，其移动平均模型 MA(q) 或 ARIMA$(0,0,q)$ 的一般形式为

$$\tilde{Y}_t = e_t - \theta_1 e_{t-1} - \theta_2 e_{t-2} - \cdots - \theta_q e_{t-q} \tag{8.15}$$

如果数学期望 $EY_t = m$，则令 $\tilde{Y}_t = Y_t - m$，仍以式（8.15）进行建模。θ_k 的取值范围一般为 $k-q-1<\theta_k<q-k+1$,k=1,2,…,q。

8.1.3 自回归移动平均混合模型

自回归移动平均混合模型即自回归模型和移动平均模型组合在一起的模型，记为 ARMA(p,q)或 ARIMA$(p, 0,q)$，模型的一般形式为

$$Y_t = \varphi_0 + \varphi_1 Y_{t-1} + \varphi_2 Y_{t-2} + \cdots + \varphi_p Y_{t-p} + e_t - \theta_1 e_{t-1} - \theta_2 e_{t-2} - \cdots - \theta_q e_{t-q} \tag{8.16}$$

对平稳、正态、零均值的时间序列，ARMA(p,q)的一般形式为

$$\tilde{Y}_t = \sum_{k=1}^{p} \varphi_k \tilde{Y}_{t-k} + e_t - \sum_{s=1}^{q} \theta_s e_{t-s} \tag{8.17}$$

当 p 和 q 均为 1 时，ARIMA$(1,0,1)$即 ARMA$(1,1)$模型可写为

$$Y_t = \varphi_0 + \underbrace{\varphi_1 Y_{t-1}}_{\text{AR}(1)} + \underbrace{e_t - \theta_1 e_{t-1}}_{\text{MA}(1)}$$

8.1.4 ARIMA(p,d,q)模型

在自回归模型 AR(p)、移动平均模型 MA(q)和自回归移动平均混合模型 ARMA(p,q)中都要求所研究的时间序列是一个平稳的时间序列，如果不平稳，就需要进行平稳化。

如果时间序列 $\{Y_t\}$ 在均值上不平稳，而一阶差分后得到的时间序列 $(1-\mathrm{B})Y_t$ 是均值平稳的，并且自回归阶数 p 和移动平均阶数 q 都等于零，就得到了 ARIMA$(0,1,0)$模型，即 $(Y_t - Y_{t-1}) = e_t$，或写为 $\nabla Y_t = (1-\mathrm{B})Y_t = e_t$。如果 d 阶差分后所得到的时间序列是平稳的，并且自回归阶数 p 和移动平均阶数 q 都等于零，就得到 ARIMA$(0,d,0)$模型。这个模型的形式如下：

$$(1-\mathrm{B})^d Y_t = e_t \tag{8.18}$$

式（8.18）也可写为

$$\nabla^d Y_t = e_t \tag{8.19}$$

令 W_t 表示经 d 阶差分后所得到的时间序列，即

$$W_t = (1-\mathrm{B})^d Y_t \tag{8.20}$$

则对 W_t 这一时间序列来说，有 ARIMA$(0,0,0)$模型，即

$$W_t = e_t$$

例如，经识别，例 7.1 的时间序列的自回归阶数与移动平均阶数均为零，因此该时间序列适用于 ARIMA$(0,2,0)$模型：$(1-\mathrm{B})^2 Y_t = e_t$。

设有时间序列 $\{Y_t\}$，如经 d 阶差分后得到一个平稳的时间序列 $\{W_t\}$。如果 W_t 适用于 MA（q），即

$$W_t = m + e_t - \theta_1 e_{t-1} - \theta_2 e_{t-2} - \cdots - \theta_q e_{t-q} = m + e_t - \sum_{k=1}^{q} \theta_k e_{t-k}$$

那么对 Y_t，就得到 ARIMA$(0,d,q)$ 模型，即

$$(1-\mathrm{B})^d Y_t = m + e_t - \sum_{k=1}^{q} \theta_k e_{t-k} \tag{8.21}$$

如经 d 阶差分后得到的时间序列 W_t 平稳，并且经识别后适用于 AR(p)，则

$$W_t = \varphi_0 + \varphi_1 W_{t-1} + \varphi_2 W_{t-2} + \cdots \varphi_p W_{t-p} + e_t = \varphi_0 + \sum_{s=1}^{p} \varphi_s W_{t-s}$$

该式也可写为

$$\left(1-\sum_{s=1}^{p} \varphi_s \mathrm{B}^s\right) W_t = \varphi_0 + e_t \tag{8.22}$$

对原时间序列 Y_t，就有 ARIMA$(p,d,0)$ 模型：

$$\left(1-\sum_{s=1}^{p} \varphi_s \mathrm{B}^s\right)(1-\mathrm{B})^d Y_t = \varphi_0 + e_t \tag{8.23}$$

在一般情况下，经 d 阶差分得到的时间序列 W_t 是一个自回归移动平均混合模型 ARMA(p,d)，即

$$W_t = \varphi_0 + \sum_{s=1}^{p} \varphi_s W_{t-s} + e_t - \sum_{k=1}^{q} \theta_k e_{t-k}$$

或写为

$$\left(1-\sum_{s=1}^{p} \varphi_s \mathrm{B}^s\right) W_t = \varphi_0 + \left(1-\sum_{k=1}^{q} \varphi_k \mathrm{B}^k\right) e_t \tag{8.24}$$

对 Y_t，就有 ARIMA(p,d,q) 模型：

$$\left(1-\sum_{s=1}^{p} \varphi_s \mathrm{B}^s\right)(1-\mathrm{B})^d Y_t = \varphi_0 + \left(1-\sum_{k=1}^{q} \varphi_k \mathrm{B}^k\right) e_t \tag{8.25}$$

对均值为零的时间序列，式（8.21）~式（8.25）中的常数项都等于零。

8.2　自相关函数与偏自相关函数

对给定时间序列，ARIMA 技术过程一般包括模型识别、参数估计与模型检验、预测应用几个阶段。自相关函数和偏自相关函数是这些步骤需要使用的两个最基本的工具。

8.2.1　自相关函数

相关分析是关于变量之间不确定性关联关系的一种统计分析，有线性相关和一般相关两类，通常所说的相关系数都是指线性相关。如果两个变量之间有确定的线性函数关

系，那么它们之间的线性相关系数即一般所说的积差相关系数或 Person 相关系数等于 1；如果是确定的非线性函数关系，那么非线性相关系数或称相关比等于 1；一般相关系数即不确定性相关系数的绝对值小于 1。

一般相关分析是关于两个不同的变量的相关关系，而自相关函数则是关于同一变量不同时期值的相关关系。下面所说相关关系都是指线性相关。

1. 自相关函数的计算公式

对分析指标 Y ，如果 Y_t 是一个随机变量，那么 Y_{t+k} 也是一个随机变量。因为 Y_t 和 Y_{t+k} 来自同一总体，对一个无限总体，必有 $EY_t = EY_{t+k}$ ， $E(Y_t-\mu)^2 = E(Y_{t+k}-\mu)^2$ ，即二者数学期望和方差都相等，设数学期望为 μ 。定义：

$$\rho_k = \frac{E\left[(Y_t-\mu)(Y_{t+k}-\mu)\right]}{\left[E(Y_t-\mu)^2 \bullet E(Y_{t+k}-\mu)^2\right]^{\frac{1}{2}}} = \frac{E\left[(Y_t-\mu)(Y_{t+k}-\mu)\right]}{E(Y_t-\mu)^2} \tag{8.26}$$

其中，ρ_k 是 Y 的 k 阶自相关函数。显然可同样定义 Y_t 和 Y_{t-k} 的自相关函数，且有 $\rho_k = \rho_{-k}$ 。

对有限时间序列，可以类似定义 k 阶样本自相关函数①：

$$\hat{\rho}_k = \frac{\sum_{t=1}^{n-k}(Y_t-\bar{Y})(Y_{t+k}-\bar{Y})}{\sum_{t=1}^{n}(Y_t-\bar{Y})^2} \tag{8.27}$$

其中， $\hat{\rho}_k$ 是 ρ_k 的无偏估计量，可以用一个样本 $\hat{\rho}_k$ 近似 ρ_k 。自相关函数 ρ_k 的绝对值不大于 1，即 $-1 \leqslant \rho_k \leqslant 1$ 。显然，在有限时间序列中估计自相关函数，随着阶数的增大，估计的可靠性会下降。

2. 自相关函数的检验

与普通相关性检验一样，自相关函数的检验也是根据样本相关函数 $\hat{\rho}_k$ 判断母体相关函数与零的差异性。有两种检验方式， t 检验和 χ^2 检验。

1） t 检验

零假设 $H_0 : \rho_k = 0$ 。

因为 $\hat{\rho}_k$ 近似服从正态分布，所以检验统计量是

$$t_k = \frac{\hat{\rho}_k - \rho_k}{\hat{S}_k}$$

样本标准差 $\hat{S}_k$ 的计算公式是

$$\hat{S}_k = n^{-\frac{1}{2}}\left(1 + 2\sum_{j=1}^{k-1}\hat{\rho}_j^2\right)^{\frac{1}{2}} \tag{8.28}$$

实际工作中常进行如下近似判断：对经过平稳化处理的时间序列，其自相关函数样

① 在统计分析中，变量上方加“ˆ”表示对应的样本估计量。

本值的分布近似于均值为零、标准差等于 $\frac{1}{\sqrt{n}}$ 的正态分布，即 $\hat{\rho}_k - \mathrm{N}\left(0,\frac{1}{\sqrt{n}}\right)$，$n$ 是样本容量。由此，显著性水平为 5%的零假设检验的拒绝域是

$$|\hat{\rho}_k| \geqslant \frac{1.96}{\sqrt{n}}$$

$\hat{\rho}_k$ 的样本计算值在这个拒绝域内，否定零假设，认为自相关函数 ρ_k 不等于 0。

2）χ^2 检验

t 检验每次判定一个自相关函数，χ^2 检验则是同时判定所有 k 个自相关函数。

$$\mathrm{H}_0 : \rho_1 = \rho_2 = \cdots = \rho_k = 0$$

设计统计量：

$$Q^* = n(n+2)\sum_{s=1}^{k}(n-s)^{-1}\hat{\rho}_s^2$$

在 $\hat{\rho}_k$ 近似正态分布的情况下，Q^* 是一个近似 χ^2 分布，其自由度为 $k-h$，h 是 ARIMA 模型中的参数的数目。对 ARIMA(1,0,1) 模型有三个参数，即 μ,φ_1,θ_1，故 $h=3$。如 Q^* 大于相应自由度下 χ^2 分布的临界值，就拒绝 H_0，认为自相关函数 $\rho_j(j=1,2,\cdots,k)$ 与 0 有显著差异。

8.2.2　偏自相关函数

如果一个变量与多个变量相关，那么分析两个变量之间的相关性需要应用偏相关系数。对时间序列分析，也可以有偏自相关函数。

通俗讲，偏自相关函数的意义就是，对一组变量：$Y_t, Y_{t-1}, \cdots, Y_{t-k} \cdots$，在其他变量值固定的情况下，$Y_t$ 与 Y_{t-k} 的关联程度。

1. 偏自相关函数计算方法

对给定的时间序列 Y_t，以 $\hat{\varphi}_{k1}, \hat{\varphi}_{k2}, \cdots, \hat{\varphi}_{kk}$ 表示其 k 阶自回归模型各参数的样本估计值，则有

AR（1）：$\tilde{Y}_t = \hat{\varphi}_{11}\tilde{Y}_{t-1} + e_t$，

AR（2）：$\tilde{Y}_t = \hat{\varphi}_{21}\tilde{Y}_{t-1} + \hat{\varphi}_{22}\tilde{Y}_{t-2} + e_t$，

$\vdots$

$\mathrm{AR}(p)$：$\tilde{Y}_t = \hat{\varphi}_{p1}\tilde{Y}_{t-1} + \hat{\varphi}_{p2}\tilde{Y}_{t-2} + \cdots + \hat{\varphi}_{pp}\tilde{Y}_{t-p} + e_t$。

称上述方程中的 $\hat{\varphi}_{kk}\left(k=1,2,\cdots,p\right)$ 为 p 阶偏自相关函数。自回归模型参数的估计值 $\hat{\varphi}_{kj}\left(j=1,2,\cdots,k\right)$，可以利用 Yule-Walker 方程组计算，这将在参数估计部分介绍。

2. 偏自相关函数的检验

从数学上可以证明，偏自相关函数的样本值 $\hat{\varphi}_{kk}$ 近似服从正态分布，其标准误差 $\hat{S}_k$ 的理论值为

$$\hat{S}_k = \frac{1}{\sqrt{n}}$$

所以对 $\hat{\varphi}_{kk}$ 可做假设检验，$\mathrm{H}_0: \varphi_{kk} = 0$，检验统计量为

$$t_k = \frac{\hat{\varphi}_{kk} - 0}{\hat{S}_k} = \sqrt{n}\hat{\varphi}_{kk}$$

如果计算的 t_k 值的绝对值大于 2，就认为在显著性水平 $\alpha = 0.05$ 下 φ_{kk} 与 0 有显著差异。

8.3　ARIMA 模型识别

模型识别是博克斯–金肯斯预测技术建模的第一阶段，包括三方面内容：识别时间序列的平稳性、识别模型的各类阶次和识别时间序列的季节性。

8.3.1　时间序列平稳性识别

识别时间序列的平稳性在前文已简单提到，可利用以下三种方法。

（1）绘出时间序列的数据图。在大部分情况下根据图象形状可以初步判别时间序列在均值和方差上是否平稳。

（2）把时间序列划分为若干阶段，计算各个阶段的平均值和方差，并与总的平均值和方差进行比较，判别是否平稳。

（3）利用时间序列的自相关函数进行判别。计算若干阶自相关函数，绘制自相关函数图形，进行判别。因为相关函数的计算实质上基于标准化的数据，均值为 0，标准差为 1，所以如果时间序列是平稳的，那么标准化数据几乎就是完全随机的，自相关函数值应为 0（如果是基于样本值计算的，那么表现为很小，且随阶数的变化不规则）。如果自相关函数在若干阶后很快下降并接近于零，那么这个时间序列是趋于平稳的，如果若干阶后自相关函数仍下降很慢，那么这个时间序列可能是不平稳的。

为了对自相关函数值的衰减速度有个数量标准，存在如下经验准则：如果第 k 阶自相关函数的平方小于 $\frac{1}{k}(k=1,2,\cdots)$，即

$$\hat{\rho}_k^2 < \frac{1}{k} \text{ 或 } |\hat{\rho}_k| < \sqrt{\frac{1}{k}},\quad k = 1, 2, \cdots \tag{8.29}$$

则在一般情况下可以认为这个序列是趋于平稳的。但应注意，在某些情况下这个条件不成立，仍可认为时间序列是平稳的。在实际工作中，要根据以上三种方法所得到的结果进行综合判别。

【例 8.1】　表 8.1 是中国 100 个月的居民消费价格指数（consumer price index，CPI）时间序列数据。

表 8.1　中国月度居民消费价格指数

时间	CPI	时间	CPI	时间	CPI	时间	CPI
2008 年 10 月	103.97	2010 年 11 月	105.12	2012 年 12 月	102.50	2015 年 1 月	100.80
2008 年 11 月	102.43	2010 年 12 月	104.59	2013 年 1 月	102.00	2015 年 2 月	101.40
2008 年 12 月	101.20	2011 年 1 月	104.91	2013 年 2 月	103.20	2015 年 3 月	101.40
2009 年 1 月	100.95	2011 年 2 月	104.94	2013 年 3 月	102.10	2015 年 4 月	101.50
2009 年 2 月	98.44	2011 年 3 月	105.38	2013 年 4 月	102.40	2015 年 5 月	101.20
2009 年 3 月	98.83	2011 年 4 月	105.34	2013 年 5 月	102.10	2015 年 6 月	101.40
2009 年 4 月	98.50	2011 年 5 月	105.51	2013 年 6 月	102.70	2015 年 7 月	101.60
2009 年 5 月	98.63	2011 年 6 月	106.36	2013 年 7 月	102.70	2015 年 8 月	102.00
2009 年 6 月	98.33	2011 年 7 月	106.45	2013 年 8 月	102.60	2015 年 9 月	101.60
2009 年 7 月	98.19	2011 年 8 月	106.15	2013 年 9 月	103.10	2015 年 10 月	101.30
2009 年 8 月	98.80	2011 年 9 月	106.07	2013 年 10 月	103.20	2015 年 11 月	101.50
2009 年 9 月	99.21	2011 年 10 月	105.50	2013 年 11 月	103.00	2015 年 12 月	101.60
2009 年 10 月	99.47	2011 年 11 月	104.22	2013 年 12 月	102.50	2016 年 1 月	101.80
2009 年 11 月	100.56	2011 年 12 月	104.07	2014 年 1 月	102.50	2016 年 2 月	102.30
2009 年 12 月	101.86	2012 年 1 月	104.50	2014 年 2 月	102.00	2016 年 3 月	102.30
2010 年 1 月	101.53	2012 年 2 月	103.20	2014 年 3 月	102.40	2016 年 4 月	102.30
2010 年 2 月	102.70	2012 年 3 月	103.60	2014 年 4 月	101.80	2016 年 5 月	102.00
2010 年 3 月	102.37	2012 年 4 月	103.40	2014 年 5 月	102.50	2016 年 6 月	101.90
2010 年 4 月	102.81	2012 年 5 月	103.00	2014 年 6 月	102.30	2016 年 7 月	101.80
2010 年 5 月	103.06	2012 年 6 月	102.20	2014 年 7 月	102.30	2016 年 8 月	101.30
2010 年 6 月	102.95	2012 年 7 月	101.80	2014 年 8 月	102.00	2016 年 9 月	101.90
2010 年 7 月	103.30	2012 年 8 月	102.00	2014 年 9 月	101.60	2016 年 10 月	102.10
2010 年 8 月	103.48	2012 年 9 月	101.90	2014 年 10 月	101.60	2016 年 11 月	102.30
2010 年 9 月	103.61	2012 年 10 月	101.70	2014 年 11 月	101.40	2016 年 12 月	102.10
2010 年 10 月	104.37	2012 年 11 月	102.00	2014 年 12 月	101.50	2017 年 1 月	102.50

根据表 8.1 数据得图 8.1。从图 8.1 中看出，在大约第 44 个月即 2012 年 5 月以后，中国的 CPI 振幅减弱，在此之前有大幅连续上涨和连续下降的阶段；从第 61 点（2013 年 10 月）到 76 点（2015 年 1 月），又出现了一波基本下降的阶段，此后平稳性增强。依此推断，自相关函数值会持续下降，但会有波动。观察图 8.2，情况基本符合。

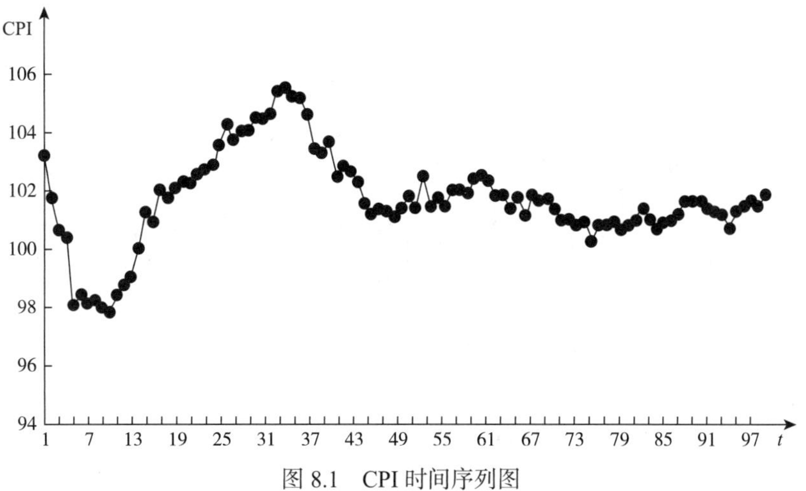

图 8.1　CPI 时间序列图

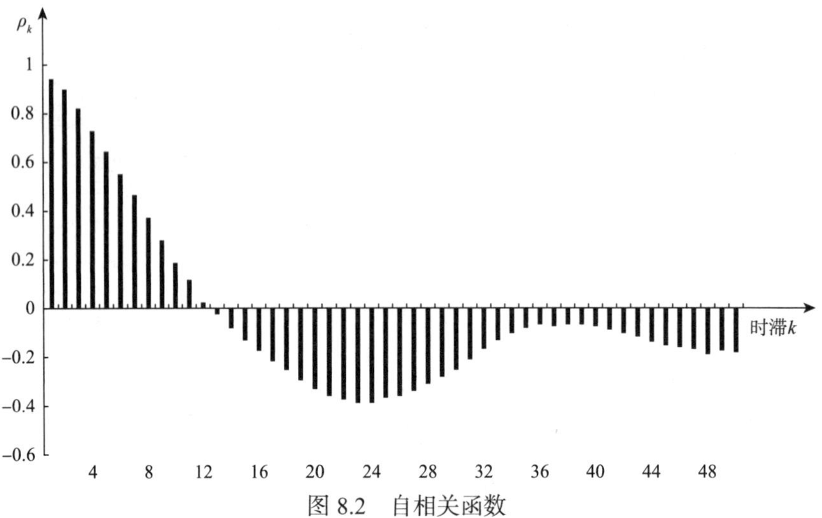

图 8.2　自相关函数

图 8.3 和图 8.4 分别给出了标准正态分布随机数时间序列和 0-1 均匀分布随机数时间序列的自相关函数图。从图 8.3 和图 8.4 中可以看出，这两个平稳时间序列的自相关函数值的幅度没有递减的趋势，且是随机的，但都较小，基本都在 0.15 以内。自相关的理论值为 0。

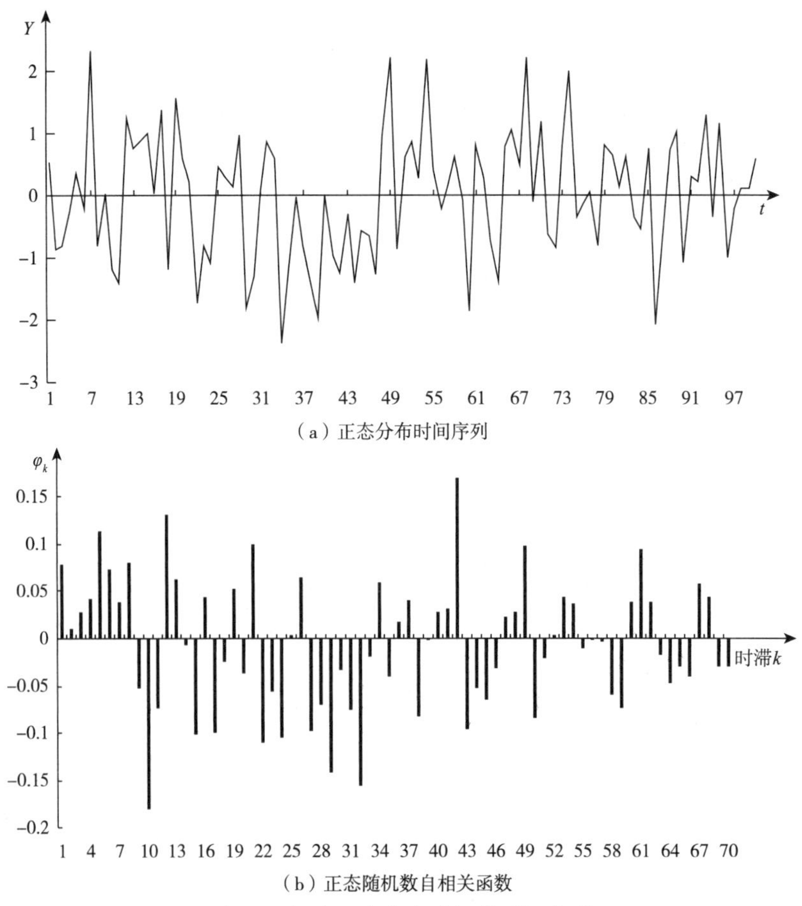

图 8.3　标准正态分布随机数时间序列

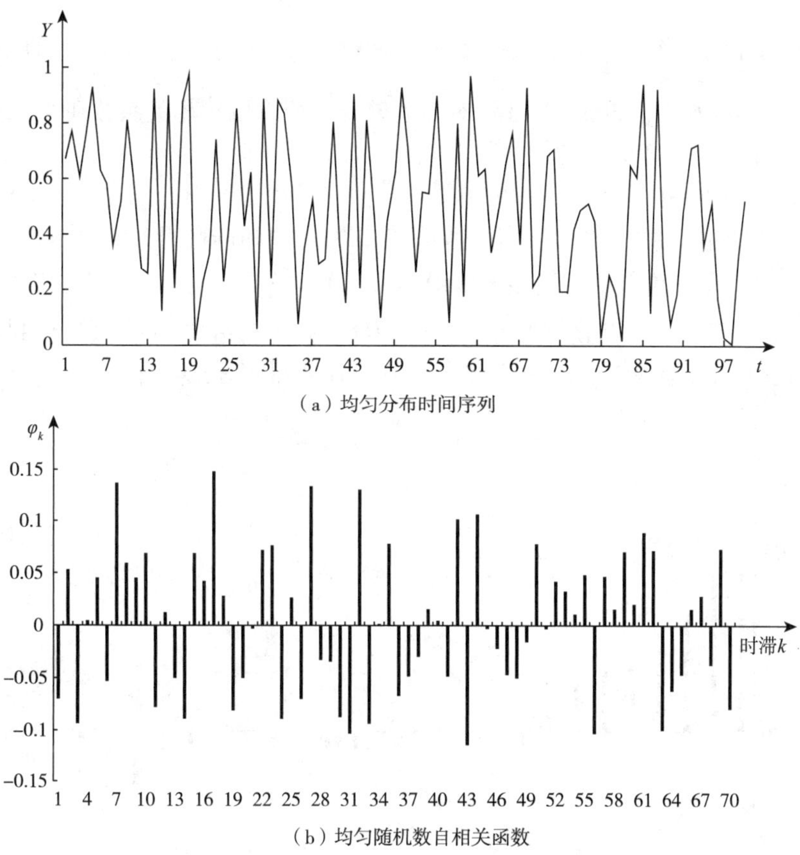

（a）均匀分布时间序列

（b）均匀随机数自相关函数

图 8.4　0-1 均匀分布随机数时间序列

8.3.2　ARMA(p,q)模型识别

对平稳的、没有季节性的时间序列，可以通过计算观察自相关函数和偏自相关函数来识别模型的阶次，其识别准则列于表 8.2，具体意义后面详述。

表 8.2　ARMA（p,q）识别规则

	自回归模型 AR(p)	移动平均模型 MA(q)	混合模型 ARMA(p,q)
自相关函数 $\hat{\rho}_k$	拖尾	q 阶截尾	拖尾
偏自相关函数 $\hat{\varphi}_{kk}$	p 阶截尾	拖尾	拖尾

1. AR（p）模型识别

对于自相关函数和偏自相关函数序列或坐标图，识别自回归模型 AR（p）的两个重要标志如下。

（1）偏自相关函数截尾。从理论上说，当$k>p$时，$\varphi_{kk}=0$。由于随机误差的影响，根据样本数据所计算的估计值$\hat{\varphi}_{kk}$一般不等于零，而是服从渐近正态分布$\mathrm{N}\left(0,\dfrac{1}{\sqrt{n}}\right)$。根

据正态分布的性质，当$k>p$时，如果偏自相关函数的绝对值小于 1.96σ，即$|\hat{\varphi}_{kk}|<\dfrac{1.96}{\sqrt{n}}$，则认为在$\alpha=0.05$水平上，$\varphi_{kk}$与 0 没有显著差异，所以偏自相关系数在$k=p$处截尾。

（2）自相关函数拖尾。常以指数形式或波动形式下降。

在实际工作中使用最多的是一阶和二阶自回归模型。下面分别构造一个典型的一阶和二阶自回归型时间序列，观察一下它们的自相关函数和偏自相关函数图。

AR(1)模型。一阶自回归模型的一般形式是$\tilde{Y}_t=\varphi_1\tilde{Y}_{t-1}+e_t$。以标准正态随机数时间序列作为$e_t$；以第一个随机数作为$\tilde{Y}_1$；取$\varphi_1=0.6$，则可构造出一个一阶自回归型时间序列。计算得其自相关函数和偏自相关函数序列，作图得图 8.5 和图 8.6。

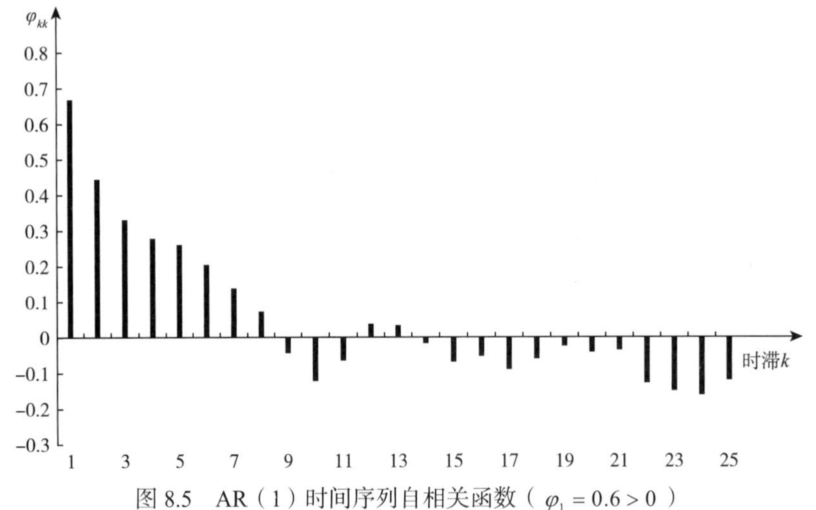

图 8.5　AR（1）时间序列自相关函数（$\varphi_1=0.6>0$）

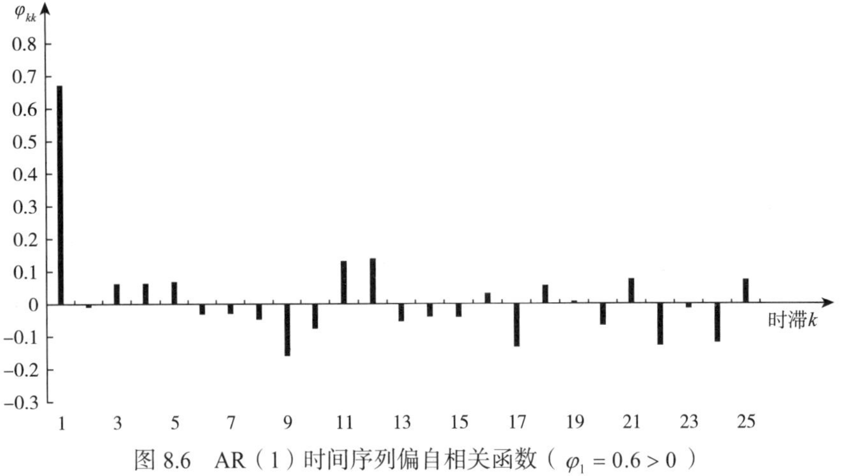

图 8.6　AR（1）时间序列偏自相关函数（$\varphi_1=0.6>0$）

当$\varphi_1<0$时，如取$\varphi_1=-0.6$，AR（1）的自相关函数和偏自相关函数的图形如图 8.7 和图 8.8 所示。这时ρ_k正负交替。

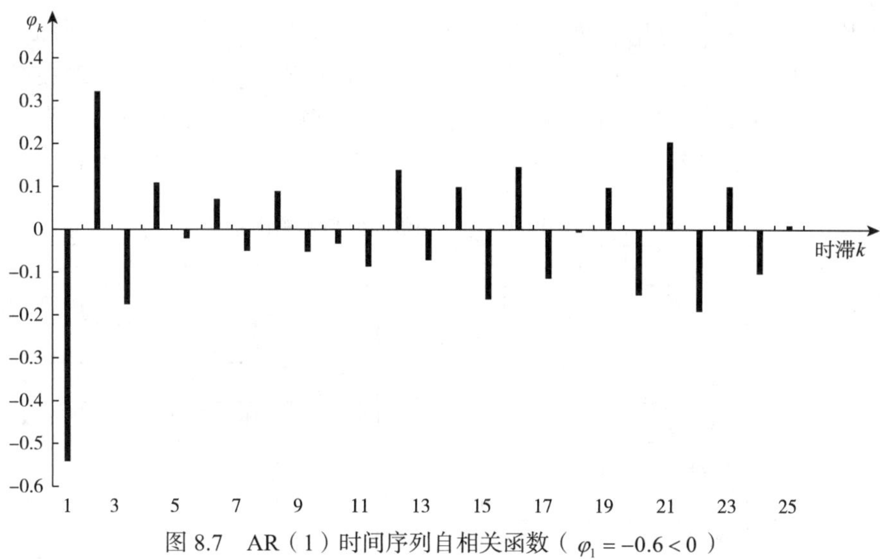

图 8.7　AR（1）时间序列自相关函数（ $\varphi_1=-0.6<0$ ）

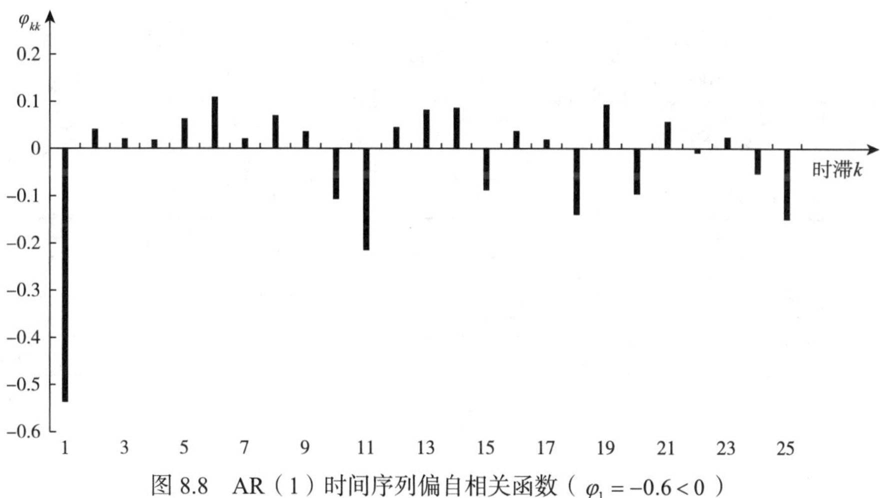

图 8.8　AR（1）时间序列偏自相关函数（ $\varphi_1=-0.6<0$ ）

AR(2) 模型。二阶自回归型时间序列的模型是 $\hat{Y}_t=\varphi_1\hat{Y}_{t-1}+\varphi_2\hat{Y}_{t-2}+e_t$，其自相关函数拖尾，可能以正弦形式衰减，也可能以指数形式衰减，偏自相关函数只有两个显著的数值，很快趋向零。AR(2) 模型的自相关函数和偏自相关函数的具体表现与两个自回归系数的符号有关。

2. MA（q）模型识别

对纯自回归型时间序列，依据自相关函数和偏自相关函数识别其阶次的基本准则如下。

（1）自相关函数截尾。从理论上说，当 $k\leqslant q$ 时，ρ_k 可与零有显著差异。当 $k>q$ 时 $\rho_k=0$。实际中，由于抽样误差的影响，其估计值 $\hat{\rho}_k$ 并不等于零，但很接近于零。

（2）偏自相关函数拖尾。以标准正态随机数作为随机因素影响 e_t，分别令 $\theta_1=0.6$ 和

$\theta_1=-0.6$构造一个 MA(1)型时间序列，其自相关函数和偏自相关函数值序列见表 8.3。可以看出，自相关函数和偏自相关函数的第一个值很突出，其中自相关函数在第一个值后急剧衰减，偏自相关函数的衰减稍慢。自相关函数在第一个值后理论上应为 0，但由于随机误差，实际上是基本在−0.15~0.15 波动。读者可以自己作图进行观察。

表 8.3　MA（1）的自相关函数和偏自相关函数特征

阶次	$\theta_1=0.6$		$\theta_1=-0.6$	
	自相关函数	偏自相关函数	自相关函数	偏自相关函数
1	−0.393	−0.393	0.489	0.489
2	−0.039	−0.230	0.054	−0.244
3	0.006	−0.129	0.048	0.189
4	−0.020	−0.101	0.100	−0.007
5	0.062	0.008	0.154	0.144
6	0.010	0.047	0.129	−0.015
7	−0.034	0.010	0.099	0.080
8	0.097	0.124	0.067	−0.027
9	−0.009	0.117	−0.091	−0.173
10	−0.131	−0.078	−0.220	−0.138
11	−0.060	−0.203	−0.087	0.090
12	0.148	−0.014	0.115	0.104
13	0.012	0.042	0.109	−0.004
14	0.012	0.073	−0.018	−0.022
15	−0.133	−0.083	−0.075	0.002
16	0.146	0.106	−0.043	0.008
17	−0.117	−0.048	−0.084	−0.128
18	−0.006	−0.072	−0.043	0.078
19	0.087	0.056	0.021	−0.063
20	−0.113	−0.118	0.027	0.006
21	0.178	0.069	0.030	0.060
22	−0.136	−0.031	−0.086	−0.081
23	0.040	0.105	−0.139	−0.020
24	−0.086	−0.099	−0.121	−0.134
25	0.020	−0.100	−0.015	0.127

对 MA（2）型时间序列，其自相关函数在$k=2$处截尾，偏自相关函数拖尾，并常以指数形式或正弦形式衰减，确切形式取决于θ_1和θ_2的符号及大小。

3. ARMA(p,q)混合模型识别

根据前面对 AR(p)和 MA(q)型时间序列的分析，ARMA(p,q)混合型时间序列的特征是自相关函数与偏自相关函数都拖尾，而且两者都以指数形式或正弦形式衰减，可

能出现符号正负交替的现象。这时，应先使用最简单的 ARMA$(1,1)$ 模型，然后逐步检验改进；也可根据自相关函数的衰减速度选择 q，根据偏自相关函数的衰减速度选择 p。

8.4　AR（p）和 MA（q）模型参数估计

识别好模型形式后，下一步是估计模型中的参数。在已知样本数据的情况下，估计参数的最流行简明的方法是最小二乘法。但是对复杂的 ARIMA 模型，会存在非线性问题，给使用最小二乘法造成了困难，一般只能采用数值解法。不过对纯 AR 模型和纯 MA 模型有一套清晰简明的理论公式可以应用。

8.4.1　自回归模型的参数估计

考虑如下的 AR(p)模型：

$$\tilde{Y}_t = \sum_{s=1}^{p} \varphi_s \tilde{Y}_{t-s} + e_t \tag{8.30}$$

对式（8.30）两边同时乘 $\tilde{Y}_{t-k}$，并取数学期望，得

$$E(\tilde{Y}_t \tilde{Y}_{t-k}) = \sum_{s=1}^{p} \varphi_s E(\tilde{Y}_{t-s} \tilde{Y}_{t-k}) + E(e_t \tilde{Y}_{t-k})$$

根据假定，e_t 与 $\tilde{Y}_t$ 相互独立，且 $\tilde{Y}_t$ 是方差平稳时间序列，可得

$$\rho_k = \sum_{s=1}^{p} \varphi_s \rho_{s-k},\ \ k = 1, 2, \cdots, p \tag{8.31}$$

因为 $\rho_0 = 1$，$\rho_k = \rho_{-k}$，所以对式（8.31）的第 k 个方程，其右边的系数向量为

$$(\rho_{1-k} \ \ \cdots \ \ \rho_0 \ \ \cdots \ \ \rho_{p-k}) = (\rho_{k-1} \ \ \cdots \ \ 1 \ \ \cdots \ \ \rho_{p-k})$$

于是，式（8.31）可以写成矩阵式：

$$\begin{pmatrix} \varphi_1 \\ \varphi_2 \\ \varphi_3 \\ \vdots \\ \varphi_p \end{pmatrix} = \begin{pmatrix} 1 & \rho_1 & \rho_2 & \cdots & \rho_{p-1} \\ \rho_1 & 1 & \rho_1 & \cdots & \rho_{p-2} \\ \rho_2 & \rho_1 & 1 & \cdots & \rho_{p-3} \\ \vdots & \vdots & \vdots & & \vdots \\ \rho_{p-1} & \rho_{p-2} & \rho_{p-3} & \cdots & 1 \end{pmatrix}^{-1} \begin{pmatrix} \rho_1 \\ \rho_2 \\ \rho_3 \\ \vdots \\ \rho_p \end{pmatrix} \tag{8.32}$$

式（8.31）和式（8.32）被称为 Yule-Walker 方程组，是自相关函数值与回归系数的理论关系。为了从样本数据估计回归系数，可以先估计自相关函数值，然后利用 Yule-Walker 方程组求出回归系数的估计值。

对 AR(1)，有 $\hat{\varphi}_1 = \hat{\rho}_1$。

对 AR(2)，由式（8.31），当 $p = 2$ 时，有

$$\hat{\varphi}_1 + \hat{\varphi}_2 \hat{\rho}_1 = \hat{\rho}_1$$
$$\hat{\varphi}_1 \hat{\rho}_1 + \hat{\varphi}_2 = \hat{\rho}_2$$

由此解出：

$$\hat{\varphi}_1=\frac{\hat{\rho}_1(1-\hat{\rho}_2)}{1-\hat{\rho}_1^2}，\quad \hat{\varphi}_2=\frac{\hat{\rho}_2-\hat{\rho}_1^2}{1-\hat{\rho}_1^2}$$

通常情况下，$|\hat{\rho}_1|>|\hat{\rho}_2|$，如果 $\hat{\rho}_1>0$，那么

$$0<\hat{\varphi}_1=\frac{\hat{\rho}_1(1-\hat{\rho}_2)}{1-\hat{\rho}_1^2}=\frac{\hat{\rho}_1(\hat{\rho}_2-1)}{\hat{\rho}_1^2-1}<\frac{\hat{\rho}_1(\hat{\rho}_1-1)}{\hat{\rho}_1^2-1}=\frac{\hat{\rho}_1}{\hat{\rho}_1+1}<\hat{\rho}_1<1$$

如果 $\hat{\rho}_1<0$，那么 $\hat{\rho}_1<\hat{\rho}_2$，从而

$$0>\hat{\varphi}_1=\frac{\hat{\rho}_1(1-\hat{\rho}_2)}{1-\hat{\rho}_1^2}=-1+\frac{1-\hat{\rho}_1^2+\hat{\rho}_1(1-\hat{\rho}_2)}{1-\hat{\rho}_1^2}=-1+\frac{1-\hat{\rho}_1(\hat{\rho}_1+\hat{\rho}_2-1)}{1-\hat{\rho}_1^2}$$

显然，当 $1-\hat{\rho}_1(\hat{\rho}_1+\hat{\rho}_2-1)>0$ 时，$\hat{\varphi}_1>-1$，这通常都是满足的。

8.4.2 移动平均模型的参数估计

q 阶移动平均模型 MA (p) 的一般形式：

$$\tilde{Y}_t=e_t-\sum_{k=1}^{q}\theta_k e_{t-k} \tag{8.33}$$

从而

$$\tilde{Y}_{t-s}=e_{t-s}-\sum_{m=1}^{q}\theta_m e_{t-s-m}$$

$$\tilde{Y}_t\tilde{Y}_{t-s}=e_te_{t-s}-\sum_{m=1}^{q}\theta_m(e_te_{t-s-m})-\sum_{k=1}^{q}\theta_k(e_{t-s}e_{t-k})+\left(\sum_{k=1}^{q}\theta_k e_{t-k}\right)\left(\sum_{m=1}^{q}\theta_m e_{t-s-m}\right)$$

该式两边取数学期望，考虑不同时期误差的独立性，得

$$E(\tilde{Y}_t\tilde{Y}_{t-s})=0-0-\theta_s\sigma_e^2+\sum_{k=s+1}^{q}\theta_k\theta_{k-s}\sigma_e^2=\left(-\theta_s+\sum_{k=s+1}^{q}\theta_k\theta_{k-s}\right)\sigma_e^2$$

对式（8.33）两边取方差得

$$\sigma_Y^2=\left(1+\sum_{k=1}^{q}\theta_k^2\right)\sigma_e^2$$

以上两式相除可得

$$\rho_s=\begin{cases}\dfrac{-\theta_s+\sum\limits_{k=1}^{q-s}\theta_k\theta_{k+s}}{1+\sum\limits_{k=1}^{q}\theta_k^2}, & s<q\\[2ex] \dfrac{-\theta_q}{1+\sum\limits_{k=1}^{q}\theta_k^2}, & s=q\\[2ex] 0, & s>q\end{cases} \tag{8.34}$$

式（8.34）是 ρ_s 和 $\theta_s(s=1,2,\cdots,q)$ 的理论关系，对 $\theta_s(s=1,2,\cdots,q)$ 是非线性方程组。在预测应用建模中用样本的 $\hat{\rho}_s$ 代替相应的理论值，用数值法求得 $\hat{\theta}_s,s=1,2,\cdots,q$。

对一阶移动平均模型 MA（1），利用样本数据，式（8.34）中当 q 为 1 时具有以下形式：

$$\rho_k = \begin{cases} \dfrac{-\theta_1}{1+\theta_1^2}, & k=1 \\ 0, & k>1 \end{cases}$$

解得

$$\theta_1 = -\frac{1}{2\rho_1} \pm \frac{1}{2}\sqrt{\frac{1}{\rho_1}-4} \tag{8.35}$$

非线性方程容易存在多解，如式（8.35）有两个解，这时需要参考系数的合理性决定取舍，如对 θ_1 一般要求 $-1<\theta_1<1$。

对 MA（2），由式（8.34）得

$$\rho_1 = \frac{-\theta_1+\theta_1\theta_2}{1+\theta_1^2+\theta_2^2}\text{；}\quad \rho_2 = \frac{-\theta_2}{1+\theta_1^2+\theta_2^2}\text{；}\quad \rho_k = 0\text{，若 } k>2 \tag{8.36}$$

同时考虑如下条件：

$$-1<\theta_2<1\text{，}\quad -2<\theta_1<2 \tag{8.37}$$

8.5　ARIMA 模型的检验与预测应用

模型及参数检验是统计分析的重要内容，可以对模型的可靠性有一个量的估计。作为标准的推断统计模型，ARIMA 技术的预测应用包括点预测和区间预测，并可以对预测的可靠性给出评估。

8.5.1　ARIMA 模型的检验

通过模型的识别和参数估计，对给定的时间序列 Y_t 已经建立了初步的模型，但尚不能肯定这个模型是否已经反映了时间序列 Y_t 变化的客观趋势，也不能肯定是否有更合适的模型，因此要对模型进行检验。

1. 误差检验

误差检验是对原时间序列 Y_t 与所得到模型的估计值 $\hat{Y}_t$ 的误差项（残差）$\hat{e}_t$ 进行分析，判别其是否是随机的。如果 $\hat{e}_t$ 是随机的，那么 $\hat{e}_t$ 的数学期望应当是 0，$\hat{e}_t$ 与 $\hat{e}_{t-k}$ 相互独立。如果 $\hat{e}_t$ 不是随机的，则表明初步建立的模型可能尚未把某些形式（如季节性影响、时间趋势等）包括完全，模型尚需改进。因为经过平稳化处理后，数学期望为 0 一般都能满足，所以下面只考虑独立性检验。

1）t 检验

在前面的参数估计中，已经用到误差序列的独立性，即 e_t 与 e_{t-k} 相互独立。检验误差时间序列的独立性通常只是检验其自相关函数是否为 0。

H_0: $\rho_k(\hat{e}) = 0$。

设 $\hat{\rho}_k(\hat{e})$ 服从正态分布，则

$$T_k = \frac{\hat{\rho}_k(\hat{e}) - 0}{\hat{S}_k(\hat{e})} \sim N(0,1)$$

其中，$\hat{S}_k(\hat{e})$ 是 $\hat{\rho}_k$ 的标准差，计算公式为

$$\hat{s}_k(\hat{e}) = \left[\frac{1}{n}\left(1 + 2\sum_{j=1}^{k-1}\hat{\rho}_j^2(\hat{e})\right)\right]^{\frac{1}{2}}, \quad \hat{\rho}_k(\hat{e}) = \frac{\sum_{t=1}^{n-k}(\hat{e}_t - \overline{e})(\hat{e}_{t+k} - \overline{e})}{\sum_{t=1}^{n}(\hat{e}_t - \overline{e})^2} \tag{8.38}$$

如果 T_k 落在拒绝域以内，就拒绝 H_0，否则，就认为 $\hat{e}_t$ 是纯随机误差。

2）χ^2 检验

如果对 m 个自相关函数估计值 $\hat{\rho}_k(\hat{e}), k = 1, 2, \cdots, m$ 同时检验，则使用 χ^2 检验。这时的零假设为

$$H_0: \hat{\rho}_k(\hat{e}) = 0, \quad k = 1, 2, \cdots, m$$

设计统计量 Q^*：

$$Q^* = n(n+2)\sum_{k=1}^{m}(n-k)^{-1}\hat{\rho}_k^2(\hat{e}) \tag{8.39}$$

当 $\hat{\rho}_k(\hat{e}), k = 1, 2, \cdots, m$ 独立且都服从正态分布时，Q^* 近似服从 $\chi^2(m-h)$ 分布，h 是 ARIMA 模型中的参数数目。

2. 模型改进检验

通过模型识别、参数估计和检验后获得一个初步模型，该模型是否最优可以通过提高阶数来构造新的模型进行对比检验。如果新模型的高阶项的系数接近于零，则可认为初始模型已经拟合得很好，否则可对新模型的误差项进行检验，并把检验结果与初始模型误差项的检验结果进行比较。如果检验结果没有显著改进，放弃新模型，如有显著改进则可采用新模型。

应用模型总是越简单越好，复杂模型对数据的变动一般更敏感，预测值容易被统计误差干扰，所以不要同时提高模型的多种阶数，应逐一逐次进行。如果 AR(1) 模型和 AR(2) 模型在说明问题方面差不多，就应采用 AR(1) 模型。此外，在模型的检验阶段，仍应检查处理后的时间序列是否在均值和方差上已经平稳。因为只有平稳的时间序列，才有平稳的方差和均值，也才能满足一些参数估计公式的要求。通常 MA(q) 模型是一个平稳的模型，但 AR(p) 模型未必是平稳的。一个 AR(1) 模型或 ARMA$(1,q)$ 模型，如果是平稳的一定要满足 $|\varphi_1| < 1$。对一个 AR(2) 模型或 ARMA$(2,q)$ 模型，如果是平稳的，就一定要满足以下条件：

$$|\varphi_2| < 1, \varphi_2 + \varphi_1 < 1, \varphi_2 - \varphi_1 < 1$$

当 $p > 2$ 时 AR(p) 模型是平稳的必要条件是 $\varphi_1 + \varphi_2 + \cdots + \varphi_p < 1$。

对 MA(1) 模型或 ARMA$(p,1)$ 模型，应当满足必要条件：$|\theta_1| < 1$。对 MA(2) 模型或

ARMA$(p,2)$模型，应当满足的必要条件为

$$|\theta_2|<1,\theta_2+\theta_1<1,\theta_2-\theta_1<1$$

8.5.2　ARIMA 模型的预测应用

假定已知预测指标 Y 的历史时间序列，当前时期是 t ，Y_{t+T} 表示未来时期的数值，任务是利用 ARIMA 计算对未来值进行预测。

1. AR(p)的预测应用

设时间序列识别为 AR(1) 模型，建立的 AR(1) 模型为

$$\tilde{Y}_t=\varphi_1\tilde{Y}_{t-1}+e_t$$

因为 $\tilde{Y}_t=Y_t-m$ ，m 为序列的均值，所以

$$Y_t=m(1-\varphi_1)+\varphi_1Y_{t-1}+e_t$$

由此可以递推得

$$Y_{t+1}=m(1-\varphi_1)+\varphi_1Y_t+e_{t+1}$$

对平稳时间序列，误差项的数学期望是 0，以 Y_{t+1} 的数学期望作为其预测值，即令

$$\hat{Y}_{t+1}=(1-\varphi_1)m+\varphi_1Y_t=m+\varphi_1(Y_t-m) \tag{8.40}$$

式（8.40）称为 Y 的一步预测模型。当 T>1 时，用预测值代替观测值，则有 T 步预测模型：

$$\hat{Y}_{t+T}=m(1-\varphi_1^T)+\varphi_1^TY_t \tag{8.41}$$

因 $|\varphi_1|<1$ ，故当 $T\to\infty$ ，预测值趋向该时间序列的均值 m 。所以可以认为，一步预测模型反映了前期一个随机脉冲冲击对未来预测指标值的影响，这个影响随着时间推移而衰减。

对一般自回归模型：

$$Y_t=\varphi_0+\varphi_1Y_{t-1}+\varphi_2Y_{t-2}+\cdots+\varphi_pY_{t-p}+e_t$$

其中，$\varphi_0=m(1-\varphi_1-\varphi_2-\cdots-\varphi_p)$ ，可写出其一步预测模型为

$$\hat{Y}_{t+1}=\varphi_0+\sum_{k=1}^{p}\varphi_kY_{t+1-k}=m+\sum_{k=1}^{p}\varphi_k(Y_{t+1-k}-m) \tag{8.42}$$

T 步预测公式为

$$\hat{Y}_{t+T}=\varphi_0+\sum_{k=1}^{T-1}\varphi_k\hat{Y}_{t+T-k}+\sum_{k=T}^{p}\varphi_kY_{t+T-k} \tag{8.43}$$

在式（8.43）的右端，除 φ_0 外有两个部分，第一部分要利用前面第 1 步，第 2 步，…，第 $T-1$ 步的预测结果，第二部分则利用 $p-T+1$ 期的实际观测值。当 $T>p$ 时，只剩下了第一部分。

2. MA(q)模型的预测应用

MA(1)模型为

$$Y_t=m+e_t-\theta_1e_{t-1}$$

对 t+1 时期，$Y_{t+1}=m+e_{t+1}-\theta_1 e_t$。对历史数据，$e_t$ 是观测值，如果 e_{t+1} 已知则容易计算出 Y_{t+1}，但是对未来 t+1，e_{t+1} 未知，其数学期望值为零。今以数学期望值预测 Y_{t+1}，则有一步预测模型：

$$\hat{Y}_{t+1}=m-\theta_1 e_t \tag{8.44}$$

采用外推法，当 $T>1$ 时，必有 $\hat{Y}_{t+T}=m$。

对 MA(q) 模型：

$$Y_t=m+e_t-\sum_{s=1}^{q}\theta_s e_{t-s}$$

其一步预测公式为

$$\hat{Y}_{t+1}=m-\sum_{s=1}^{q}\theta_s e_{t+1-s} \tag{8.45}$$

T 步预测公式为

$$\hat{Y}_{t+T}=m-\sum_{s=T}^{q}\theta_s e_{t+T-s},\quad T\leqslant q \tag{8.46}$$

因为

$$Y_{t+T}=m+e_{t+T}-\sum_{s=1}^{q}\theta_s e_{t+T-s}=m+e_{t+T}-\sum_{s=1}^{T-1}\theta_s e_{t+T-s}-\sum_{s=T}^{q}\theta_s e_{t+T-s}$$

所以在 $e_{t-k}\left(k=0,1,\cdots,q-T\right)$，已知 $e_{t+k}\left(k=1,2,\cdots,T-1\right)$ 为未知的随机影响时，两边取方差，得

$$\sigma_Y^2(T)=\left(1+\sum_{s=1}^{T-1}\theta_s^2\right)\sigma_e^2 \tag{8.47}$$

这里 σ_e^2 是 MA(q) 过程的误差的方差，可用样本误差的方差来估计。从式（8.47）可以看出，预测的时期距离当前越远，预测方差就越大。在假定预测误差服从正态分布的情况下，显著性水平为 α 的预测置信区间是 $\left(\hat{Y}_{t+T}-\sigma_Y t_{\frac{\alpha}{2}},\hat{Y}_{t+T}+\sigma_Y t_{\frac{\alpha}{2}}\right)$。预测的置信区间越小，预测的精度越高，但是区间越小对应的 α 越大。精度与可靠性是一对矛盾。同样的 α 水平，要缩小区间，σ_Y 就要求更小。

3. 混合模型 ARMA（p，q）的预测应用

首先来讨论 ARMA$(1,1)$ 模型的预测应用。ARMA$(1,1)$ 模型形式如下：

$$(1-\varphi_1\mathrm{B})\tilde{Y}_t=(1-\theta_1\mathrm{B})e_t$$

以原变量写出，即 $Y_t=m(1-\varphi_1)+\varphi_1 Y_{t-1}+e_t-\theta_1 e_{t-1}$，由此得

$$Y_{t+1}=m(1-\varphi_1)+\varphi_1 Y_t+e_{t+1}-\theta_1 e_t$$

所以 ARMA$(1,1)$ 的一步预测模型为

$$\hat{Y}_{t+1}=m(1-\varphi_1)+\varphi_1 Y_t-\theta_1 e_t \tag{8.48}$$

T 步预测即 Y_{t+T} 的预测模型为

$$\hat{Y}_{t+T}=m(1-\varphi_1)+\varphi_1\hat{Y}_{t+T-1}=m(1-\varphi_1^T)+\varphi_1^T Y_t-\varphi_1^{T-1}\theta_1 e_t=m+\varphi_1^T(Y_t-m)-\varphi_1^{T-1}\theta_1 e_t$$

因为一步以后，前一步的预测误差就无法计算了，所以就忽略了误差矫正项。因为 $|\varphi_1|<1$，所以当 $T\to\infty$ 时，$\hat{Y}_{t+T}\to m$。

ARMA(p,q)模型的一般形式为

$$Y_t=\varphi_0+\varphi_1 Y_{t-1}+\varphi_2 Y_{t-2}+\cdots+\varphi_p Y_{t-p}+e_t-\theta_1 e_{t-1}-\theta_2 e_{t-2}-\cdots-\theta_q e_{t-q}$$

由此可以写出 ARMA(p,q)模型的一步预测模型：

$$\begin{aligned}\hat{Y}_{t+1}&=\varphi_0+\varphi_1 Y_t+\varphi_2 Y_{t-1}+\cdots+\varphi_p Y_{t+1-p}-\theta_1 e_t-\theta_2 e_{t-1}-\cdots-\theta_q e_{t+1-q}\\&=m\left(1-\sum_{k=1}^{p}\varphi_k\right)+\sum_{k=1}^{p}\varphi_k Y_{t+1-k}-\sum_{j=1}^{q}\theta_j e_{t+1-j}\end{aligned}\tag{8.49}$$

ARMA(p,q)模型的$T\,(T>1)$步预测模型：

$$\begin{aligned}\hat{Y}_{t+T}&=\varphi_0+\sum_{k=1}^{T-1}\varphi_k\hat{Y}_{t+T-k}+\sum_{k=T}^{p}\varphi_k Y_{t+T-k}-\sum_{j=T}^{q}\theta_j e_{t+T-j}\\&=\varphi_0\left(1+\sum_{k=1}^{T-1}\varphi_k^{T-k}\right)+\sum_{s=1}^{T-1}\sum_{h=1}^{T-s}\sum_{k=h}^{p}\varphi_s^{T-s-h+1}\varphi_k Y_{t+h-k}+\sum_{k=T}^{p}\varphi_k Y_{t+T-k}\\&\quad-\sum_{s=1}^{T-1}\sum_{h=1}^{T-s}\sum_{j=h}^{p}\varphi_s^{T-s-h+1}\theta_j e_{t+h-j}-\sum_{j=T}^{q}\theta_j e_{t+T-j}\end{aligned}\tag{8.50}$$

在预测应用中，式（8.40）~式（8.50）各预测模型中的参数都用样本估计值替代。对非平稳时间序列，先平稳化，再按 ARMA(p,q)模型预测，最后再还原到原指标变量。

习题

1. 请讨论各种基本 ARIMA 模型的预测学原理依据。

2. 假定“e_t 与 $\tilde{Y}_t$ 相互独立，且 $\tilde{Y}_t$ 是方差平稳时间序列”对式（8.31）成立有何意义？

3. 某商场每周销售额的统计数据如表（共 80 周），以之建立预测模型（建议以前若干个数据建模，对后面的点进行预测，评价预测效果，考察样本点数对预测效果的影响）。利用 Yule-Walker 方程计算该时间序列的多阶偏自相关系数。

某商场每周销售额　　单位：万元

t	销售量 Y_t	t	销售量 Y_t	t	销售量 Y_t
1	65	11	30	21	32
2	32	12	52	22	63
3	45	13	38	23	20
4	55	14	40	24	35
5	38	15	50	25	52
6	42	16	30	26	38
7	44	17	54	27	40
8	50	18	30	28	68
9	30	19	56	29	30
10	50	20	34	30	55

续表

t	销售量 Y_t	t	销售量 Y_t	t	销售量 Y_t
31	30	48	37	65	38
32	30	49	54	66	43
33	65	50	20	67	38
34	32	51	50	68	34
35	54	52	52	69	50
36	35	53	43	70	47
37	68	54	45	71	28
38	32	55	58	72	41
39	47	56	50	73	42
40	37	57	41	74	55
41	49	58	32	75	51
42	30	59	47	76	49
43	50	60	33	77	32
44	20	61	34	78	51
45	58	62	50	79	54
46	37	63	51	80	37
47	48	64	40		

4. 如表是某地区的大牲畜年末存栏数，请为之建立一个预测模型（建议以部分数据建模，预测其余点值，并评价预测效果）。（提示：首先进行平稳化，其次进行模型识别）

某地区历年大牲畜年末存栏数　　单位：万头

年份序号	数量	年份序号	数量
1	24.6	19	46.9
2	24.6	20	47.7
3	26.5	21	47.9
4	28.5	22	48.7
5	30.1	23	50.5
6	32.0	24	51.5
7	35.7	25	5.0
8	36.3	26	50.4
9	36.5	27	53.5
10	37.3	28	54.5
11	38.7	29	56.4
12	38.1	30	57.4
13	37.8	31	60.4
14	38.6	32	61.4
15	40.2	33	62.8
16	42.5	34	61.0
17	44.8	35	56.4
18	46.0	36	53.1

5. 请分别构造一个均值为 0 的 AR（2）和 MA（2）型时间序列，时间长度=100。观察其自相关函数和偏自相关函数图的特征。

参考文献

陈锡康. 1986. 经济数学模型与方法. 北京：中国财政经济出版社

陈锡康. 1989. 现代科学管理方法基础. 北京：科学出版社

惠尔莱特 S C，马克利达基斯 S. 1986. 管理用预测方法. 崔之庆，戴健群，汪行远，等译. 上海：上海人民出版社

第三篇　数理经济学基础

数理经济学的内容非常庞杂，可以说，凡是在经济学研究中使用的所有数学内容都可以划归为数理经济学的范畴，从微积分到抽象代数到微分动力学再到数学物理方法，从基础数学到应用数学，涵盖了非常广泛的领域，所以在层出不穷的数理经济学教程中，包含的内容是百花齐放。例如，在第 1 章中所指出，高级经济分析即高级微观经济学和高级宏观经济学在一定意义上就是数理经济学。考察高级经济分析的两个分支内容可以发现，非线性规划和最优控制理论是传统内容中使用的基础工具，因此以下两章对这两个内容分别予以介绍，目的是为读者提供数理经济学的基础思维训练，为深入的经济学学习和研究提供晋级阶梯。

第 9 章

非线性规划

非线性规划在数学上是最一般的静态最优化问题，能够适合广泛的理论和实际问题。1951 年，H.W. 库恩（H.W. Kuhn）和 A.W. 塔克（A.W. Tucker）等提出了非线性规划的最优性条件——库恩-塔克定理，奠定了数学规划的理论基础。随着计算机运算能力的飞跃进步和普及使用，非线性规划的理论和方法逐渐丰富完备，应用领域日益广泛，处理的问题日益复杂，在军事、经济、管理、生产自动化、工程设计和产品优化设计等广阔领域发挥作用。在经济学研究中，非线性规划定理是微观经济学消费者和生产者行为分析的基本工具。

一般来说，解非线性规划问题要比解线性规划问题困难得多，而且也不像线性规划那样有统一如单纯形法那样的通用解法。非线性规划的各种算法大都有自己特定的适用范围，有一定的局限性，求解问题还是一个重要的研究领域。但是对实际应用而言，已经发展出来的方法对一般问题都可以解决，有不少软件包如 MATLAB 等可以使用；对小规模问题，在 Excel 和 WPS 电子表格中都可以解决。

9.1 非线性规划问题模型

【例 9.1】 投资决策问题。某企业要制订一个五年的投资计划，可用总资金为 b，可供选择的项目有 n 个。设项目 j 的投资额为 a_j，可得收益为 c_j，问：如何选择投资项目可使总收益率最大？可以同时选多个项目。

建模：令决策变量为 x_j，x_j=1 表示选择项目 j，x_j=0 表示不选择项目 j，则 x_j 应满足条件 $x_j\left(x_j-1\right)=0$。同时 x_j 应满足资金约束条件：所有选择项目的投资额总和不大于 b。决策的目标是使总收益率最大，而收益率等于总收益除以总投入，所以最优化模型为

$$\text{Max } f\left(x_1, x_2, \cdots, x_n\right)=\frac{\sum_{j=1}^{n} c_j x_j}{\sum_{j=1}^{n} a_j x_j}$$

$$\text{s.t.}\quad \sum_{j=1}^{n} a_j x_j \leqslant b$$

这既是一个非线性规划问题，也是一个 0-1 规划问题。

【例 9.2】 选址问题。有一个企业，它面对 n 个市场区域，设市场 j 位置为 $\left(p_j, q_j\right)$，其对企业产品的需要量为 $b_j\ \left(j=1,2,\cdots,n\right)$。现计划建立 m 个仓库，仓库 i 的库容量为 a_i $\left(i=1,2,\cdots,m\right)$。决策问题是：确定各仓库的位置，使各仓库到各市场的货物周转量最小。

建模：设仓库 i 的位置为 $\left(x_i, y_i\right)\ \left(i=1,2,\cdots,m\right)$，仓库 i 到市场 j 的货物供应量为 z_{ij}（$i=1,2,\cdots,m; j=1,2,\cdots,n$）。仓库 i 到市场 j 的距离为

$$d_{ij}=\sqrt{\left(x_i-p_j\right)^2+\left(y_i-q_j\right)^2}$$

周转量等于运量与运距的乘积，则目标函数为

$$\sum_{i=1}^{m}\sum_{j=1}^{n} z_{ij} d_{ij}=\sum_{i=1}^{m}\sum_{j=1}^{n} z_{ij}\sqrt{\left(x_i-p_j\right)^2+\left(y_i-q_j\right)^2}$$

选址决策受到的约束条件包括：①各仓库向一个市场提供的货物量之和不能超过它的库容量；②一个市场从各仓库得到的货物量之和应满足它的需要量；③运输量不能为负数。因此，该仓库选址问题的数学模型为

$$\text{Min}\sum_{i=1}^{m}\sum_{j=1}^{n} z_{ij}\sqrt{(x_i-p_j)^2+(y_i-q_j)^2}$$

$$\text{s.t.}\quad \sum_{j=1}^{n} z_{ij} \leqslant a_i,\quad i=1,2,\cdots,m$$

$$\sum_{i=1}^{m} z_{ij} \geqslant b_j,\quad j=1,2,\cdots,n$$

$$z_{ij} \geqslant 0,\quad i=1,2,\cdots,m; j=1,2,\cdots,n$$

一个很有意思的问题，对生产企业来说，货物周转量要越小越好，但对一个物流企业来说，货物周转量要越大越好。对一个经济总体来说，货物周转量的增长也是经济增长的指标之一，但是对评价经济运行质量而言，单位国内生产总值的运输周转量一般不是越大越好。

【例 9.3】 有一个企业，生产函数是 $Y=AL^{\alpha}K^{\beta}$，L 和 K 是两种投入要素的投入量。已知要素 L 的市场价格是 w，要素 K 的市场价格是 r。今有生产任务 Y，问：如何选择生产要素的投入量组合使总投入成本最小。

建模：总成本等于两种要素的投入量需要的资金总量，即 $C=wL+rK$；在投入与产出之间既要满足生产任务，又要符合生产函数约束。另外，投入量不能为负，因此该问题的数学模型可以表示为

$$\text{Min}\,C=wL+rK$$
$$\text{s.t.}\quad AL^{\alpha}K^{\beta}=Y$$
$$L\geqslant 0,K\geqslant 0$$

这个模型既是管理经济学中的企业决策模型，也是微观经济学中成本函数的推导模型。

【例 9.4】 有一个垄断企业，使用两种生产要素生产一种产品。第一种生产要素的使用价格是 w，第二种生产要素假定是资本，使用价格是 r。w 和 r 都是固定的。作为垄断企业，政府对其实际资本毛收益率的管制上限是 ρ。已知该企业的生产函数是 $y=f(L,K)$，面临的市场反需求函数是 $P(y)$。企业的决策问题是：在管制条件下，选择要素组合（L，K），使利润最大化。

建模：企业的利润核算公式：总利润（π）=总收益−总成本，资本的实际毛收益率是总收益扣去付给 L 的报酬后的纯收益对 K 的比。考虑收益率管制，该企业的决策模型为

$$\text{Max}\ \pi=Py-wL-rK$$
$$\text{s.t.}\quad P=P(y),y=f(L,K),Py-wL\leqslant \rho K,L\geqslant 0,K\geqslant 0$$

在上述例子中，例 9.1 和 9.2 的目标函数都是非线性函数，例 9.3 的约束条件是非线性的，例 9.4 的目标函数和约束条件都是非线性的。

在实际问题中，目标函数和约束条件都可能包含非线性函数，所以一般最优化的规划模型可表示为

$$\text{Min（或 Max）}\ y=f(\boldsymbol{x}) \tag{9.1}$$
$$\text{s.t.}\quad g_i(\boldsymbol{x})\geqslant 0,\quad i=1,2,\cdots,m \tag{9.2}$$
$$h_j(\boldsymbol{x})=0,\quad j=1,2,\cdots,l \tag{9.3}$$

其中，y 是目标变量；$\boldsymbol{x}=(x_1,x_2,\cdots,x_n)^{\mathrm{T}}\in\mathbf{R}^n$ 是 n 维向量，是决策变量。作为一般关系形式，$f(\cdot)$，$g_i(\cdot)\ (i=1,2,\cdots,m)$，$h_j(\cdot)\ (j=1,2,\cdots,l)$ 都是某种映射关系。如果其中至少存在一个非线性映射，就是一个非线性规划模型。在经济模型中，决策变量或其某些分量有时要求非负，则约束条件包括 $\boldsymbol{x}\geqslant 0$，或 $x_k\geqslant 0,k\in\{1,2,\cdots,n\}$。在形式上，非负约束条件可以包含在前面的函数约束中。因为使一个变量最大就是使其相反数最小，所以在下面仅考虑求最小值问题。

与线性规划类似，把满足约束条件的解称为可行解。记

$$\chi=\{\boldsymbol{x}\,|\,g_i(\boldsymbol{x})\geqslant 0,i=1,2,\cdots,m;h_j(\boldsymbol{x})=0,j=1,2,\cdots,l\} \tag{9.4}$$

则称 χ 为可行域，是全体可行解的集合。因此上述模型可简记为

$$\text{Min}\,y=f(\boldsymbol{x}),\quad \boldsymbol{x}\in\chi\ \text{或}\ \underset{x\in\chi}{\text{Min}}\ y=f(\boldsymbol{x}) \tag{9.5}$$

如果一个非线性规划问题对决策变量 $\boldsymbol{x}$ 没有任何约束，或说可行域是整个 n 维向量空间，即 $\chi=\mathbf{R}^n$，称这样的非线性规划问题为无约束规划问题，模型形式为

$$\text{Min}\,f(\boldsymbol{x})\ \text{或}\ \underset{x\in\mathbf{R}^n}{\text{Min}}\ f(\boldsymbol{x}) \tag{9.6}$$

有约束问题与无约束问题是非线性规划的两大类问题，前者的模型建立和求解通常都比后者复杂得多。

9.2 无约束非线性规划问题

在目标映射是一个解析函数的情况下，无约束规划求解问题实质就是一个函数的无约束极值问题，理论上可以通过求解一阶导函数构成的方程组求得问题的解，但是对多元函数特别是比较复杂的多元函数，求解很困难，需要设计一定的数值解法，特别是避免落入局部极值点而漏掉全局极值点。

9.2.1 无约束极值条件

对二阶可微的一元函数 $f(x)$，如果 x^* 是局部极小点，则 $f'(x^*)=0$，并且 $f''(x^*)>0$；反之，如果 $f'(x^*)=0$，且 $f''(x^*)<0$，则 x^* 是局部极大点。关于多元函数，也有与此类似的结果。

考虑无约束极值问题[①]：

$$\text{Min } y=f(\boldsymbol{x}),\quad \boldsymbol{x}\in E^n \tag{9.7}$$

定理 9.1 （必要条件）设 $f(\boldsymbol{x})$ 是 n 元可微实函数，如果 $\boldsymbol{x}^*$ 是式（9.7）问题的局部极小解，则 $\nabla f(\boldsymbol{x}^*)=0$。

∇ 被称为梯度算符，实际就是函数对自变量求一阶导数。当自变量是多元或向量时，梯度就是一个向量，在几何中称为矢量。

定理 9.2 （充分条件）设 $f(\boldsymbol{x})$ 是 n 元二次可微实函数，如果 $\nabla f(\boldsymbol{x}^*)=0$，$\nabla^2 f(\boldsymbol{x}^*)$ 半正定，则 $\boldsymbol{x}^*$ 是式（9.7）问题的局部最小解；如果在 $\boldsymbol{x}^*$ 点有 $\nabla f(\boldsymbol{x}^*)=0$ 且 $\nabla^2 f(\boldsymbol{x}^*)$ 正定，则 $\boldsymbol{x}^*$ 为式（9.7）问题的严格局部最小解。

定理 9.3 设 $f(\boldsymbol{x})$ 是 n 元可微凸函数（凸函数定义见小节 9.3.1），如果 $\nabla f(\boldsymbol{x}^*)=0$，则 $\boldsymbol{x}^*$ 是式（9.7）问题的最小解。

9.2.2 无约束极值问题的解法

无约束极值问题的解法可以分为两大类：解析法和直接法。解析法解法中需要使用目标函数的导数，即利用函数的解析性质，直接法解法不需要计算导数。前者收敛速度快，但计算复杂，后者不用导数，适应性强，但收敛速度慢，因此在可以求得目标函数导数信息时，尽可能用解析法，而若求目标函数导数很困难，或者根本不存在导数时，就用直接法。

因为直接法与经济学理论问题联系不大，所以下面仅介绍两种流行的解析法解

---

① 在数学上，R^n 表示向量空间或线性空间，E^n 表示欧氏空间。从数学的严格性考虑，二者有差别，但对理解一般经济问题，暂且忽略二者的差别。为了严格性，用欧氏空间概念，故用 E^n。

法——梯度法和牛顿法。

1. 梯度法

梯度法是最基本的无约束极值问题解法，是许多最优化方法的基础，解析法也一般地被称为梯度法，包括最速下降法、牛顿法、共轭梯度法和变尺度法。

若目标函数 $y=f(\boldsymbol{x})=f(x_1,x_2,\cdots,x_n)$ 在点 $\boldsymbol{x}_0$ 邻域内连续可导，则有泰勒展开式：

$$f(\boldsymbol{x})=f(\boldsymbol{x}_0)+\sum_{i=1}^{n}\frac{\partial f(\boldsymbol{x}_0)}{\partial x_i}\bullet\Delta x_i+\frac{1}{2}\sum_{i,j=1}^{n}\frac{\partial^2 f(\boldsymbol{x}_0)}{\partial x_i\partial x_j}\bullet\Delta x_i\Delta x_j+o(\Delta\boldsymbol{x}),\ \Delta x_i=x_i-x_{i0} \tag{9.8}$$

写成矩阵式：

$$f(\boldsymbol{x})=f(\boldsymbol{x}_0)+\nabla f^{\mathrm{T}}(\boldsymbol{x}_0)\bullet\Delta\boldsymbol{x}+\frac{1}{2}\bullet\Delta\boldsymbol{x}^{\mathrm{T}}\bullet\boldsymbol{H}\bullet\Delta\boldsymbol{x}+o(\Delta\boldsymbol{x}),\ \Delta\boldsymbol{x}=\boldsymbol{x}-\boldsymbol{x}_0 \tag{9.9}$$

其中，$\nabla f(\boldsymbol{x}_0)=\begin{pmatrix}\dfrac{\partial f(\boldsymbol{x}_0)}{\partial x_1} & \cdots & \dfrac{\partial f(\boldsymbol{x}_0)}{\partial x_n}\end{pmatrix}^{\mathrm{T}}$，称为 $f(\boldsymbol{x})$ 在 $\boldsymbol{x}_0$ 处的梯度。

$$\boldsymbol{H}=\begin{pmatrix}\dfrac{\partial^2 f(\boldsymbol{x}_0)}{\partial x_1^2} & \cdots & \dfrac{\partial^2 f(\boldsymbol{x}_0)}{\partial x_1\partial x_n}\\ \vdots & & \vdots\\ \dfrac{\partial^2 f(\boldsymbol{x}_0)}{\partial x_n\partial x_1} & \cdots & \dfrac{\partial^2 f(\boldsymbol{x}_0)}{\partial x_n^2}\end{pmatrix}=\begin{pmatrix}h_{11} & \cdots & h_{1n}\\ \vdots & & \vdots\\ h_{n1} & \cdots & h_{nn}\end{pmatrix}$$

称 $\boldsymbol{H}$ 为 $f(\boldsymbol{x})$ 在 $\boldsymbol{x}_0$ 处的海赛矩阵。

对任意一点 $\boldsymbol{x}^k$，取 $\boldsymbol{x}^{k+1}=\boldsymbol{x}^k+\lambda\boldsymbol{P}^k$，$f(\boldsymbol{x})$ 在 $\boldsymbol{x}^k$ 的泰勒展开式为

$$f(\boldsymbol{x}^{k+1})=f(\boldsymbol{x}^k+\lambda\boldsymbol{P}^k)=f(\boldsymbol{x}^k)+\lambda\nabla f^{\mathrm{T}}(\boldsymbol{x}^k)\boldsymbol{P}^k+\frac{\lambda^2}{2}\boldsymbol{P}^{\mathrm{T}}\boldsymbol{H}\boldsymbol{P}+o(\Delta\boldsymbol{x}^{k+1}),\ \Delta\boldsymbol{x}^{k+1}=\boldsymbol{x}^{k+1}-\boldsymbol{x}^k \tag{9.10}$$

当 λ 充分小时，取 $\boldsymbol{P}^k$ 使得 $\nabla f^{\mathrm{T}}(\boldsymbol{x}^k)\boldsymbol{P}^k<0$，则 $f(\boldsymbol{x}^{k+1})<f(\boldsymbol{x}^k)$。通常，取 $\boldsymbol{P}^k=-\nabla f(\boldsymbol{x}^k)$ 即函数的负梯度方向，可以获得函数值减小最快的方向。通过持续迭代，就可以找到 $f(\boldsymbol{x})$ 在某个点邻域内的极小值。一般计算程序如下。

（1）给定初始点 $\boldsymbol{x}^0$ 和精确度要求 $\varepsilon>0$；

（2）设已计算得 $\boldsymbol{x}^k$，计算 $f(\boldsymbol{x}^k)$ 和 $\nabla f(\boldsymbol{x}^k)$，若 $\|\nabla f(\boldsymbol{x}^k)\|^2\leqslant\varepsilon$，迭代停止，得近似极小点 $\boldsymbol{x}^k$ 和近似极小值 $f(\boldsymbol{x}^k)$，否则，令

$$\lambda_k=\frac{(\nabla f(\boldsymbol{x}^k))^{\mathrm{T}}\nabla f(\boldsymbol{x}^k)}{(\nabla f(\boldsymbol{x}^k))^{\mathrm{T}}\nabla^2 f(\boldsymbol{x}^k)\nabla f(\boldsymbol{x}^k)} \tag{9.11}$$

（3）计算 $\boldsymbol{x}^{k+1}=\boldsymbol{x}^k-\lambda_k\nabla f(\boldsymbol{x}^k)$，令 $k=k+1$，转第（2）步。

2. 牛顿法

牛顿法是一种线性化方法，其基本思想是将非线性方程 $f(\boldsymbol{x})=0$ 逐步归结为某种线性方程来求解。在 $\boldsymbol{x}^k$ 邻域内用一个二次函数 $\varphi(\boldsymbol{x})$ 来近似代替原目标函数，并将 $\varphi(\boldsymbol{x})$ 的极小值点作为对目标函数 $f(\boldsymbol{x})$ 求极值的下一个迭代点 $\boldsymbol{x}^{k+1}$。经多次迭代，使之逼近 $f(\boldsymbol{x})$

的极小值点。

以 $f(\boldsymbol{x})$ 在 $\boldsymbol{x}^k$ 的二阶泰勒展开作为其近似：

$$f(\boldsymbol{x}) \approx \varphi(\boldsymbol{x}) = f(\boldsymbol{x}^k) + \nabla f^{\mathrm{T}}(\boldsymbol{x}^k)(\boldsymbol{x}-\boldsymbol{x}^k) + \frac{1}{2}(\boldsymbol{x}-\boldsymbol{x}^k)^{\mathrm{T}}\nabla^2 f(\boldsymbol{x}^k)(\boldsymbol{x}-\boldsymbol{x}^k) \quad (9.12)$$

设 $\boldsymbol{x}^{k+1}$ 为 $\varphi(\boldsymbol{x})$ 的极小值点，则 $\nabla\varphi(\boldsymbol{x}^{k+1})=0$ ，即

$$\nabla f(\boldsymbol{x}^k) + \nabla^2 f(\boldsymbol{x}^k)(\boldsymbol{x}^{k+1}-\boldsymbol{x}^k) = 0$$

$$\boldsymbol{x}^{k+1} = \boldsymbol{x}^k - [\nabla^2 f(\boldsymbol{x}^k)]^{-1}\nabla f(\boldsymbol{x}^k) \quad (9.13)$$

这就是多元函数求极值的牛顿法迭代公式。

对二次型目标函数，海赛矩阵 $\boldsymbol{H}$ 是一个常矩阵，因此无论从任何点出发，只需一步就可以找到极小值点。

设有正定二次函数：$f(\boldsymbol{x})=\frac{1}{2}\boldsymbol{x}^{\mathrm{T}}\boldsymbol{A}\boldsymbol{x}+\boldsymbol{B}^{\mathrm{T}}\boldsymbol{x}+c$ ，其中 $\boldsymbol{A}$ 为 n 阶方阵，$\boldsymbol{B}$ 为 n 维列向量，c 为常数，设 $\boldsymbol{x}^*$ 为其极小点，则 $\nabla f(\boldsymbol{x}^*)=\boldsymbol{A}\boldsymbol{x}^*+\boldsymbol{B}=0$ ，所以 $\boldsymbol{A}\boldsymbol{x}^*=-\boldsymbol{B}$ ；任给 $\boldsymbol{x}^0\in E^n$ ，$\nabla f(\boldsymbol{x}^0)=\boldsymbol{A}\boldsymbol{x}^0+\boldsymbol{B}$ ，以 $-\boldsymbol{A}\boldsymbol{x}^*$ 代替 $\boldsymbol{B}$ ，得 $\nabla f(\boldsymbol{x}^0)=\boldsymbol{A}\boldsymbol{x}^0-\boldsymbol{A}\boldsymbol{x}^*$ ，所以

$$\boldsymbol{x}^*=\boldsymbol{x}^0-\boldsymbol{A}^{-1}\nabla f(\boldsymbol{x}^0)$$

这说明，从任意近似点出发，沿 $-\boldsymbol{A}^{-1}\nabla f(\boldsymbol{x}^0)$ 方向搜索，步长为 1，一步即可达极小点。

从牛顿法迭代公式的推导过程中可以看到，迭代点的位置是按照极值条件确定的，其中并未含有沿下降方向搜寻的概念。因此对非二次函数，如果采用上述牛顿法迭代公式，有时会使函数值上升。

牛顿法与梯度法的搜索方向不同，其优点是收敛速度快，但有时不好用因而需采取改进措施。

9.3　有约束非线性规划问题

实际问题大多数都是有约束条件的问题。求解带有约束条件的问题比起无约束问题要困难得多，也复杂得多。在每次迭代时，对最小化问题，不仅要使目标函数值有所下降，而且要使迭代点都落在可行域内（个别算法除外）。求解带有约束的极值问题常用方法思路是，将约束问题化为一个或一系列的无约束极值问题；将非线性规划化为近似的线性规划。

9.3.1　凸规划问题

凸规划是与凸集和凸函数有关的一类数学规划。一般来说，非线性规划的局部最优解和全局最优解是不同的，但是对凸规划问题，局部最优解就是全局最优解。

定义 9.1　设 $f(\boldsymbol{x})$ 为定义在非空凸集 $S\subseteq E^n$ 上的实值函数，如果对任意的两点 $\boldsymbol{x}^1$ ，

$x^2 \in S$ 和任意实数 $\lambda \in (0,1)$，恒有

$$f(\lambda x^1 + (1-\lambda)x^2) \leqslant \lambda f(x^1) + (1-\lambda) f(x^2) \tag{9.14}$$

则称 $f(x)$ 为 S 上的凸函数。如果式（9.14）中的不等号为"<"，则称 $f(x)$ 为 S 上的严格凸函数。

定理 9.4（凸函数判定定理）　设 S 是 n 维欧氏空间 E^n 上的一个凸开集，$f(x)$ 是定义在 S 上的具有二阶连续导数的函数，那么 $f(x)$ 在 S 上为凸函数的充要条件是，对所有 $x \in S$，海赛矩阵都是半正定的；如果对所有的 $x \in S$，$\nabla^2 f(x)$ 都是正定的，则 $f(x)$ 在 S 上为严格凸函数。

定义 9.2　设有非线性规划问题：

$$\mathrm{Min}\, f(x),\quad x \in E^n \tag{9.15}$$

$$\text{s.t.}\quad g_i(x) \leqslant 0,\quad i = 1,2,\cdots,m \tag{9.16}$$

$$h_j(x) = 0,\quad j = 1,2,\cdots,p \tag{9.17}$$

如果 $f(x)$ 和 $g_i(x)$（$i = 1,2,\cdots,m$）是 x 的凸函数，$h_j(x)$（$j = 1,2,\cdots,p$）是 x 的线性函数，则称此问题为一个凸规划问题。

凸规划具有两个重要性质。

性质 9.1　凸规划的可行集是凸集。

证明：对定义 9.2 的凸规划问题，设可行集为 S，即

$$S = \left\{ x \middle| g_i(x) \leqslant 0, i = 1,2,\cdots,m; h_j(x) = 0, j = 1,2,\cdots,p; x \in E^n \right\}$$

其中，$g_i(x)$（$i = 1,2,\cdots,m$）为 x 的凸函数，$h_j(x)$（$j = 1,2,\cdots,p$）为 x 的线性函数。

对任意 x^1，$x^2 \in S$ 及任意实数 $\lambda \in (0,1)$，因为 $g_i(x)$（$i = 1,2,\cdots,m$）是凸的，所以对 $x = \lambda x^1 + (1-\lambda)x^2$，有

$$g_i(x) = g_i(\lambda x^1 + (1-\lambda)x^2) \leqslant \lambda g_i(x^1) + (1-\lambda) g_i(x^2)$$

但 $g_i(x^1) \leqslant 0$，$g_i(x^2) \leqslant 0$，所以 $g_i(x) \leqslant 0$。同理，$h_j(x) = 0$。

因此，$x = \lambda x^1 + (1-\lambda)x^2 \in S$，故 S 为凸集。证毕！

性质 9.2　凸规划的局部最小解就是它的全局最小解。

证明：用反证法。

设 x^* 是定义 9.2 凸规划问题的一个局部最小解，$\bar{x}$ 是它的全局最小解，但 $\bar{x} \neq x^*$。

因为 x^* 及 $\bar{x} \in S$，S 是凸集，所以对任意 $\lambda \in (0,1)$，$x = \lambda x^* + (1-\lambda)\bar{x} \in S$。由于 $f(x)$ 为凸函数，所以

$$f(x) = f[\lambda x^* + (1-\lambda)\bar{x}] \leqslant \lambda f(x^*) + (1-\lambda) f(\bar{x})$$

因为 $\bar{x}$ 是一个全局最小解，所以

$$f(x) \leqslant \lambda f(x^*) + (1-\lambda) f(\bar{x}) < \lambda f(x^*) + (1-\lambda) f(x^*) = f(x^*)$$

此式对任意 $\lambda \in (0,1)$ 都成立。当 $\lambda \to 1$ 时，$x \to x^*$，在 x^* 的邻域内还有比 $f(x^*)$ 小的值，这与 x^* 为局部最小解的假设矛盾，因此凸规划的局部最小解就是它的全局最小解。证毕！

9.3.2　库恩–塔克定理

库恩–塔克条件是非线性规划领域中的重要理论成果之一，是确定某点为局部最优解的一阶必要条件。但一般来说它不是充分条件，即满足这个条件的点不一定是最优点。但对凸规划，库恩–塔克条件既是必要条件，也是充分条件。

考虑只含不等式约束的最小值问题：

$$\text{Min} f(\boldsymbol{x}),\quad \boldsymbol{x}\in E^n \tag{9.18}$$

$$\text{s.t.}\quad g_i(\boldsymbol{x})\geqslant 0,\quad i=1,2,\cdots,m \tag{9.19}$$

或写成：

$$\underset{\boldsymbol{x}\in\chi}{\text{Min}} f(\boldsymbol{x}),\ \chi=\{\boldsymbol{x}\mid \boldsymbol{x}\in E^n, g_i(\boldsymbol{x})\geqslant 0, i=1,2,\cdots,m\} \tag{9.20}$$

定义 9.3　对式（9.20）问题，设 $\bar{\boldsymbol{x}}\in\chi$，若有 $g_i(\bar{\boldsymbol{x}})=0$，则称不等式约束 $g_i(\boldsymbol{x})\geqslant 0$ 对点 $\bar{\boldsymbol{x}}$ 为起作用约束；若有 $g_i(\boldsymbol{x})>0$，则称不等式约束 $g_i(\boldsymbol{x})\geqslant 0$ 对点 $\bar{\boldsymbol{x}}$ 为不起作用约束。

定义 9.4　对上述非线性规划问题，如果在可行点 $\bar{\boldsymbol{x}}$ 处，各起作用约束的梯度向量线性无关，则称 $\bar{\boldsymbol{x}}$ 是约束条件的一个正则点。

定理 9.5（库恩–塔克定理）　设有非线性规划问题：

$$\underset{\boldsymbol{x}\in\chi}{\text{Min}} f(\boldsymbol{x}),\ \chi=\{\boldsymbol{x}\mid \boldsymbol{x}\in E^n, g_i(\boldsymbol{x})\geqslant 0, i=1,2,\cdots,m\} \tag{9.21}$$

$\boldsymbol{x}^*$ 是最优解，若 $\boldsymbol{x}^*$ 起作用约束的梯度 $g_i(\boldsymbol{x}^*)\left(i=1,2,\cdots,m\right)$ 之间线性无关（$\boldsymbol{x}^*$ 是一个正则点），则存在 $\boldsymbol{\varGamma}^*=(\gamma_1^*,\gamma_2^*,\cdots,\gamma_m^*)^{\mathrm{T}}$，使

$$\begin{cases}\nabla f(\boldsymbol{x}^*)-\sum\limits_{i=1}^{m}\gamma_i^*\bullet g_i(\boldsymbol{x}^*)=0\\ \gamma_i^*\bullet g_i(\boldsymbol{x}^*)=0,\quad i=1,2,\cdots,m\\ \gamma_i^*\geqslant 0,\qquad\qquad i=1,2,\cdots,m\end{cases} \tag{9.22}$$

成立，式（9.22）称为库恩–塔克条件。根据库恩–塔克条件求得的非线性规划问题的解，称为问题的 K-T 点。

对同时含有等式与不等式约束的问题：

$$\begin{aligned}&\text{Min} f(\boldsymbol{x})\\ \text{s.t.}\quad &g_i(\boldsymbol{x})\geqslant 0,\quad i=1,2,\cdots,m\\ &h_j(\boldsymbol{x})=0,\quad j=1,2,\cdots,l\end{aligned}$$

将 $h_j(\boldsymbol{x})=0$ 转化为 $h_j(\boldsymbol{x})\geqslant 0$，$-h_j(\boldsymbol{x})\geqslant 0$，这样对应的库恩–塔克条件如下。

设 $\boldsymbol{x}^*$ 为上述问题的极小点，若 $\boldsymbol{x}^*$ 起作用约束的梯度 $\nabla g_i(\boldsymbol{x}^*)$ 和 $\nabla h_j(\boldsymbol{x}^*)$ 线性无关，则存在 $\boldsymbol{\varGamma}^*=(\gamma_1^*,\gamma_2^*,\cdots,\gamma_m^*)^{\mathrm{T}}$ 和 $\boldsymbol{\varLambda}^*=(\lambda_1^*,\lambda_2^*,\cdots,\lambda_m^*)^{\mathrm{T}}$，使

$$\begin{cases}\nabla f(\boldsymbol{x}^*)-\sum\limits_{i=1}^{m}\gamma_i^*\bullet\nabla g_i(\boldsymbol{x}^*)-\sum\limits_{j=1}^{m}\lambda_j^*\bullet\nabla h_j(\boldsymbol{x}^*)=0\\ \gamma_i^*\bullet g_i(\boldsymbol{x}^*)=0,\quad i=1,2,\cdots,m\\ \gamma_i^*\geqslant 0,\qquad\qquad i=1,2,\cdots,m\end{cases} \tag{9.23}$$

习题

1. 求函数 $f(x_1,x_2)=2x_1^2-8x_1+2x_2^2-4x_2+20$ 的极小值点。
2. 梯度法求解 $\text{Min } f(\boldsymbol{x})=(x_1-2)^2+(x_2-1)^2$。
3. 牛顿法求解无约束规划问题 $\text{Min } f(\boldsymbol{x})=x_1^2+5x_2^2$。
4. 验证下列非线性规划为凸规划，并求出最优解。

$$
\begin{aligned}
&\text{Min } f(\boldsymbol{x})=x_1^2+x_2^2-4x_1+4\\
&\text{s.t.}\quad g_1(\boldsymbol{x})=x_1-x_2+2\geqslant 0\\
&\qquad g_2(\boldsymbol{x})=-x_1^{\ 2}+x_2-1\geqslant 0\\
&\qquad g_3(\boldsymbol{x})=x_1\geqslant 0\\
&\qquad g_4(\boldsymbol{x})=x_2\geqslant 0
\end{aligned}
$$

5. 求下列非线性规划问题的 K-T 点：

$$
\text{Min } f(\boldsymbol{x})=2x_1^2+2x_1x_2+x_2^2-10x_1-10x_2
$$

$$
\text{s.t.}\ \begin{cases} x_1^2+x_2^2\leqslant 5\\ 3x_1+x_2\leqslant 6\end{cases}
$$

参考文献

马仲蕃，魏权龄，赖炎连. 1985. 数学规划讲义. 北京：中国人民大学出版社
《运筹学》教材编写组. 1990. 运筹学. 北京： 清华大学出版社

附录　矩阵求导法则

（1）行向量对纯量求导，还是行向量。

设 $\boldsymbol{y}^{\mathrm{T}}=(y_1\quad y_2\quad\cdots\quad y_n)$，$x$ 是纯量，则 $\dfrac{\partial\mathbf{y}^{\mathrm{T}}}{\partial x}=\left(\dfrac{\partial y_1}{\partial x}\quad\dfrac{\partial y_2}{\partial x}\quad\cdots\quad\dfrac{\partial y_n}{\partial x}\right)$。

（2）列向量对纯量求导，还是列向量。

设 $\boldsymbol{y}=\begin{pmatrix} y_1 \\ y_2 \\ \vdots \\ y_m \end{pmatrix}$，$x$ 是纯量，则 $\dfrac{\partial \boldsymbol{y}}{\partial x}=\begin{pmatrix} \dfrac{\partial y_1}{\partial x} \\ \dfrac{\partial y_2}{\partial x} \\ \vdots \\ \dfrac{\partial y_m}{\partial x} \end{pmatrix}$。

（3）矩阵对纯量求导，结果还是原矩阵结构。

设 $\boldsymbol{Y}=\begin{pmatrix} y_{11} & y_{12} & \cdots & y_{1n} \\ \vdots & \vdots & & \vdots \\ y_{m1} & y_{m2} & \cdots & y_{mn} \end{pmatrix}$，$x$ 是纯量，则 $\dfrac{\partial \boldsymbol{Y}}{\partial x}=\begin{pmatrix} \dfrac{\partial y_{11}}{\partial x} & \dfrac{\partial y_{12}}{\partial x} & \cdots & \dfrac{\partial y_{1n}}{\partial x} \\ \vdots & \vdots & & \vdots \\ \dfrac{\partial y_{m1}}{\partial x} & \dfrac{\partial y_{m2}}{\partial x} & \cdots & \dfrac{\partial y_{mn}}{\partial x} \end{pmatrix}$。

加法与乘法公式：

$$\frac{\mathrm{d}\left(\boldsymbol{A}(t)+\boldsymbol{B}(t)\right)}{\mathrm{d}t}=\frac{\mathrm{d}}{\mathrm{d}t}\boldsymbol{A}(t)+\frac{\mathrm{d}}{\mathrm{d}t}\boldsymbol{B}(t),\quad \frac{\mathrm{d}\left(\boldsymbol{A}(t)\boldsymbol{B}(t)\right)}{\mathrm{d}t}=\boldsymbol{B}(t)\cdot\frac{\mathrm{d}}{\mathrm{d}t}\boldsymbol{A}(t)+\boldsymbol{A}(t)\cdot\frac{\mathrm{d}}{\mathrm{d}t}\boldsymbol{B}(t)$$

（4）纯量对行向量求导，还是行向量。

设 y 是纯量，$\boldsymbol{x}^{\mathrm{T}}=\begin{pmatrix} x_1 & x_2 & \cdots & x_q \end{pmatrix}$，则 $\dfrac{\partial y}{\partial \boldsymbol{x}^{\mathrm{T}}}=\begin{pmatrix} \dfrac{\partial y}{\partial x_1} & \dfrac{\partial y}{\partial x_2} & \cdots & \dfrac{\partial y}{\partial x_q} \end{pmatrix}$。

（5）纯量对列向量求导，还是列向量。

设 y 是纯量，$\boldsymbol{x}=\begin{pmatrix} x_1 \\ x_2 \\ \vdots \\ x_p \end{pmatrix}$，则 $\dfrac{\partial y}{\partial \boldsymbol{x}}=\begin{pmatrix} \dfrac{\partial y}{\partial x_1} \\ \dfrac{\partial y}{\partial x_2} \\ \vdots \\ \dfrac{\partial y}{\partial x_p} \end{pmatrix}$。

（6）纯量对矩阵求导，还是原结构矩阵。

设 y 是纯量，$\boldsymbol{X}=\begin{pmatrix} x_{11} & x_{12} & \cdots & x_{1q} \\ \vdots & \vdots & & \vdots \\ x_{p1} & x_{p2} & \cdots & x_{pq} \end{pmatrix}$，则 $\dfrac{\partial y}{\partial \boldsymbol{X}}=\begin{pmatrix} \dfrac{\partial y}{\partial x_{11}} & \dfrac{\partial y}{\partial x_{12}} & \cdots & \dfrac{\partial y}{\partial x_{1q}} \\ \vdots & \vdots & & \vdots \\ \dfrac{\partial y}{\partial x_{p1}} & \dfrac{\partial y}{\partial x_{p2}} & \cdots & \dfrac{\partial y}{\partial x_{pq}} \end{pmatrix}$。

（7）行向量对列向量求导，结果为矩阵。

设 $\boldsymbol{y}^{\mathrm{T}}=\begin{pmatrix}y_1 & y_2 & \cdots & y_n\end{pmatrix}$，$\boldsymbol{x}=\begin{pmatrix}x_1\\x_2\\\vdots\\x_p\end{pmatrix}$，则 $\dfrac{\partial\boldsymbol{y}^{\mathrm{T}}}{\partial\boldsymbol{x}}=\begin{pmatrix}\dfrac{\partial y_1}{\partial x_1} & \dfrac{\partial y_2}{\partial x_1} & \cdots & \dfrac{\partial y_n}{\partial x_1}\\\vdots & \vdots & & \vdots\\\dfrac{\partial y_1}{\partial x_p} & \dfrac{\partial y_2}{\partial x_p} & \cdots & \dfrac{\partial y_n}{\partial x_p}\end{pmatrix}$。

（8）列向量对行向量求导，结果为矩阵。

设 $\boldsymbol{y}=\begin{pmatrix}y_1\\y_2\\\vdots\\y_m\end{pmatrix}$，$\boldsymbol{x}^{\mathrm{T}}=\begin{pmatrix}x_1 & x_2 & \cdots & x_q\end{pmatrix}$，则 $\dfrac{\partial\boldsymbol{y}}{\partial\boldsymbol{x}^{\mathrm{T}}}=\begin{pmatrix}\dfrac{\partial y_1}{\partial x_1} & \dfrac{\partial y_1}{\partial x_2} & \cdots & \dfrac{\partial y_1}{\partial x_q}\\\vdots & \vdots & & \vdots\\\dfrac{\partial y_m}{\partial x_1} & \dfrac{\partial y_m}{\partial x_2} & \cdots & \dfrac{\partial y_m}{\partial x_q}\end{pmatrix}$。

（9）行向量对行向量求导，结果是列规模扩大的行向量。

设 $\boldsymbol{y}^{\mathrm{T}}=\begin{pmatrix}y_1 & y_2 & \cdots & y_n\end{pmatrix}$，$\boldsymbol{x}^{\mathrm{T}}=\begin{pmatrix}x_1 & x_2 & \cdots & x_q\end{pmatrix}$，则 $\dfrac{\partial\boldsymbol{y}^{\mathrm{T}}}{\partial\boldsymbol{x}^{\mathrm{T}}}=\begin{pmatrix}\dfrac{\partial\boldsymbol{y}^{\mathrm{T}}}{\partial x_1} & \dfrac{\partial\boldsymbol{y}^{\mathrm{T}}}{\partial x_2} & \cdots & \dfrac{\partial\boldsymbol{y}^{\mathrm{T}}}{\partial x_q}\end{pmatrix}$。

（10）列向量对列向量求导，结果是行规模扩大的列向量。

设 $\boldsymbol{y}=\begin{pmatrix}y_1\\y_2\\\vdots\\y_m\end{pmatrix}$，$\boldsymbol{x}=\begin{pmatrix}x_1\\x_2\\\vdots\\x_p\end{pmatrix}$，则 $\dfrac{\partial\boldsymbol{y}}{\partial\boldsymbol{x}}=\begin{pmatrix}\dfrac{\partial y_1}{\partial\boldsymbol{x}}\\\dfrac{\partial y_2}{\partial\boldsymbol{x}}\\\vdots\\\dfrac{\partial y_m}{\partial\boldsymbol{x}}\end{pmatrix}$。

（11）矩阵对行向量求导，结果是列规模扩大的矩阵。

设 $\boldsymbol{Y}=\begin{pmatrix}y_{11} & y_{12} & \cdots & y_{1n}\\\vdots & \vdots & & \vdots\\y_{m1} & y_{m2} & \cdots & y_{mn}\end{pmatrix}$，$\boldsymbol{x}^{\mathrm{T}}=\begin{pmatrix}x_1 & x_2 & \cdots & x_q\end{pmatrix}$，则 $\dfrac{\partial\boldsymbol{Y}}{\partial\boldsymbol{x}^{\mathrm{T}}}=\begin{pmatrix}\dfrac{\partial\boldsymbol{Y}}{\partial x_1} & \dfrac{\partial\boldsymbol{Y}}{\partial x_2} & \cdots & \dfrac{\partial\boldsymbol{Y}}{\partial x_q}\end{pmatrix}$。

（12）矩阵对列向量求导，结果是行规模扩大的矩阵。

设 $\boldsymbol{Y}=\begin{pmatrix}y_{11} & y_{12} & \cdots & y_{1n}\\\vdots & \vdots & & \vdots\\y_{m1} & y_{m2} & \cdots & y_{mn}\end{pmatrix}$，$\boldsymbol{x}=\begin{pmatrix}x_1\\x_2\\\vdots\\x_p\end{pmatrix}$，则 $\dfrac{\partial\boldsymbol{Y}}{\partial\boldsymbol{x}}=\begin{pmatrix}\dfrac{\partial y_{11}}{\partial\boldsymbol{x}} & \dfrac{\partial y_{12}}{\partial\boldsymbol{x}} & \cdots & \dfrac{\partial y_{1n}}{\partial\boldsymbol{x}}\\\vdots & \vdots & & \vdots\\\dfrac{\partial y_{m1}}{\partial\boldsymbol{x}} & \dfrac{\partial y_{m2}}{\partial\boldsymbol{x}} & \cdots & \dfrac{\partial y_{mn}}{\partial\boldsymbol{x}}\end{pmatrix}$。

（13）行向量对矩阵求导，结果是列规模扩大的矩阵。

设 $\boldsymbol{y}^{\mathrm{T}}=\begin{pmatrix}y_1 & y_2 & \cdots & y_n\end{pmatrix}$，$\boldsymbol{X}=\begin{pmatrix}x_{11} & x_{12} & \cdots & x_{1q}\\\vdots & \vdots & & \vdots\\x_{p1} & x_{p2} & \cdots & x_{pq}\end{pmatrix}$，则 $\dfrac{\partial\boldsymbol{y}^{\mathrm{T}}}{\partial\boldsymbol{X}}=\begin{pmatrix}\dfrac{\partial\boldsymbol{y}^{\mathrm{T}}}{\partial x_{11}} & \dfrac{\partial\boldsymbol{y}^{\mathrm{T}}}{\partial x_{12}} & \cdots & \dfrac{\partial\boldsymbol{y}^{\mathrm{T}}}{\partial x_{1q}}\\\vdots & \vdots & & \vdots\\\dfrac{\partial\boldsymbol{y}^{\mathrm{T}}}{\partial x_{p1}} & \dfrac{\partial\boldsymbol{y}^{\mathrm{T}}}{\partial x_{p2}} & \cdots & \dfrac{\partial\boldsymbol{y}^{\mathrm{T}}}{\partial x_{pq}}\end{pmatrix}$

（14）列向量对矩阵求导，结果是行规模扩大的矩阵。

设 $\boldsymbol{y}=\begin{pmatrix} y_1 \\ y_2 \\ \vdots \\ y_m \end{pmatrix}$，$\boldsymbol{X}=\begin{pmatrix} x_{11} & x_{12} & \cdots & x_{1q} \\ \vdots & \vdots & & \vdots \\ x_{p1} & x_{p2} & \cdots & x_{pq} \end{pmatrix}$，则 $\dfrac{\partial \boldsymbol{y}}{\partial \boldsymbol{X}}=\begin{pmatrix} \dfrac{\partial y_1}{\partial \boldsymbol{X}} \\ \dfrac{\partial y_2}{\partial \boldsymbol{X}} \\ \vdots \\ \dfrac{\partial y_m}{\partial \boldsymbol{X}} \end{pmatrix}$。

（15）矩阵对矩阵求导，结果是行列规模交叉扩大的矩阵。

设 $\boldsymbol{Y}=\begin{pmatrix} y_{11} & y_{12} & \cdots & y_{1n} \\ \vdots & \vdots & & \vdots \\ y_{m1} & y_{m2} & \cdots & y_{mn} \end{pmatrix}=\begin{pmatrix} \boldsymbol{y}_1^{\mathrm{T}} \\ \boldsymbol{y}_2^{\mathrm{T}} \\ \vdots \\ \boldsymbol{y}_m^{\mathrm{T}} \end{pmatrix}$，$\boldsymbol{X}=\begin{pmatrix} x_{11} & x_{12} & \cdots & x_{1q} \\ \vdots & \vdots & & \vdots \\ x_{p1} & x_{p2} & \cdots & x_{pq} \end{pmatrix}=\begin{pmatrix} \boldsymbol{x}_1 & \boldsymbol{x}_2 & \cdots & \boldsymbol{x}_q \end{pmatrix}$，则

$$\frac{\partial \boldsymbol{Y}}{\partial \boldsymbol{X}}=\begin{pmatrix} \dfrac{\partial \boldsymbol{Y}}{\partial \boldsymbol{x}_1} & \dfrac{\partial \boldsymbol{Y}}{\partial \boldsymbol{x}_2} & \cdots & \dfrac{\partial \boldsymbol{Y}}{\partial \boldsymbol{x}_q} \end{pmatrix}=\begin{pmatrix} \dfrac{\partial \boldsymbol{y}_1^{\mathrm{T}}}{\partial \boldsymbol{X}} \\ \dfrac{\partial \boldsymbol{y}_2^{\mathrm{T}}}{\partial \boldsymbol{X}} \\ \vdots \\ \dfrac{\partial \boldsymbol{y}_m^{\mathrm{T}}}{\partial \boldsymbol{X}} \end{pmatrix}=\begin{pmatrix} \dfrac{\partial \boldsymbol{y}_1^{\mathrm{T}}}{\partial \boldsymbol{x}_1} & \dfrac{\partial \boldsymbol{y}_1^{\mathrm{T}}}{\partial \boldsymbol{x}_2} & \cdots & \dfrac{\partial \boldsymbol{y}_1^{\mathrm{T}}}{\partial \boldsymbol{x}_q} \\ \vdots & \vdots & & \vdots \\ \dfrac{\partial \boldsymbol{y}_m^{\mathrm{T}}}{\partial \boldsymbol{x}_1} & \dfrac{\partial \boldsymbol{y}_m^{\mathrm{T}}}{\partial \boldsymbol{x}_2} & \cdots & \dfrac{\partial \boldsymbol{y}_m^{\mathrm{T}}}{\partial \boldsymbol{x}_q} \end{pmatrix}。$$

第 10 章

最优控制理论与模型

最优控制理论是现代控制理论的重要组成部分。早在 20 世纪 50 年代初就开始了对最短时间控制问题的研究。随后，由于空间技术的发展，越来越多的理论与工程研究人员投身于这一领域的理论研究和应用开发，逐步形成了较为完整的最优控制理论体系[①]。

传统的最优化数学是求一个最优点，最优控制是求一个最优函数。所谓最优控制问题是指，在给定条件下，对给定系统确定一种控制规律（一个时间函数），使该系统能在规定的性能指标上具有最优值。也就是说，最优控制就是要寻找容许的控制作用（规律）使动态系统（受控系统）从初始状态转移到某种要求的终端状态，且保证所规定的性能指标（目标函数）达到最大或最小值。

从数学视角看，最优控制问题是求解一类带有约束条件的泛函极值问题，或求达到目标变量最优值的导函数，即最优导函数问题，属于变分学的理论范畴。然而经典变分学理论只能解决容许控制属于开集的一类，为适应工程实践的需要，20 世纪 50 年代中期出现了现代变分理论。在现代变分理论中最常用的两种方法是动态规划和最大（小）值原理。动态规划是美国学者贝尔曼（Bellman）于 1953~1957 年为了解决多级决策问题的算法而逐步创立的；最大（小）值原理是苏联科学院院士庞特里亚金（Лев Семёнович Понтрягин）于 1956~1958 年逐步创立的。1960 年在莫斯科召开的第一届世界控制理论大会上，最亮眼的成果就是贝尔曼的动态规划、庞特里亚金的最大值原理、卡尔曼的 LQ（linear quadratic，即线性二次型）理论[②]。

当今最优控制理论的研究在深度和广度上都有了很大的发展，并且日益与其他控制理论相互渗透，形成了更为实用的学科分支。最优控制理论在经济管理领域也获得了广泛应用，被用于建立宏观经济学的微观基础研究。

---

① 解学书. 最优控制——理论与应用. 北京：清华大学出版社，1986：11-12

② 雍炯敏，楼红卫. 最优控制理论简明教程. 北京：高等教育出版社，2006：24-27

10.1　最优控制问题的数学模型

一个最优控制问题由性能指标、状态方程和终端条件组成。由于这些构成成分的形式不同，形成了不同类型的最优控制问题及特殊解法。性能指标相当于目标函数，可以称为目标泛函。状态方程和终端条件就是约束条件。一般数学规划是静态最优化问题，最优控制是动态最优化问题。

10.1.1　控制系统状态方程

系统的状态变量是反映系统运动特征的基本量，作为时间的函数，也称为状态函数。控制变量是指对系统状态变量及其运动特征起决定作用并有待外部确定的量，它是时间的函数，所以也称为控制函数。控制问题的中心任务就是寻求满足要求的控制函数。系统的状态方程是指反映状态变量的速度（对时间的导数）与状态变量本身及其控制变量的函数关系的方程。

令 $\boldsymbol{x}=(x_1,x_2,\cdots,x_n)^{\mathrm{T}}\in\boldsymbol{X}\subseteq\mathbf{R}^n$ 表示系统的状态变量，$\boldsymbol{u}=(u_1,u_2,\cdots,u_m)^{\mathrm{T}}\in\boldsymbol{U}\subseteq\mathbf{R}^{\boldsymbol{m}}$ 表示系统的控制变量，$t\in I\subseteq R^1$ 通常表示时间，$\boldsymbol{f}=(f_1,f_2,\cdots,f_n)^{\mathrm{T}}$ 是在 $\boldsymbol{X}\times\boldsymbol{U}\times I$ 上定义的 n 维向量函数，其中，$\boldsymbol{X}$、$\boldsymbol{U}$ 和 I 表示 $\boldsymbol{x}$、$\boldsymbol{u}$ 和 t 的值域或定义域[①]（反映一种约束），于是可写出通常是一阶常微分方程组的系统的状态方程：

$$\dot{\boldsymbol{x}}=\boldsymbol{f}(t,\boldsymbol{x}(t),\boldsymbol{u}(t)) \tag{10.1}$$

当 $\boldsymbol{f}$ 不显含 t 时，称式（10.1）代表的系统为定常系统（或称为时不变系统），与定常系统相对的就是时变系统。当 $\boldsymbol{f}$ 关于 $\boldsymbol{x}$ 和 $\boldsymbol{u}$ 为线性时，式（10.1）就变成为线性系统。线性系统可以写成：

$$\dot{\boldsymbol{x}}=\boldsymbol{A}(t)\boldsymbol{x}+\boldsymbol{B}(t)\boldsymbol{u} \tag{10.2}$$

其中，$\boldsymbol{A}(t)$ 是 n 阶方阵；$\boldsymbol{B}(t)$ 是 $n\times m$ 矩阵。当 $\boldsymbol{A}$ 和 $\boldsymbol{B}$ 与时间 t 无关时，式（10.2）就成为线性定常系统或线性自治系统。

10.1.2　约束条件和性能指标

最优控制问题的约束条件是包括初值和终值要求及状态方程的一组等式或不等式，性能指标是待优化的目标变量。

1. 目标集

目标集是关于端点的约束，端点是指考察期的开始和结束时刻。一般来说，系统的初始时刻 t_0 和初始状态即初值 $\boldsymbol{x}(t_0)$ 是给定的，但对结束时刻 t_f 和终端状态即终值 $\boldsymbol{x}(t_f)$，

① 用 I 而不是 T 表示 t 的定义域是为了避免混淆，因为后面用 T 表示矩阵的转置。

却因问题不同而有不同的约束，用一个确定的集合来表示，即

$$A=\left\{\boldsymbol{x}(t_f):\boldsymbol{x}(t_f)\in\mathbf{R}^n;h_1(\boldsymbol{x}(t_f),t_f)=0,h_2(\boldsymbol{x}(t_f),t_f)\leqslant 0\right\} \tag{10.3}$$

A 就称为控制问题的目标集。在式（10.3）中包含了等式约束和不等式两种约束形式，具体问题可能只有一种或没有约束。

2. 容许控制函数集

控制变量是最优控制这个最优化问题的决策变量。在实际问题中，控制变量通常需要满足有界性等要求条件，满足这些条件的控制函数，称为容许控制函数，其全体构成一个集合，称为容许控制函数集，简称容许控制集，记为

$$\Omega=\{\boldsymbol{u}(t):\boldsymbol{u}\in\mathbf{R}^m\text{并满足某些条件}\} \tag{10.4}$$

通常要求控制函数是分段连续的。容许控制函数集相当于数学规划中决策变量的可行集，属于约束条件。

3. 性能指标

性能指标是人们对某个控制过程及其结果做出评价的衡量尺度或标准，它是最优控制问题的目标函数，通常是控制函数的函数，是一个泛函，又称目标泛函。性能指标主要有下面三种形式。

（1）终端型性能指标，又称麦耶尔（Mayer）型性能指标：

$$J(\boldsymbol{u})=\Phi(\boldsymbol{x}(t_f),t_f) \tag{10.5}$$

（2）积分型性能指标，又称拉格朗日型性能指标：

$$J(\boldsymbol{u})=\int_{t_0}^{t_f}L(t,\boldsymbol{x}(t),\boldsymbol{u}(t))\,\mathrm{d}t \tag{10.6}$$

（3）混合型性能指标，也叫博尔查（Bolza）型性能指标：

$$J(\boldsymbol{u})=\Phi(\boldsymbol{x}(t_f),t_f)+\int_{t_0}^{t_f}L(t,\boldsymbol{x}(t),\boldsymbol{u}(t))\,\mathrm{d}t \tag{10.7}$$

对应三种类型的性能指标，相应的最优控制问题也被称为终端或终值型最优控制问题、积分型最优控制问题和混合型最优控制问题。在数学上，通过处理，三种形式的性能指标可以相互转换。

对式（10.6），定义函数 $y(t)$，使 $\dot{y}=L(t,\boldsymbol{x}(t),\boldsymbol{u}(t))$， $y(t_0)=0$，则积分型就变成了终端型：

$$J(\boldsymbol{u})=\int_{t_0}^{t_f}L(t,\boldsymbol{x}(t),\boldsymbol{u}(t))\,\mathrm{d}t=\int_{t_0}^{t_f}\dot{y}\,\mathrm{d}t=y(t_f)-y(t_0)=y(t_f)$$

对式（10.7），定义 $Z(t)$，使 $Z'(t)=0$，$Z(t_f)=\Phi(\boldsymbol{x}(t_f),t_f)$，则混合型就变成了积分型：

$$\begin{aligned}J(\boldsymbol{u})&=\int_{t_0}^{t_f}\left[L(t,\boldsymbol{x}(t),\boldsymbol{u}(t))+\frac{Z(t)}{t_f-t_0}\right]\mathrm{d}t=\int_{t_0}^{t_f}L(t,\boldsymbol{x}(t),\boldsymbol{u}(t))\,\mathrm{d}t+\int_{t_0}^{t_f}\frac{\Phi(\boldsymbol{x}(t_f),t_f)}{t_f-t_0}\mathrm{d}t\\&=\Phi(\boldsymbol{x}(t_f),t_f)+\int_{t_0}^{t_f}L(t,\boldsymbol{x}(t),\boldsymbol{u}(t))\,\mathrm{d}t\end{aligned}$$

10.1.3 最优控制问题的数学表示

定义 10.1 所谓最优控制问题就是寻求一容许控制 $u(t)\in\Omega$，使系统的状态从给定的初值 x_0 在终止时刻 $t_f(>t_0)$ 转移到目标集 A，并使性能指标 $J(\boldsymbol{u})$ 取容许最大值（或最小值），写成数学模型就是

$$\text{Opt}\ J(\boldsymbol{u}) \tag{10.8}$$

$$\text{s.t. } \boldsymbol{u}\in\Omega,\quad \dot{\boldsymbol{x}}=\boldsymbol{f}(t,\boldsymbol{x}(t),\boldsymbol{u}(t)),\quad t\in[t_0,t_f],\quad \boldsymbol{x}(t_f)\in\text{A},\quad \boldsymbol{x}(t_0)=\boldsymbol{x}_0$$

若上述最优控制问题有解 $\boldsymbol{u}^*(t)$，则 $\boldsymbol{u}^*(t)$ 称为最优控制函数，相应的状态函数 $\boldsymbol{x}^*(t)$ 叫做最优轨线，这时的性能指标取最优值。Opt 表示最优化，在不确定是最大化还是最小化时用此符号。有时为了简短把“最优控制”说成“优控”。

在一些实际问题中，系统的状态变量和控制变量关于时间是离散的，这样的控制系统称为离散控制系统。

令 $\boldsymbol{x}(k)=(x_1(k),x_2(k),\cdots,x_n(k))^{\mathrm{T}}\in\mathbf{R}^n$，$\boldsymbol{u}(k)=(u_1(k),u_2(k),\cdots,u_m(k))^{\mathrm{T}}\in\mathbf{R}^m$，则离散控制系统的状态方程为

$$\boldsymbol{x}(k+1)=\boldsymbol{\varphi}(k,\boldsymbol{x}(k),\boldsymbol{u}(k)),\quad k=k_0,k_0+1,\cdots,k_f-1 \tag{10.9}$$

其中，$\boldsymbol{\varphi}=(\varphi_1,\varphi_2,\cdots,\varphi_n)^{\mathrm{T}}$ 是一个函数向量。

终端状态的目标集为

$$\text{A}=\{\boldsymbol{x}(k_f):N_j(k_f,\boldsymbol{x}(k_f))=0,\ j=1,2,\cdots,l\} \tag{10.10}$$

容许控制集为 $\Omega=\{\boldsymbol{u}(k):\boldsymbol{u}(k)\in\mathbf{R}^m\text{并满足某些条件}\}$。

性能指标为

$$J(\boldsymbol{u})=\Phi(\boldsymbol{x}(k_f),k_f)+\sum_{k=k_0}^{k_f-1}f(k,\boldsymbol{x}(k),\boldsymbol{u}(k)) \tag{10.11}$$

离散系统的最优控制问题就是寻求一容许控制 $\boldsymbol{u}(k)\in\Omega$，使系统的状态从给定的初值 $\boldsymbol{x}(k_0)=\boldsymbol{x}_0$，在终端时刻 $k_f(>k_0)$ 转移到目标集 A，并使性能指标 $J(\boldsymbol{u})$ 取最优值。

10.1.4 最优控制问题的分类

为了研究最优控制问题的有效解法，对问题进行分类是必要的。从最优控制问题的构成成分角度可以形成几种不同的分类方式。

按状态方程的时间形式分类：连续控制系统和离散控制系统。对连续和分散控制系统可以写出不同而相似的最优控制定理。

按控制作用实现方法分类：开环控制系统和闭环控制系统。所谓开环控制系统是指没有反馈的控制系统，在模型表现上就是，控制函数由外生给定，其控制模式又称前馈控制。所谓闭环控制系统是指系统的输出对控制变量发生作用以调整控制策略的系统，在模型表现上就是，控制变量是状态变量的函数。最优控制一般是开环控制问题，其控制变量通过数学最优化操作确定。

从性能指标的变量性质、数学特点、经济或工程意义等多个角度分类：最少时间控

制问题，最大收入控制问题，最小成本控制问题，最少燃料控制问题，线性二次型性能指标最优控制问题（LQ 理论），非线性性能指标最优控制问题，等等。

按终端条件分类：固定终值最优控制问题，自由（可变）终值最优控制问题，固定终端时间最优控制问题，自由（可变）终端时间最优控制问题，等等。

按应用领域分类：工程最优控制问题，力学最优控制问题，经济最优控制问题，生物最优控制问题，等等。

10.2　变分法

变分法是 17 世纪末发展起来的一门数学分支，是处理函数的函数即泛函的极值问题的数学领域，与处理普通函数的普通微积分相对。

10.2.1　变分法的基本概念

泛函可简单理解为“函数的函数”，求泛函的极大值和极小值问题都称为变分问题。求泛函极值的方法称为变分法。与普通函数极值问题的函数、自变量和导数相对，变分法中的基本概念是泛函、宗量和变分。

1. 泛函

定义 10.2　设 $\boldsymbol{x}(t)$ 是定义在 R^1 上的一个函数向量，所有定义在 R^1 上的函数向量构成集合：$\Psi=\{\boldsymbol{x}(t):t\in\mathrm{R}^1\}$，$\Phi\subseteq\Psi$。若存在一个对应 J，对任意 $\boldsymbol{x}\in\Phi$，使 $\boldsymbol{x}$ 映射到 R^1 上的一个值，即 J：$\Phi\to\mathrm{R}^1$，则称 $J[\boldsymbol{x}]$①为定义在 Φ 上的泛函，$\boldsymbol{x}$ 称为 J 的宗量。泛函是一个纯量。

$\boldsymbol{x}$ 可以是一维的。例如，对泛函 $J[x(\cdot)]=\int_0^1 x(t)\mathrm{d}t$，当 $x(t)=\alpha t$ 时，$J[x(\cdot)]=1$，当 $x(t)=\cos t$ 时，$J[x(\cdot)]=\sin 1$。

在控制系统中，自变量是时间 t，对应于状态变量 $\boldsymbol{x}(t)\in\mathbf{R}^n$，控制变量 $\boldsymbol{u}(t)\in\mathbf{R}^m$，定义积分型性能指标为

$$J=\int_{t_0}^{t_f} L(\boldsymbol{x}(t),\boldsymbol{u}(t),t)\mathrm{d}t \tag{10.12}$$

在已知状态方程的情况下，J 的值取决于函数 $\boldsymbol{u}(t)$。不同的 J 值与不同的 $\boldsymbol{u}(t)$ 对应，所以 J 是函数 $\boldsymbol{u}(t)$ 的泛函。所谓求最优控制 $\boldsymbol{u}^*(t)$，就是寻找使 J 取最优值的控制函数 $\boldsymbol{u}(t)$。

要注意区分泛函与隐函数。隐函数 $F(\boldsymbol{x}(t))$ 最终是 t 的函数，其值与 t 有关，$\boldsymbol{x}(\cdot)$ 是确定的，而泛函 $J[\boldsymbol{x}(\cdot)]$ 与 t 无关，t 已经通过积分给消除了；$J[\boldsymbol{x}(\cdot)]$ 是函数 $\boldsymbol{x}(\cdot)$ 的函数，每给定一个函数 $\boldsymbol{x}(\cdot)$，得到一个确定的数值。由于习惯，$J[\boldsymbol{x}(\cdot)]$ 经常仍写为 $J[\boldsymbol{x}(t)]$，但绝不是 t 的函数。

---

① 为了区分泛函和普通函数，有时在泛函中用方括号括宗量，大多时候都不加区分。

2. 泛函的变分

与微分对应，泛函的变分是由宗量的变分形成的。

对泛函 $J[\boldsymbol{x}]$，定义：$\delta\boldsymbol{x}(t)=\boldsymbol{x}^*(t)-\boldsymbol{x}(t)$，$\boldsymbol{x}(t)$ 及 $\boldsymbol{x}^*(t)\in\Phi$，则称 $\delta\boldsymbol{x}(t)$ 为宗量 $\boldsymbol{x}$ 的变分。一个函数的变分可以理解为“与函数的曲线充分接近的一条曲线的函数”与“函数本身”的差异函数，或者说，一个变分就是曲线充分靠近的两个函数的差。微分是同一函数的无穷小变差。

定义 10.3 当宗量函数 $\boldsymbol{x}(t)$ 有变分 $\delta\boldsymbol{x}(t)$ 时，若连续泛函 $J[\boldsymbol{x}(t)]$ 的增量可表示为

$$\Delta J=J[\boldsymbol{x}(t)+\delta\boldsymbol{x}(t)]-J[\boldsymbol{x}(t)]=L[\boldsymbol{x}(t),\delta\boldsymbol{x}(t)]+R[\boldsymbol{x}(t),\delta\boldsymbol{x}(t)] \tag{10.13}$$

其中，$L[\boldsymbol{x}(t),\delta\boldsymbol{x}(t)]$ 是 $\delta\boldsymbol{x}(t)$ 的线性连续泛函[①]，称为泛函的（一阶）变分；$R[\boldsymbol{x}(t),\delta\boldsymbol{x}(t)]$ 是关于 $\delta\boldsymbol{x}(t)$ 的高阶小量，并记 $\delta J=L[\boldsymbol{x}(t),\delta\boldsymbol{x}(t)]$。泛函的变分可以称为泛函的“微分”。当泛函具有微分、可用 $\Delta J=L[\boldsymbol{x}(t),\delta\boldsymbol{x}(t)]$ 表示其增量时，称泛函 $J[\boldsymbol{x}]$ 是可微的。

【例 10.1】 求泛函 $J=\int_0^1 x^2(t)\,\mathrm{d}t$ 的变分。

解：因为

$$\begin{aligned}\Delta J&=\int_0^1[x(t)+\delta x(t)]^2\,\mathrm{d}t-\int_0^1 x^2(t)\,\mathrm{d}t=\int_0^1\{2x(t)\delta x(t)+[\delta x(t)]^2\}\,\mathrm{d}t\\&=\int_0^1 2x(t)\delta x(t)\,\mathrm{d}t+\int_0^1[\delta x(t)]^2\,\mathrm{d}t\end{aligned}$$

所以 $\delta J=\int_0^1 2x(t)\delta x(t)\,\mathrm{d}t$。

3. 泛函的变分运算

求泛函的变分的方法类似于求普通函数的导数，可以直接根据定义计算，也可以根据相关性质推导，称为间接法。下面是间接法的基本定理和基本公式。

（1）基本定理。

定理 10.1 连续泛函 $J[\boldsymbol{x}(t)]$ 的变分等于泛函 $J[\boldsymbol{x}(t)+\alpha\delta\boldsymbol{x}(t)]$ 对 α 的导数在 α=0 处的值，即

$$\delta J=L[\boldsymbol{x}(t),\delta\boldsymbol{x}(t)]=\frac{\partial}{\partial\alpha}J[\boldsymbol{x}(t)+\alpha\delta\boldsymbol{x}(t)]\Big|_{\alpha=0} \tag{10.14}$$

证明：设 $J[\boldsymbol{x}(t)]$ 有变分，则

$$\Delta J(\alpha)=J[\boldsymbol{x}(t)+\alpha\delta\boldsymbol{x}(t)]-J[\boldsymbol{x}(t)]=L[\boldsymbol{x}(t),\alpha\delta\boldsymbol{x}(t)]+R[\boldsymbol{x}(t),\alpha\delta\boldsymbol{x}(t)]$$

由于 $L[\boldsymbol{x}(t),\alpha\delta\boldsymbol{x}(t)]$ 是 $\alpha\delta\boldsymbol{x}(t)$ 的线性连续泛函，所以 $L[\boldsymbol{x}(t),\alpha\delta\boldsymbol{x}(t)]=\alpha L[\boldsymbol{x}(t),\delta\boldsymbol{x}(t)]$。由于 $R[\boldsymbol{x}(t),\alpha\delta\boldsymbol{x}(t)]$ 是 $\alpha\delta\boldsymbol{x}(t)$ 的高阶无穷小量[②]，所以

$$\lim_{\alpha\to0}\frac{R[\boldsymbol{x}(t),\alpha\delta\boldsymbol{x}(t)]}{\alpha}=\lim_{\alpha\to0}\frac{R[\boldsymbol{x}(t),\alpha\delta\boldsymbol{x}(t)]}{\alpha\delta\boldsymbol{x}(t)}\delta\boldsymbol{x}(t)=0$$

---

① 连续泛函 $J[\boldsymbol{y}(s)]$ 如果满足：① $J[\boldsymbol{y}_1(s)+\boldsymbol{y}_2(s)]=J[\boldsymbol{y}_1(s)]+J[\boldsymbol{y}_2(s)]$，② $J[\alpha\boldsymbol{y}(s)]=\alpha J[\boldsymbol{y}(s)]$，其中，$\alpha$ 是任意常数，则称 $J[\boldsymbol{y}(s)]$ 是 $\boldsymbol{y}(s)$ 的线性（连续）泛函。

② 证明中实际要用到对向量的导数或微分规则。从理解意义角度，形式上可以当作单变量对待。

于是

$$\begin{aligned}\lim_{\alpha\to 0}\frac{\Delta J(\alpha)}{\alpha}&=\lim_{\alpha\to 0}\frac{J[\boldsymbol{x}(t)+\alpha\delta\boldsymbol{x}(t)]-J[\boldsymbol{x}(t)]}{\alpha}\\&=\lim_{\alpha\to 0}\frac{L[\boldsymbol{x}(t),\alpha\delta\boldsymbol{x}(t)]+R[\boldsymbol{x}(t),\alpha\delta\boldsymbol{x}(t)]}{\alpha}\\&=\lim_{\alpha\to 0}\frac{L[\boldsymbol{x}(t),\alpha\delta\boldsymbol{x}(t)]}{\alpha}+\lim_{\alpha\to 0}\frac{R[\boldsymbol{x}(t),\alpha\delta\boldsymbol{x}(t)]}{\alpha}=L[\boldsymbol{x}(t),\delta\boldsymbol{x}(t)]=\delta J\end{aligned}$$

对 $J[\boldsymbol{x}(t)+\alpha\delta\boldsymbol{x}(t)]$ 在 $\alpha=0$ 处进行泰勒展开，有

$$J[\boldsymbol{x}(t)+\alpha\delta\boldsymbol{x}(t)]=J[\boldsymbol{x}(t)]+\frac{\partial J(\alpha)}{\partial\alpha}\alpha+\Delta(\alpha)$$

其中，$\Delta(\alpha)$ 表示 α 的高阶小量，则将有

$$\lim_{\alpha\to 0}\frac{\Delta J(\alpha)}{\alpha}=\lim_{\alpha\to 0}\frac{J[\boldsymbol{x}(t)+\alpha\delta\boldsymbol{x}(t)]-J[\boldsymbol{x}(t)]}{\alpha}=\frac{\partial}{\partial\alpha}J[\boldsymbol{x}(t)+\alpha\delta\boldsymbol{x}(t)]\Big|_{\alpha=0}=\lim_{\Delta\alpha\to 0}\frac{\Delta J(\alpha)}{\Delta\alpha}\Big|_{\alpha=0}$$

证毕！

【例 10.2】　求泛函 $J=\int_{t_0}^{t_1}L(t,x(t),\dot{x}(t))\mathrm{d}t$ 的变分。假定 x（t）是纯量。

解：令 $y=x(t)+\alpha\delta x(t)$，则 $\dfrac{\partial y}{\partial\alpha}=\delta x(t)$，于是

$$\begin{aligned}\delta J&=\frac{\partial}{\partial\alpha}J\left[x(t)+\alpha\delta x(t)\right]\Big|_{\alpha=0}\\&=\frac{\partial}{\partial\alpha}\int_{t_0}^{t_1}L(t,y,\dot{y})\mathrm{d}t\Big|_{\alpha=0}\\&=\int_{t_0}^{t_1}\left[\frac{\partial}{\partial y}L(t,y,\dot{y})\frac{\partial y}{\partial\alpha}+\frac{\partial}{\partial\dot{y}}L(t,y,\dot{y})\frac{\partial\dot{y}}{\partial\alpha}\right]\mathrm{d}t\Bigg|_{\alpha=0}\\&=\int_{t_0}^{t_1}\left[\frac{\partial L(t,x,\dot{x})}{\partial x}\delta x+\frac{\partial L(t,x,\dot{x})}{\partial\dot{x}}\delta\dot{x}\right]\mathrm{d}t\end{aligned}$$

（2）泛函变分运算法则。

设 L，L_1 和 L_2 是关于 $\boldsymbol{x},\dot{\boldsymbol{x}}$ 和 t 的函数，则

加法法则：$\delta(L_1+L_2)=\delta L_1+\delta L_2$。（10.15）

乘法法则：$\delta(L_1\bullet L_2)=L_1\delta L_2+L_2\delta L_1$。（10.16）

积分法则：$\delta\int_a^b L(\boldsymbol{x},\dot{\boldsymbol{x}},t)\mathrm{d}t=\int_a^b\delta L(\boldsymbol{x},\dot{\boldsymbol{x}},t)\mathrm{d}t$。（10.17）

微分法则：$\delta\dot{\boldsymbol{x}}=\dfrac{\mathrm{d}}{\mathrm{d}t}\delta\boldsymbol{x}$。（10.18）

4. 泛函的极值定义

定义 10.4　若泛函 $J[\boldsymbol{x}(t)]$ 在任何一条与 $\boldsymbol{x}(t)=\boldsymbol{x}_0(t)$ 接近的曲线上的值不小于 $J[\boldsymbol{x}_0(t)]$，即

$$J[\boldsymbol{x}(t)]-J[\boldsymbol{x}_0(t)]\geqslant 0$$

则称泛函 $J[\boldsymbol{x}(t)]$ 在曲线 $\boldsymbol{x}_0(t)$ 上达到极小值，称 $\boldsymbol{x}_0(t)$ 是泛函 $J[\boldsymbol{x}(t)]$ 的极小值函数或极小

值曲线。

同样可以定义泛函的极大值、极大值函数或极大值曲线，请读者练习。

定义 10.5　两个函数 $\boldsymbol{x}(t)$ 和 $\boldsymbol{x}_0(t)$，若对给定 $\delta \geqslant 0$ 都满足：$|\boldsymbol{x}(t)-\boldsymbol{x}_0(t)| \leqslant \delta, t\in I$，称 $\boldsymbol{x}(t)$ 与 $\boldsymbol{x}_0(t)$ 互为零阶 δ- 接近度函数，所有 $\boldsymbol{x}(t)$ 的零阶 δ- 接近度函数构成 $\boldsymbol{x}_0(t)$ 的零阶 δ- 邻域。若 $|\boldsymbol{x}(t)-\boldsymbol{x}_0(t)| \leqslant \delta$，并且 $|\boldsymbol{x}'(t)-\boldsymbol{x}_0'(t)| \leqslant \delta$，则称 $\boldsymbol{x}(t)$ 与 $\boldsymbol{x}_0(t)$ 互为一阶 δ-接近度函数，所有 $\boldsymbol{x}_0(t)$ 的一阶 δ- 接近度函数构成 $\boldsymbol{x}_0(t)$ 的一阶 δ- 邻域。若在 $\boldsymbol{x}_0(t)$ 的零阶 δ- 邻域内，$\boldsymbol{x}_0(t)$ 是泛函 $J[\boldsymbol{x}(t)]$ 的极值函数，则 $J[\boldsymbol{x}_0(t)]$ 称为弱极值；若在 $\boldsymbol{x}_0(t)$ 的一阶 δ- 邻域内，$\boldsymbol{x}_0(t)$ 是泛函 $J[\boldsymbol{x}(t)]$ 的极值函数，则 $J[\boldsymbol{x}_0(t)]$ 称为强极值。

强极大值必不小于弱极大值，即强极值必为弱极值。

5. 泛函极值的必要条件

定理 10.2　若可微泛函 $J[\boldsymbol{x}(t)]$ 在 $\boldsymbol{x}_0(t)$ 上达到了极大（小）值，则在 $\boldsymbol{x}(t)=\boldsymbol{x}_0(t)$ 上有 $\delta J=0$。

证明： 对任意给定的 $\delta\boldsymbol{x}(t), J[\boldsymbol{x}(t)+\alpha\delta\boldsymbol{x}(t)]$ 是 α 的函数，$J[\boldsymbol{x}(t)]$ 在 $\boldsymbol{x}_0(t)$ 上达到了极值，等同于 $J[\boldsymbol{x}_0(t)+\alpha\delta\boldsymbol{x}_0(t)]$ 在 $\alpha=0$ 处达到极值，则根据基本定理，得

$$\delta J[\alpha]=\left.\frac{\partial J[\boldsymbol{x}_0(t)+\alpha\delta\boldsymbol{x}_0(t)]}{\partial\alpha}\right|_{\alpha=0}=0$$

证毕！

10.2.2　欧拉方程

欧拉方程是古典变分法的基本工具，把泛函极值问题变成微分方程的求解问题。所谓古典变分法就是控制变量的取值范围不受限制的情况，要求控制变量连续，而且状态变量需要连续可微。为叙述简便，下面设定宗量 $\boldsymbol{x}(t)$ 为纯量。

考虑拉格朗日型泛函问题：求一容许函数 $\boldsymbol{x}(t)$，使泛函：

$$J=\int_{t_0}^{t_f}F(t,x(t),\dot{x}(t))\mathrm{d}t=\mathrm{Min}$$

引理　设函数 $\eta(t)$ 具有性质[①]：①在 $[t_0,t_f]$ 上，$\eta(t)$ 连续，② $\eta(t_0)=\eta(t_f)=0$。如果对连续函数 $M(t)$，恒有泛函：

$$L[\eta]=\int_{t_0}^{t_f}M(t)\eta(t)\mathrm{d}t=0 \tag{10.19}$$

则对 $t\in[t_0,t_f]$，$M(t)=0$。

定理 10.3　若泛函：

$$J[x(t)]=\int_{t_0}^{t_f}F(t,x(t),\dot{x}(t))\,\mathrm{d}t,\quad x(t_0)=x_0,\quad x(t_f)=x_f$$

在函数 $x=x(t)$ 上达到极值，则 $x=x(t)$ 必满足欧拉方程：

① 这个性质使 $\eta(t)$ 在 $[t_0,t_f]$ 上有极值。

$$F_x - \frac{\mathrm{d}}{\mathrm{d}t}F_{\dot{x}} = 0 \text{（注意：对 } t \text{ 的导数为全导数）} \tag{10.20}$$

其中，$F(t,x(t),\dot{x}(t))$ 是 t、x（t）和 $\dot{x}(t)$ 的二阶可导连续函数。

证明： 因为泛函 $J[x(t)]$ 在 $x=x(t)$ 处达到极值，所以根据例 10.2 的结论及定理 10.2 有

$$\delta J = \int_{t_0}^{t_f}(F_x\delta x + F_{\dot{x}}\delta\dot{x})\mathrm{d}t = 0$$

利用分部积分法有

$$\int_{t_0}^{t_f}F_{\dot{x}}\delta\dot{x}\,\mathrm{d}t = \int_{t_0}^{t_f}F_{\dot{x}}\,\mathrm{d}(\delta x) = F_{\dot{x}}\delta x\Big|_{t_0}^{t_f} - \int_{t_0}^{t_f}\delta x\frac{\mathrm{d}}{\mathrm{d}t}(F_{\dot{x}})\mathrm{d}t = -\int_{t_0}^{t_f}\delta x\frac{\mathrm{d}}{\mathrm{d}t}(F_{\dot{x}})\mathrm{d}t$$

代入原泛函变分中得

$$\delta J = \int_{t_0}^{t_f}\left(F_x - \frac{\mathrm{d}}{\mathrm{d}t}F_{\dot{x}}\right)\delta x\mathrm{d}t = 0$$

因为初值和终值都为常数，所以 $\delta x(t_0) = \delta x(t_f) = 0$，于是由引理可得

$$F_x - \frac{\mathrm{d}}{\mathrm{d}t}F_{\dot{x}} = 0$$

这就是欧拉方程，还可写成：

$$F_x - F_{t\dot{x}} - \dot{x}F_{x\dot{x}} - \ddot{x}F_{\dot{x}\dot{x}} = 0 \tag{10.21}$$

证毕！

可以看出，欧拉方程是二阶微分方程，解中的积分常数由边界条件确定。

如果宗量是向量，即多宗量泛函问题，有类似的欧拉方程。对 $J[\boldsymbol{x}] = \int_{t_0}^{t_f}F(t,\boldsymbol{x},\dot{\boldsymbol{x}})\mathrm{d}t$，$\boldsymbol{x}(t_0) = \boldsymbol{x}_0, \boldsymbol{x}(t_f) = \boldsymbol{x}_f$，其中，$\boldsymbol{x}(t) = [x_1(t), x_2(t), \cdots x_n(t)]^{\mathrm{T}}$，当泛函在 $\boldsymbol{x}$ 取极值时，有

$$F_{\boldsymbol{x}} - \frac{\mathrm{d}}{\mathrm{d}t}F_{\dot{\boldsymbol{x}}} = 0 \tag{10.22}$$

其中，导数运算是对向量的导数。写成分量式，即

$$F_{x_j} - \frac{\mathrm{d}}{\mathrm{d}t}F_{\dot{x}_j} = 0, \quad j = 1,2,\cdots,n \tag{10.23}$$

【例 10.3】 求泛函 $J[x(t)] = \int_0^{\frac{\pi}{2}}(\dot{x}^2 - x^2)\mathrm{d}t$，满足边界条件 $x(0) = 0,\ x\left(\frac{\pi}{2}\right) = 1$ 的极值曲线。

解：$F = \dot{x}^2 - x^2$，对应的欧拉方程为

$$F_x - \frac{\mathrm{d}}{\mathrm{d}t}F_{\dot{x}} = -2x - 2\ddot{x} = 0$$

解微分方程得 $x = C_1\cos t + C_2\sin t$，由边界条件可得 $C_1 = 0, C_2 = 1$，故得极值曲线为 $x = \sin t$。

10.2.3　有约束的变分问题

考虑泛函极值问题：

$$\text{Opt}\quad J = \int_{t_0}^{t_f}F(t,\boldsymbol{x}(t),\dot{\boldsymbol{x}}(t))\mathrm{d}t$$

$$\text{s.t.}\quad \boldsymbol{f}(t,\boldsymbol{x},\dot{\boldsymbol{x}})=0,\quad \boldsymbol{f}=[f_1,f_2,\cdots f_m]^{\mathrm{T}}$$

求满足边界条件 $\boldsymbol{x}(t_0)=\boldsymbol{x}_0$，$\boldsymbol{x}(t_f)=\boldsymbol{x}_f$ 的极值。

求解步骤：

（1）写出拉格朗日函数及拉格朗日泛函：

$$L=F(t,\boldsymbol{x}(t),\dot{\boldsymbol{x}}(t))+\boldsymbol{\lambda}^{\mathrm{T}}\boldsymbol{f}(t,\boldsymbol{x}(t),\dot{\boldsymbol{x}}(t))$$

$$J_0=\int_{t_0}^{t_f}[F(t,\boldsymbol{x}(t),\dot{\boldsymbol{x}}(t))+\boldsymbol{\lambda}^{\mathrm{T}}f(t,\boldsymbol{x}(t),\dot{\boldsymbol{x}}(t))]\mathrm{d}t \tag{10.24}$$

其中，向量乘子 $\boldsymbol{\lambda}^{\mathrm{T}}(t)=[\lambda_1(t),\lambda_2(t),\cdots,\lambda_m(t)]$。

（2）写出欧拉–拉格朗日方程：

$$L_x-\frac{\mathrm{d}}{\mathrm{d}t}L_{\dot{x}}=0 \tag{10.25}$$

（3）将欧拉–拉格朗日方程与约束方程联合求解，可得 $\boldsymbol{x}(t)$ 和 $\boldsymbol{\lambda}(t)$，积分常数由边界条件确定。

10.3 最大值原理

在利用古典变分法求解最优控制问题的理论中，约束条件一般是等式，对控制向量 $\boldsymbol{u}(t)$ 没有约束或容许控制域是开集，还要求 F 和 f 都有足够的可微性，特别是要求 $\dfrac{\partial F}{\partial \boldsymbol{u}}$ 存在。然而，在实际问题中，控制向量是受一定限制的，容许控制域可能是闭集，如 $|u(\mathrm{t})|\leqslant 1$。在古典变分法中，对不等式约束问题，先将不等式约束化成等式约束，然后再用相同的方法求解，但对多变量系统来说，这种方法使求解过程相当复杂。最大值①原理是苏联数学家庞特里亚金于 20 世纪 50 年代后期提出的求解最优控制问题的理论，对被积泛函和约束的要求十分宽松，被称为现代变分法。

10.3.1 终值型最优控制问题

在各种最优控制问题中，认清确定了时间变量、状态变量、控制变量和性能指标（目标泛函），就可以直接构造哈密顿函数，根据最大值定理就可写出最优解的必要条件，当然写出的式子有时比较烦琐。对不同类型的最优控制问题，最大值原理形式稍有不同。从 10.1.2 小节已知，不同类型的目标泛函可以相互转换，所以本小节首先给出终值型最优控制问题的最大值原理，并进一步根据约束条件分成不同子类。因为过程比较冗长，除了定理 10.4 和定理 10.8，对其他的最大值定理不给出证明，定理 10.4 的证明在本章附录。

① 注意最大值与极大值概念的区别。极值是在函数一个容许点的邻域内的最大值；最大值是在函数的具体定义域内的最大值。如果定义域是函数的数学性质容许的最大区域，就是全局最大值。

1. 终端双自由定常终值型最优控制问题

终端双自由定常终值型最优控制问题即目标泛函为终值型性能指标、状态方程为定常系统、终端时间和终值都自由的优控问题。

定理 10.4　设有一最优控制问题：

$$\text{Min } J\left[\boldsymbol{u}(t)\right]=S\left[\boldsymbol{x}(t_f)\right] \tag{10.26}$$

$$\text{s.t.}\quad \dot{\boldsymbol{x}}(t)=\boldsymbol{f}(\boldsymbol{x},\boldsymbol{u}),\boldsymbol{x}(t_0)=\boldsymbol{x}_0,\quad t\in\left[t_0,t_f\right] \tag{10.27}$$

其中，$\mathbf{u}(t)\in \boldsymbol{U}$ 是容许控制；$\boldsymbol{x}(t)$ 是状态变量；目标泛函是麦耶尔型；t_f 是未知的末端时刻。因为目标泛函的被积函数是 0，所以该问题的哈密顿函数为

$$H(\mathbf{x},\boldsymbol{\lambda},\mathbf{u})=\boldsymbol{\lambda}^{\mathrm{T}}(t)\mathbf{f}(\mathbf{x},\mathbf{u}) \tag{10.28}$$

设 $\boldsymbol{u}^*(t)$ 和 t_f^* 是问题的最优解，$\boldsymbol{x}^*(t)$ 为相应的最优状态，则存在非零的向量函数 $\boldsymbol{\lambda}(t)$，使得

（ⅰ）
$$\dot{\lambda}(t)=-\frac{\partial H(\boldsymbol{x},\boldsymbol{\lambda},\boldsymbol{u})}{\partial \boldsymbol{x}} \tag{10.29}$$

（ⅱ）
$$\lambda(t_f)=\frac{\partial S\left(\boldsymbol{x}(t_f)\right)}{\partial \boldsymbol{x}(t_f)} \tag{10.30}$$

（ⅲ）
$$H\left[\boldsymbol{x}^*(t),\lambda(t),\boldsymbol{u}^*(t)\right]=\underset{\boldsymbol{u}(t)\in U}{\text{Min}}\ H\left[\boldsymbol{x}^*(t),\lambda(t),\boldsymbol{u}(t)\right],\quad t\in\left[t_0,t_f\right] \tag{10.31}$$

（ⅳ）当 t_f 自由时，$H\left[\boldsymbol{x}^*(t_f^*),\lambda(t_f^*),\boldsymbol{u}^*(t_f^*)\right]=0$；

当 t_f 固定时，$H\left[\boldsymbol{x}^*(t_f),\lambda(t_f),\boldsymbol{u}^*(t_f)\right]=$ 常数 。

相对于古典变分法，最大值原理有以下特点。

（1）放宽了容许控制条件，控制域可以是闭集，没有要求 $\dfrac{\partial H}{\partial \boldsymbol{u}}$ 存在。

（2）由条件（ⅲ），H^* 达到全局最小值，可以在边界上达到，条件（ⅲ）也被称为极值条件。

（3）在条件（ⅲ）中，对哈密顿函数取最小值，这是现代一般的写法，所以叫最小值原理更贴切，只是在庞特里亚金的证明中，以这里 H 的负量（$-H$）推演，并称最大值原理。如果包含最小值问题，最大值原理可以变成最优值原理。

（4）条件（ⅰ）称为协态方程或共轭方程；条件（ⅱ）称为横截条件或边界条件；$\boldsymbol{\lambda}$ 被称为协变量或共轭变量。在求解时，先根据条件（ⅲ）和（ⅳ）解出 $\boldsymbol{u}^*(t)$ 及 t_f^*，然后求解正则方程组：

$$\begin{cases}\dot{\boldsymbol{x}}=\dfrac{\partial H(\boldsymbol{x},\boldsymbol{\lambda},\boldsymbol{u})}{\partial \lambda}=\boldsymbol{f}(\boldsymbol{x},\boldsymbol{u}),\quad \boldsymbol{x}(t_0)=\boldsymbol{x}_0\\ \dot{\lambda}=-\dfrac{\partial H(\boldsymbol{x},\boldsymbol{\lambda},\boldsymbol{u})}{\partial \boldsymbol{x}},\quad \boldsymbol{\lambda}(t_f)=\dfrac{\partial S\left(\boldsymbol{x}(t_f)\right)}{\partial \boldsymbol{x}(t_f)}\end{cases}$$

这一点与普通函数的有约束极值问题很相似，即解的必要性条件是对目标函数的一

阶条件加问题的约束条件。

（5）最大值原理只是给出了最优解要满足的必要条件，没有讨论充分条件，也没有讨论解的存在性和唯一性问题，这些问题形成了重要的数学研究方向。实际问题的解是否存在，可以借助问题的经济意义判断。如根据最大值原理求出的解只有一个，一般可以说，此解就是最优解。

2. 终端双自由时变终值型最优控制问题

终端双自由时变终值型最优控制问题即目标泛函为终值型性能指标、状态方程为时变系统、终端时间和终值都自由的优控问题。

定理 10.5 设有下面的最优控制问题：

$$\text{Min}\, J\left[\boldsymbol{u}(\cdot)\right]=S\left[\boldsymbol{x}\left(t_f\right),t_f\right]$$

$$\text{s.t.}\quad \dot{\boldsymbol{x}}=\boldsymbol{f}\left(\boldsymbol{x},\boldsymbol{u},t\right),\boldsymbol{x}\left(t_0\right)=\boldsymbol{x}_0,t\in\left[t_0,t_f\right],t_f\text{ 未知}$$

则当 $\boldsymbol{u}^*(t)$ 和 t_f^* 为问题的最优解、$\boldsymbol{x}^*(t)$ 是对应的最优轨线时，必存在 n 维向量函数 $\boldsymbol{\lambda}(t)$，使 $\boldsymbol{u}^*(t)$，$\boldsymbol{x}^*(t)$，t_f^* 和 $\boldsymbol{\lambda}^*(t)$ 满足下面的条件。

（1）正则方程：

$$\begin{cases}\dot{\boldsymbol{x}}=\dfrac{\partial H\left(\boldsymbol{x},\boldsymbol{\lambda},\boldsymbol{u},t\right)}{\partial\boldsymbol{\lambda}}=\boldsymbol{f}\left(\boldsymbol{x},\boldsymbol{u},t\right),\quad \boldsymbol{x}\left(t_0\right)=\boldsymbol{x}_0\\ \dot{\boldsymbol{\lambda}}=-\dfrac{\partial H\left(\boldsymbol{x},\boldsymbol{\lambda},\boldsymbol{u},t\right)}{\partial\boldsymbol{x}}\quad\text{(共轭方程)}\end{cases}$$

其中，$H\left(\boldsymbol{x},\boldsymbol{\lambda},\boldsymbol{u},t\right)=\boldsymbol{\lambda}^{\mathrm{T}}(t)f\left(\boldsymbol{x},\boldsymbol{u},t\right)$。

（2）横截条件：

$$\boldsymbol{\lambda}\left(t_f\right)=\frac{\partial S\left(\boldsymbol{x}\left(t_f\right),t_f\right)}{\partial\boldsymbol{x}\left(t_f\right)}$$

（3）$H\left[\boldsymbol{x}^*(t),\boldsymbol{\lambda}(t),\boldsymbol{u}^*(t),t\right]=\underset{\boldsymbol{u}(t)\in U}{\text{Min}}\,H\left[\boldsymbol{x}^*(t),\boldsymbol{\lambda}(t),\boldsymbol{u}(t),t\right]$，$t\in\left[t_0,t_f\right]$

或

$$H\left[\boldsymbol{x}^*(t),\boldsymbol{\lambda}(t),\boldsymbol{u}^*(t),t\right]\leqslant H\left[\boldsymbol{x}^*(t),\boldsymbol{\lambda}(t),\boldsymbol{u}(t),t\right],\ \text{对}\ \forall\boldsymbol{u}(t)\in U$$

（4）在终端时刻，H满足：

$$H\left[\boldsymbol{x}^*\left(t_f^*\right),\boldsymbol{\lambda}\left(t_f^*\right),\boldsymbol{u}^*\left(t_f^*\right),t_f^*\right]=-\left.\frac{\partial S\left[\boldsymbol{x}^*(t),t\right]}{\partial t}\right|_{t=t_f^*}$$

（5）沿最优轨线，H满足：

$$H\left[\boldsymbol{x}(t),\boldsymbol{\lambda}(t),\boldsymbol{u}(t),t\right]=H\left[\boldsymbol{x}\left(t_f\right),\boldsymbol{\lambda}\left(t_f\right),\boldsymbol{u}\left(t_f\right),t_f\right]+\int_{t_f}^{t}\frac{\partial H\left[\boldsymbol{x}(\tau),\boldsymbol{\lambda}(\tau),\boldsymbol{u}(\tau),\tau\right]}{\partial\tau}\mathrm{d}\tau$$

比较定理 10.5 与定理 10.4 可知，非定常性并没有改变极大值原理中的正则方程、横截条件及极值条件，二者的不同之处在于：①在最优轨线终端H值不同；②沿最优轨线H值不同，定常情况为常数，非定常系统不是常数。另外，条件（5）不是最优控制的最优必要条件，条件（1）~条件（4）才是必要条件。

3. 终端时间自由定常终值型最优控制问题

终端时间自由定常终值型最优控制问题即目标泛函为终值型性能指标、状态方程为定常系统、终端时间没有约束的优控问题。在这类问题中，终值受到一定约束。

设末态 $\boldsymbol{x}(t_f)$ 受如下等式和不等式约束：

$$\boldsymbol{g}_1\left[\boldsymbol{x}(t_f)\right]=\mathbf{0} \tag{10.32}$$

$$\boldsymbol{g}_2\left[\boldsymbol{x}(t_f)\right]\leqslant\mathbf{0} \tag{10.33}$$

其中，

$$\boldsymbol{g}_1=\left[g_{11}\left(\boldsymbol{x}(t_f)\right),g_{12}\left(\boldsymbol{x}(t_f)\right),\cdots,g_{1p}\left(\boldsymbol{x}(t_f)\right)\right]^{\mathrm{T}}$$

$$\boldsymbol{g}_2=\left[g_{21}\left(\boldsymbol{x}(t_f)\right),g_{22}\left(\boldsymbol{x}(t_f)\right),\cdots,g_{2q}\left(\boldsymbol{x}(t_f)\right)\right]^{\mathrm{T}}$$

若性能指标中含有终值项时，$p<n$，否则 $p\leqslant n$，维数 q 不受限制。$\boldsymbol{g}_1$ 和 $\boldsymbol{g}_2$ 对其自变量都是连续可微的。当 $p=n$ 时，由式（10.30）可能解出 $\boldsymbol{x}(t_f)$，从而无须求解。

定理 10.6　设有如下最优控制问题：

$$\operatorname{Min} J\left[\boldsymbol{u}(\cdot)\right]=S\left[\boldsymbol{x}(t_f)\right]$$

$$\text{s.t.}\quad \dot{\boldsymbol{x}}=\boldsymbol{f}(\boldsymbol{x},\boldsymbol{u});\boldsymbol{x}(t_0)=\boldsymbol{x}_0,t\in\left[t_0,t_f\right];\boldsymbol{g}_1\left[\boldsymbol{x}(t_f)\right]=\mathbf{0},\boldsymbol{g}_2\left[\boldsymbol{x}(t_f)\right]\leqslant\mathbf{0}$$

其中，t_f 是状态轨线 $\boldsymbol{x}(t_f)$ 与目标集首次相遇的时刻，没有事先确定，向量函数 $\boldsymbol{g}_1$ 和 $\boldsymbol{g}_2$ 对其自变量都是连续可微的。那么当 $\boldsymbol{u}^*(t)$ 和 t_f^* 为该问题的最优解、$\boldsymbol{x}^*(t)$ 是对应的最优轨线时，必存在不同时为零的常向量 $\boldsymbol{\alpha}$ 、$\boldsymbol{\beta}$ 及向量函数 $\boldsymbol{\lambda}(t)$，使 $\boldsymbol{u}^*(t)$，t_f^*，$\boldsymbol{x}^*(t)$ 和 $\boldsymbol{\lambda}^*(t)$ 满足下列必要条件。

（1）正则方程：$\begin{cases}\dot{\boldsymbol{x}}=\dfrac{\partial H}{\partial\boldsymbol{\lambda}}=\boldsymbol{f}(\boldsymbol{x},\boldsymbol{u}), & \boldsymbol{x}(t_0)=\boldsymbol{x}_0\\ \dot{\boldsymbol{\lambda}}=-\dfrac{\partial H}{\partial\boldsymbol{x}}(\text{共轭方程})\end{cases}$，其中，$H(\boldsymbol{x},\boldsymbol{\lambda},\boldsymbol{u})=\boldsymbol{\lambda}^{\mathrm{T}}\boldsymbol{f}(\boldsymbol{x},\boldsymbol{u})$。

（2）横截条件：$\boldsymbol{\lambda}(t_f)=\dfrac{\partial S\left[\boldsymbol{x}(t_f)\right]}{\partial\boldsymbol{x}(t_f)}+\dfrac{\partial\boldsymbol{g}_1^{\mathrm{T}}\left[\boldsymbol{x}(t_f)\right]}{\partial\boldsymbol{x}(t_f)}\boldsymbol{\alpha}+\dfrac{\partial\boldsymbol{g}_2^{\mathrm{T}}\left[\boldsymbol{x}(t_f)\right]}{\partial\boldsymbol{x}(t_f)}\boldsymbol{\beta}$，其中，$\boldsymbol{\beta}\geqslant\mathbf{0}$，$\boldsymbol{\beta}^{\mathrm{T}}\boldsymbol{g}_2\left[\boldsymbol{x}(t_f)\right]=0$，并且 $\boldsymbol{x}(t_f)$ 满足：$\boldsymbol{g}_1\left[\boldsymbol{x}(t_f)\right]=\mathbf{0}$, $\boldsymbol{g}_2\left[\boldsymbol{x}(t_f)\right]\leqslant\mathbf{0}$。

（3）H 作为 $\boldsymbol{u}(t)\in\boldsymbol{U}$ 的函数，在 $\boldsymbol{u}(t)=\boldsymbol{u}^*(t)$ 时取最小值，即

$$H\left[\boldsymbol{x}^*(t),\boldsymbol{\lambda}(t),\boldsymbol{u}^*(t)\right]=\operatorname*{Min}_{\boldsymbol{u}(t)\in\boldsymbol{U}}H\left[\boldsymbol{x}^*(t),\boldsymbol{\lambda}(t),\boldsymbol{u}(t)\right]$$

（4）在最优轨线的末端 H 应满足：

$H\left[\boldsymbol{x}^*(t),\boldsymbol{\lambda}(t),\boldsymbol{u}^*(t)\right]=H\left[\boldsymbol{x}^*(t_f^*),\boldsymbol{\lambda}(t_f^*),\boldsymbol{u}^*(t_f^*)\right]=0$，$t_f$ 未定；

$$H\left[\boldsymbol{x}^*(t),\boldsymbol{\lambda}(t),\boldsymbol{u}^*(t)\right]=H\left[\boldsymbol{x}^*\left(t_f\right),\boldsymbol{\lambda}\left(t_f\right),\boldsymbol{u}^*\left(t_f\right)\right]=\text{常数},\quad t_f\ \text{固定。}$$

4. 终端时间自由时变终值型最优控制问题

定理 10.7 设有如下最优控制问题：

$$\operatorname{Min} J\left[\boldsymbol{u}(\cdot)\right]=S\left[\boldsymbol{x}\left(t_f\right)\right]$$

$$\text{s.t.}\quad \dot{\boldsymbol{x}}=\boldsymbol{f}\left(\boldsymbol{x},\boldsymbol{u},t\right);M=\left\{\boldsymbol{x}(t_f):\boldsymbol{g}_1\left[\boldsymbol{x}\left(t_f\right),t_f\right]=\boldsymbol{0},\boldsymbol{g}_2\left[\boldsymbol{x}\left(t_f\right),t_f\right]\leqslant\boldsymbol{0}\right\};\boldsymbol{x}\left(t_0\right)=\boldsymbol{x}_0,t\in\left[t_0,t_f\right]$$

其中，t_f 是状态 $\boldsymbol{x}(t)$ 与目标集 M 首次相遇的末态时刻，则当 $\boldsymbol{u}^*(t)$ 和 t_f^* 为使目标泛函最小的最优解，$\boldsymbol{x}^*(t)$ 是对应的最优轨线时，必存在不同时为零的常向量 $\boldsymbol{\alpha}$、$\boldsymbol{\beta}$ 及向量函数 $\boldsymbol{\lambda}(t)$，使 $\boldsymbol{u}^*(t)$，t_f^*，$\boldsymbol{x}^*(t)$ 和 $\boldsymbol{\lambda}(t)$ 满足下列条件。

（1）正则方程：$\begin{cases}\dot{\boldsymbol{x}}=\dfrac{\partial H}{\partial\boldsymbol{\lambda}}=\boldsymbol{f}\left(\boldsymbol{x},\boldsymbol{u},t\right), & \boldsymbol{x}\left(t_0\right)=\boldsymbol{x}_0\\ \dot{\boldsymbol{\lambda}}=-\dfrac{\partial H}{\partial\boldsymbol{x}}\text{(共轭方程)}\end{cases}$，其中，$H\left(\boldsymbol{x},\boldsymbol{\lambda},\boldsymbol{u},t\right)\triangleq\boldsymbol{\lambda}^{\mathrm{T}}\boldsymbol{f}\left(\boldsymbol{x},\boldsymbol{u},t\right)$。

（2）横截条件：$\boldsymbol{\lambda}\left(t_f\right)=\dfrac{\partial S\left[\boldsymbol{x}\left(t_f\right),t_f\right]}{\partial\boldsymbol{x}\left(t_f\right)}+\dfrac{\partial\boldsymbol{g}_1^{\mathrm{T}}\left[\boldsymbol{x}\left(t_f\right),t_f\right]}{\partial\boldsymbol{x}\left(t_f\right)}\boldsymbol{\alpha}+\dfrac{\partial\boldsymbol{g}_2^{\mathrm{T}}\left[\boldsymbol{x}\left(t_f\right),t_f\right]}{\partial\boldsymbol{x}\left(t_f\right)}\boldsymbol{\beta}$，其中，$\boldsymbol{\beta}\geqslant\boldsymbol{0}$，$\boldsymbol{\beta}^{\mathrm{T}}\boldsymbol{g}_2\left[\boldsymbol{x}\left(t_f\right)\right]=0$，并且 $\boldsymbol{x}\left(t_f\right)$ 满足：$\boldsymbol{g}_1\left[\boldsymbol{x}\left(t_f\right)\right]=\boldsymbol{0}$，$\boldsymbol{g}_2\left[\boldsymbol{x}\left(t_f\right)\right]\leqslant\boldsymbol{0}$。

（3）H 作为 $\boldsymbol{u}(t)\in U$ 的函数，在 $\boldsymbol{u}(t)=\boldsymbol{u}^*(t)$ 时取最小值，即

$$H\left[\boldsymbol{x}^*(t),\boldsymbol{\lambda}(t),\boldsymbol{u}^*(t),t\right]=\operatorname*{Min}_{\boldsymbol{u}(t)\in U}H\left[\boldsymbol{x}^*(t),\boldsymbol{\lambda}(t),\boldsymbol{u}(t),t\right]$$

（4）在最优轨线的末端，H 应满足：

$$H\left[\boldsymbol{x}^*\left(t_f^*\right),\boldsymbol{\lambda}\left(t_f^*\right),\boldsymbol{u}^*\left(t_f^*\right),t_f^*\right]=-\frac{\partial S\left[\boldsymbol{x}^*\left(t_f^*\right),t_f^*\right]}{\partial t_f}-\boldsymbol{\alpha}^{\mathrm{T}}\frac{\partial\boldsymbol{g}_1\left[\boldsymbol{x}^*\left(t_f^*\right),t_f^*\right]}{\partial t_f}-\boldsymbol{\beta}^{\mathrm{T}}\frac{\partial\boldsymbol{g}_2\left[\boldsymbol{x}^*\left(t_f^*\right),t_f^*\right]}{\partial t_f}$$

（5）沿最优轨线，H 满足：

$$H\left[\boldsymbol{x}(t),\boldsymbol{\lambda}(t),\boldsymbol{u}(t),t\right]=H\left[\boldsymbol{x}\left(t_f\right),\boldsymbol{\lambda}\left(t_f\right),\boldsymbol{u}\left(t_f\right),t_f\right]+\int_{t_f}^{t}\frac{\partial H\left(\boldsymbol{x}(\tau),\boldsymbol{\lambda}(\tau),\boldsymbol{u}(\tau),\tau\right)}{\partial\tau}\mathrm{d}\tau$$

10.3.2 积分型性能指标

本小节介绍积分型性能指标最优控制问题的数学定理，并给出一种形式的证明。

1. 终值自由定常积分型最优控制问题

定理 10.8 设有最优控制问题：

$$J\left[\boldsymbol{u}(\cdot)\right]=\int_{t_0}^{t_f}L\left[\boldsymbol{x}(t),\boldsymbol{u}(t)\right]\mathrm{d}t$$

$$\text{s.t.}\quad \dot{\boldsymbol{x}}=\boldsymbol{f}\left(\boldsymbol{x},\boldsymbol{u}\right),\quad \boldsymbol{x}\left(t_0\right)=\boldsymbol{x}_0,\quad t\in\left[t_0,t_f\right]\ \text{（考虑}\ t_f\ \text{定或未定两种情况）}$$

则当 $\boldsymbol{u}^*(t)$ 和 t_f^* 为问题的最优解、$\boldsymbol{x}^*(t)$ 是对应的最优轨线时，必存在 n 维向量函数 $\boldsymbol{\lambda}(t)$

满足如下条件。

（1）正则方程：$\begin{cases}\dot{\boldsymbol{x}}=\dfrac{\partial H}{\partial \boldsymbol{\lambda}}=\boldsymbol{f}(\boldsymbol{x},\boldsymbol{u}),\quad \boldsymbol{x}(t_0)=\boldsymbol{x}_0\\ \dot{\boldsymbol{\lambda}}=-\dfrac{\partial H}{\partial \boldsymbol{x}}\text{(共轭方程)}\end{cases}$，其中 $H(\boldsymbol{x},\boldsymbol{\lambda},\boldsymbol{u})\triangleq L(\boldsymbol{x},\boldsymbol{u})+\boldsymbol{\lambda}^{\mathrm{T}}\boldsymbol{f}(\boldsymbol{x},\boldsymbol{u})$。

（2）横截条件（亦称为自然边界条件）：$\boldsymbol{\lambda}(t_f)=\boldsymbol{0}$。

（3）H作为 $\boldsymbol{u}(t)\in U$ 的函数，在 $\boldsymbol{u}(t)=\boldsymbol{u}^*(t)$ 时取最小值，即

$$H\left[\boldsymbol{x}^*(t),\boldsymbol{\lambda}(t),\boldsymbol{u}^*(t)\right]=\underset{\boldsymbol{u}(t)\in U}{\mathrm{Min}}\,H\left[\boldsymbol{x}^*(t),\boldsymbol{\lambda}(t),\boldsymbol{u}(t)\right]$$

在最优轨线的末端H应满足：

$H\left[\boldsymbol{x}^*(t),\boldsymbol{\lambda}(t),\boldsymbol{u}^*(t)\right]=H\left[\boldsymbol{x}^*(t_f^*),\boldsymbol{\lambda}(t_f^*),\boldsymbol{u}^*(t_f^*)\right]=0$，$t_f$ 未定；

$H\left[\boldsymbol{x}^*(t),\boldsymbol{\lambda}(t),\boldsymbol{u}^*(t)\right]=H\left[\boldsymbol{x}^*(t_f),\boldsymbol{\lambda}(t_f),\boldsymbol{u}^*(t_f)\right]=$常数，$t_f$ 固定。

证明：引入一辅助变量 x_0，使满足：

$$\dot{x}_0=L\left[\boldsymbol{x}(t),\boldsymbol{u}(t)\right],x_0(t_0)=0,x_0(t)=\int_{t_0}^{t}L\left[\boldsymbol{x}(t),\boldsymbol{u}(t)\right]\mathrm{d}t$$

$$x_0(t_f)=\int_{t_0}^{t_f}L\left[\boldsymbol{x}(t),\boldsymbol{u}(t)\right]\mathrm{d}t=J\left[\boldsymbol{u}(\cdot)\right]$$

记

$$\bar{\boldsymbol{X}}=\begin{pmatrix}x_0\\ \boldsymbol{x}\end{pmatrix},\bar{\boldsymbol{f}}=\begin{pmatrix}\boldsymbol{L}\\ \boldsymbol{f}\end{pmatrix},\bar{\boldsymbol{X}}(\boldsymbol{t}_0)=\begin{pmatrix}0\\ \boldsymbol{x}_0\end{pmatrix}=\bar{\boldsymbol{X}}_0,$$

将原积分型性能指标化为如下定常终值型性能指标问题：

$$\begin{cases}J\left[\boldsymbol{u}(\cdot)\right]=x_0(t_f)=S\left[\bar{\boldsymbol{X}}(t_f)\right]\\ \dot{\bar{\boldsymbol{X}}}=\bar{\boldsymbol{f}}(\bar{\boldsymbol{X}},\boldsymbol{u}),\quad \bar{\boldsymbol{X}}(t_0)=\bar{\boldsymbol{X}}_0\end{cases}$$

令 $\bar{\boldsymbol{\lambda}}=[\lambda_0\quad \boldsymbol{\lambda}]^{\mathrm{T}}$，定义：

$$\bar{H}(\bar{\boldsymbol{X}},\bar{\boldsymbol{\lambda}},\boldsymbol{u})=\bar{\boldsymbol{\lambda}}^{\mathrm{T}}\bar{\boldsymbol{f}}(\bar{\boldsymbol{X}},\boldsymbol{u})=\lambda_0 L(\boldsymbol{x},\boldsymbol{u})+\boldsymbol{\lambda}^{\mathrm{T}}\boldsymbol{f}(\boldsymbol{x},\boldsymbol{u})$$

由定理 10.4，$\dot{\bar{\boldsymbol{\lambda}}}=-\dfrac{\partial\bar{H}(\bar{\boldsymbol{X}},\bar{\boldsymbol{\lambda}},\boldsymbol{u})}{\partial\bar{\boldsymbol{X}}}$，即

$$\begin{pmatrix}\dot{\lambda}_0\\ \dot{\boldsymbol{\lambda}}\end{pmatrix}=-\begin{pmatrix}\dfrac{\partial\bar{H}(\bar{\boldsymbol{X}},\bar{\boldsymbol{\lambda}},\boldsymbol{u})}{\partial x_0}\\ \dfrac{\partial\bar{H}(\bar{\boldsymbol{X}},\bar{\boldsymbol{\lambda}},\boldsymbol{u})}{\partial\boldsymbol{x}}\end{pmatrix}=-\begin{pmatrix}0\\ \dfrac{\partial\bar{H}(\bar{\boldsymbol{X}},\bar{\boldsymbol{\lambda}},\boldsymbol{u})}{\partial\boldsymbol{x}}\end{pmatrix}$$

$$\lambda_0=\text{常数}\tag{10.34}$$

$$\dot{\boldsymbol{\lambda}}=-\frac{\partial\bar{H}(\bar{\boldsymbol{X}},\bar{\boldsymbol{\lambda}},\boldsymbol{u})}{\partial\boldsymbol{x}}\tag{10.35}$$

由定理 10.4 中条件（2）的横截条件可得

$$\bar{\boldsymbol{\lambda}}\left(t_f\right)=\frac{\partial S\left[\bar{\boldsymbol{X}}\left(t_f\right)\right]}{\partial \bar{\boldsymbol{X}}\left(t_f\right)}，即\begin{pmatrix}\lambda_0\left(t_f\right)\\ \boldsymbol{\lambda}\left(t_f\right)\end{pmatrix}=-\begin{pmatrix}\dfrac{\partial S\left[\bar{\boldsymbol{X}}\left(t_f\right)\right]}{\partial x_0\left(t_f\right)}\\ \dfrac{\partial S\left[\bar{\boldsymbol{X}}\left(t_f\right)\right]}{\partial \boldsymbol{x}\left(t_f\right)}\end{pmatrix}=\begin{bmatrix}1\\ \boldsymbol{0}\end{bmatrix}$$

由此可得

$$\lambda_0\left(t_f\right)=1 \tag{10.36}$$

$$\boldsymbol{\lambda}\left(t_f\right)=\boldsymbol{0} \tag{10.37}$$

于是，条件（2）得证。

由式（10.34）和式（10.36）可得

$$\lambda_0(t)=\lambda_0\left(t_f\right)=1 \tag{10.38}$$

相应的哈密顿函数为

$$\bar{H}\left(\bar{\boldsymbol{X}},\bar{\boldsymbol{\lambda}},\boldsymbol{u}\right)=L(\boldsymbol{x},\boldsymbol{u})+\boldsymbol{\lambda}^{\mathrm{T}}\boldsymbol{f}(\boldsymbol{X},\boldsymbol{u})=H(\boldsymbol{x},\boldsymbol{\lambda},\boldsymbol{u}) \tag{10.39}$$

于是证明了条件（1）。

由定理 10.4 极值条件：

$$\bar{H}\left(\bar{\boldsymbol{X}}^*,\bar{\boldsymbol{\lambda}},\boldsymbol{u}^*\right)=\underset{\boldsymbol{u}(t)\in U}{\mathrm{Min}}\,\bar{H}\left(\bar{\boldsymbol{X}}^*,\bar{\boldsymbol{\lambda}},\boldsymbol{u}\right) \tag{10.40}$$

$$H\left(\boldsymbol{x}^*,\boldsymbol{\lambda},\boldsymbol{u}^*\right)=\underset{\boldsymbol{u}(t)\in U}{\mathrm{Min}}\,H\left(\boldsymbol{x}^*,\boldsymbol{\lambda},\boldsymbol{u}\right) \tag{10.41}$$

证明了条件（3）。

由式（10.39）及定理 10.4 条件（4），即可得条件（4）。证毕！

从定理 10.8 中可以看出，积分型性能指标改变了 H，与终值型的 H 不同，若

$$J\left[\boldsymbol{u}(\cdot)\right]=S\left[\boldsymbol{x}\left(t_f\right)\right]+\int_{t_0}^{t_f}L[\boldsymbol{x},\boldsymbol{u}]\mathrm{d}t$$

可得 $H(\boldsymbol{x},\boldsymbol{\lambda},\boldsymbol{u})=L(\boldsymbol{x},\boldsymbol{u})+\boldsymbol{\lambda}^{\mathrm{T}}\boldsymbol{f}(\boldsymbol{x},\boldsymbol{u})$，与积分型的一样，不同点是，$\boldsymbol{\lambda}\left(t_f\right)=\dfrac{\partial S\left[\boldsymbol{x}\left(t_f\right)\right]}{\partial \boldsymbol{x}\left(t_f\right)}$。

2. 积分约束问题

定理 10.9　设有一最优控制问题：

$$\mathrm{Min}\ J\left[\boldsymbol{u}(\cdot)\right]=\int_{t_0}^{t_f}L(\boldsymbol{x},\boldsymbol{u})\mathrm{d}t$$

s.t. $\dot{\boldsymbol{x}}=\boldsymbol{f}(\boldsymbol{x},\boldsymbol{u})$，$J_1=\int_{t_0}^{t_f}L_1(\boldsymbol{x},\boldsymbol{u})\mathrm{d}t=0$，$J_2=\int_{t_0}^{t_f}L_2(\boldsymbol{x},\boldsymbol{u})\mathrm{d}t\leqslant 0$，$\boldsymbol{x}(t_0)=\boldsymbol{x}_0$，$t\in\left[t_0,t_f\right]$

当 $\boldsymbol{u}^*(t)$ 和 t_f^* 为问题的最优解，$\boldsymbol{x}^*(t)$ 是相应的最优轨线，则必存在不同时为零的常向量 $\boldsymbol{\lambda}_1$、$\boldsymbol{\lambda}_2$ 及向量函数 $\boldsymbol{\lambda}(t)$，使得满足：

（1）正则方程：$\begin{cases}\dot{\boldsymbol{x}}=\dfrac{\partial H}{\partial \boldsymbol{\lambda}}=\boldsymbol{f}(\boldsymbol{x},\boldsymbol{u}),\quad \boldsymbol{x}(t_0)=\boldsymbol{x}_0\\ \dot{\boldsymbol{\lambda}}=-\dfrac{\partial H}{\partial \boldsymbol{x}}(\text{共轭方程})\end{cases}$

其中，$H(\boldsymbol{x},\boldsymbol{u},\lambda_1,\lambda_2,\lambda)=L(\boldsymbol{x},\boldsymbol{u})+\lambda^{\mathrm{T}}\boldsymbol{f}(\boldsymbol{x},\boldsymbol{u})+\lambda_1^{\mathrm{T}}L_1(\boldsymbol{x},\boldsymbol{u})+\lambda_2^{\mathrm{T}}L_2(\boldsymbol{x},\boldsymbol{u})$，常向量$\boldsymbol{\lambda}_2$应满足$\boldsymbol{\lambda}_2\geqslant\boldsymbol{0}$，$\lambda_2^{\mathrm{T}}J_2=0$。

（2）横截条件（自然边界条件）：$\boldsymbol{\lambda}(t_f)=\boldsymbol{0}$。

（3）沿最优轨线当$\boldsymbol{u}(t)=\boldsymbol{u}^*(t)$时，$H$取最小值，即

$$H\left[\boldsymbol{x}^*(t),\boldsymbol{\lambda}(t),\lambda_1,\lambda_2,\boldsymbol{u}^*(t)\right]=\underset{\boldsymbol{u}(t)\in U}{\mathrm{Min}}\,H\left[\boldsymbol{x}^*(t),\boldsymbol{\lambda}(t),\lambda_1,\lambda_2,\boldsymbol{u}(t)\right]$$

（4）在最优轨线的终端，H应满足：

$H\left[\boldsymbol{x}^*(t_f^*),\boldsymbol{\lambda}(t_f^*),\lambda_1,\lambda_2,\boldsymbol{u}^*(t_f^*)\right]=0$，$t_f$未定；

$H\left[\boldsymbol{x}^*(t_f),\boldsymbol{\lambda}(t_f),\lambda_1,\lambda_2,\boldsymbol{u}^*(t_f)\right]=$常数，$t_f$固定。

10.4　最优控制原理的应用

最优控制原理在微观经济学、宏观经济学和应用经济学的研究中都有不少应用，真实例子的模型都比较复杂，下面给出几个非常简化的例子，以说明建模方法论。

10.4.1　企业供给决策问题

在微观经济学中，企业的行为决策就是解其利润最大化的数学问题，其一般处理方式是静态模型，但是企业运行是在连续的变化中，追求的是在一个时期内的总利润最大化。

设一个企业的生产函数是$q_t=f(L_t,K_t)$，其中，q_t是企业在t时刻的生产速率；L_t和K_t分别是该企业在t时刻占用的劳动力和物质资本量。假设企业总是可以使资源得到充分利用，在劳动和资本之间可以充分替代。在短期内，假定在$t\leqslant T$内，资本是不变的，即$K_t=K_0$（对$\forall t\leqslant T$）。设市场对该企业的需求函数是$q_t^d=D(p_t)$，其中，q_t^d是在t时刻，在价格p_t下市场对该企业产品的购买速率。设企业在劳动市场上是一个买方完全竞争者，在不考虑整体经济工资率变动的情况下，工资率对该企业是个常数，假定为w。现在的决策问题是，求一条劳动投入路径L_t^*，使在时期$[0,t_f]$内的总利润最大化。

上述问题写出的最优控制问题模型是（因为资本固定，所以在利润函数中只考虑劳动成本）：

$$\mathrm{Max}\ J[L(\cdot)]=\int_0^{t_f}[p_tq_t-wL_t]\,\mathrm{d}t,\quad t_f\leqslant T$$

$$\text{s.t.}\quad q_t=f(L_t,K_t)=D(p_t),\quad K_t=K_0$$

解：用变分原理求解。

（1）写出该问题关于p_t，q_t和L_t的拉格朗日函数：

$$\tilde{L}=(p_tq_t-wL_t)+\lambda_1(q_t-f(L_t,K_0))+\lambda_2(q_t-D(p_t))$$

（2）写出欧拉方程：

因为 $\tilde{L}$ 中不含对时间的一阶导数，所以

$$\tilde{L}_p = q_t - \lambda_2 D'(p_t) = 0\,,\quad \tilde{L}_q = p_t + \lambda_1 + \lambda_2 = 0\,,\quad \tilde{L}_L = -w - \lambda_1 \frac{\mathrm{d}}{\mathrm{d}L_t} f = 0$$

（3）求解欧拉方程：

设定生产函数 $q_t = \beta L_t^\alpha$ 及需求函数 $q_t^d = a - bp_t$，将欧拉方程与约束方程联立，可得以下关于 L_t 及其他变量与 L_t 的关系方程（因为方程中不显含时间，所以下面略去时间下标）：

$$2\beta L^{2\alpha} - aL^\alpha + \frac{wb}{\alpha\beta}L = 0\,,\quad \lambda_1 = -\frac{w}{\alpha\beta}L^{1-\alpha}\,,\quad \lambda_2 = -\frac{\beta}{b}L^\alpha$$

$$p = \frac{\beta}{b}L^\alpha + \frac{w}{\alpha\beta}L^{1-\alpha}\,,\quad q = \beta L^\alpha$$

可以看出，因为在约束方程和被积函数中都不显含时间，所以在最优解中也都不包括时间，该企业在短期内将以固定生产速率进行生产，即单位时间内的产出是个常数，雇用的最优劳动力数在短期内不变。但是在长期内，获得的利润对企业扩大生产是个诱惑，企业将把一部分利润用于增加固定资本。设企业的再投资量是利润的一个比例 u（为了简化，同时假定 u 是常数），于是企业的固定资本将是一个随时间而变的变量：

$$\dot{K}_t = u(p_t q_t - wL_t - \sigma K_t) - \sigma K_t$$

其中，$\dot{K}_t$ 是时刻 t 固定资本的变动速率；σ 是固定资本的损耗速率（设为常数）。于是，新的最优控制模型为

$$\mathrm{Max}\ J[L(\cdot)] = \int_0^{t_f} (p_t q_t - wL_t - \sigma K_t)\,\mathrm{d}t$$

$$\text{s.t.}\quad \dot{K}_t = u(p_t q_t - wL_t - \sigma K_t) - \sigma K_t\,,\quad q_t = f(L_t, K_t) = D(p_t)\,,\quad 0 \leqslant u \leqslant 1\,,\quad K_t\big|_{t=0} = K_0$$

解：利用最大值原理求解这个问题。

（1）写出哈密顿函数：以 L_t 和 K_t 为状态变量，p_t 和 q_t 都是 L_t 和 K_t 的函数，于是问题的哈密顿函数是

$$H = (p_t q_t - wL_t - \sigma K_t) + \lambda u(p_t q_t - wL_t - \sigma K_t) - \lambda\sigma K_t$$

（2）求哈密顿函数的极值（为了避免烦琐，下面省略各变量的时间下标）。

在这个问题中，劳动力 L 和利润再投资率 u 是外生的，以 L 为控制变量；K_t 是被控制的内生变量，作为状态变量，对 L 无约束，于是

$$H_L = (\lambda u + 1)\left(\frac{\partial p}{\partial L}q + p\frac{\partial q}{\partial L} - w\right) = 0 \tag{10.42}$$

如果 $\lambda u \neq -1$，那么由式（10.42）得

$$\frac{\partial p}{\partial L}q + p\frac{\partial q}{\partial L} = w \tag{10.43}$$

如果 $\lambda u = -1$，那么可得

$$\lambda = -\frac{1}{u} \tag{10.44}$$

（3）写出正则方程：

$$\dot{K}=\frac{\partial H}{\partial \lambda}=u(pq-wL-\sigma K)-\sigma K \tag{10.45}$$

$$\dot{\lambda}=-\frac{\partial H}{\partial K}=-\left[(\lambda u+1)\left(\frac{\partial p}{\partial K}q+p\frac{\partial q}{\partial K}-\sigma\right)-\lambda\sigma\right] \tag{10.46}$$

如果 $\lambda u=-1$，那么由于 u 为常数，所以 λ =常数，则由式（10.46）推出 λ =0，显然不合理，所以 $\lambda u \neq -1$。

如果令 $q=f(L,K)=\beta L^{\alpha}K^{\gamma}$，$D(p)=a-bp$，且 $q_t=q_t^d$，那么

$$p=\frac{a}{b}-\frac{\beta}{b}L^{\alpha}K^{\gamma}，\frac{\partial p}{\partial L}=-\frac{\alpha\beta}{b}L^{\alpha-1}K^{\gamma}，\frac{\partial p}{\partial K}=-\frac{\gamma\beta}{b}L^{\alpha}K^{\gamma-1}，\frac{\partial q}{\partial L}=\alpha\beta L^{\alpha-1}K^{\gamma}，\frac{\partial q}{\partial K}=\gamma\beta L^{\alpha}K^{\gamma-1} \tag{10.47}$$

分别代入式（10.43）、式（10.45）和式（10.46）得

$$\frac{\alpha\beta}{b}L^{\alpha-1}K^{\gamma}[a-2\beta L^{\alpha}K^{\gamma}]=w \tag{10.48}$$

$$\dot{K}=u\left[\frac{1}{b}\left(a-\beta L^{\alpha}K^{\gamma}\right)\bullet\beta L^{\alpha}K^{\gamma}-wL-\sigma K\right]-\sigma K \tag{10.49}$$

$$\dot{\lambda}=-(\lambda u+1)\left[\frac{\gamma\beta}{b}L^{\alpha}K^{\gamma-1}(a-2\beta L^{\alpha}K^{\gamma})-\sigma\right]+\lambda\sigma \tag{10.50}$$

式（10.48）~式（10.50）是非线性微分方程组，无法获得 K、L 和 λ 的解析解。在获得解以后，通过调整 u 可以分析最优的再投资率。实际上，在现代计算技术条件下，可以同时获得目标泛函最优值、资本存量、雇佣劳动、均衡价格与再投资率的曲线图，从曲线图可以发现最优再投资率。

（4）此问题为终端固定终值自由的定常积分型最优控制问题，所以其横截条件是 λ_T=0。同时，有

$$H\left[\boldsymbol{x}^*(t),\boldsymbol{\lambda}(t),\boldsymbol{u}^*(t)\right]=pq-wL-\sigma K，H\left[\boldsymbol{x}^*(t_T),\boldsymbol{\lambda}(t_T),\boldsymbol{u}^*(t_T)\right]=p_Tq_T-wL_T-\sigma K_T=\text{常数}$$

10.4.2　通货膨胀与失业控制模型

在凯恩斯主义经济学中，通货膨胀和失业是一对此消彼长的对偶经济指标，被总结为菲利普斯曲线理论。假设这个理论成立的条件满足，那么政府调控就是要通过一定的政策使通货膨胀率和失业率保持在合理的区间内。

1. 无约束模型

在菲利普斯曲线理论中，失业与总收入紧密联系，所以可以用国民收入或国内生产总值水平增长率代替失业率进行分析。假设政府的目标是尽量使国民收入增长率和通货膨胀率达到预期水平。在理想国民收入增长率和理想通货膨胀率给定的情况下，可以用实现的增长率、通货膨胀率与理想水平的差做变量，设分别为 y 和 p。考虑量纲的协调性，y 和 p 可以使用相对于给定水平的相对数表示。以对理想水平的最小偏离作为目标变量，因为是两个目标变量，所以用多目标规划思想，使用加权形式，但是不要求权重

和为 1，于是目标变量可以写成：

$$\lambda = y^2 + \alpha p^2 \tag{10.51}$$

根据菲利普斯曲线理论，可以设 y 和 p 之间有下面的经验关系：

$$p = -\beta y + \pi \tag{10.52}$$

其中，π 是预期通货膨胀率。假设预期是根据预期偏差调整的，预期的行为方程可以写成：

$$\dot{\pi} = \frac{\mathrm{d}\pi}{\mathrm{d}t} = k(p - \pi), \quad 0 < k \leqslant 1, \tag{10.53}$$

从式（10.52）和式（10.53）中解出 y 和 p，将之代入式（10.51）得

$$\lambda(\pi, \dot{\pi}) = \left(\frac{\dot{\pi}}{\beta k}\right)^2 + \alpha\left(\frac{\dot{\pi}}{k} + \pi\right)^2 \tag{10.54}$$

考虑时间价值，设折现率是 ρ，于是可以把在既定时期的目标泛函写成：

$$\operatorname{Min} J = \int_0^T \left[\left(\frac{\dot{\pi}}{\beta k}\right)^2 + \alpha\left(\frac{\dot{\pi}}{k} + \pi\right)^2\right] \mathrm{e}^{-\rho t}\, \mathrm{d}t \tag{10.55}$$

初始条件是 $\pi(0) = \pi_0 > 0$，$\dot{\pi}(T) = 0$。

记 $F = \lambda(\pi, \dot{\pi})\mathrm{e}^{-\rho t}$，可以计算：$F_\pi = 2\left(\frac{\alpha}{k}\dot{\pi} + \alpha\pi\right)\mathrm{e}^{-\rho t}$，$F_{\dot{\pi}} = 2\left(\frac{1+\alpha\beta^2}{\beta^2 k^2}\dot{\pi} + \frac{\alpha}{k}\pi\right)\mathrm{e}^{-\rho t}$

$$F_{\pi\dot{\pi}} = \frac{2\alpha}{k}\mathrm{e}^{-\rho t}, \quad F_{\dot{\pi}\dot{\pi}} = 2\left(\frac{1+\alpha\beta^2}{\beta^2 k^2}\right)\mathrm{e}^{-\rho t}, \quad \frac{\partial F_{\dot{\pi}}}{\partial t} = -2\rho\left(\frac{1+\alpha\beta^2}{\beta^2 k^2}\dot{\pi} + \frac{\alpha}{k}\pi\right)\mathrm{e}^{-\rho t}$$

于是，问题求解的欧拉方程为

$$F_\pi - F_{t\dot{\pi}} - \dot{\pi}F_{\pi\dot{\pi}} - \ddot{\pi}F_{\dot{\pi}\dot{\pi}} = \ddot{\pi} - \rho\dot{\pi} - \mu\pi = 0, \quad \mu = \frac{\alpha\beta^2 k(\rho + k)}{1 + \alpha\beta^2} \tag{10.56}$$

二阶微分方程式（10.56）的通解为

$$\pi = A_1\mathrm{e}^{r_1 T} + A_2\mathrm{e}^{r_2 T}, \quad r_1 = \frac{1}{2}\left(\rho + \sqrt{\rho^2 + 4\mu}\right), \quad r_2 = \frac{1}{2}\left(\rho - \sqrt{\rho^2 + 4\mu}\right) \tag{10.57}$$

由初值和终值条件得 $A_1 + A_2 = \pi_0$，$A_1\mathrm{e}^{r_1 T} + A_2\mathrm{e}^{r_2 T} = 0$。
解此方程组得

$$A_1 = \frac{\pi_0}{1 - \mathrm{e}^{(r_1 - r_2)T}}, \quad A_2 = \frac{\pi_0}{1 - \mathrm{e}^{(r_2 - r_1)T}} \tag{10.58}$$

2. 有约束模型

上述无约束模型可以化为有约束模型：

$$\operatorname{Min} J = \int_0^T (y + \alpha p^2)\mathrm{e}^{-\rho t}\, \mathrm{d}t \tag{10.59}$$

$$\text{s.t.} \quad \dot{\pi} = k(p - \pi), \quad p = -\beta y + \pi \tag{10.60}$$

$$\pi(0) = \pi_0, \quad \dot{\pi}(T) = 0 \tag{10.61}$$

在此问题中，有三个宗量 y、p 和 π，为了求解此问题，构造一个拉格朗日函数：

$$L(y, p, \pi) = (y + \alpha p^2)\mathrm{e}^{-\rho t} + \lambda_1(\dot{\pi} - k(p - \pi)) + \lambda_2(p + \beta y - \pi)$$

据此写出对应的欧拉–拉格朗日方程即可求解。此问题也可以用最小值原理求解：将其中的价格函数式（10.61）中的第二式代入第一式和被积函数，以 π 为状态变量、y 为控制变量，用终值自由定常积分型最优控制问题的定理 10.8 求解。

10.4.3　最优增长调控模型

追求快速增长是各国政府的一个努力目标，但是经济增长受各种条件的制约，有些经济管理目标之间还存在冲突，因此经济调控目标是在各种约束下实现增长的最大化的。本小节设定一种经济情景，建立一个最优控制模型。

1. 生产函数

决定经济总产出的基本因素是资本存量，资本存量的变化由投资决定。设一个时刻的资本存量是 K，投资速率是 i，则有

$$\dot{K}=i-\delta K \tag{10.62}$$

其中，δ 是资本的损耗系数。

对生产一定的总产出，假定投入可以在物质资本和劳动力之间连续替代，因此，存在一个连续生产函数：

$$q=F(L,K) \tag{10.63}$$

其中，L 是外生变量，由人口决定，如可以写出：$L=L_0\mathrm{e}^{\lambda t}$。虽然人口的增长率在长期会变化显著，但在五年的可计划期内还比较稳定，或可以用一定的方式预测，如 ARIMA 模型。另外，假定经济始终运行在充分就业状态。由式（10.63）可得

$$\dot{q}=F_L\dot{L}+F_K\dot{K} \tag{10.64}$$

2. 经济均衡方程

投资量受消费和出口的制约，对既定的总产出，可投资量是

$$i=q-x-c-nx \tag{10.65}$$

其中，x 是中间投入；c 是最终消费；nx 是净出口。

设 a 是中间投入系数，c 是增加值和价格的函数，nx 是汇率和总产出的函数，设汇率外生，则

$$x=aq\,,\quad c=c((1-a)q,p)\,,\quad nx=nx(e,q) \tag{10.66}$$

将式（10.66）代入式（10.65）得

$$i=q-aq-c[(1-a)a,p]-nx(e,q) \tag{10.67}$$

3. 关于通货膨胀与经济增长关系的理论

在通货膨胀率和增长率之间有菲利普斯曲线关系，则

$$pq=\beta\dot{q}+\pi q\,,\quad \dot{\pi}=k(p-\pi) \tag{10.68}$$

其中，π 是通货膨胀率预期；p 是实际通货膨胀率；k 和 β 是参数，需要通过统计估计或经验确定。由式（10.68）可以解出：

$$\dot{p}=\beta\left[\frac{\ddot{q}}{q}-\left(\frac{\dot{q}}{q}\right)^2+\frac{\dot{q}}{q}\right] \tag{10.69}$$

作为政策变量，可以考虑货币供给增长率，设货币供给增长率为m，根据货币数量论，在货币增长率和总产出增长率之间存在函数关系，设有下式：

$$m=\theta\left(p+\frac{\dot{q}}{q}\right) \tag{10.70}$$

其中，参数θ通过统计估计确定。

4. 最优控制模型

设到某个时间T的 GDP 最大化为目标，则可以形成下面的最优控制模型：

$$\begin{aligned}
&\text{Max } J=(1-a)q(T)\\
&\text{s.t.}\quad q=F(L,K),\dot{K}=i-\delta K,L=L(t)\\
&i=q-aq-c[(1-a)a,p]-nx(e,q)\\
&\dot{p}=\beta\left[\frac{\ddot{q}}{q}-\left(\frac{\dot{q}}{q}\right)^2+\frac{\dot{q}}{q}\right],m=\theta\left(p+\frac{\dot{q}}{q}\right)\\
&K(0)=K_0,p(0)=p_0
\end{aligned}$$

这是一个终值自由的终值型最优控制问题。在模型中，各方程中的q相关变量都可以换成L和K的函数。以K和p为状态变量，m为控制变量。如果最终消费分解成居民消费和公共消费，那么可以引入财政政策变量，如公共消费增长率。为了防止出现通货膨胀率过大的情形，可以对通货膨胀率设置一个变动范围，如$\sigma_1\leqslant p\leqslant\sigma_2$。

这里的模型用的是连续时间模型，而经济指标统计值一般是离散的年度变量，所以目标泛函中变量应该是从$T-1$到T的积分。但是当以年为时间单位时，$q(t)$在一年内的变化较小，以$q(T)$近似为$q(t)$的平均数是可以的，不影响问题解的合理性。

习题

1. 某基金会筹集了一笔 60 万元的资金，根据计划的投资策略，每年会获得 10%的收益率；基金计划存在期 80 年，80 年后要求只剩 0.5 万元用作处理终结事务。在基金存活期，每年支取至少 5 万元至多 10 万元颁发某种奖金。基金会的决策问题是，制定该基金的最优管理策略，即每年支取多少元才能使基金会在 80 年中发放的奖金总额最大。请写出该问题的最优控制模型，并求解。

2. 有一个矿物采选企业，在某处拥有一座矿，其总可开采储量是S_0。矿物的市场价格P是矿物采出量即供给量的函数（把单位时间内采出量都出清时的价格）。若已知单位开采量的成本是常数b，那么在以既定时期内总利润最大化为目标的情况下，写出一个最优控制模型。以开采速率Q（单位时间内的开采量）作为控制变量。

3. 有一个企业在时刻 t 拥有的资本存量是 $K(t)$，$R(K)$ 是相应的利润流（K 在单位时间获得的利润）；b 是资本的损耗速率（单位资本在单位时间的损耗）；$u(t)$ 是时刻 t 给股东的红利支付速率（单位时间支付的红利）；$y(t)$ 是时刻 t 的借贷款速率（正数是借，负数是还）；$B(t)$ 是债务余额。规定 $B(t)$ 不能大于 $aK(t)$（$0<a<1$）。在初始时刻，$K(0)=K_0$，$B(0)=0$。假设资金的贴现率或利率是 r，以股东在给定时期内的红利收入最大化为目标，请写出一个最优控制模型，并写出对应的最大值原理的解的条件。

4. 设有若干台同样的机器，每台机器可以做两种工作，如果用于做第一种工作，每台每年可获利 3 万元，机器的损坏率为 $\frac{2}{3}$；如果用于做第二种工作，每台每年可获利 2.5 万元，机器的损坏率为 $\frac{1}{3}$。现考虑 3 年的生产周期，确定如何安排生产计划可获得最大利润。

参 考 文 献

郭多祚. 2012. 数理经济学——经济均衡分析的原理与方法. 北京：清华大学出版社

莫顿 I K，南茜 L S. 2016. 动态优化——经济学和管理学中的变分法和最优控制. 第二版. 北京：中国人民大学出版社

解学书. 1986. 最优控制——理论与应用. 北京：清华大学出版社

雍炯敏，楼红卫. 2006. 最优控制理论简明教程. 北京：高等教育出版社

佚名. 2015-04-03. 最优控制讲义. 百度文库

附录　最大值原理的证明

下面是定理 10.4 的一种启发性证明。

假设：

（1）函数 $\boldsymbol{f}(\boldsymbol{x},\boldsymbol{u})$ 和 $S(\boldsymbol{x})$ 都是连续函数；

（2）函数 $\boldsymbol{f}(\boldsymbol{x},\boldsymbol{u})$ 和 $S(\boldsymbol{x})$ 对 $\boldsymbol{x}$ 是连续可微（并不要求对 $\boldsymbol{u}$ 可微）；

（3）（Lipschitz 条件）对任意 $\boldsymbol{x}_1$、$\boldsymbol{x}_2$，有一常数 a 使 $\left|\boldsymbol{f}(\boldsymbol{x}_1,\boldsymbol{u})-\boldsymbol{f}(\boldsymbol{x}_2,\boldsymbol{u})\right|\leqslant a\left|\boldsymbol{x}_1-\boldsymbol{x}_2\right|$.

1. 泛函 J 的增量

令 t_f 固定，则

$$\begin{aligned}\Delta J&=J\left[\boldsymbol{u}^*(\cdot)+\Delta\boldsymbol{u}(\cdot)\right]-J\left[\boldsymbol{u}^*(\cdot)\right]=S\left[\boldsymbol{x}^*(t_f)+\Delta\boldsymbol{x}(t_f)\right]-S\left(\boldsymbol{x}^*(t_f)\right)\\&=\frac{\partial S\left[\boldsymbol{x}^*(t_f)\right]}{\partial\boldsymbol{x}^{\mathrm{T}}(t_f)}\Delta\boldsymbol{x}(t_f)+o\left(\left|\Delta\boldsymbol{x}(t_f)\right|\right)\end{aligned}\tag{A10.1}$$

2. $\Delta \boldsymbol{x}(t)$ 的表达式

$$\dot{\boldsymbol{x}}^*(t)=\boldsymbol{f}\left[\boldsymbol{x}^*(t),\boldsymbol{u}^*(t)\right]$$

$$\dot{\boldsymbol{x}}^*(t)+\Delta\dot{\boldsymbol{x}}(t)=\boldsymbol{f}\left[\boldsymbol{x}^*(t)+\Delta\boldsymbol{x}(t),\boldsymbol{u}^*(t)+\Delta\boldsymbol{u}(t)\right]$$

$$\begin{aligned}
\Delta\dot{\boldsymbol{x}}(t)&=\boldsymbol{f}\left[\boldsymbol{x}^*(t)+\Delta\boldsymbol{x}(t),\boldsymbol{u}^*(t)+\Delta\boldsymbol{u}(t)\right]-\boldsymbol{f}\left[\boldsymbol{x}^*(t),\boldsymbol{u}^*(t)\right]\\
&=\boldsymbol{f}\left[\boldsymbol{x}^*(t),\boldsymbol{u}^*(t)+\Delta\boldsymbol{u}(t)\right]+\frac{\partial\boldsymbol{f}\left[\boldsymbol{x}^*(t),\boldsymbol{u}^*(t)+\Delta\boldsymbol{u}\right]}{\partial\boldsymbol{x}^{\mathrm{T}}}\bullet\Delta\boldsymbol{x}(t)+o\left(\left|\Delta\boldsymbol{x}(t)\right|\right)-\boldsymbol{f}\left[\boldsymbol{x}^*(t),\boldsymbol{u}^*(t)\right]\\
&=\frac{\partial\boldsymbol{f}\left[\boldsymbol{x}^*(t),\boldsymbol{u}^*(t)\right]}{\partial\boldsymbol{x}^{\mathrm{T}}}\bullet\Delta\boldsymbol{x}(t)+\left\{\boldsymbol{f}\left[\boldsymbol{x}^*(t),\boldsymbol{u}^*(t)+\Delta\boldsymbol{u}(t)\right]-\boldsymbol{f}\left[\boldsymbol{x}^*(t),\boldsymbol{u}^*(t)\right]\right\}\\
&\quad+\left\{\frac{\partial\boldsymbol{f}\left[\boldsymbol{x}^*(t),\boldsymbol{u}^*(t)+\Delta\boldsymbol{u}(t)\right]}{\partial\boldsymbol{x}^{\mathrm{T}}}-\frac{\partial\boldsymbol{f}\left[\boldsymbol{x}^*(t),\boldsymbol{u}^*(t)\right]}{\partial\boldsymbol{x}^{\mathrm{T}}}\right\}\Delta\boldsymbol{x}(t)+o\left(\left|\Delta\boldsymbol{x}(t)\right|\right)
\end{aligned}\tag{A10.2}$$

令 $\boldsymbol{\Phi}(t,\tau)$ 为线性方程:

$$\Delta\dot{\boldsymbol{x}}(t)=\frac{\partial\boldsymbol{f}\left[\boldsymbol{x}^*(t),\boldsymbol{u}^*(t)\right]}{\partial\boldsymbol{x}^{\mathrm{T}}}\Delta\boldsymbol{x}(t)\tag{A10.3}$$

的状态转移矩阵[①]，则有

$$\begin{cases}\dfrac{\mathrm{d}\boldsymbol{\Phi}(t,\tau)}{\mathrm{d}t}=\dfrac{\partial\boldsymbol{f}\left[\boldsymbol{x}^*(t),\boldsymbol{u}^*(t)\right]}{\partial X^{\mathrm{T}}}\boldsymbol{\Phi}(t,\tau)\\ \boldsymbol{\Phi}(\tau,\tau)=\mathbf{1}\end{cases}\tag{A10.4}$$

因为 $\Delta\boldsymbol{x}(t_0)=0$，故方程（A10.2）的解为

$$\begin{aligned}
\Delta\boldsymbol{x}(t)&=\int_{t_0}^{t}\boldsymbol{\Phi}(t,\tau)\left\{\boldsymbol{f}\left[\boldsymbol{x}^*(\tau),\boldsymbol{u}^*(\tau)+\Delta\boldsymbol{u}(\tau)\right]-\boldsymbol{f}\left[\boldsymbol{x}^*(\tau),\boldsymbol{u}^*(\tau)\right]\right\}\mathrm{d}\tau\\
&\quad+\int_{t_0}^{t}\boldsymbol{\Phi}(t,\tau)\left\{\frac{\partial\boldsymbol{f}\left[\boldsymbol{x}^*(\tau),\boldsymbol{u}^*(t)+\Delta\boldsymbol{u}(\tau)\right]}{\partial\boldsymbol{x}^{\mathrm{T}}}-\frac{\partial f\left[\boldsymbol{x}^*(\tau),\boldsymbol{u}^*(\tau)\right]}{\partial\boldsymbol{x}^{\mathrm{T}}}\right\}\Delta\boldsymbol{x}(\tau)\mathrm{d}\tau\\
&\quad+\int_{t_0}^{t}\boldsymbol{\Phi}(t,\tau)\bullet o\left(\left|\Delta\boldsymbol{x}(\tau)\right|\right)\mathrm{d}\tau
\end{aligned}\tag{A10.5}$$

当 $t=t_f$ 时，有

$$\begin{aligned}
\Delta\boldsymbol{x}(t_f)&=\int_{t_0}^{t_f}\boldsymbol{\Phi}(t_f,\tau)\left\{\boldsymbol{f}\left[\boldsymbol{x}^*(\tau),\boldsymbol{u}^*(\tau)+\Delta\boldsymbol{u}(\tau)\right]-\boldsymbol{f}\left[\boldsymbol{x}^*(\tau),\boldsymbol{u}^*(\tau)\right]\right\}\mathrm{d}\tau\\
&\quad+\int_{t_0}^{t_f}\boldsymbol{\Phi}(t_f,\tau)\left\{\frac{\partial\boldsymbol{f}\left[\boldsymbol{x}^*(\tau),\boldsymbol{u}^*(t)+\Delta\boldsymbol{u}(\tau)\right]}{\partial\boldsymbol{x}^{\mathrm{T}}}-\frac{\partial\boldsymbol{f}\left[\boldsymbol{x}^*(\tau),\boldsymbol{u}^*(\tau)\right]}{\partial\boldsymbol{x}^{\mathrm{T}}}\right\}\Delta\boldsymbol{x}(\tau)\mathrm{d}\tau\\
&\quad+\int_{t_0}^{t_f}\boldsymbol{\Phi}(t_f,\tau)\bullet o\left(\left|\Delta\boldsymbol{x}(\tau)\right|\right)\mathrm{d}\tau
\end{aligned}\tag{A10.6}$$

将式（A10.6）代入式（A10.1）得

---

① 对状态变量 $\boldsymbol{y}(t)$，若 $\boldsymbol{y}(t)=\boldsymbol{\Phi}(t,\tau)\boldsymbol{y}(\tau)$，则 $\boldsymbol{\Phi}(t,\tau)$ 称为 $\boldsymbol{y}(t)$ 的状态转移矩阵。对方程 $\dot{\boldsymbol{y}}=\boldsymbol{A}\boldsymbol{y}$，其解 $\boldsymbol{y}(t)=\boldsymbol{\Phi}(t,t_0)\boldsymbol{y}(t_0)$，$\boldsymbol{\Phi}(t,\tau)$ 也称为此线性系统的状态转移矩阵。显然，$\dot{\boldsymbol{y}}(t)=\dfrac{\partial\boldsymbol{\Phi}(t,\tau)}{\partial t}\boldsymbol{y}(\tau)$。

$$\Delta J=\frac{\partial S\left[\boldsymbol{x}^*\left(t_f\right)\right]}{\partial \boldsymbol{x}^{\mathrm{T}}\left(t_f\right)}\int_{t_0}^{t_f}\boldsymbol{\Phi}\left(t_f,\tau\right)\left\{\boldsymbol{f}\left[\boldsymbol{x}^*(\tau),\boldsymbol{u}^*(\tau)+\Delta\boldsymbol{u}(\tau)\right]-\boldsymbol{f}\left[\boldsymbol{x}^*(\tau),\boldsymbol{u}^*(\tau)\right]\right\}\mathrm{d}\tau$$
$$+\frac{\partial S\left[\boldsymbol{x}^*\left(t_f\right)\right]}{\partial \boldsymbol{x}^{\mathrm{T}}\left(t_f\right)}\int_{t_0}^{t_f}\boldsymbol{\Phi}\left(t_f,\tau\right)\left\{\frac{\partial\boldsymbol{f}\left[\boldsymbol{x}^*(\tau),\boldsymbol{u}^*(t)+\Delta\boldsymbol{u}(\tau)\right]}{\partial\boldsymbol{x}^{\mathrm{T}}}-\frac{\partial\boldsymbol{f}\left[\boldsymbol{x}^*(\tau),\boldsymbol{u}^*(\tau)\right]}{\partial\boldsymbol{x}^{\mathrm{T}}}\right\}\Delta\boldsymbol{x}(\tau)\mathrm{d}\tau$$
$$+\frac{\partial S\left[\boldsymbol{x}^*\left(t_f\right)\right]}{\partial \boldsymbol{x}^{\mathrm{T}}\left(t_f\right)}\int_{t_0}^{t_f}\boldsymbol{\Phi}\left(t_f,\tau\right)\cdot o\left(\left|\Delta\boldsymbol{x}(\tau)\right|\right)\mathrm{d}\tau+o\left(\left|\Delta\boldsymbol{x}\left(t_f\right)\right|\right)$$
$$\text{(A10.7)}$$

3. 对 $\Delta\boldsymbol{x}(t)$ 的估计

$$\begin{aligned}\Delta\dot{\boldsymbol{x}}(t)&=\boldsymbol{f}\left[\boldsymbol{x}^*(t)+\Delta\boldsymbol{x}(t),\boldsymbol{u}^*(t)+\Delta\boldsymbol{u}(t)\right]-\boldsymbol{f}\left[\boldsymbol{x}^*(t),\boldsymbol{u}^*(t)\right]\\&=\boldsymbol{f}\left[\boldsymbol{x}^*(t)+\Delta\boldsymbol{x}(t),\boldsymbol{u}^*(t)+\Delta\boldsymbol{u}(t)\right]-\boldsymbol{f}\left[\boldsymbol{x}^*(t),\boldsymbol{u}^*(t)+\Delta\boldsymbol{u}(t)\right]\\&\quad+\boldsymbol{f}\left[\boldsymbol{x}^*(t),\boldsymbol{u}^*(t)+\Delta\boldsymbol{u}(t)\right]-\boldsymbol{f}\left[\boldsymbol{x}^*(t),\boldsymbol{u}^*(t)\right]\end{aligned}$$
$$\Delta\boldsymbol{x}(t_0)=0$$

由假设（3），存在 $a>0$，使

$$\left|\boldsymbol{f}\left[\boldsymbol{x}^*(t)+\Delta\boldsymbol{x}(t),\boldsymbol{u}^*(t)+\Delta\boldsymbol{u}(t)\right]-\boldsymbol{f}\left[\boldsymbol{x}^*(t),\boldsymbol{u}^*(t)+\Delta\boldsymbol{u}(t)\right]\right|\leqslant a\left|\Delta\boldsymbol{x}(\mathrm{t})\right|$$

由于 $\mathbf{f}(\mathbf{x},\mathbf{u})$ 对 $\boldsymbol{u}$ 连续，所以对有界的 $\Delta\boldsymbol{u}$，必存在 $b(t)>0$，使

$$\left|\boldsymbol{f}\left[\boldsymbol{x}^*(t),\boldsymbol{u}^*(t)+\Delta\boldsymbol{u}(t)\right]-\boldsymbol{f}\left[\boldsymbol{x}^*(t),\boldsymbol{u}^*(t)\right]\right|\leqslant b(t),\quad t\in\left[t_0,t_f\right]$$

成立。
其中，

$$b(t)=\begin{cases}0, & \Delta\boldsymbol{u}(t)=0\\ b, & \Delta\boldsymbol{u}(t)\neq 0\end{cases}$$

于是可得出：

$$\left|\Delta\dot{\boldsymbol{x}}(t)\right|\leqslant a\left|\Delta\boldsymbol{x}(t)\right|+b(t)\tag{A10.8}$$

引理 A10.1　$$\frac{\mathrm{d}}{\mathrm{d}t}\left|\Delta\boldsymbol{x}(t)\right|\leqslant\left|\Delta\dot{\boldsymbol{x}}(t)\right|$$

引理 A10.2　$b(t)$ 分段连续，且 $b(t)\geqslant 0$，若 $\frac{\mathrm{d}}{\mathrm{d}t}\boldsymbol{x}(t)\leqslant a\boldsymbol{x}(t)+b(t)$，且 $\boldsymbol{x}(t_0)=0$，则有

$$\boldsymbol{x}(t)\leqslant\int_{t_0}^{t}\mathrm{e}^{a(t-\tau)}b(\tau)\mathrm{d}\tau,\quad t\in\left[t_0,t_f\right]$$

由引理 A10.1 得

$$\frac{\mathrm{d}}{\mathrm{d}t}\left|\Delta\boldsymbol{x}(t)\right|\leqslant a\left|\Delta\boldsymbol{x}(t)\right|+b(t)$$

由引理 A10.2 得

$$\left|\Delta \boldsymbol{x}(t)\right| \leqslant \int_{t_0}^{t} \mathrm{e}^{a(t-\tau)} b(\tau)\mathrm{d}\tau \tag{A10.9}$$

为了使对$\forall t\in[t_0,t_f]$，$\boldsymbol{u}(t)+\Delta\boldsymbol{u}(t)$属于容许控制，对$\Delta\boldsymbol{u}(t)$进行限定（该限定被称为针状变分），见图 A10.1。

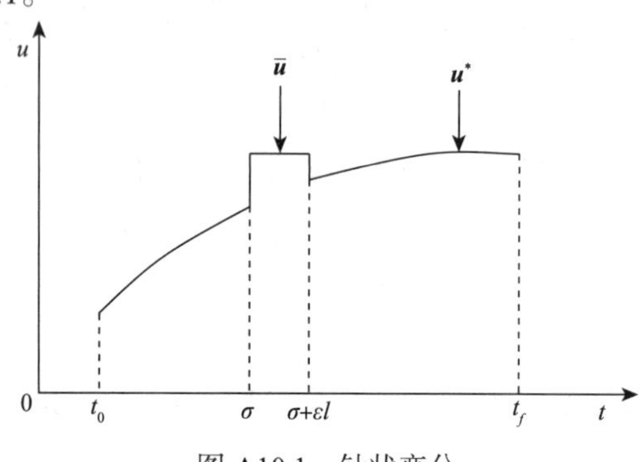

图 A10.1　针状变分

设$l>0$是某一确定数，$\varepsilon>0$是一个充分小的数，$\sigma\in[t_0,t_f]$是$\boldsymbol{u}(t)$的任意连续点，对针状变分$\Delta_{\sigma\varepsilon}\boldsymbol{u}(t)$，有

$$\boldsymbol{u}^*(t)+\Delta_{\sigma\varepsilon}\boldsymbol{u}(t)=\begin{cases}\boldsymbol{u}^*(t), & t_0\leqslant t<\sigma,\sigma+\varepsilon l<t\leqslant t_f\\ \bar{\boldsymbol{u}}(t), & \sigma\leqslant t\leqslant\sigma+\varepsilon l\end{cases}$$

其中，$\bar{\boldsymbol{u}}(t)$是任意容许控制，可以是边界上的点。变分$\Delta_{\sigma\varepsilon}\boldsymbol{u}(t)=\bar{\boldsymbol{u}}(t)-\boldsymbol{u}^*(t)$是有界量。

在针状变分$\Delta\boldsymbol{u}(t)=\Delta_{\sigma\varepsilon}\boldsymbol{u}(t)$下，有

$$b(t)=\begin{cases}0, & t_0\leqslant t<\sigma,\sigma+\varepsilon l<t\leqslant t_f\\ b, & \sigma\leqslant t\leqslant\sigma+\varepsilon l\end{cases}$$

于是式（A10.9）可变为

$$\begin{aligned}\left|\Delta \mathbf{x}(t)\right| &\leqslant \int_{t_0}^{t} \mathrm{e}^{a(t-\tau)} b(\tau)\mathrm{d}\tau \leqslant \int_{t_0}^{t_f} \mathrm{e}^{a(t_f-\tau)} b(\tau)\mathrm{d}\tau\\ &\leqslant \mathrm{e}^{at_f}\int_{t_0}^{t_f} b(\tau)\mathrm{d}\tau=\mathrm{e}^{at_f}\bullet bl\varepsilon\end{aligned} \tag{A10.10}$$

该式表明$\left|\Delta\boldsymbol{x}(t)\right|$与$\varepsilon$视同阶小量。

设由针状变分引起的泛函变分为$\Delta_{\sigma\varepsilon}J$，则

$$\begin{aligned}\Delta_{\sigma\varepsilon}J=&\int_{\sigma}^{\sigma+\varepsilon l}\frac{\partial S\left[\boldsymbol{x}^*(t_f)\right]}{\partial \boldsymbol{x}^{\mathrm{T}}(t_f)}\boldsymbol{\Phi}(t_f,\tau)\left\{\boldsymbol{f}\left[\boldsymbol{x}^*(\tau),\boldsymbol{u}^*(\tau)+\Delta_{\sigma\varepsilon}\boldsymbol{u}(\tau)\right]-\boldsymbol{f}\left[\boldsymbol{x}^*(\tau),\boldsymbol{u}^*(\tau)\right]\right\}\mathrm{d}\tau\\ &+\int_{\sigma}^{\sigma+\varepsilon l}\frac{\partial S\left[\boldsymbol{x}^*(t_f)\right]}{\partial \boldsymbol{x}^{\mathrm{T}}(t_f)}\boldsymbol{\Phi}(t_f,\tau)\left\{\frac{\partial \boldsymbol{f}\left[\boldsymbol{x}^*(\tau),\boldsymbol{u}^*(t)+\Delta_{\sigma\varepsilon}\boldsymbol{u}(\tau)\right]}{\partial \boldsymbol{x}^{\mathrm{T}}}-\frac{\partial \boldsymbol{f}\left[\boldsymbol{x}^*(\tau),\boldsymbol{u}^*(\tau)\right]}{\partial \boldsymbol{x}^{\mathrm{T}}}\right\}\Delta\boldsymbol{x}(\tau)\mathrm{d}\tau\\ &+\int_{\sigma}^{\sigma+\varepsilon l}\frac{\partial S\left[\boldsymbol{x}^*(t_f)\right]}{\partial \boldsymbol{x}^{\mathrm{T}}(t_f)}\boldsymbol{\Phi}(t_f,\tau)\bullet o\left(\left|\Delta\boldsymbol{x}(\tau)\right|\right)\mathrm{d}\tau+o\left(\left|\Delta\boldsymbol{x}(t_f)\right|\right)\end{aligned} \tag{A10.11}$$

式（A10.11）后三项都是ε的高阶小量，故有

$$\Delta_{\sigma\varepsilon}J=\int_{\sigma}^{\sigma+\varepsilon l}\frac{\partial S\left[\boldsymbol{x}^*\left(t_f\right)\right]}{\partial\boldsymbol{x}^{\mathrm{T}}\left(t_f\right)}\boldsymbol{\Phi}\left(t_f,\tau\right)\left\{\boldsymbol{f}\left[\boldsymbol{x}^*(\tau),\boldsymbol{u}^*(\tau)+\Delta_{\sigma\varepsilon}\boldsymbol{u}(\tau)\right]-\boldsymbol{f}\left[\boldsymbol{x}^*(\tau),\boldsymbol{u}^*(\tau)\right]\right\}\mathrm{d}\tau+o(\varepsilon) \tag{A10.12}$$

令

$$\overline{\boldsymbol{\lambda}}^{\mathrm{T}}(\tau)=\frac{\partial S\left[\boldsymbol{x}^*\left(t_f\right)\right]}{\partial\boldsymbol{x}^{\mathrm{T}}\left(t_f\right)}\boldsymbol{\Phi}\left(t_f,\tau\right) \tag{A10.13}$$

则 $\overline{\boldsymbol{\lambda}}(t)$ 必须满足状态方程 $\dot{\boldsymbol{x}}(t)=\boldsymbol{f}(\boldsymbol{x},\boldsymbol{u}),\boldsymbol{x}(t_0)=\boldsymbol{x}_0$ 的共轭方程为

$$\dot{\overline{\boldsymbol{\lambda}}}(t)=-\frac{\partial\boldsymbol{f}^{\mathrm{T}}\left[\boldsymbol{x}^*(t),\boldsymbol{u}^*(t)\right]}{\partial\boldsymbol{x}}\overline{\boldsymbol{\lambda}}(t) \tag{A10.14}$$

$$=-\frac{\partial H\left[\boldsymbol{x}^*(t),\boldsymbol{\lambda},\boldsymbol{u}^*(t)\right]}{\partial\boldsymbol{x}} \tag{A10.15}$$

其中，

$$\begin{cases}H\left[\boldsymbol{x}(t),\boldsymbol{\lambda}(t),\boldsymbol{u}(t)\right]=\overline{\boldsymbol{\lambda}}^{\mathrm{T}}f(\boldsymbol{x},\boldsymbol{u})\\ \overline{\boldsymbol{\lambda}}\left(t_f\right)=\dfrac{\partial S\left[\boldsymbol{x}^*\left(t_f\right)\right]}{\partial\boldsymbol{x}\left(t_f\right)}\end{cases}$$

于是可得

$$\Delta_{\sigma\varepsilon}J=\int_{\sigma}^{\sigma+\varepsilon l}\left\{H\left[\boldsymbol{x}^*(\tau),\boldsymbol{\lambda}(\tau),\boldsymbol{u}^*(\tau)+\Delta_{\sigma\varepsilon}\boldsymbol{u}(\tau)\right]-H\left[\boldsymbol{x}^*(\tau),\boldsymbol{\lambda}(\tau),\boldsymbol{u}^*(\tau)\right]\right\}\mathrm{d}\tau+o(\varepsilon) \tag{A10.16}$$

4. 极值条件的推证

因为 $\boldsymbol{u}^*(t)$ 为最优控制，即使 J 为最小值，故有

$$\Delta_{\sigma\varepsilon}J=\int_{\sigma}^{\sigma+\varepsilon l}\left\{H\left[\boldsymbol{x}^*(\tau),\boldsymbol{\lambda}(\tau),\boldsymbol{u}^*(\tau)+\Delta_{\sigma\varepsilon}\boldsymbol{u}(\tau)\right]-H\left[\boldsymbol{x}^*(\tau),\boldsymbol{\lambda}(\tau),\boldsymbol{u}^*(\tau)\right]\right\}\mathrm{d}\tau+o(\varepsilon)\geqslant 0 \tag{A10.17}$$

根据中值定理及 H 的连续性，有

$$\begin{aligned}&\int_{\sigma}^{\sigma+\varepsilon l}\left\{H\left[\boldsymbol{x}^*(\tau),\boldsymbol{\lambda}(\tau),\boldsymbol{u}^*(\tau)+\Delta_{\sigma\varepsilon}\boldsymbol{u}(\tau)\right]-H\left[\boldsymbol{x}^*(\tau),\boldsymbol{\lambda}(\tau),\boldsymbol{u}^*(\tau)\right]\right\}\mathrm{d}\tau\\&=\varepsilon l\left\{H\left[\boldsymbol{x}^*(t_1),\boldsymbol{\lambda}(t_1),\boldsymbol{u}^*(t_1)+\Delta_{\sigma\varepsilon}\boldsymbol{u}(t_1)\right]-H\left[\boldsymbol{x}^*(t_1),\boldsymbol{\lambda}(t_1),\boldsymbol{u}^*(t_1)\right]\right\}\end{aligned} \tag{A10.18}$$

其中，$t_1=\sigma+\theta\varepsilon l$，$0\leqslant\theta\leqslant 1$。

由式（A10.17）和式（A10.18）得

$$l\left\{H\left[\boldsymbol{x}^*(t_1),\boldsymbol{\lambda}(t_1),\boldsymbol{u}^*(t_1)+\Delta_{\sigma\varepsilon}\boldsymbol{u}(t_1)\right]-H\left[\boldsymbol{x}^*(t_1),\boldsymbol{\lambda}(t_1),\boldsymbol{u}^*(t_1)\right]\right\}+\frac{o(\varepsilon)}{\varepsilon}\geqslant 0$$

当 $\varepsilon\to 0$ 时，考虑 $l>0$ 有

$$H\left[\boldsymbol{x}^*(\sigma),\boldsymbol{\lambda}(\sigma),\overline{\boldsymbol{u}}(\sigma)\right]-H\left[\boldsymbol{x}^*(\sigma),\boldsymbol{\lambda}(\sigma),\boldsymbol{u}^*(\sigma)\right]\geqslant 0 \tag{A10.19}$$

或

$$H\left[\boldsymbol{x}^*(\sigma),\boldsymbol{\lambda}(\sigma),\boldsymbol{u}^*(\sigma)\right]\leqslant H\left[\boldsymbol{x}^*(\sigma),\boldsymbol{\lambda}(\sigma),\overline{\boldsymbol{u}}(\sigma)\right] \tag{A10.20}$$

考虑σ和$\overline{\boldsymbol{u}}$的任意性，有

$$H\left[\boldsymbol{x}^*(t),\boldsymbol{\lambda}(t),\boldsymbol{u}^*(t)\right]=\underset{\boldsymbol{u}(t)\in U}{\mathrm{Min}}H\left[\boldsymbol{x}^*(t),\boldsymbol{\lambda}(t),\boldsymbol{u}(t)\right] \tag{A10.21}$$

这就证明了极值条件（3）。

5. t_f 自由的情况

以上假设t_f固定，现考虑t_f自由的情况，见图 A10.2。令$t_f=t_f{}^*+\Delta t_f$，$\Delta t_f=\varepsilon T_1$，$T_1$为任意实数.

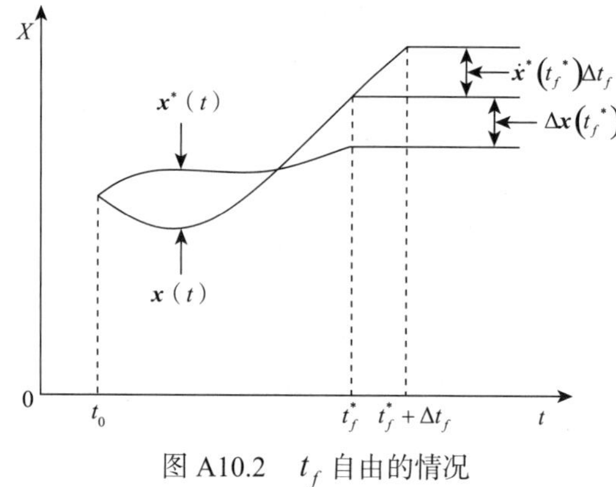

图 A10.2　t_f 自由的情况

由式（A10.1）得

$$\Delta J=\frac{\partial S\left[\boldsymbol{x}^*\left(t_f{}^*\right)\right]}{\partial \boldsymbol{x}^{\mathrm{T}}\left(t_f\right)}\Delta\boldsymbol{x}\left(t_f\right)+o\left(\left\|\Delta\boldsymbol{x}\left(t_f\right)\right\|\right)$$

$$\Delta\boldsymbol{x}\left(t_f\right)=\Delta\boldsymbol{x}\left(t_f{}^*\right)+\dot{\boldsymbol{x}}^*\left(t_f{}^*\right)\Delta t_f$$

可得

$$\begin{aligned}\Delta J&=\frac{\partial S\left[\boldsymbol{x}^*\left(t_f{}^*\right)\right]}{\partial \boldsymbol{x}^{\mathrm{T}}\left(t_f\right)}\left[\Delta\boldsymbol{x}\left(t_f{}^*\right)+\dot{\boldsymbol{x}}^*\left(t_f{}^*\right)\Delta t_f\right]+o(\varepsilon)\\&=\frac{\partial S\left[\boldsymbol{x}^*\left(t_f{}^*\right)\right]}{\partial \boldsymbol{x}^{\mathrm{T}}\left(t_f\right)}\boldsymbol{f}\left[\boldsymbol{x}^*\left(t_f{}^*\right),\boldsymbol{u}^*\left(t_f{}^*\right)\right]\varepsilon T_1\\&\quad+\frac{\partial S\left[\boldsymbol{x}^*\left(t_f{}^*\right)\right]}{\partial \boldsymbol{x}^{\mathrm{T}}\left(t_f\right)}\cdot\Delta\boldsymbol{x}\left(t_f{}^*\right)+o(\varepsilon)\geqslant 0\end{aligned} \tag{A10.22}$$

考虑T_1的任意性（可正可负）可得

$$\begin{aligned}\frac{\partial S\left[\boldsymbol{x}^*\left(t_f{}^*\right)\right]}{\partial \boldsymbol{x}^{\mathrm{T}}\left(t_f\right)}\boldsymbol{f}\left[\boldsymbol{x}^*\left(t_f{}^*\right),\boldsymbol{u}^*\left(t_f{}^*\right)\right]&=\boldsymbol{\lambda}^{\mathrm{T}}\left(t_f{}^*\right)\boldsymbol{f}\left[\boldsymbol{x}^*\left(t_f{}^*\right),\boldsymbol{u}^*\left(t_f{}^*\right)\right]\\&=H\left[\boldsymbol{x}^*\left(t_f{}^*\right),\boldsymbol{\lambda}^*\left(t_f{}^*\right),\boldsymbol{u}^*\left(t_f{}^*\right)\right]=0\end{aligned} \tag{A10.23}$$

于是式（A10.22）变为

$$\Delta J = \frac{\partial S\left[\boldsymbol{x}^*\left(t_f^{\ *}\right)\right]}{\partial \boldsymbol{x}^{\mathrm{T}}\left(t_f\right)} \Delta \boldsymbol{x}\left(t_f^{\ *}\right) + o(\varepsilon) \geqslant 0 \tag{A10.24}$$

与前文描述一样，同样可得式（A10.21）。另外，还可以证明：

$$H\left[\boldsymbol{x}^*\left(t_f\right), \boldsymbol{\lambda}\left(t_f\right), \boldsymbol{u}^*\left(t_f\right)\right] = \begin{cases} 0, & t_f\text{自由} \\ \text{常数}, & t_f\text{固定} \end{cases} \tag{A10.25}$$

第四篇　应　　用

方法论的生命力在于应用。在前面论述基本方法论时，其中就包含着应用的问题和应用的条件，离开应用问题背景就成了单纯的数学论题。本篇将从三个领域分别讨论一些经济问题的模型化，使读者举一反三，了解数量经济学方法的应用方式。这些问题具有较强的综合性，其本身也可能引申出新的方法论。期望读者通过本书的阐述，了解实际问题的综合性和复杂性，解决实际问题需要多方面知识的运用。通过以前各章和本篇的学习，读者应该试着去对一些现实问题开展课题研究。

第 11 章

环境经济分析模型

广义的环境是指一个系统的边界以外与之有联系的一切外部事物。对一个经济系统而言，凡是能影响其经济物品的供给与需求关系或生产与消费关系的一切外部事物都是其环境，既包括生态环境、自然资源、外部经济（参见 1.2 节），也包括无形的政治文化系统。狭义的环境仅指自然环境，包括生态环境和无机环境，无机环境包括大气环境、水环境和土地环境。矿物资源是构成经济系统的一个重要自然环境，但不在本章的研究范围内。本章使用的环境概念是狭义的。

环境经济分析中的“环境经济”一词有两重含义。一是指环境的经济意义，相应环境经济分析就是关于环境因素变化的经济意义的分析；二是指环境-经济复合体，相应环境经济分析就是对环境因素与经济系统相互作用情况的分析。显然，第二重含义包含第一重含义。本章用的是第二重含义。

一个经济系统与其环境的关系是相互作用关系。首先，一定的环境状态是经济系统顺利运行的基础条件。大气、水和土壤环境的质量会影响农业生产，各种自然环境是旅游业生产条件的重要构成，许多工业生产需要高水平的空气质量。其次，经济生产过程排放的废弃物会影响环境状态，如废水入河影响水环境、入地影响土壤环境。最后，环境状态的改变会产生经济效应，如酸化空气会加重设备设施的腐蚀，提高生产成本，人们为了改善环境，需要投资活动。在经济与环境关系的分析中，更不要忘记，人是最核心的要素。环境的变化不仅影响经济效益，而且影响人的生存质量，当然进一步又影响经济效益。这样就形成了一个由环境与经济组成的复杂反馈系统。比环境保护更高层次的经济发展理念是可持续发展。从可持续发展角度考虑，经济-环境的复杂反馈关系如图 11.1 所示[①]。

---

① 刘新建. 可持续发展水平的系统定义//Chen G. Well-Off Society Strategies and Systems Engineering. Hong Kong：Global-Link Publisher，2004：168-173

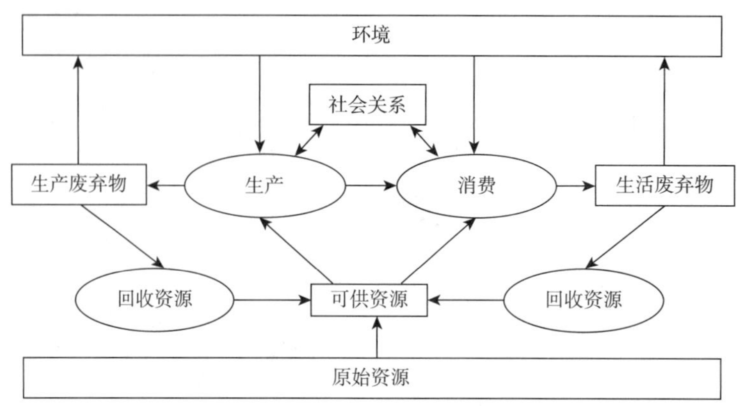

图 11.1 经济-环境的复杂反馈关系

在图 11.1 中，回收资源行为是一种生产行为，图中从生产中独立出来以明确现代经济的一个重要特征——逆向物流的发展和必要性。另外，废弃物在排放到环境之前需要一定水平的无害化或资源化处理过程，这种过程也是生产，没有在图 11.1 中显示出来。可以认为，宏观上，向环境的排放是最终排放。

本章将从环境-经济投入占用产出分析、环境-经济可计算一般均衡（computable general equilibrium，CGE）分析和环境影响价值评估方法论三方面阐述环境经济分析的重要方法论。

11.1 环境-经济投入占用产出分析

环境经济问题通常与经济结构紧密联系，因此在投入占用产出模型中嵌入环境因素是合适的方法路径，这就是环境-经济投入占用产出分析。环境一词如上所言非常广义，一般很难在一个模型体系中全面反映。本节建立的是一个与环境污染紧密关联的废弃物处理经济问题分析模型，因此称为废弃物处理-经济投入占用产出模型更贴切。

废弃物的恰当处理是环境保护的基本措施。为了讨论废弃物处理的经济问题，需要清楚废弃物的“生命”周期过程。人类经济过程的废弃物从来源分包括三类：企业生产过程废弃物、非营利性服务业废弃物和生活废弃物。因为三个来源机构的经济运动性质不同，废弃物处理的经济问题也有重要差异。从废弃物的物理状态划分包括三类废弃物：气体废弃物（气废）、液体废弃物（液废）和固体废弃物（固废）。不同状态废弃物的运动方式不同，处理的方式和结果也不同。由于个人观察问题的角度不同，认识观点不同，形成了多种不同形式的环境-经济投入产出模型，作为方法论阐述，本节只介绍其一，在实际研究中可以灵活变通。

11.1.1 废弃物处理-经济投入占用产出表

根据对废弃物运动特点的认识，把经济系统中的生产部门分为三大类：企业部门、非营利部门和废弃物处理部门，构造如表 11.1 所示的投入占用产出表。

表 11.1　废弃物处理–经济投入占用产出表

		中间使用			最终使用				总产出
		企业部门	非营利部门	废弃物处理部门	居民消费	公共消费	资本形成	净出口	
中间投入	企业部门	X^{11}	X^{12}	X^{13}	Y^{11}	Y^{12}	Y^{13}	Y^{14}	Q^1
	非营利部门	X^{21}	X^{22}	X^{23}	Y^{21}	Y^{22}	Y^{23}	Y^{24}	Q^2
	废弃物处理部门	X^{31}	X^{32}	X^{33}	Y^{31}	Y^{32}	Y^{33}	Y^{34}	Q^3
最初投入		Z^1	Z^2	Z^3					
废弃物排放	气废	W^{11}	W^{12}	W^{13}	W^{14}				W^1
	液废	W^{21}	W^{22}	W^{23}	W^{24}				W^2
	固废	W^{31}	W^{32}	W^{33}	W^{34}				W^3

在表 11.1 中，上部是一般投入产出表部分，除部门划分特殊处理外，其他与传统投入产出表相同。表的下部是废弃物排放信息部分。首先，每一类废弃物可以继续分为更具体的种类，如二氧化碳、二氧化硫等；其次，在最终使用中，居民部门也是一个废弃物排放部门，对其处理根据需要可以使用局部闭模型或单独处理；最后，公共消费是一个虚拟消费部门，故没有污染排放。

11.1.2　基本废弃物处理–经济投入占用产出模型

不同的研究目的，需要构造不同结构的投入占用产出模型。对废弃物处理经济分析来说，研究目的可以是研究排污税的作用效果，也可以是研究环境保护的经济成本①，还可以是研究考虑排放控制策略的经济均衡问题。当然，适当的均衡模型常常是各种经济分析研究的出发点。本小节考虑一个基于表 11.1 的基本废弃物处理经济均衡模型。

1. 基本投入产出行模型

考虑最普通的投入产出模型：

$$\boldsymbol{AQ}+\boldsymbol{Ye}=\boldsymbol{Q} \tag{11.1}$$

其中，$\boldsymbol{Q}$ 是总产出列向量；$\boldsymbol{A}$ 是直接消耗系数矩阵；$\boldsymbol{Y}$ 是最终使用矩阵；$\boldsymbol{e}$ 是求和列向量。设有 n 个生产部门，m 个最终使用类，其中企业部门共有 n_1 个，非营利部门共有 n_2 个，废弃物处理部门共有 n_3 个，$n_1+n_2+n_3=n$。将式（11.1）中的矩阵按照三类部门分块，则变成：

$$\begin{cases}\boldsymbol{A}^{11}\boldsymbol{Q}^1+\boldsymbol{A}^{12}\boldsymbol{Q}^2+\boldsymbol{A}^{13}\boldsymbol{Q}^3+\boldsymbol{Y}^{11}+\boldsymbol{Y}^{12}+\boldsymbol{Y}^{s1}\boldsymbol{e}=\boldsymbol{Q}^1\\ \boldsymbol{A}^{21}\boldsymbol{Q}^1+\boldsymbol{A}^{22}\boldsymbol{Q}^2+\boldsymbol{A}^{23}\boldsymbol{Q}^3+\boldsymbol{Y}^{21}+\boldsymbol{Y}^{22}+\boldsymbol{Y}^{s2}\boldsymbol{e}=\boldsymbol{Q}^2\\ \boldsymbol{A}^{31}\boldsymbol{Q}^1+\boldsymbol{A}^{32}\boldsymbol{Q}^2+\boldsymbol{A}^{33}\boldsymbol{Q}^3+\boldsymbol{Y}^{31}+\boldsymbol{Y}^{32}+\boldsymbol{Y}^{s3}\boldsymbol{e}=\boldsymbol{Q}^3\end{cases} \tag{11.2}$$

式（11.2）中，因为居民消费排放废弃物，所以将其单列，$\boldsymbol{Y}^{i1}$ 是居民消费列；$\boldsymbol{Y}^{i2}$ 是公

① 刘新建，薛伟. 环境保护的宏观经济成本分析. 中国管理科学，1999，7（4）：68-73

共消费列；$\boldsymbol{Y}^{si}$ 是除最终消费外的其他最终使用矩阵。式中其他部门对废弃物处理部门的消耗视经营模式而不同。如果各企业自己向废弃物处理部门缴费，那么对应的投入系数非零；如果企业和居民不直接向处理部门缴费，那么对应的投入系数为零，这时废弃物处理部门的产品统一“卖”给了政府，属于公共消费，这时 $\boldsymbol{Y}^{32}=\boldsymbol{Q}^3$，$\boldsymbol{Y}^{31}=0$。

2. 废弃物排放模型

对应于表 11.1 中的排放部分，有方程：

$$\sum_{j=1}^{n} b_{sj}Q_j + b_{sc}Y_c = W_s \tag{11.3}$$

其中，b_{sj} 表示部门 j 单位产出排放废弃物 s 的数量；b_{sc} 是居民生活单位消费的排放废弃物 s 的数量；Y_c 是居民总消费。因为一般的投入产出表都是现价的，总消费也是现价的，但是在分析变动时应当考虑价格的影响。对废弃物排放系数来说，应按不变价格量分析，其中，各部门的总产出按照各部门的价格指数处理，总消费按照 CPI 指数处理。

式（11.3）写成矩阵式，即 $\boldsymbol{BQ}+\boldsymbol{B}^c\boldsymbol{Y}_c=\boldsymbol{W}$，同样可以将此方程写成分块矩阵形式：

$$\boldsymbol{B}^1\boldsymbol{Q}^1+\boldsymbol{B}^2\boldsymbol{Q}^2+\boldsymbol{B}^3\boldsymbol{Q}^3+\boldsymbol{B}^cY_c=\boldsymbol{W} \tag{11.4}$$

3. 废弃物处理分析模型

处理废弃物是废弃物处理部门的“专营”工作，可以将废弃物处理部门按照具体种类进行细分。废弃物处理部门的总产出需要分别列出价值量和实物量。价值量与一般价值表相同，实物量是指在一个时期内处理的各种废弃物总量。

废弃物处理部门的总产值即是用市场价格衡量的其生产活动的总成果，对社会来说也是废弃物处理即这类环保活动的总成本。

设对废弃物 s 的处理率是 η_s，则对废弃物 s 的总处理量为

$$V_s=W_s\eta_s \tag{11.5}$$

设对废弃物 s 处理的社会成本系数是 p_s^E，那么以现价计，有

$$Q_{n_2+s}=p_s^E V_s=p_s^E\eta_s W_s,\quad s=1,2,\cdots,n_3 \tag{11.6}$$

写成矩阵式，即

$$\boldsymbol{Q}^3=\hat{\boldsymbol{p}}^E\hat{\boldsymbol{\eta}}\boldsymbol{W} \tag{11.7}$$

在这里要区分废弃物处理部门的总产值价格指数 p_{n_2+s} 和处理成本系数 p_s^E。首先，因为废弃物处理部门生产的产品不存在严格的市场销售价格，所以废弃物处理部门的总产出按总投入价格核算，类似于公共部门。其次，有些废弃物处理部门的产出中有可以市场销售的产品，如水、热电、回收再生物资等，这些产品的投入产出核算要从废弃物处理部门剥离①。最后，部门价格指数是相对于基期的水平，成本系数是以现价计的绝对价值量。

① 对于剥离开来的联产品，在模型上必须反映其与原来产品的联系性，两种产品的生产共同运动。

在实际经济中，废弃物处理部门不会与废弃物一一对应，于是$\boldsymbol{Q}^3$的维度与$\boldsymbol{W}$的维度不一致。为了建立两者的关系，可以建立价值$\boldsymbol{Q}^3$与$\boldsymbol{W}$的回归方程，这样不同$\boldsymbol{W}$的结构在回归方程中表现为不同的回归系数，其效果与式（11.7）相同。

4. 废弃物排放-处理均衡关系

将废弃物排放式（11.4）与处理的模型式（11.7）连接起来，就得出一个废弃物处理的经济约束方程：

$$\boldsymbol{B}^1\boldsymbol{Q}^1+\boldsymbol{B}^2\boldsymbol{Q}^2+\boldsymbol{B}^3\boldsymbol{Q}^3+\boldsymbol{B}^c\boldsymbol{Y}_c=(\hat{\boldsymbol{p}}^E\hat{\boldsymbol{\eta}})^{-1}\boldsymbol{Q}^3 \tag{11.8}$$

将废弃物排放-处理均衡方程与前面的分块矩阵基本投入产出均衡模型联立即得废弃物处理经济均衡基本模型。在这个模型系统中，各总产出及最终使用都是用价值单位表示，而废弃物量是用实物单位表示的。对编表年份，可以计算出各种废弃物的处理成本系数。但是当把最终使用作为外生变量进行分析时，前面计算出来的废弃物处理成本系数就成为不变价格的，废弃物排放-处理均衡方程就成为对各部门总产出的一个约束条件。这时基本投入产出均衡方程系统中的各个方程就不再是完全独立的。这时可以把废弃物排放-处理均衡方程与基本方程系统的前两组方程联立，然后求解。或者，再拿出等于废弃物种数的那么多变量来作为自由变量（内生变量）。

在实际中，如果废弃物处理的投入完全由政府支付，那么，基本投入产出式（11.2）第三式中的投入系数都等于 0，$\boldsymbol{Y}^{32}=\boldsymbol{Q}^3$，这时$\boldsymbol{Y}^{32}$并不能外生决定，必须由基本方程系统的前两组方程与废弃物排放-处理均衡方程联立决定的$\boldsymbol{Q}^3$生成。这样的现象在许多公共产品（如教育）的处理中都会出现，是在应用投入占用产出模型时必须注意的一个问题。对于废弃物处理投入由社会和政府共同支付的一般情况，$\boldsymbol{Y}^{32}$也可以作为一个内生变量由式（11.2）的第三式决定。如果预先确定了$\boldsymbol{Y}^{32}$，那么废弃物处理率就由式（11.8）决定。

11.2　环境-经济一般均衡分析

里昂惕夫说，他的投入产出技术是对一般均衡理论的可应用实现，使得理论与数据很好地结合在一起。但是投入产出分析框架与西方主流经济学概念存在重大差异，其中没有直接表现消费者行为的方程，于是就有学者想弥补这种鸿沟，这种努力的一个结果就是 CGE。

一般认为，挪威经济学家 Leif Johansen 于 1960 年建立了第一个真正意义上的 CGE 模型——挪威多部门增长（multi-sectoral growth，MSG）模型[①]。这是第一个实用的 CGE 模型，也是 CGE 模型的雏形。CGE 模型的建立需要强大的连续时间序列数据支持。由于经济计量模型规模较大，当时的计算机技术有限，CGE 模型在 20 世纪 60 年代并没有得到很好的发展。直到 20 世纪 70 年代，由于单纯依靠回归分析建立的普通经济计量模

① Johansen L. A Multi-sectoral Study of Economic Growth. Amsterdam：North Holland，1960

型对经济“大萧条”和能源危机解释无力，经济学家和政策制定者对商品和要素价格变化影响的分析又更加需要，于是 CGE 模型获得了高度重视。至目前，CGE 模型在理论深度、模型结构、建模技术和应用范围等方面都有了长足的进步。特别是由于世界银行等国际组织的大力推行，几乎所有的发达国家和大部分发展中国家都建立了自己的 CGE 模型，并广泛应用于贸易、能源与环境、收入分配等研究领域。

11.2.1　社会核算矩阵

CGE 模型的实现需要两方面的支持：一致性的数据基础和建模方法。一致性的数据基础主要就是 SAM。一般认为，SAM 是英国经济学家斯通提出的，后来被纳入国民账户体系。SAM 是以投入产出表（更准确地说是以供给-使用结构表）为基础，考虑机构部门账户结构进行扩充形成的。通过这种扩展，可以把投入产出表中的最初投入和最终使用联系起来，简单说，在 SAM 中考虑了收入再分配及其使用。因此，SAM 为政策分析提供了更为全面的数据基础。表 11.2 是一个简化范例[①]。

表 11.2　SAM 范例　　　　单位：亿元

支出＼收入		生产活动（产业部门）		产品（产品部门）		劳动	资本	居民	公司	政府	国外	投资	收入合计
		农业	非农业	农业	非农业								
生产活动	农业			48 893									48 893
	非农业				769 966								769 966
产品	农业	6 877	27 467					11 156		342	666	4 713	51 221
	非农业	13 357	505 115					85 397		34 849	94 875	108 067	841 659
劳动		27 182	82 865										1 100 471
资本		1 430	116 048										117 478
居民						110 047			39 192	4 802	318		154 360
公司							117 478						117 478
政府		48	38 471	338	7 249			3 186	14 479				63 769
国外				1 990	64 444					217			66 651
投资								54 621	63 807	23 559	−29 208		112 780
支出合计		48 893	769 966	51 221	841 659	110 047	117 478	154 360	117 478	63 769	66 651	112 780	

注：由于四舍五入，计算出的数字会有偏差

SAM 表的部门构成是三个类型四个部分：产业部门，产品部门，要素部门（劳动、资本），机构部门（居民、公司、政府、国外）。从行向看，产业部门的数据反映了产品的来源，核心由供给表组成（表 11.2 数据由于来自纯产品表，所以矩阵是对角阵），对

① 陈锡康，杨翠红，等. 投入产出技术. 北京：科学出版社，2011：305-307

其他部门的数据是空的；产品部门的数据反映了产品的去向，包括中间使用（使用表）和最终使用；劳动要素部门的数据反映了劳动收入的来源，主要是来自各生产（产业）部门的生产活动，以工厂为单位；资本要素部门的数据反映了生产部门所有者的收入来源，包括固定资产折旧基金提取和经营盈余。表 11.2 中劳动收入和资本收入只有来自国内生产部门的，实际还有来自外部经济体的（与国外部门交叉处不空）；居民部门的数据反映了居民收入的来源，首先是劳动收入，其次是来自公司的资本收入，另外，还有来自公司、政府和境外的转移支付收入；公司部门的收入一是来自经营的资本收入，二是来自政府补贴（因为数据来自纯产品表，生产税与补贴没有分开，所以为空），也可能来自其他的转移支付；政府部门的数据反映了政府的收入来源，主要是来自生产部门的生产税和公司与居民的直接税（收入税、利润税、财产税），另外，还来自关税（与产品部门的交叉处），财政赤字即政府债务记录在与投资的交叉处；国外部门的行数据反映了国外部门从本国经济获得的收入，包括对本国的出口收入即本国的进口，以及从本国各机构单位获得的转移支付；投资行的数据反映了积累基金的来源，是各个机构部门的储蓄。关于数据的列向解读，读者可以参照行向的意义进行。SAM 的结构见表 11.3。

表 11.3　SAM 的结构

收入 支出	生产活动	商品	劳动	资本	居民	公司	政府	投资	国外	收入合计
生产活动	***W***	国内产出（***V***）								国内总产出
商品	中间投入（***U***）	***X***			居民消费（***C***）		政府消费（***G***）	固定资本形成和存货变动（***I***）	出口（**EX**）	商品总需求
劳动	从业人员报酬							来自国外劳动收入		劳动收入
资本	营业盈余和折旧							来自国外红利收入		资本收入
居民			从业人员报酬			对居民的转移支付与红利	对居民的转移支付		来自国外的转移收入	居民收入
公司				企业的资本收入						企业收入
政府	间接税	进口关税			个人所得税	企业所得税		政府赤字		政府收入
投资					居民储蓄	企业储蓄	政府储蓄		外国储蓄	总储蓄
国外		进口					对国外的转移支付			国外总收入
支出合计	生产总投入	商品供给	劳动报酬	资本收益	居民总支出	企业总支出	政府总支出	总投资	国外总支出	

与投入产出表相似，SAM 的列向总和与行向总和是相等的，这一点可以从投资行数

据的余额平衡性质上得到保证。因为考虑了再分配，第四象限的空白问题不存在了，模型具有封闭性，但是因为同时使用了多种部门划分，SAM 中存在许多空白单元。根据国民账户体系手册解读，SAM 的部门构成可以进行灵活的分解和合并，以适应不同经济问题的处理。例如，可以对居民部门根据收入水平分类，以研究收入分配问题。在 SAM 中加入金融部门，可以反映机构单位之间的借贷关系。研究环境问题也是 SAM 的重要特色，即本节的落脚点。

11.2.2　基本 CGE 模型框架

CGE 模型的构建过程，是把瓦尔拉斯的一般均衡理论由一个抽象的形式变为一个关于现实经济的实际模型，并使之成为数值可计算的 CGE 模型[①]，是依据西方主流经济学理论模型框架嫁接投入产出模型获得的一个分析平台。CGE 模型中引入经济行为主体最优化模型，在产品和要素价格机制下，形成总供给和总需求函数，通过均衡条件形成封闭的方程系统，包括生产活动、要素供给、国际贸易和最终需求等内容。

1. 生产活动

CGE 模型使用生产函数描述生产活动的投入产出关系。多数情况下采用新古典理论框架下的生产函数，如不变替代弹性（constant elasticity of substitution，CES）函数。在一个简化的 CGE 模型中，一个部门只生产一种商品，并假定用于决定中间需求的投入产出系数固定不变。在开放经济条件下，CGE 模型还要给出商品供给在国内和国外市场之间的不完全的转换关系，具体结构如图 11.2 所示。

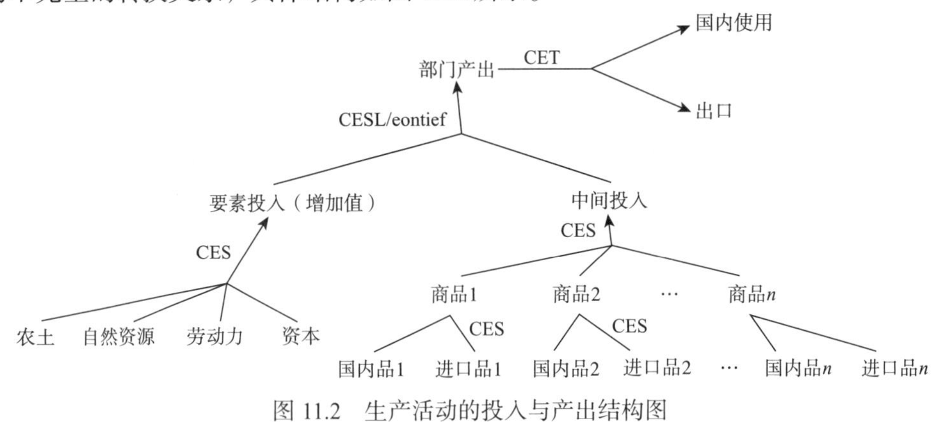

图 11.2　生产活动的投入与产出结构图

在 CGE 模型中，生产者在既定的生产技术水平约束下，需要确定最优的投入组合以追求生产成本的最小化或利润最大化。如图 11.2 所示，在第一层，部门总产出是增加值和各种中间投入的 CES 或里昂惕夫函数。在第二层，假设各种用于中间投入的商品是国内产品和进口品的 CES 函数，增加值则是各种生产要素的 CES 函数，允许要素之间的不完全替代。实际上，每种要素也是很多要素的组合，如劳动力就是不同类型

① Shoven J B，Whalley J. Applying General Equilibrium. Cambridge：Cambridge University Press，1992

劳动力（熟练工、非熟练工等）的 CES 函数。以上从要素到总产出使用了两层生产函数，被称为嵌套。

在生产投入确定后，生产者还需要根据所生产商品的国内外价格，以收入最大化原则决定总产出中国内供给和出口品的相应份额。在 CGE 模型中，总产出一般按不变弹性转换（constant elasticity of transformation，CET）函数在国内使用与出口之间进行分配。

2. 需求结构

CGE 模型中的产品需求包括中间需求和最终需求，最终需求部分包括居民需求、政府需求、投资需求和出口需求等。而从来源看，产品需求包括对国内品的需求和对进口品的需求。需求结构图如图 11.3 所示。

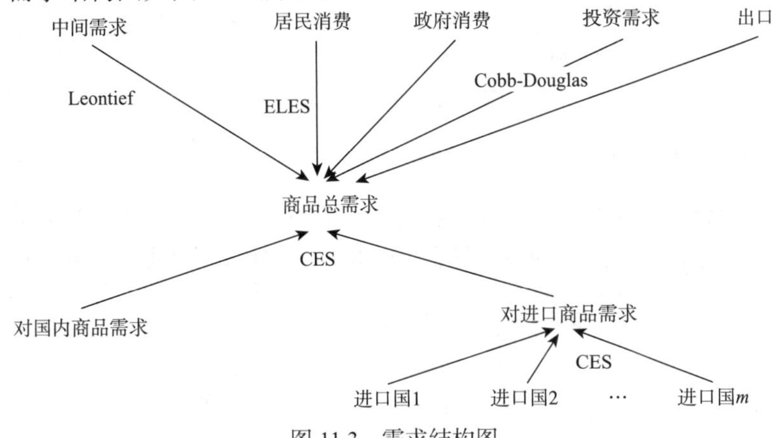

图 11.3　需求结构图

在 CGE 模型中，中间需求由中间消耗系数决定；居民消费根据效用最大化原则确定，满足扩展的线性支出系统（extend linear expenditure system，ELES）函数；大多数 CGE 模型中将政府消费当作外生变量；投资需求则一般用 Cobb-Douglas（科布–道格拉斯）函数来描述。从来源看，首先总需求在国内产品和进口产品之间以 CES 函数分配，其次进口品需求在不同来源地之间按照 CES 函数进行分配。

3. 价格体系

由投入产出分析可知，商品的生产者价格由生产税、要素成本和中间投入成本组成。在多数 CGE 模型中，产出成本由要素成本和中间投入成本的 CES 函数描述，加上生产税即商品的生产者价格。生产者价格由 CET 函数描述为出口价格和国内价格，其中出口价格加上出口税或减去出口补贴，再通过汇率转换得到出口品的离岸价格。一国从国外进口商品，出口国的商品离岸价格加上运输费用与保险费等形成了该国进口品的到岸价格，加上关税再通过汇率转换即为进口品价格。进口品价格与国内品价格的 CES 函数描述了各种商品价格，而中间投入价格（成本）则由固定比例的各种商品的数量乘以相应的价格形成。商品价格加上销售税即商品的消费者价格。价格传导机制见图 11.4。

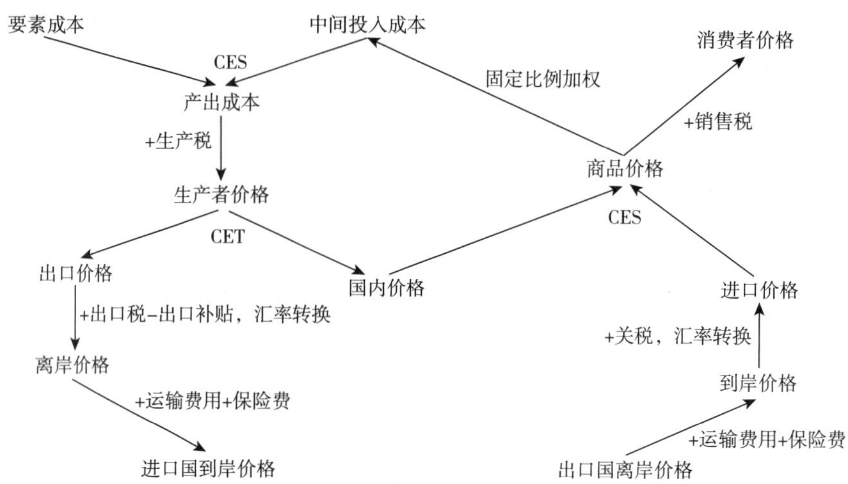

图 11.4　价格传导机制

4. 收入分配与使用

社会收入的分配包括初次分配和再次分配，初次分配主要是要素收入分配，再次分配是指居民、企业和政府之间的收入转移。CGE 模型中的要素收入分配与使用如图 11.5 所示。

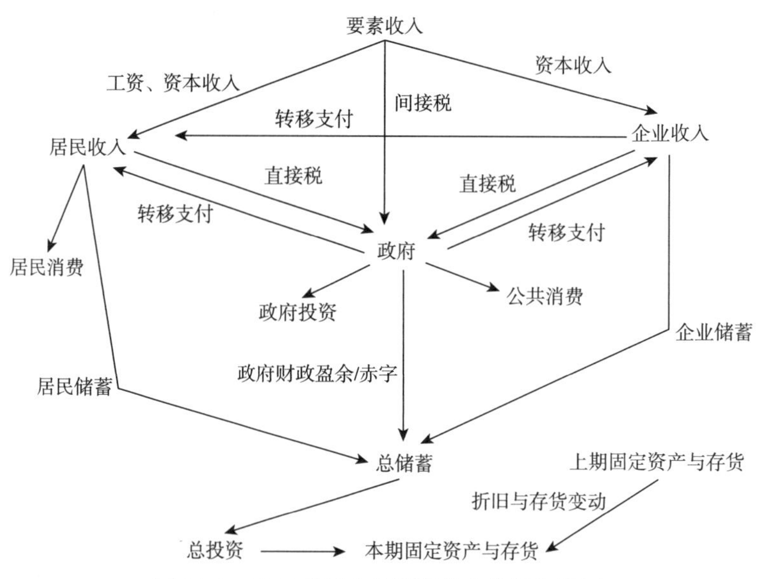

图 11.5　CGE 模型中的要素收入分配与使用

要素收入包括劳动收入（工资）和资本收入。要素收入主要在居民、企业和政府之间分配。初次分配中，居民获得工资和一部分资本收入，企业获得大部分资本收入，政府获得生产税。再次分配中，政府向企业和居民收取直接税，如所得税和营业税，并向居民和企业转移支付，如医疗补贴。企业向居民转移一部分收入，如股票分红等。

在收入的使用方面，居民收入用于消费和储蓄，政府收入用于公共消费和投资，企业收入用于再生产和储蓄。居民储蓄、企业储蓄和政府财政盈余构成了总储蓄，总储蓄用于投资。上期的固定资产和存货加上新增的投资减去折旧与存货减少，即得到当期固定资产与存货量。

从可使用的收入的完整来源考虑，收入的初次分配还包括生产要素的国际间租用引起的收入流，再分配还包括国际间的转移支付和金融借贷。

5. 贸易

在开放型 CGE 模型中，贸易包括国内贸易和对外贸易。对外贸易包括进出口商品的需求与供给。其中，进口需求分解成两层：第一层是将总需求分成对国内产品的需求和对进口品的需求；第二层是将总的进口需求分配给不同的贸易伙伴。在 CGE 模型中，不同产地的商品一般采取 CES 函数描述。出口供给也同样是由两层嵌套结构组成：第一层是国内生产产品的分配结构，即其如何在国内市场和出口之间分配；第二层是出口如何在各不同出口目的地之间分配，出口供给一般都用 CET 函数描述。

无论是国内贸易还是对外贸易，其流通都存在一定的商品交易费用。这些交易费用包括国内贸易、运输和相关服务的费用，一般贸易和运输服务的产出由里昂惕夫函数计算。

6. 均衡约束和宏观闭合

CGE 模型中的均衡约束包括两个方面：供求均衡和机构账户的预算平衡。供求均衡包括通过市场和其他机制实现的商品供求平衡、要素供求平衡、外汇供求平衡、资金借贷平衡。CGE 模型通常通过内生变动的价格实现市场均衡，但也可以固定价格，通过调节数量的方式实现均衡。机构账户的预算平衡包括生产者的产品销售所得与中间投入加要素收入之和平衡、总投资与总储蓄平衡、机构部门的收支平衡等。这些平衡通过各经济主体的收支调整可以直接实现。

CGE 模型中的宏观约束包括三个基本的宏观账户平衡关系：政府收支平衡、投资-储蓄平衡、国际收支平衡。政府收支平衡是指政府的总收入等于总支出，基本税率可以作为参数外生给出，用政府储蓄或赤字来平衡政府预算；投资-储蓄平衡是指总投资等于总储蓄；国际收支平衡是指进出口和国外储蓄之间的平衡。

所谓模型系统的闭合是指模型中的各种变量参数除了已知或外生者，都可以从方程组中解出。在基本方程给出的情况下，为了模型系统闭合，有时需要专门增加一些假定约束。生产要素的供给是一项重要的宏观约束，如何确定这些宏观约束形成了 CGE 模型特有的“宏观闭合”问题。宏观闭合是对 CGE 模型涉及的外生宏观要素变量赋值，外生变量或模型闭合形式的不同选择反映了要素市场和市场主体行为的不同假设。主要的闭合原则：政府的财政赤字外生，由内生的直接税获得；私人投资内生，由各类储蓄决定；政府经常性和资本性支出的规模外生；国际贸易和运输的需求规模外生；存货变动外生；贸易余额外生，实际汇率使得国际收支平衡；等等。通过对宏观约束的不同假设，宏观账户的平衡调整机制被确定下来，一些宏观经济特性也就被引入 CGE 模型中。

11.2.3　嵌入环境因素的 CGE 模型系统[①]

在 CGE 模型中嵌入环境因素，一是将各生产部门重新组合，突出能源生产消耗和污染排放主要部门，二是建立生产、生活与污染排放和处理的经济技术关系。将考虑能源、经济和环境关系的社会经济系统称为能源-经济-环境复合系统，三大子系统的相互作用关系如图 11.6 所示。

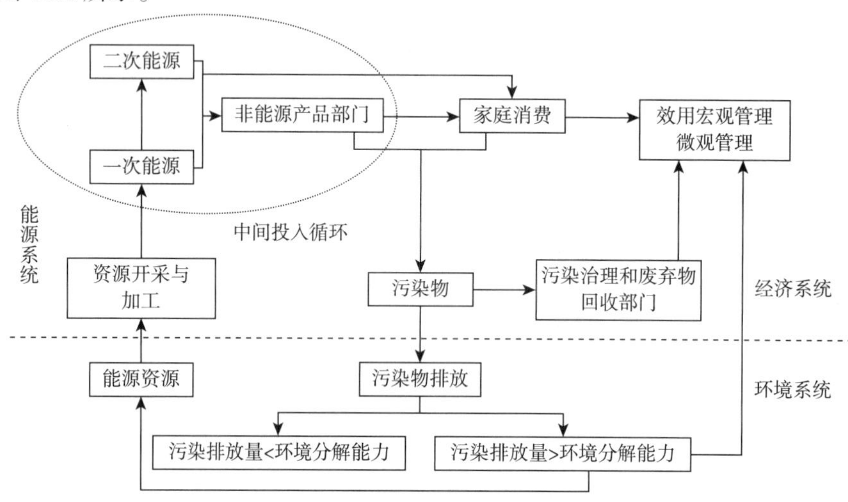

图 11.6　能源-经济-环境复合系统结构

1. CGE 模型系统结构

根据 CGE 建模的一般方法论和图 11.6 所显示的关系，嵌入环境因素的 CGE 模型系统结构如图 11.7 所示。

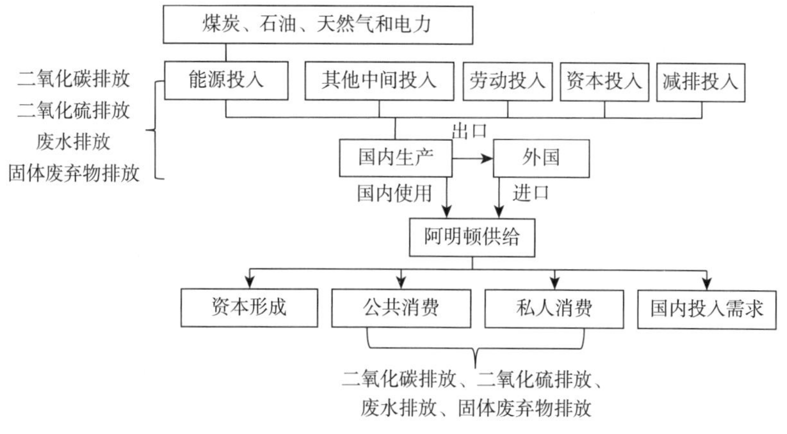

图 11.7　CGE 模型系统结构

在图 11.7 中，煤炭、石油、天然气和电力是能源生产部门。对于国内生产，各部门生产活动的总投入包括“能源投入”“其他中间投入”“劳动投入”“资本投入”“减排投

① 魏巍贤. 基于 CGE 模型的中国能源环境政策分析. 统计研究，2009，26（7）：3-13

入”五种，而各部门的产出则形成国内总产出。国内总产出的一部分用于出口，其余的用于国内经济。

考察贸易数据时，通常会碰到双向贸易的问题，即一种商品同时存在进口和出口。这种现象的一个有效处理方式是假设不同国家的商品具有不完全替代性，即阿明顿假设（具体见后面的贸易模块）。

污染物排放产生于生产和最终消费的过程中。为避免重复计算，在对二氧化硫和二氧化碳排放的处理中，只计算由一次能源消费产生的气体排放。

2. 核心方程

完整的闭合模型系统包含庞大的方程组，限于篇幅，下面仅给出一些核心方程。

1）价格模块

式（11.9）~式（11.14）分别定义了出口商品和进口商品的国内价格（PM 和 PE），国内产品价格（PX），复合商品价格（P），活动成本复合和资本投入价格（PK）。除了式（11.13），价格模块中的方程都是 CGE 文献中的标准方程。

（1）出口商品的国内价格：

$$\mathrm{PE}_i = (1+\mathrm{te}_i)\overline{\mathrm{PWE}_i}\,\overline{R},\quad i \in \mathrm{ie} \tag{11.9}$$

其中，PE_i 是产品 i 的出口价格；te_i 是出口产品 i 的补贴率；$\overline{\mathrm{PWE}_i}$ 是出口品的世界价格；$\overline{R}$ 是直接标价法汇率；ie 是出口产品集合。

（2）进口商品的国内价格：

$$\mathrm{PM}_i = (1+\mathrm{tm}_i)\overline{\mathrm{PWM}_i}\,\overline{R},\quad i \in \mathrm{im} \tag{11.10}$$

其中，PM_i 是产品 i 的进口价格；tm_i 是进口产品 i 的关税税率；$\overline{\mathrm{PWM}_i}$ 是进口品的世界价格；im 是进口产品集合。

（3）国内产品价格：

$$\mathrm{PX}_i = \frac{\mathrm{PE}_i E_i + \mathrm{PD}_i \mathrm{XXD}_i}{\mathrm{XD}_i} \tag{11.11}$$

其中，PX_i 是国内部门 i 产品的平均价格水平；E_i 是部门 i 产品的出口量；PD_i 是部门 i 产品的国内价格；XXD_i 是部门 i 产品的国内使用量；XD_i 是部门 i 的总产出。

（4）复合商品价格：

$$P_i = \frac{\mathrm{PM}_i M_i + \mathrm{PD}_i \mathrm{XXD}_i}{X_i} \tag{11.12}$$

所谓复合商品即把同种产品的国内生产和进口生产看作不完全替代品所形成的产品组合，常被称为阿明顿复合。其中，P_i 是产品 i 的国内价格与进口价格的加权平均价格；M_i 是产品 i 的总进口；X_i 是复合产品的总供给，等于国内生产与进口之和。

（5）产品价值构成：

$$\begin{aligned}\mathrm{PX}_j \mathrm{XD}_j + \overline{\mathrm{CSUB}_j} = {} & \mathrm{PVA}_j \mathrm{XD}_j + \mathrm{PX}_j \mathrm{XD}_j \mathrm{tc}_j + \mathrm{XD}_j \sum_i a_{ij} p_i \\ & + \sum_g \mathrm{PETAX}_{gj} + \sum_g \mathrm{PACOST}_{gj}\end{aligned} \tag{11.13}$$

其中，等式左边是部门产出的总价值，包括产品销售收入加上政府补贴，等式右边是总产值的价值形成成分，包括增加值、间接税、中间投入（基于投入产出表系数）、污染排放税（PETAX）和污染减排成本（PACOST）。污染排放税和污染减排成本受污染密度、污染清理率和价格的影响，它们将在污染模块中被定义。$\overline{\text{CSUB}}_j$ 是财政对部门 j 的转移支付即补贴；PVA_j 是部门 j 产出的增加值率；tc_j 是对部门 j 生产的间接税率；a_{ij} 是直接投入系数；PETAX_{gj} 是部门 j 排放污染 g 的税；PACOST_{gj} 是部门 j 减排污染 g 的总支出即污染减排成本。式（11.3）表示一个部门的总产出是由其生产活动的各项成本复合形成的。

（6）资本占用方程：

$$\text{PK}_j = \sum_j p_i b_{ij} \tag{11.14}$$

其中，PK_j 是部门 j 的资本价值占用系数又称资本投入价格；b_{ij} 是部门 j 对产品 i 的资本占用系数。

2）生产模块

式（11.15）~式（11.20）分别描述了总产出、非能源中间投入复合品、资本–劳动复合品、减排活动投入复合品、能源投入复合品、电力投入复合品的生产函数。简单起见，假设 $\sigma = 0; \sigma_1, \sigma_2, \cdots, \sigma_s = 1$，也即总产出函数为里昂惕夫生产函数，各复合品为科布–道格拉斯生产函数。

（1）部门总产出生产函数：

$$\text{XD}_j = \text{CES}(\text{ES}_j, \text{KL}_j, \text{AB}_j, \text{EE}_j, \sigma, B_j) \tag{11.15}$$

其中，CES 表示不变替代弹性函数；ES_j 是部门 j 中间投入中非能源产品复合量；KL_j 是部门 j 的劳动–资本复合投入量；AB_j 是部门 j 的减排复合投入量；EE_j 是部门 j 的复合能源投入量；σ 是弹性系数；B_j 是部门 j 的技术进步参数。

（2）部门非能源中间投入复合品生产函数：

$$\text{ES}_i = \text{CES}(\text{IND}_{i,\text{ines}}, \sigma_1, B_i^1) \tag{11.16}$$

其中，$\text{IND}_{i,\text{ines}}$ 是部门 i 对非能源部门产品的中间投入需求；B_i^1 是部门 i 对非能源中间投入的技术进步参数。

（3）部门资本–劳动复合品生产函数：

$$\text{KL}_j = \text{CES}(\text{DK}_j, \text{DL}_j, \sigma_2, B_j^2) \tag{11.17}$$

其中，DK_j 是部门 j 的资本需求；DL_j 是部门 j 的劳动需求；σ_2 是替代弹性系数；B_j^2 是部门 j 对最初投入要素的技术进步参数。

（4）部门减排活动投入复合品生产函数：

$$\text{AB}_j = \text{CES}(\text{IND}_{j,m}, \sigma_3, B_j^3) \tag{11.18}$$

其中，$\text{IND}_{j,m}$ 是部门 j 对减排的投入需求；σ_3 是替代弹性系数；B_j^3 是部门 j 对减排投入的技术进步参数。

（5）部门能源投入复合品生产函数：

$$\mathrm{EE}_j = \mathrm{CES}(\mathrm{IND}_{j,\mathrm{ies}}, \mathrm{EEC}_j, \sigma_4, B_j^4) \tag{11.19}$$

其中，$\mathrm{IND}_{j,\mathrm{ies}}$ 是部门 j 对非能源电力复合产品的中间投入需求；σ_4 是弹性系数；B_j^4 是部门 j 对非能源电力投入的技术进步参数；EEC_j 是部门 j 的电力投入复合品。

（6）部门电力投入复合品生产函数：

$$EEC_i = \mathrm{CES}(\mathrm{IND}_{i,\mathrm{iec}}, \sigma_5, B_i^5) \tag{11.20}$$

其中，$\mathrm{IND}_{i,\mathrm{iec}}$ 是部门 i 对电力复合品的中间投入需求；σ_5 是替代弹性系数；B_i^5 是部门 i 对电力复合品投入的技术进步参数。

3）贸易模块

国内产品要在出口和国内使用之间分配，一种产品的总供给要在国内产品和进口产品之间选择，如果不是二择一，那么这种分配或选择关系表示一种不完全替代，在文献中有时被称为阿明顿假设。这里假定不完全替代关系都使用 CES 函数。

对于国内产品的分配，总产出在国内使用和出口之间的不完全转换关系为

$$\mathrm{XD}_i = A_i[\delta_i E_i^{\rho_i} + (1-\delta_i)\mathrm{XXD}_i^{\rho_i}]^{\frac{1}{\rho_i}} \tag{11.21}$$

其中，XD_i 是产品 i 的国内生产量；A_i 是 CET 函数技术参数；E_i 是产品 i 的出口量；XXD_i 是国内生产产品 i 在国内的使用量；δ_i 是产品 i 的 CET 函数份额参数；ρ_i 是产品 i 的 CET 函数转换弹性参数。

对于一种产品的供给量，假定进口产品和国内产品之间的组合关系为

$$X_i = \mathrm{ac}_i\left\{\varphi_i M_i^{-\mathrm{\rho c}_i} + (1-\varphi_i)\mathrm{XXD}_i^{-\mathrm{\rho c}_i}\right\}^{-\frac{1}{\mathrm{\rho c}_i}} \tag{11.22}$$

其中，X_i 是产品 i 的总供给；ac_i 是相应的阿明顿技术参数；φ_i 是阿明顿份额参数；M_i 是产品 i 的进口量；$\mathrm{\rho c}_i$ 是产品 i 的阿明顿替代弹性参数。式（11.21）和式（11.22）中的参数通过线性回归方法获得。

4）污染模块

式（11.23）定义了污染排放税，各部门不同污染物所产生的排污费（$\mathrm{PETAX}_{g,i}$）是部门产出（XD_i）、污染排放税率（tpe_g）、污染排放系数（$d_{g,i}$）和污染清理率（CL_g）的函数。式（11.24）定义了污染减排成本，各部门不同污染物的减排成本（$\mathrm{PASOST}_{g,i}$）是部门产出、污染排放系数、污染清理率和污染清除价格（PA_g）的函数。式（11.25）定义了污染清理率 CL_g，它由减排总量除以总污染产生量而得，在所有部门中相同。式（11.26）定义了污染产生总量（DG_g），它是各部门污染物产生量之和。式（11.27）定义了污染排放总量（DE_g），它等于污染产生总量扣除减排总量。将各种污染物的排放税进行加总就得到总污染排放税 ETAX，这由式（11.28）定义。

$$\mathrm{PETAX}_{g,i} = \mathrm{tpe}_g d_{g,i} \mathrm{XD}_i (1 - \mathrm{CL}_g) \tag{11.23}$$

$$\mathrm{PASOST}_{g,i} = \mathrm{PA}_g d_{g,i} \mathrm{XD}_i \mathrm{CL}_g \tag{11.24}$$

$$\mathrm{CL}_g = \frac{\mathrm{TDA}_g}{\sum_i d_{g,i} \mathrm{XD}_i} \tag{11.25}$$

$$\mathrm{DG}_g = \sum_i d_{g,i} \mathrm{XD}_i \tag{11.26}$$

$$\mathrm{DE}_g = \mathrm{DG}_g - \mathrm{TDA}_g \tag{11.27}$$

$$\mathrm{ETAX} = \sum_i \sum_g \mathrm{PETAX}_{g,i} \tag{11.28}$$

5）社会福利

式（11.29）定义了社会福利函数，它是家庭对各种商品的消费（CD）、休闲时间（ULE）和各污染物减排总量（TDA_g）的函数。通过将污染物减排总量这一环境指标引入社会福利函数来反映公众对良好环境的需求。其中，各非能源产品之间的替代弹性（Ω_1）、各种电力之间的替代弹性（Ω_2）及各种污染物减排之间的替代弹性（Ω_3）都可假定为1；作为消费品同度量化（如都用货币单位）后的一般商品、休闲时间和污染减排量，其替代弹性（Ω）也可设定为1。

$$U = \mathrm{CES}(\mathrm{CD}_i, \mathrm{ULE}, \mathrm{TDA}_g, \Omega, \Omega_1, \Omega_2, \Omega_3) \tag{11.29}$$

社会福利函数是西方经济学中的概念，其内涵如一般效用函数一样是虚拟的。实际上，社会福利是一个多目标函数，可以按照多目标规划求解模式来处理。

11.3　环境影响价值评估方法论

环境经济分析的关键问题在于计算环境改善带来的效益，或环境污染或破坏造成的损失。应用环境经济投入占用产出分析和环境经济 CGE 模型可以从宏观上分析环境因素的宏观变量形成的经济价值变化，而有些问题研究需要评估具体项目的环境经济影响。本节介绍一些常用方法。环境影响价值评估的理论基础是基于行为经济学的支付意愿（willingness to pay，WTP）或受偿意愿（willingness to accept，WTA）理论，即人们愿意为环境恢复支付的货币，或对给定的环境改变愿意接受的补偿。基于这种经济学理论，针对不同环境问题，人们设计了各种环境影响经济价值评估技术，大致分为三类，即直接市场法、替代市场法和意愿调查评估法。本节不讨论环境影响价值评估的理论基础，仅通过几种方法展示基本方法论。

11.3.1　直接市场法

直接市场法是基于市场价格的方法，又称常规市场法、物理影响的市场评价法。其首先评估环境质量的变化对自然系统或人工系统生产率的影响，再考虑产品的市场价格，以评估环境质量影响的货币价值。根据不同的情况和要求，直接市场法有一些具体的做法。

1. 产品市场价值法

产品市场价值法也称生产率法。它把环境因素作为一种生产要素，利用因环境要素改变引起产品的产值和利润变化来计算环境质量变化的价值。

设某个项目实施的环境影响形成了某些生产单位 n 种产品产量的变化，这些变化的经济价值计算公式如下：

$$L_1=\sum_{i=1}^{n}P_i\Delta R_i \tag{11.30}$$

其中，L_1 表示环境质量变化引起的经济效益或经济损失的价值；P_i 表示某种产品 i 的市场价格；ΔR_i 表示产品 i 因环境质量变化而增加或减少的产量。

市场价值法适用于水土流失、耕地破坏、森林生产能力降低、污水灌溉引起的农田污染及空气污染等的经济分析。

2. 机会成本法

由于环境作为一种资源没有直接的市场价格，所以在决定对一项环境资源进行保护并对其进行价值评估时根据机会成本法进行价值估算。在无市场价格的情况下，资源使用的成本用所牺牲的替代用途的收入来估算。例如，保护国家公园、禁止砍伐树木的价值，不是直接用保护资源的收益来测量，而是用为了保护资源而牺牲最大的替代选择价值去测量；保护土地，是用为保护土地资源而放弃的最大的效益来测量其价值。

理解机会成本概念要明确注意几点：一是机会成本可以用货币表示，但并不是实际货币支出或损失，而是一种观念上的支出或损失；二是当一种资源有多种用途时，而可能放弃的用途中，收入最大的是机会成本；三是如果资源没有多种用途，就不存在机会成本；四是其他人的活动会给你带来机会成本。

在环境经济学中，任何一种自然资源的使用，都存在许多相互排斥的可选方案，为了做出最有效的经济选择，就需找出经济效益最大的方案。由于资源是有限的，选择了这种使用机会就等于放弃了其他使用机会。从经济角度来说，放弃的其他使用机会中可能获得的最佳经济效益，称为所选择的这种方案的机会成本。机会成本法也常用于环境破坏带来的经济损失的货币估值。对于一个项目的环境成本，用机会成本计算的公式为

$$L_2=\sum_{i=1}^{n}S_iW_i \tag{11.31}$$

其中，L_2 是环境损益机会成本值；S_i 是资源 i 的单位机会成本；W_i 是因环境质量变化（或用途变化）使资源 i 变化的数量。

3. 人力资本价值法

关于环境污染对人的生命、健康、精神损害的评价问题，还没有一个科学合理的评价方法。有一些学者从经济学的角度出发，提出了人力资本价值法，也称工资损失法或收入损失法，即一个人的人力资本或生命价值等于他的剩余寿命所可能创造的经济价值，也就是说，一个人的劳动收入减去他的消费开支，剩下的就是其留给社会的财富。在伦理上，这种人力资本价值法存在缺陷，把人的生命价值经济数量化的做法有些别扭。但在社会实践中，人们常常需要给人的生命和疾病等确定经济价值，如事故伤亡赔偿问题。

根据人力资本价值法的设计思想，一个年龄为 x 的人的寿命价值计算公式如下：

$$L_3 = \sum_{n=x}^{\infty} \frac{(P_x^n)_1 (P_x^n)_2 (P_x^n)_3}{(1+r)^{n-x}} \cdot F_{n-x} \tag{11.32}$$

其中，L_3 表示人力资本价值法所定义的寿命价值；$(P_x^n)_1$ 表示年龄 x 的人活到年龄 n 的概率；$(P_x^n)_2$ 表示年龄 x 的人活到年龄 n 并且具有劳动能力的概率；$(P_x^n)_3$ 表示年龄 x 的人活到年龄 n 且具有劳动能力、仍然在工作的概率；r 表示贴现率；F_{n-x} 表示年龄 x 的人活到年龄 n 时一年内的预期净劳动收入（等于劳动收入减去个人消费）。测算出受污染地区因污染使三种概率发生的变化，再考虑地区人口规模即可计算出因污染而造成的人力资本价值损失。

由式（11.32）对某特定区域的成员进行分析时，F_{n-x} 可正可负。对那些丧失劳动能力的人、退休的人及家庭主妇计算的收入现值为负值，表示这些人的存在，对社会总效益只能产生负值，显然这从伦理上是不能接受的，因此这种计算只能作为相对比较时的参考。实质上，人力资本价值法是想通过市场价格和工资率来确定个人对社会的潜在贡献，并以此估算环境对人体健康的损益。所以人力资本价值法是以不同环境质量条件下人因生病、死亡或其他原因而造成对社会贡献的改变量，作为衡量环境变化对人体健康影响所造成的经济损失。在实际应用中，通常对人力资本价值法进行修正，称为修正人力资本价值法。

修正人力资本价值法认为，作为生产要素之一的劳动者，在被污染的环境中工作或生活，会诱发疾病或过早死亡，从而耽误工作或完全失去劳动能力，这样不仅不能为社会创造财富，还要负担医疗费、丧葬费等，并需要亲友的陪同、护理，也耽误了他人的工作时间。这就是所谓的“两少一多”，即因过早死亡、疾病或病休等造成的劳动者经济收入的减少、非医护护理人员收入的减少，以及医疗费的增多。

修正人力资本价值法中的经济损失包括直接经济损失和间接经济损失。直接经济损失包括预防和医疗费用、死亡丧葬费用等；间接经济损失包括病人耽误工作造成的经济损失、非医务人员因护理影响工作造成的经济损失等。而对病人和非医护护理人员在心理上和精神上造成的损失，很难用货币进行度量。

修正人力资本法是对人体健康损失的一种简单估算，如式（11.33）所示：

$$\begin{aligned} L_3 &= L_{31} + L_{32} + L_{33} \\ &= P\sum_{i=1}^{n}(a_i \cdot S \cdot t_i) + P\sum_{i=1}^{n}(b_i \cdot S \cdot T_i) + P\sum_{i=1}^{n}(a_i \cdot S \cdot C_i) \end{aligned} \tag{11.33}$$

其中，P 是污染区人均生产总值或人均劳动报酬；a_i 是污染区疾病 i 发病率高于对照区的幅度；S 是污染区覆盖人口；t_i 是因疾病 i 人均失去的劳动时间（含非医务人员护理时间）；b_i 是污染区某种疾病高于对照区的死亡率；T_i 是因疾病 i 死亡造成的人均丧失劳动时间；C_i 是因疾病 i 产生的人均医疗费。

式（11.33）包括三部分：第一部分 L_{31} 为受污染疫病患者的收入损失，第二部分 L_{32} 为受污染死亡者的收入损失；第三部分 L_{33} 为因此污染所生疾病多支出的医疗费。这种公式不必教条照搬，可以针对不同的污染和疾病类型按照合理的价值损益进行评估。很显然，这种评估不是绝对评估，而是有限理性评估。

【例 11.1】 某污染区覆盖人口 10 000 人，环境未污染前，该区域人口中得某种疾病的比例为 10%，环境污染后比例为 40%，若得此病，人均失去劳动时间为 100 工日，非医务人员护理折算到病人人均失去劳动时间为 80 工日，污染区的人均生产总值为 10 000 元，求第一种经济损失 L_{31}。

解：根据题意可知，$a_i = 40\% - 10\% = 30\%$，$t_i = (100+80)$工日=180 工日，S=10 000 人，P=10 000 元/（人•年），于是

$$
\begin{aligned}
L_{31} &= 10\ 000\text{元}/(\text{人}\bullet\text{年}) \times 30\% \times 10\ 000\text{人} \times 180\text{工日} \\
&= 10\ 000\text{元}/(\text{人}\bullet\text{年}) \times 3\ 000\text{人} \times 0.5\text{年} \\
&= 1\ 500(\text{万元})
\end{aligned}
$$

4. 防护支出法

防护支出法，又叫防护费用法，是根据环境质量的情况，以及人们愿意为消除或减少环境有害影响而采取防护措施等承担相关费用来确定环境影响成本的经济分析方法。防护支出法的实质是将防护费用作为环境效益或环境损失的最低估价值。例如，在道路两侧的建筑物，人们为减少交通噪声对其生活和工作的影响而采取的降噪措施（如声屏幕、双层窗等）的费用，可以作为由于噪声影响而产生的最低经济损失值，该费用也反映了宁静环境的隐含价值。由于防护设施的费用是所需要的人工、材料、机械等费用，所以比较容易计算，又因防护设施的效益与防护费用具有统一性，因此可用防护费用来度量环保措施所得到的经济效益。防护支出法除应用于对噪声干扰和污染的评价外，也可用于农田保护、水体的污染治理等经济分析。

防护支出法的基本步骤如下。

（1）识别、确定最主要的环境危害，这是防护支出法最重要也是最困难的一步。由于防护行为经常是针对多个目的的，如城市车辆的增加会严重污染空气并带来巨大的噪声；水体污染使饮用水水质下降并导致供水紧张。因此防护支出的大小往往会夸大人们所受环境危害的价值。为此在采用防护支出法时，非常有必要将环境危害进行分类，把环境危害分为主要的和次要的，并把针对主要环境危害的防护行为作为防护支出法的评价对象。

（2）界定受到环境危害影响的人群。和第一步骤类似，需要把受到环境影响的人群进行分类，把受到环境影响的人群分为受影响严重的人群和受影响较小的人群两大类。其中，第一类人群应该成为防护支出法需要调查取样的对象。

（3）通过各种方式，如直接观察、咨询专家意见等，获取相关信息并估算出防护免受污染的费用，得到环境质量改善的估算价值，其计算公式为

$$E_t = F_u Q \tag{11.34}$$

其中，E_t 是防护免受污染所需费用；F_u 是防护免受污染所需单位费用支出；Q 是将要受到破坏的环境质量或环境物品的数量。

11.3.2 替代市场法

替代市场法是基于影响替代物或补充物同价值原理的方法。环境质量的变化，有时并不会导致产出的物量变化，但有可能影响其他替代物或补充物的市场价格和数量，这样就可以利用市场信息，间接估算环境质量影响的价值。替代市场法根据环境的质量、功能和能量等特性，将其货币化后替代市场价格，借以评估环境影响的损益。

1. 资产价值法

这里的资产价值是指固定资产的价值，如土地、房屋等的价值。

资产价值法是指把环境质量看作影响资产价值的一个因素，当影响资产价值的其他因素不变时，以环境质量变化引起的资产价值的变化额来估算环境变动的经济价值。资产价值法也称舒适性价格法。舒适性被认为是资产的主要使用特性，其价格就是资产价值的反映。

运用资产价值法进行分析时，主要进行建立资产的价值方程、住户收入分析、建立支付愿望方式三个方面的工作。资产（土地、房屋）的价值函数如下：

$$P = f(b, n, g, \cdots) \tag{11.35}$$

其中，P 是环境损益机会成本值；b 是资产的物理属性，如房屋结构类型、面积大小、新旧程度等；n 是资产的自然环境属性，如绿色、空气质量、水质等；g 是资产的社会环境属性，如距工作地、商店、公园等的距离，教育环境，社会治安，等等。

资产价值法的应用在理论上有三个基本假设：一是环境质量的改善可利用个人的支付愿望来说明；二是整个区域可看作一个单独的房屋市场，所有人都掌握方案的资料，并可自由选定任何位置的房屋；三是房屋市场是处于或接近平衡状态，并在给定的条件下，选购房子都可获得最大的效用。

资产的价值方程确定后，要进行住户收入分析，同时建立支付愿望方程，确定对环境改善的支付愿望。例如，建设项目或其他各项活动引起周围环境质量变化，则附近的房产价格受到影响，由此使人们对房产的支付愿望或房产的效益发生变化，房产效益变化由式（11.36）计算：

$$\Delta B = \sum_{i=1}^{n} P(q_1 - q_2) \tag{11.36}$$

其中，ΔB 是各项活动引起房产效益的变化；P 是房产价格或边际支付愿望；q_1、q_2 分别是各项活动前后的环境质量水平。

资产价值法多用于环境质量变化对土地、房屋等固定资产价值的影响评估，以及对审美、景观等环境资源的评价。

2. 旅行费用法

旅行费用法是根据消费者为了获得对自然景观和人文景观的娱乐享受，通过消费这些环境资源所花费的旅行费用，来评价旅游资源和娱乐性环境商品效益的分析方法。旅行费用法用来评价那些没有市场价格的自然和人文景观的环境资源价值，它要评价的是旅游者通过消费这些环境商品或服务所获得的效益，或者说对这些旅游资源的支付意愿。旅行费用法评估的决策背景是，设有一景观地，有计划在其上开发某个工程项目，未来利用成本-效益法进行决策评估，需要知道此景观的环境价值作为开发项目的机会成本。

旅行费用法由美国资源经济学家哈罗德·霍特林 1947 年提出，由 Clawson 和 Knetsch 发展完成，其核心思想是认为，人们去某一旅游景点的费用由可变的旅行费用和基本不变的门票价格所构成①。旅行费用受距离长短的影响，不同距离的游客所负担的总费用不同，从而到旅游景点参观的人数也不同。根据总费用与对应的旅游人数关系得到一个需求函数，并以此来估算该景点的经济价值。

旅行费用法的基本思路是，为了确定消费者对旅游资源隐含价值的评价，假定旅游资源的入场费和使用费均可暂不考虑，并且该旅游资源是一个良好的环境资源，消费者从各地到此处消费观光，对该商品的需求只受到来旅行所需费用的限制，也就是说，这种环境资源的效益可以通过旅行费用进行评价。下面假定，开发项目完全破坏了景观的旅游价值。

旅行费用法适用于评价的环境资源：公园等休闲娱乐场所，自然保护区，可用于娱乐休闲的山岭、森林、草原和湿地，博物馆，遗址，水库，等等人文景观。旅游者对这些环境商品或服务的需求并不是无限的，要受到从出发地到环境资源的旅行费用等因素的制约。

旅行费用法的基本分析步骤如下。

（1）确定旅游者的出发区域。以所要评价的旅游资源为中心，把其四周的地区按距离远近分成若干个区域。距离的不断增大意味着旅行费用的不断增加。因为还涉及交通费用外的如食物等的费用，所以为了确定每个区域的旅行费用，一般要进行抽样调查统计。

（2）调查收集旅游者相关信息。就该旅游资源对旅游者进行抽样调查，了解旅游者的出发地点和其他相关的社会经济特征。

（3）估计旅行费用对旅游率的影响。旅游率是每一区域内居民中到该环境资源旅游的人次。一般来说，潜在的消费者离旅游资源越远，他们对该环境商品的预期价值或需求越小。在不考虑其他因素时，从旅游者的单位时间人数和旅游费用建立起一定的需求函数，由此计算出的总费用即代表旅游环境商品的效益价值。根据抽样调查方法，建立某旅游环境商品的需求函数为

$$Q = f\left(C, X_1, X_2, \cdots, X_n\right) \tag{11.37}$$

其中，$Q=\dfrac{V}{P}$是旅游率，其中 V 是根据调查结果推算出的总旅游人数，P 是旅游人数所在区域的人口总数；C 是旅游费用（一般包括交通费用、住宿费用和比不旅游时多消耗的食品费用等）；（$X_1, X_2, \cdots, X_n$）是各种社会经济变量（包括年龄、收入、教育水平、交通条件、旅游兴趣等）。

一般根据历史数据用统计方法建立回归方程。它的因变量是旅游率而不是在该场所

① Clawson M. Methods of Measuring the Demand for and Value of Outdoor Recreation. Washington DC：Resources for the Future，1959；Clawson M，Knetsch J L. Economics of Outdoor Recreation. Baltimore：John Hopkns University Press，1966

的实际旅游者数目，所以可利用这个需求函数来估计不同区域中的旅游者的实际数量，以及这个数量将如何随着入场费（门票）的增加而发生变化。

（4）计算消费者支付愿望。假设评价景点的入场费不计，则旅游者的实际支付就是他的旅行费用。再通过入场费不断增加的影响来确定旅游人数的变化，就可以求得来自不同区域的旅游者的消费者支付意愿。这样将每个区域的旅游费用加上消费者支付意愿，得出总的支付愿望，即该环境资源的价值。

通过旅行费用法所计算出的数值仅仅是对该环境资源总体价值中的一部分做出的估算值，主要体现在环境资源的娱乐收益上。旅行费用法虽存在一些限定和不足，但这种方法是一种可行有用的估算环境物品价值或保护环境资源收益的方法。

11.3.3　意愿调查评估法

在缺乏价格数据或配合其他方法的使用时，可以应用调查评价的方法向有关专家及环境资源的使用者做调查，进而评估环境资源的价格。这类评估法是一种主观性定量与定性综合估计的方法，具体方法很多，不必拘泥于固定的形式。下面介绍专家咨询评估法和投标博弈法。

1. 专家咨询评估法

专家咨询评估法是以专家作为收集环境资源价格信息的对象，依靠专家的知识、经验和判断能力进行预测和评估。专家咨询评估法可分为专家会议法和专家个人判断法两种。

专家会议法即召开有关方面的专家会议进行评估的方法。专家会议法有利于交换信息、互相启发、集思广益，但会议参加者心理影响较大，容易受多数人意见和权威人士意见的影响，而忽视少数人的正确意见。

专家个人判断法是对有关方面的专家进行个人咨询评估的方法，专家个人判断法能充分发挥专家个人的专长和作用，受别人的影响小，但难免有片面性。

比较规范的专家咨询法是德尔菲法。德尔菲法本质上是一种反馈函询法，即利用函询形式进行专家集体思想交流的方法。德尔菲法一般采用匿名专家个人发表意见的方式，即专家之间不互相讨论，不发生横向联系，只与组织调查人员发生联系。德尔菲法的基本做法是，在对所要预测的问题征得专家的意见之后，进行整理、归纳、统计，再反馈给各专家，再次征求意见，再集中，再反馈，直至取得专家们较为一致的结论，将其作为预测的结果。

2. 投标博弈法

投标博弈法也可广泛用于对环境公共物品价值的评估，它主要是运用条件价值评价法获取环境使用者对环境支付愿望或接受赔偿意愿的一种调查方法。条件价值评价法也称为意愿评价法，通过询问人们对环境质量改善的支付意愿或忍受环境损失的受偿意愿来估算出环境物品的价值。它是通过对环境资源使用者和环境污染受害者的调查访问，反复应用投标方式，获取个人对环境的支付愿望，即得到为改善环境质量使用者愿意支付的最大金额，以及环境质量下降使用者愿意接受赔偿的最小金额，然后以愿意支付的最大金额，或同意接受的最小赔偿金额，作为评估环境资源或环境质量的货币度量值。

投标博弈法的基本做法是，访问者向环境使用者详细地介绍环境资源的数量、质量、使用时期和权限等情况后，提出一个起点标价，询问使用者是否愿意支付，如果回答是肯定的，那么逐渐提高价值到使用者回答为否定为止；或者假定环境资源受到损失破坏，环境质量下降，询问他们为避免这种损失愿意支付的最大金额或接受赔偿的最小金额。在实际的应用中，因为补偿接受意愿的上限很难确定，所以一般用愿意支付的最大金额作为评价的依据。环境使用者的最大支付意愿通常受其个人收入水平、个人对环境状况的敏感性等多种因素限制或影响，所以在实际工作中要认真分析。

习题

1. 请讨论一下“废弃物”和“污染物”的异同，如二氧化硫、噪声、废旧电子产品、建筑废墟、火炉废渣。

2. 假设某天有一个工厂在某条河流中排放一次污染废水，造成一段河流中的鱼大量死亡，几天后，河水自然复原了，没有什么遗留损害。请你设计一种方法对这次污染进行价值损失评估。

3. 考虑一个给定社会，在每年总体可以使用的资源固定的情况下，以产品产量为纵轴、环境质量为横轴画出一条生产可能性曲线，说明：社会减少污染物排放的努力会怎样改变生产可能性曲线？允许考虑各种可能性。

4. 把全部的经济生产单位分为两大部门：环境保护部门（监测管理、污染物消除、环境治理综合在一起）和其他生产部门。请构造一个环境-经济投入产出表，并据此建立环境成本的核算模型。

参考文献

陈锡康，杨翠红，等. 2011. 投入产出技术. 北京：科学出版社

刘新建，薛伟. 1999. 环境保护的宏观经济成本分析. 中国管理科学，7（4）：68-73

魏巍贤. 2009. 基于 CGE 模型的中国能源环境政策分析. 统计研究，26（7）：3-13

章铮. 2008. 环境与自然资源经济学. 北京：高等教育出版社

第12章

区域经济数量分析

区域经济学又称区域科学，是经济科学研究的热点领域，创建和运用了许多数量分析方法。本章主要包括三部分内容。第一部分是区域间投入产出（multiregional input-output, MRIO）分析，重点介绍区域间投入产出表的编制和应用；第二部分是空间经济分析的区位模型演进、空间形态下的基本经济模型；第三部分是空间数据分析，包括空间数据获取、空间统计分析、空间计量分析。

12.1 区域间投入产出分析

投入产出分析是区域经济数量分析中的经典方法。区域间投入产出模型最早是由艾萨德（W. Isard）[①]提出的。区域间投入产出模型是利用商品和劳务流动，将各区域投入产出模型连接而成的跨区域的投入产出连接模型。

12.1.1 区域间投入产出模型分类

区域间投入产出模型主要分为三类：区域间输入非竞争型投入产出模型、区域间输入竞争型投入产出模型和区域间引力模型[②]。

1. 区域间输入非竞争型投入产出模型

最早的区域间投入产出模型为区域间输入非竞争型投入产出模型，由 Isard[①]首先提出，也称为 Isard 模型，亦称为行系数模型，即在该模型中把一个地区对某种产品向各个地区（含本地区）供应的百分比，即行系数固定。在该模型中，各区域之间的产业

---

① Isard W. Interregional and regional input-output analysis: a model of space economy. The Review of Economics and Statistics, 1951, 33 (4): 318-323

② 石敏俊，张卓颖，等. 中国省区间投入产出模型与区际经济联系. 北京：科学出版社，2012：10-14

间交易与区域内部的产业间交易是分别列项处理的。这意味着，即使是同一部门的产品，如果生产的区域不同，也作为不同的产品来对待。因此，即便是相同投入品，来自区域内部的投入和来自区域外部的投入采用的投入系数也不一定相同。模型的数学结构如下。

首先从生产地出发，即一个地区生产的某种产品以固定的分配比例分配给各个区域（包括本区域），这个比例称为区域分配系数，以 h_i^{RS} 表示，则有

$$h_i^{RS} = \frac{t_i^{RS}}{X_i^R},\quad R=1,2,\cdots,m;S=1,2,\cdots,m;i=1,2,\cdots,n \tag{12.1}$$

其中，t_i^{RS} 是地区 R 与地区 S 之间产品 i 的贸易量；X_i^R 是地区 R 部门 i 的产量。

因为

$$\sum_{S=1}^{m} t_i^{RS} = X_i^R,\quad R=1,2,\cdots,m;i=1,2,\cdots,n \tag{12.2}$$

所以

$$\sum_{S=1}^{m} h_i^{RS} = 1,\quad R=1,2,\cdots,m;i=1,2,\cdots,n \tag{12.3}$$

分配系数确定之后，若已知一个地区的产量，即可计算它与所有地区之间的贸易量：

$$t_i^{RS} = h_i^{RS} X_i^R,\quad R=1,2,\cdots,m;S=1,2,\cdots,m;i=1,2,\cdots,n \tag{12.4}$$

则地区 S 部门 i 产品的供应总量为

$$\sum_{R=1}^{m} t_i^{RS} = \sum_{R=1}^{m} h_i^{RS} X_i^R,\quad S=1,2,\cdots,m;i=1,2,\cdots,n \tag{12.5}$$

而地区 S 对部门 i 的需求量为

$$t_i^S = \sum_{j=1}^{n} a_{ij}^S X_i^S + Y_i^S,\quad S=1,2,\cdots,m;i=1,2,\cdots,n \tag{12.6}$$

其中，a_{ij}^S 是投入系数，即表示生产地区 S 部门 j 一个单位的产出需求的部门 i 的总投入。

根据 S 地区供需平衡的原则，有

$$\sum_{R=1}^{m} h_i^{RS} X_i^R = \sum_{j=1}^{n} a_{ij}^S X_j^S + Y_i^S,\quad S=1,2,\cdots,m;i=1,2,\cdots,n \tag{12.7}$$

改写成矩阵形式，即

$$\sum_{R=1}^{m} \boldsymbol{H}^{RS} \boldsymbol{X}^R = \boldsymbol{A}^S \boldsymbol{X}^S + \boldsymbol{Y}^S \tag{12.8}$$

Isard 模型在分析过程中，由于投入系数区分域内和域外，其本身具有不稳定性，当投入系数发生变化时也难以区分是来自于本地区生产技术的变化，还是区域间交易条件的变化。该模型的基本形式要求把所有的产业按照区域进行划分，将每一个区域每一个部门的投入、产出结构分别进行研究，因此对基础数据的需求量非常大，编制比较困难。

2. 区域间输入竞争型投入产出模型

区域间输入竞争型投入产出模型，由 Chenery[①]和 Moses[②]先后提出，又被称为 Chenery-Moses 模型，亦称为列系数模型，即在该模型中把一个地区对某种产品的需求量由各个地区（含本地区）供应的百分比，即列系数固定。为克服区域间输入非竞争型投入产出模型中投入系数不稳定和数据需求量大的缺点，区域间输入竞争型投入产出模型提出了区域间交易系数。区域间交易系数是指在 S 区域的 i 产品的总需求中，S 区域的各中间需求部门和最终需求部门从 R 区域输入的 i 产品的比例。模型的数学结构如下：

假设 a_{ij} 是投入系数，指 j 产业部门单位产出所直接消耗的来自 i 产业部门的投入额；$\boldsymbol{A}$ 是投入系数矩阵；x_{ij} 是各产业部门所需原材料投入额；X_j 是 j 产业部门国内生产额；F_i 是 i 产业部门最终需求额；$\boldsymbol{F}$ 是最终需求矩阵；M_i 是 i 产业部门进口；$\boldsymbol{M}$ 是进口矩阵；$\boldsymbol{E}$ 是作为海外需求发生的出口额。

区域间交易系数可定义为

$$c_i^{RS}=\frac{N_i^{RS}}{\sum_{j=1}^{n}a_{ij}^{S}X_j^{s}+F_i^{S}} \tag{12.9}$$

$$N_i^{SS}=\sum_{j=1}^{n}a_{ij}^{S}X_j^{S}+F_i^{S}-\sum_{r}N_i^{RS} \tag{12.10}$$

其中，N_i^{RS} 是 S 区域的各产业（中间需求）部门及最终需求部门从 R 区域输入的 i 产品的总额；F_i^S 是 S 区域的最终需求部门使用的 i 产品总额；$\sum_{j=1}^{n}a_{ij}^{S}X_j^{S}$ 是 S 区域的各中间需求部门使用的 i 产品总额。

来自区域内部的 i 产品供给额 N_i^{SS} 等于从 S 区域的 i 产品的总需求减去来自各区域的 i 产品的输入总额。因此，区域间交易系数 c_i^{RS} 可以从反面反映该产品的区内自给率高低程度。区域间交易系数矩阵 $\boldsymbol{C}$ 可以反映各个区域之间各种产品的交易形式。

根据区域间交易系数，可以定义各个区域的产业部门之间的产品交易额为

$$x_{ij}^{RS}=c_i^{RS}a_{ij}^{S}X_j^{S} \tag{12.11}$$

各个区域的产品最终需求部门交易额为

$$F_i^{RS}=c_i^{RS}F_i^{S} \tag{12.12}$$

由此，可以得到 Chenery-Moses 模型供需平衡的基本方程式：

$$\boldsymbol{CAX}+\boldsymbol{CF}+\boldsymbol{E}=\boldsymbol{X}+\boldsymbol{M} \tag{12.13}$$

表示为区域间投入产出模型的形式，为

$$\boldsymbol{A}^{RS}\boldsymbol{X}^{R}+\boldsymbol{F}^{RS}+\boldsymbol{E}^{R}=\boldsymbol{X}^{R}+\boldsymbol{M}^{R}$$

---

① Chenery H. Regional Analysis//Chenery H，Clark P，Pinna V. The structure and growth of the italian economy. Rome：U.S. Mutual Security Agency，1953：91-129

② Moses L N. The stability of interregional trading patterns and input-output analysis. American Economic Review，1955，45（5）：803-832

$$\boldsymbol{A}^{RS}=\boldsymbol{CA},\boldsymbol{F}^{RS}=\boldsymbol{CF} \tag{12.14}$$

其中，$\boldsymbol{C}$ 是区域间交易系数矩阵；$\boldsymbol{A}^{RS}$ 是区域间投入产出模型的投入系数矩阵；$\boldsymbol{F}^{RS}$ 是区域间投入产出模型的最终需求矩阵；$\boldsymbol{E}^{R}$ 是区域间投入产出模型的出口列阵；$\boldsymbol{M}^{R}$ 是区域间投入产出模型的进口列阵；$\boldsymbol{X}^{R}$ 是区域间投入产出模型的产出列阵。

Chenery-Moses 模型隐含的基本假设是任一部门产品对任一区域（含本区域）内各部门的供应比例相同。因此只需要得到每一部门产品在各区域之间流量的数据，而不要求逐个研制分区域、分部门的区域间产品流量矩阵。因此相比于 Isard 模型，Chenery-Moses 模型对基础数据的要求较低，大大降低了区域间投入产出表的编制难度。另外，Chenery-Moses 模型的优点还在于将投入系数 a_{ij}^{S} 和交易系数 c_i^{RS} 区分开来，从而可以将生产技术和贸易模式的影响区别开来，分别衡量产出技术的提高和贸易模式的改变所产生的不同影响。

3. 区域间引力模型

区域间引力模型由里昂惕夫和斯特劳特（Strout）于 1963 年提出。基于商品的市场结构：在任何一个国家的经济体系中，都有些商品存在着不同级别的市场；该模型将所研究的商品分为国家商品、区域商品和本地商品。模型的数学结构如下：

$$X_i^S=\sum_{j=1}^{n}a_{ij}^{S}X_j^S+F_i^S,\quad S=1,2,\cdots,m;i=1,2,\cdots,n \tag{12.15}$$

其中，X_i^S 是 S 地区产品 i 的产量；a_{ij}^S 是 S 地区生产产品 j 对产品 i 的投入系数；F_i^S 是 S 地区对产品 i 的最终需求。

$$X_i^R=\sum_{S=1}^{m}X_i^R,\quad S=1,2,\cdots,m;i=1,2,\cdots,n \tag{12.16}$$

表示 R 地区运给所有地区产品 i 的数量之和等于 R 地区产品 i 的产量。

再联合

$$X_i^S=\sum_{S=1}^{m}X_i^{RS},\quad S=1,2,\cdots,m;i=1,2,\cdots,n \tag{12.17}$$

就得到

$$\sum_{R=1}^{m}\sum_{S=1}^{m}X_i^{RS}=\sum_{R=1}^{m}X_i^R=\sum_{S=1}^{m}X_i^S=X_i^{OO} \tag{12.18}$$

其中，X_i^{OO} 是产品 i 的全国产量，式（12.18）表示产品 i 所有地区的供应量总和等于这种产品的总使用量，也就是等于这种产品的全国总产量。

在这个模型中，假设产品 i 的区域间流量是由以下引力方程决定的：

$$X_i^{RS}=\frac{X_i^R X_i^S}{X_i^{OO}}Q_i^{RS},\quad R,S=1,2,\cdots,m;i=1,2,\cdots,n \tag{12.19}$$

其中，系数 Q_i^{RS} 是常数，由以下四个辅助参数决定：

$$Q_i^{RS}=(c_i^R+k_i^S)d_i^{RS}\delta_i^{RS},\quad R,S=1,2,\cdots,m;i=1,2,\cdots,n \tag{12.20}$$

其中，d_i^{RS} 是产品 i 由地区 R 运到地区 S 的运费的倒数，它是已知的常数；δ_i^{RS} 是已知常数，如果 R 地区不能向 S 地区运输产品 i，那么 $\delta_i^{RS}=0$，否则为 1；c_i^R 和 k_i^S 是在统计资料基础上利用最小二乘法确定的两个参数。

Polenske[①]针对不同的区域间投入产出模型进行的对比分析结果显示，Chenery-Moses模型与其他模型相比具有资料要求低、精度较高等特点。目前，世界上很多国家采用该模型编制区域间投入产出表。中国 2002 年区域间投入产出模型就是在 Chenery-Moses 模型框架下，结合区域间引力模型构建而成的。

12.1.2 区域间投入产出表的编制

区域间投入产出表的编制方法大致可以分为三类，即调查法、非调查法、混合法。调查法即应用调研手段获取区域间贸易流量的数据。调查法所得数据结果的可靠度较高，但需要大量的人力、物力和时间的投入，往往在实际中难以实现。由此运用模型来估计区域间贸易的非调查法应运而生，如前文介绍的模型。尽管非调查法具有节省投入、方便易行的优点，但其结果的准确性和可靠性却相对较低。而混合法将调查数据和非调查技术相结合，也称为局部调查法或半调查法。

1. 中国区域间投入产出表

与国外相比，我国在区域间投入产出表的研制和应用方面起步较晚，目前已有的区域间投入产出表主要如下[②]。

（1）1987 年中国区域间投入产出表。该模型是一个 7 区域 9 部门的区域间投入产出模型。由国务院发展研究中心与日本国际东亚研究中心（The International Centre for the Study of East Asian Development，ICSEAD）合作开发。该模型的区域划分和部门分类相对粗简，但它为我国投入产出领域的研究拓展了新的方向，对区域间投入产出模型的发展具有开拓性意义。

（2）1997 年中国区域间投入产出表。该模型是一个 8 区域 30 部门的区域间投入产出模型。由国家信息中心与日本亚洲经济研究所在 Chenery-Moses 理论框架下，利用典型调查和非调查法相结合的方法研制而成。

（3）2002 年中国地区扩展投入产出表。国务院发展研究中心在编制 2002 年中国地区扩展投入产出表时，应用引力模型和交叉熵的方法折算出了 42 部门在 30 个省（自治区、直辖市）（不包括港、澳、台和西藏，下同）间的贸易流量。省区间贸易流量对构建区域间投入产出模型具有重要意义，但该研究并未构建出结构完整的区域间投入产出模型。

（4）2002 年和 2007 年中国区域间投入产出表（8 区域）。国家信息中心在 1997 年 8 区域的区域间投入产出模型基础上，构建了 2002 年和 2007 年 8 区域的区域间投入产出表，方法及区域划分与 1997 年的投入产出表基本相同。

（5）2007 年中国区域间投入产出表（30 区域）。中国科学院地理科学与资源研究所在国家统计局的协助下，构建了 2007 年包含 30 个省（自治区、直辖市）30 个部门的区

---

① Polenske K R. An empirical test of interregional input-output models：estimation of 1963 Japanese production. The American Economic Review，1970，60（2）：76-82

② 石敏俊. 现代区域经济学. 北京：科学出版社，2013：133-137

域间投入产出表，尝试采用同业系数和空间计量模型的方法推算区域间交易矩阵。

（6）2002 年和 2007 年中国省区间投入产出表（30 区域）。中国科学院虚拟经济与数据科学研究中心采用基于物流数据的混合法推算省区间交易系数矩阵，构建了包含 30 个省（自治区、直辖市）60 个部门的 2002 年中国省区间投入产出表（China IRIO-2002），之后又采用相同方法构建了包含 30 个省（自治区、直辖市）55 个部门的 2007 年中国省区间投入产出表（China IRIO-2007）。

2. 区域间投入产出表编制方法

这里主要介绍由国家信息中心张亚雄等对中国区域间投入产出模型的研制方法研究工作[①]。该研究提出了一个新的区域间贸易系数的估算模型，对中国区域间投入产出模型研制方法和具体步骤做了进一步研究和完善，并研制了 2002 年和 2007 年中国区域间投入产出模型。区域间投入产出模型的结构使其很难具备比较完整、准确的调查统计数据基础，这决定了它的研制工作必须将调查统计数据与科学推算方法密切结合。在模型研制中，结合国家统计局全国投入产出调查中反映各省（自治区、直辖市）间流入、流出的调查数据和运输量统计等基础数据，采用典型调查和非调查相结合的方法；同时利用各省表的信息，并以全国表作为总量控制，进行平衡调整。

1）区域间贸易系数估算方法

在非调查法中运用模型来估计区域间贸易系数是区域间投入产出表编制的关键工作。Meng 和 Ando[②]认为现有估算方法在分类上可以从两个方面考虑：一是在构建过程中所基于的经济理论是宏观统计层面的，还是基于微观个体的行为决策层面的；二是所采用的思想是确定性的，还是概率性的。因此可将现有的区域间贸易估算模型分为四类，见图 12.1。

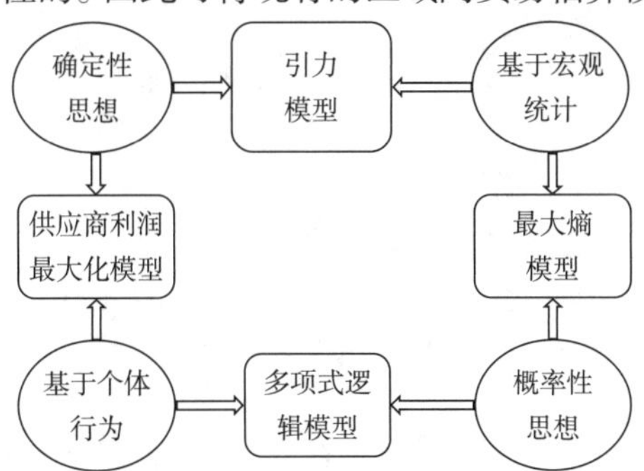

图 12.1　区域间贸易估算模型分类

Anderson 于 1955 年提出经典无约束引力模型的方程形式，此后又扩展出两种单约束引力模型和一种双约束引力模型，形成了一个模型族。由于缺乏对微观个体行为的描述，引力模型的结果始终缺乏说服力，直到利用最大熵原理得到的区域间流量计算模型

① 张亚雄，刘宇，李继峰. 中国区域间投入产出模型研制方法研究. 统计研究，2012，29（5）：3-9

② Meng B，Ando A. An economic derivation on trade coefficients under the framework of multi-regional I-O analysis. Institute of Developing Economies Japan External Trade Organization Discussion Paper，2005

在形式上与引力模型类似，为引力模型提供了较好的理论解释。Wilson[①]首次利用最大熵方法推导了最可能的区域间贸易的分布，进而得到区域间贸易流量的计算公式。由于最大熵方法推导出的计算公式与双约束引力模型相似，引发了人们对不同方法，包括后来发展出来的多项式逻辑模型[②]等的最终方程形式具有一致性的讨论，并最后得到了确认。

基于商品贸易中微观个体的行为决策，构建区域间贸易流量矩阵的方法兴起于 20 世纪 70 年代初，源于为引力模型、最大熵模型的计算结果寻找更为合理的经济理论基础。其主要思想是关注贸易流通中的微观个体的行为选择，建立其利润或偏好函数，并在对微观个体经济行为描述的基础上建立对空间相互作用的描述模型。确定性行为决策理论是在对个体或者群体的连续行为假设的基础上开展的分析，但现实中的个体行为决策往往是离散的，如对出行模式及路线的选择等。McFadden[①]为该研究领域做出了巨大贡献，他在前人的基础上，根据随机效用最大化理论提出了用于计算区域间流量的多项式逻辑模型。

事实上，虽然构建这四类模型的理论出发点不同，但是大量研究表明最后得到的区域间流量的估算方程在形式上却很相似。但是因为所基于的理论不同，导致“距离”函数的具体形式不同，对方程中参数含义的理解不同、使用的标定方法也不相同。更为重要的是，使用模型估算区域间贸易系数所需要的基础数据的可获得性决定了模型的实际应用前景。因此最终实际应用的模型形式大体上回归到了引力模型和最大熵模型所拥有的基本形式，同时尽可能多地采用区域间的运输和“距离”数据，并进行相应处理。

在对区域间贸易系数的估算方法进行深入研究的基础上，在 2002 年和 2007 年模型研制的过程中，进一步修改、完善了区域间贸易系数的估算方法。根据 Wilson 的最大熵模型和双约束引力模型的思想，采用如下模型对非调查法的核心部分——区域间贸易系数进行估算：

$$T_i^{rs} = A_i^r B_i^s X_i^{ro} X_i^{os} f({}^k D_i^{rs}) \tag{12.21}$$

其中，

$$A_i^r = \left[\sum_s B_i^s X_i^{os} f({}^k D_i^{rs}) \right]^{-1} \tag{12.22}$$

$$B_i^s = \left[\sum_r A_i^r X_i^{ro} X_i^{ro} f({}^k D_i^{rs}) \right]^{-1} \tag{12.23}$$

其中，T_i^{rs} 是各省间分部门的区域间贸易量；X_i^{ro} 和 X_i^{os} 分别是产业 i 产品从区域 r 流出到全国其他各区域的流出总量和区域 s 从全国其他区域的流入总量；$f({}^k D_i^{rs})$ 表示区域间的贸易阻碍，可以用以下方程描述：

$$f({}^k D_i^{rs}) = \sum_i {}^k M_i ({}^k D_i^{rs})^{-{}^k \alpha_i^s} \tag{12.24}$$

其中，${}^k M_i$ 表示产业 i 产品所使用的运输方式 k 的份额，即同一产品可采用不同运输方式；${}^k D_i^{rs}$ 表示产品 i 使用运输方式 k 从区域 r 运送到区域 s 的区域间贸易空间经济距离；幂

① Wilson A G. A statistical theory of spatial distribution models. Transportation Research，1967，1：253-269

② McFadden D. Conditional logit analysis of qualitative choice behavior//Zarembka P. Frontiers in Econometrics，New York：Academic Press，1974：105-142

指数 ${}^k\alpha_i^s$ 是产品 i 通过运输方式 k 运到区域 s 的距离衰减系数，反映空间经济距离对贸易活动阻碍的强弱。在保持其他条件不变的前提下，两点之间的 ${}^k\alpha_i^s$ 越大，其交易量也就越小，反之亦然。

${}^k\alpha_i^s$ 可以通过某种方式的平均运距，采用线性规划求解。对于每一种运输方式，区域 s 使用来自其他各区域的产品平均运距可以式（12.25）计算得到：

$$\frac{\sum_{i,r} {}^kC_i^{rs}\,{}^kd_i^{rs}}{\sum_{i,r} {}^kC_i^{rs}} = {}^k\bar{d}^s \quad \text{s.t.} \quad {}^kC_i^{rs} \geqslant 0 \tag{12.25}$$

其中，${}^kC_i^{rs}$ 是运输方式 k 中从区域 r 发送到区域 s 的产品 i 的数量；${}^k\bar{d}^s$ 是区域 s 采用 k 种运输方式接收到来自其他各区域的产品平均运距，等于其分货类货物周转量除以分货类货物到达量。${}^kC_i^{rs}$ 可以利用引力模型表示：

$${}^kC_i^{rs} = {}^kK^s \bullet {}^kC_i^{ro} \bullet {}^kC_i^{os} \bullet ({}^kd_i^{rs})^{-{}^k\alpha_i^s} \tag{12.26}$$

其中，${}^kC_i^{ro}$ 是区域 r 产品 i 的发送量；${}^kC_i^{os}$ 是区域 s 产品 i 的到达量；${}^kd_i^{rs}$ 是区域 r 与区域 s 间的距离；${}^kK^s$ 是比例系数。

将式（12.25）代入式（12.26）通过规划求解，可以找到最适合的 ${}^k\alpha_i^s$ 使式（12.26）成立。区域间贸易系数估算技术路线图见图 12.2。

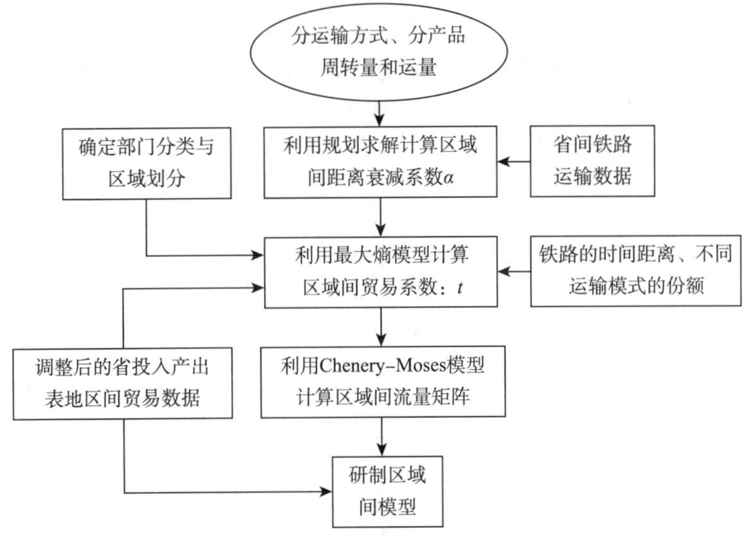

图 12.2　区域间贸易系数估算技术路线图

2）模型研制的技术路线

2002 年和 2007 年中国区域间投入产出模型采用国家统计局投入产出部门的分类方法，并将服务业部门归并，共有 29 个部门，与 1997 年中国区域间投入产出模型的部门分类基本可比，可以形成系列。区域划分与 1997 年中国区域间投入产出模型完全相同，但是 2002 年和 2007 年中国区域间投入产出模型的全部研制工作以 30 个省（直辖市、自治区）为基础，因此可以对区域划分进行不同组合，形成不同区域的区域间投入产出模

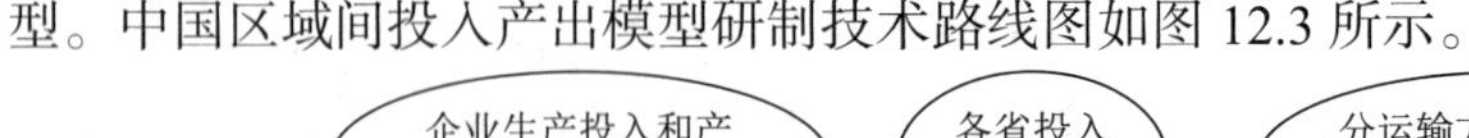

型。中国区域间投入产出模型研制技术路线图如图 12.3 所示。

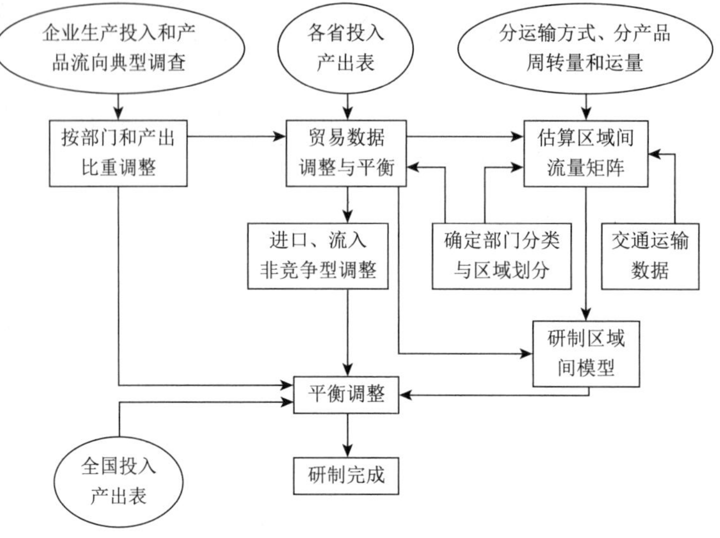

图 12.3 中国区域间投入产出模型研制技术路线图

3）各省（自治区、直辖市）投入产出表的调整

2002 年和 2007 年中国区域间投入产出模型研制方法的特点之一是充分利用各省（自治区、直辖市）表的信息。虽然各省（自治区、直辖市）投入产出表在贸易数据的详细程度上不断改善，但是仍然需要细分，并调整为进口—流入非竞争型投入产出表。2002 年和 2007 年各省（自治区、直辖市）投入产出表调整技术路线图如图 12.4 所示。

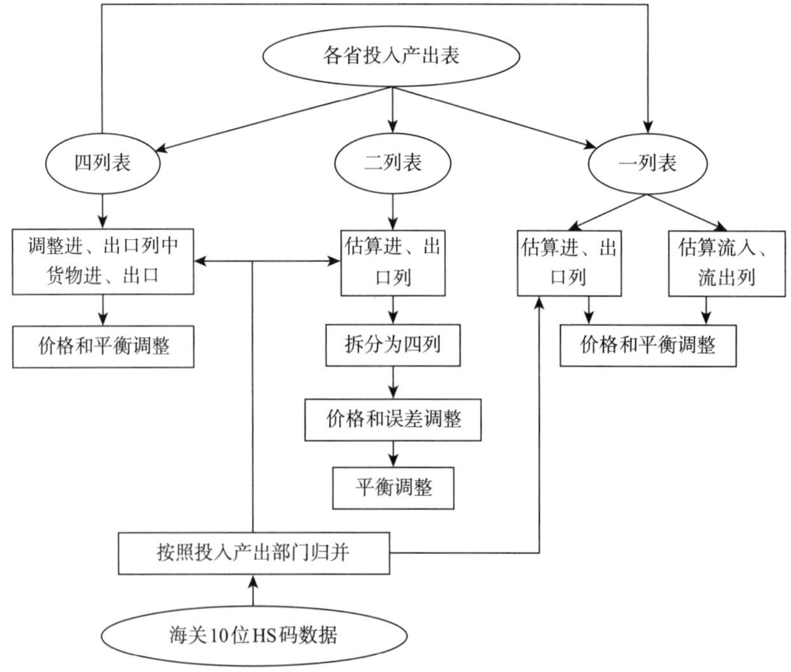

图 12.4 2002 年和 2007 年各省（自治区、直辖市）投入产出表调整技术路线图

4）估算初步的中国区域间投入产出模型

2002 年和 2007 年中国区域间投入产出模型采用 Chenery-Moses 模型，即列系数模型，基本形式为

$$\boldsymbol{T} \times \left[\boldsymbol{x}_y^d\right] + \boldsymbol{T} \times \boldsymbol{F}^d + \boldsymbol{E} = \boldsymbol{X} \tag{12.27}$$

其中，$\boldsymbol{F}^d$ 是各区域的最终需求；$\boldsymbol{E}$ 是各区域的出口向量；$\boldsymbol{X}$ 是总产出；$[\boldsymbol{x}_y^d]$ 是各区域对国内产品的直接投入矩阵；$\boldsymbol{T}$ 是区域间贸易系数矩阵，由对角矩阵 $\hat{\boldsymbol{T}}^{rs}$ 组成，其对角线上的元素 t_i^{rs} 为区域 r 流出到区域 s 的 i 产业产品占区域 s 该产业全部产品流入的比例：

$$t_i^{rs} = \frac{T_i^{rs}}{\sum\limits_r T_i^{rs}} \tag{12.28}$$

其中，t_i^{rs} 是区域间贸易矩阵中的元素。

首先，根据式（12.27）和式（12.28），利用区域间贸易系数和经过调整的各省投入产出表的数据进行计算，就可估算出初步的区域间中间和最终使用流量矩阵。其次，将上述结果与经过流入—进口非竞争型调整的各省（自治区、直辖市）中间和最终使用合并，就可以得到初步的中国区域间投入产出模型。

5）2002 年和 2007 年中国区域间投入产出模型的平衡调整

研制中国区域间投入产出模型的最后一项工作是平衡调整，主要包括以下三方面的内容。

一是利用国家统计局国民经济核算司有关工业企业流入和流出的调查结果，对初步的 2002 年中国区域间投入产出模型进行调整。

二是分别以 2002 年和 2007 年全国投入产出表作为控制，进行平衡调整。由于我国国民经济核算采取的是分级核算制度，各省（自治区、直辖市）投入产出表汇总数据与国家投入产出表存在较大差异，将我国 30 个省（自治区、直辖市）投入产出表简单相加，在总量和结构上与全国投入产出表都不匹配。而中国区域间投入产出表既要反映各个区域的结构信息，又要反映全国总量的基本情况，需要以全国表作为控制，对初步估算结果利用 RAS 方法进行平衡调整。

三是根据相关资料，采用专家法对误差项进行调整。以全国表作为控制进行平衡调整后，一些部门使用方向依然会存在较大误差。为了减小误差，根据相关资料，采用专家法进行行向调整。

12.1.3　区域间投入产出表的应用

与单个地区的投入产出模型相比，区域间投入产出模型不仅可以反映区域内部各产业之间的经济关联，还可以系统全面地反映不同区域、不同产业之间的经济联系，比较不同区域之间产业结构和技术差异，分析区域间产业的相互关联与影响、资源在区域间的合理配置以及区域经济发展的带动作用和溢出、反馈效应等。综合近年来公开发表的期刊论文，国内相关应用研究分类介绍如下。

1. 区域经济溢出效应分析

区域经济溢出效应分析如基于区域间投入产出模型的北京奥运会投资对中国经济的拉动影响分析[①]。该研究建立了一个反映我国地区间经济联系及相互影响的区域间投入产出模型，在此基础上对北京与周边和我国其他区域的区域间经济联系进行了分析，然后测算北京奥运会投资对这三个区域经济的拉动影响。结果显示，我国区域之间的经济联系紧密，是地区经济发展的重要支撑因素。北京奥运会投资拉动北京经济在 2002~2007 年年均多增长约 2 个百分点；同时，北京奥运会投资具有较强的溢出效应，带动北京之外地区经济发展的作用大于对北京经济的贡献。

2. 区域间产业关联分析

（1）基于区域间投入产出表的区域间产业转移定量测度研究[②]。有关产业转移的研究主要集中在从定性的角度探讨产业转移的类型、动因、模式、效应等，而对产业转移的定量测算却少有研究。本书在严格界定产业转移概念与内涵的基础上，利用区域间投入产出模型建立了定量测算区域间产业转移的方法，并结合中国区域间投入产出表，测算了中国 1997~2007 年区域间产业转移。结果发现，中国产业转移具有明显“北上”特征，产业向中西部地区转移的趋势并不明显。受消费品生产主要集中在东部地区的影响，消费带动下的产业转移表现为从中西部地区向东部地区转移的趋势。而在出口带动下，东部地区对中西部地区的能源资源需求增加，导致中西部地区承接了大量资源型产业转移，但机械电子等技术密集型产业还在进一步向东部地区集中。因此，加快东部地区产业向中西部地区转移的步伐仍是中国区域均衡发展的重要任务之一。

（2）基于三区域间投入产出分析的中国三大经济区间服务业溢出和反馈效应[③]。通过构建三区域投入产出模型测算了我国长江三角洲（简称长三角）、珠江三角洲（简称珠三角）、环渤海经济区服务业的区域内乘数效应、区域间溢出效应和反馈效应。研究结果表明，环渤海和长三角经济区的服务业区域间溢出和反馈效应比珠三角经济区大，环渤海和长三角经济区的区域间溢出效应高于所受到的溢出效应，而珠三角经济区的区域间溢出效应低于所受到的溢出效应。环渤海与长三角经济区之间的服务溢出频繁，珠三角与环渤海、长三角经济区之间的服务溢出较少。

（3）基于区域间投入产出关系的中国区域产业开放与价值创造实证研究[④]。以产业价值创造能力为研究起点，以产业的双重开放为基本线索；在对中国经济改革与开放相互联系分析的基础上，借用价值创造理论和贸易理论构造了产业价值创造能力指标、产业对外开放指标和产业对内开放指标；进而以统计性描述的方式展示了这三项指标在中国 8 大区域间、17 个产业间的基本特征；最后提出了对内开放、对外开放与价值创造能力关系的两个基本假设，并运用相应的计量模型进行了检验。

---

① 张亚雄，赵坤. 北京奥运会投资对中国经济的拉动影响——基于区域间投入产出模型的分析. 经济研究，2008，(3)：4-15

② 刘红光，刘卫东，刘志高. 区域间产业转移定量测度研究——基于区域间投入产出表分析. 中国工业经济，2011，(6)：79-88

③ 李惠娟. 中国三大经济区间服务业溢出和反馈效应——基于三区域间投入产出分析的视角. 当代财经，2014，(6)：102-110

④ 胡晓鹏. 中国区域产业开放与价值创造——基于区域间投入产出关系的实证研究. 财经研究，2007，33（5）：72-83

（4）基于我国区域间投入产出表的市场规模结构化分解与一体化进程研究[①]。采用区域间投入产出表，澄清了特定区域总产出与引致该产出的不同去向的最终需求的关系，并在此基础上对我国区域市场规模的构成进行了分解，从而刻画出各区域及各区域的不同行业在国内市场一体化方面的进程。研究发现，全国各大区域在市场一体化方面都有不同程度的迈进和深入，各区域间联系更加密切，自给自足的地方保护主义得到了一定的消除和控制。在市场一体化进程中，西部区域更多地依赖一体化外溢效应，而东部沿海区域则更多地依赖一体化反馈效应。

（5）基于 2002 年、2007 年区域间投入产出表的沿海外向型产业区际转移定量测评及空间特征分析[②]。利用 2002 年、2007 年区域间投入产出表数据建立多区域投入产出模型，定量测算了沿海出口驱动型产业转移总体规模及比重、区域间产业转移规模及空间格局，以及行业区域间转移规模及特征，为判断外向型产业转移规模及空间特征提供依据。研究表明：①目前沿海产业转移趋势明显，但表现为以消费驱动为主、外向型产业转移比重较低特征；②区域间产业转移表现为东部向其他区域转出为主、中西部等落后地区以其他区域转入为主特征，少量区域间产业转出表现为地区内部转移特征，且中部地区产业二次转移明显；③行业转移以工业为主，且集中在沿海资源能源型行业转移上，污染产业转移特征明显。

3. 区域资源环境效应分析

（1）基于区域间投入产出表的中国区域产业结构调整的 CO_2 减排效果分析[③]。随着经济一体化进程的加快，区域间产业联系越来越紧密。分析区域产业活动 CO_2 的排放问题不能不分析区域间的产业联系。由于中国区域之间的产业结构、技术水平和能源利用效率存在很大的差异，在不同地区不同产业实施相同的减排措施，对全国产生的减排效果也会存在很大的差异。定量衡量这种差异对中国 CO_2 减排措施的实施和 CDM（Clean Development Mechanism，即清洁发展机制）项目的落实具有很强的指导意义。本书研究在区域间投入产出表的基础上，利用中国各省（自治区、直辖市）分行业的碳排放系数，建立了中国区域产业结构调整的 CO_2 减排模型，对各区域各行业的减排效果进行了分析。结论认为，东北地区和中部地区是减排效果最为明显的区域，而电力、热力、化工、采掘、金属冶炼及非金属制品等重工业行业是节能减排工作的重点行业。

（2）基于 2002 年、2007 年区域间投入产出模型的我国区域产业转移中“碳排放转移”及“碳泄漏”实证研究[④]。全球化贸易下国际产业转移“隐含碳排放”“碳转移”“碳泄漏”等碳污染效应已得到国内外学者的广泛关注与研究。然而我国目前正处于沿海产

① 周梁，冯迪. 市场规模结构化分解与一体化进程——基于我国区域间投入产出表的研究. 湘潭大学学报（哲学社会科学版），2016，40（2）：80-84

② 肖雁飞，万子捷，廖双红. 沿海外向型产业区际转移定量测评及空间特征分析——基于 2002、2007 年区域间投入产出表. 经济地理，2014，34（6）：124-129

③ 刘红光，刘卫东，唐志鹏，等. 中国区域产业结构调整的 CO_2 减排效果分析——基于区域间投入产出表的分析. 地域研究与开发，2010，29（3）：129-135

④ 肖雁飞，万子捷，刘红光. 我国区域产业转移中“碳排放转移”及“碳泄漏”实证研究——基于 2002 年、2007 年区域间投入产出模型的分析. 财经研究，2014，40（2）：75-84

业向中西部地区转移的关键时期，区域间产业转移导致的相关碳污染研究并没有得到相应关注。我们根据投入产出原理并结合中国 2002 年、2007 年区域间投入产出表基本数据，对中国 8 大区域间以出口和消费为导向的产业转移规模、流向和行业进行定量测评，并与 2007 年中国分区域分行业碳排放系数结合，以考察区域产业转移带来的“碳排放转移”和“碳泄漏”效应，并进一步探讨产业转移对区域碳排放的影响问题。所得结论是，通过东部沿海产业转移，西北和东北等地区成为“碳排放转移”“碳泄漏”重灾区，京津和北部沿海等地区则表现出产业转移碳减排效应，因而产业转移对不同区域碳排放的影响存在差异，表现为西北、东北等地区影响较大而东部沿海、京津等地区影响较小。因此，更为严厉的环境规制和差别化区域减排政策的制定迫在眉睫。

（3）区域间投入产出技术在碳足迹空间分布中的应用①。在区域间投入产出表的基础上建立了区域间碳足迹相互影响模型，以便分析最终消费碳足迹在哪里的问题。计算和分析了 2007 年中国不同省份的碳足迹及其特征，并以江苏省为例对区域间投入产出在碳足迹空间分布研究中的应用进行了说明。从最终消费视角看中国人均碳足迹（国内部分）并不高，但不同省份间存在很大差异，经济发达地区一般具有较高的人均碳足迹。就江苏省来看，其 39%的碳足迹发生在省外地区，以河北、内蒙古等资源型产业比重较大的省区以及河南、山东等农业及食品业较发达的省份为主。

12.2 空间经济分析

空间经济分析，按照理论发展的渊源②，可以分为产业形态下的区位模型、空间形态下的经济模型。

12.2.1 产业形态下的区位模型

克鲁格曼在《发展、地理学与经济理论》一书中总结归纳了经济地理学的五大传统，其中包括德国几何学、地租和土地利用。在古典经济学和新古典经济学视野下区位理论不断演进，从农业区位理论、工业区位理论、中心地区理论、市场区位理论扩展至区际贸易和国际贸易，从静态局部均衡到一般均衡分析，包含着空间经济的种子和萌芽。

1. 约翰·冯·杜能的农业区位理论

杜能研究的是农业区位问题，核心是对土地利用和地租的研究。他认为地租与距离是负相关的，形成了以城市为中心的同心圆环的圈层布局论，并于 1826 年撰写了巨著《孤立国同农业和国民经济的关系》，简称《孤立国》。杜能设想了一个孤立于世界之外，四周为荒地所包围的孤立国，其中心是一个大城市，这个城市是孤立国制造品的唯一供给者，而城市的食品则完全由四周的土地（一个农业大平原）供给；孤立国内各地自然

① 刘红光，范晓梅. 区域间投入产出技术在碳足迹空间分布中的应用. 统计与信息论坛，2014，29（3）：59-64

② 梁琦，刘厚俊. 空间经济学的渊源与发展. 江苏社会科学，2002，（6）：61-66

条件和运输条件相同，农业生产的利润 $V=P-(C+T)$，其中 P 是农产品价格，C 是成本，T 是运费。他以利润最大化为目标函数，得出这样的结论：为了利润最大化目标，农场的品种选择与经营方式的首要决定因素是距离，即生产地与市场的距离。农场种植什么作物获利最大，主要不是由自然条件决定的，而是与特定农场（或地块）与中心城市（农产品消费市场）的远近密切相关；农业经营规模，也与距离密切相关，增加投入必须使价格与边际成本之差能偿付追加的成本与运费。当生产成本一定时，离中心城市越近，追加的运费越低；边际产量需偿付得越少，生产规模扩大的可能性就越大。

2. 劳恩哈特和韦伯的工业区位理论

劳恩哈特利用几何学和微积分，将网络结点分析方法应用于工厂的布局，1882 年发表《确定工商业的合理区位》一文，第一个提出了在资源供给和产品销售约束下，使运输成本最小化的厂商最优定位问题及其尝试性的解法。他构造了一个区位三角形，寻找使“里程运费在生产的区位中必须保持平衡”的最小值点，即区位三角形的极点。1885 年发表的《经济学的数学基础》一文，奠定了他在经济分析史上的显著地位。他研究运输对生产和消费的影响而建立了“劳恩哈特漏斗”，为解决异质双头垄断问题而建立了后来被称为“劳恩哈特–霍特林”的解法，研究了问题：两个位于街道不同地点的竞争供货商，在假定对方销售价已定的情况下如何使自己盈利最大。他还对位于同一地点的不同商品的销售商进行了类似的分析，表明他们的环形市场区域是如何由运输费用决定的。

阿尔弗雷德·韦伯是一位工业区位论的创始者，于 1909 年撰写了《工业区位论》，严谨地表述了一般的区位理论。韦伯将影响工业区位的因素分为两类：区域性因素和集聚因素。工业在某个地方集中是集聚力和分散力相互作用直至均衡的结果。集聚力受技术发展、劳动力组织变化、市场化因素及经济环境因素影响，分散力则可归结为伴随工业集聚而带来的地租增长的影响。韦伯设计了一个集聚函数，精确地表达了大工业单元对小工业单元的吸引程度，用公式表示为 $R=\dfrac{f(M)}{As}$，其中 M 是大工业单元的日生产量，R 是集聚的扩散半径，A 是工业区位重（运输单位产品的总重量），s 是运输价格。韦伯在分析厂商的定位决策时继承和扩展了劳恩哈特的方法，将劳恩哈特著名的“区位三角形”概念，一般化为区位多边形。韦伯也考虑了生产成本中的劳动费用，它和运输费用同样是影响厂商定位的重要因素。韦伯用聚集经济来描述企业外部经济，并指出聚集能否产生效益，既取决于聚集的企业种类与结构，也取决于聚集的规模。

3. 沃尔特·克里斯塔勒的中心地区理论

沃尔特·克里斯塔勒（Walter Christaller）于 1933 年出版了《德国南部的中心地区》一书，系统地阐明了中心地区理论，它基本说明了城镇为什么存在，决定城镇发展的因素是什么，以及它们在区域的次序排列是如何产生的。理论假设虽脱离现实，但克里斯塔勒因首创了以城市聚落为中心进行市场面与网络分析的理论，而受到理论界的重视，中心地区理论也被认为是一个静态的新古典构架。

4. 奥古斯特·勒施的区位经济理论

1939 年，奥古斯特·勒施（August Losch）出版了《区位经济学》，建立和发展了工业区位理论、经济区理论和市场区位理论。勒施以最概括性的描述将一般均衡理论应用于空间，距离本身成为中心。勒施从局部均衡转向一般均衡，并且研究区域的结构不同造成的影响。他认为布局问题是一个经济单位互动过程，提出了区位的一般方程，由五组平衡方程表示，分别反映五组均衡条件。勒施建立了市场区位理论，并研究了市场网络对工业区位的作用。

5. 俄林的区际贸易和生产布局理论

1977 年诺贝尔经济学奖获得者 B. C. 俄林（B. C. Ohlin）的《区际贸易与国际贸易》（Interregional and International Trade）[①]力图把贸易与布局问题结合起来，开拓了贸易与生产布局关系的新领域。俄林提到，国际贸易理论是一个"多边市场理论"，尤其重要的是，国际贸易理论是接近于布局理论的。布局理论比国际贸易理论更为广泛，贸易理论的一大部分可以看作布局理论的一小部分。

12.2.2　空间形态下的经济模型

20 世纪 80 年代，以保罗·克鲁格曼（Paul Krugman）为代表真正地将空间问题引入主流经济学，开创了空间经济学。在此之前也经历了区域经济学与城市经济学的探索。1956 年，Isard 出版了 *Location Space-Economy* 一书，将杜能、韦伯、克里斯塔勒、勒施等的模型整合为一个统一的易驾驭的框架，把区位问题重新表述为一个标准的替代问题：厂商可以被看作在权衡运输成本与生产成本，正如他们做出其他任何成本最小化或利润最大化的决策一样。这是一种开创性的贡献。但 Isard 也未能将空间问题带入经济理论的核心，其原因是他并没有提出一个一般区位均衡的理论，他的模型没有考虑规模经济和不完全竞争，只是一个残缺不全的空间模型，他没有对这一空间模型进行深入的理论研究，相反他开创了一个折中的应用领域——区域科学。1969 年，Jacbos 出版了 *The Economy of Cities* 一书。新城市经济学研究对象是城市系统、城市的内部空间结构，但是没有很好地解释城市是如何形成的。

诺贝尔奖评委会在对 2008 年度经济学奖得主克鲁格曼学术成就的评语中写道：通过将规模经济融入清晰的 CGE 模型，克鲁格曼加深了对贸易决定因素和经济活动区位的理解，他具有开拓性的研究体现在 1979 年和 1980 年发表的关于新贸易理论的论文，以及 1991 年用新的方法研究经济地理学的论文。他与 Helpman、Fujita 和 Venables 合写的著作展示了新理论的丰富内涵[②]。

---

① Ohlin B. Interregional and International Trade. Cambridge：Harvard University Press，1993：1-10

② 有关空间经济学的进展参见：梁琦. 空间经济学：过去、现在与未来——兼评《空间经济学：城市、区域与国际贸易》. 经济学（季刊），2005，4（4）：1067-1086. 具体文献见：藤田昌久 M，克鲁格曼 P，维纳布尔斯 AJ. 空间经济学：城市、区域与国际贸易. 梁琦，等译. 北京：中国人民大学出版社，2010：1-9

1. 分析基础

空间经济学的分析基础，在《空间经济学：城市、区域与国际贸易》中抑或称为建模策略或技巧，可以归纳为 D-S 模型、冰山成本、动态演化和计算机模拟。

（1）D-S 模型即由迪克西特和斯蒂格利茨将英国剑桥大学的 J. 罗宾逊（J. Robison）和美国哈佛大学的张伯伦（Edward Chamberlin）于 1933 年提出的垄断竞争思想赋予了严谨而漂亮的模型表述。空间经济学中的区域模型是将 D-S 模型应用于空间分析中，几乎可以将其视为 D-S 模型的空间版本。

（2）冰山成本则是萨缪尔森（Paul Samuelson）[①]的创造，本来在传统的贸易理论中是不考虑运输成本的，但现实贸易中运输成本是客观存在的，萨缪尔森并不特别描述运用资金和劳动力提供运输服务的行业，相反他建议人们想象货物在运输途中被“融化”了一些，最终只有一部分能到达目的地，损失的那一部分便是运输成本。空间经济学中所考虑的运输成本都是采用这种聪明的形式。毫不夸张地说：规模报酬递增和运输成本之间的权衡关系是空间经济理论的基础。

（3）空间经济的“演化”，指的是经济究竟是如何从一些（或许多）可能的地理结构中选择其一的。经济的地理结构是有多种均衡的可能性的，这意味着历史和偶然决定了在那些经济地理各种各样可能的均衡结构中最终哪一种会脱颖而出。经济地理的演化就反映了这种历史和偶然。而空间经济学中分析这种演化过程的基本方法就类似于 ad-hoc dynamics（即特别动态方法）。

（4）克鲁格曼等在这本书中建立的所有模型，都是借助于数值方法来解决的。人们可以发现，出于某种原因，即便是最简单的阐述，单纯运用解析法是不可能的，想给那些均衡方程组找到一个解析解是极其困难的。那么使用数值方法肯定离不开计算机，需要计算机模拟。

2. 基本模型

空间经济学中有三种模型：区域模型、城市模型和国际模型。

1）区域模型——中心–外围模型

克鲁格曼的中心–外围模型考虑的是一个只有农业和制造业两个部门的经济，农业部门是完全竞争的，生产单一的同质产品，而制造业部门是垄断竞争的，供给大量的差异化产品，具有收益递增的特征。两个部门分别仅使用一种资源——劳动力；农业雇用劳动力要素不可流动，而制造业工人可以自由流动。农产品无运输成本，而制造品则存在冰山成本。经济的演化将可能导致中心–外围格局——制造业“中心”和农业“外围”，条件有三个：当运输成本足够低时；当制造业的差异产品种类足够多时；当制造业份额足够大时。较大的制造业份额意味着较大的前向关联和后向关联，它们是最大的集聚力（克鲁格曼特别提倡这种金融外部性是集聚的驱动力）。关键系数的微小变化会使经济发生波动，原先两个互相对称的地区发生转变，起初某个地区的微弱优势不断积累，最终

① Samuelson P A. The transfer problem and transport costs：the terms of trade when impediments are absent. Economic Journal，1952，62（246）：278-304

该地区变成产业集聚中心，另一个地区变成非产业化的外围。也就是说，经济演化使对称均衡在分岔点上瓦解，区域性质发生突变。

中心–外围模型仅包括两个地区，而且农业地区在两个地区间平均分布，它是前面所描述模型的一个特例。这意味着不必明确写出各地区的农业份额，因为它们都是$\frac{1}{2}$。此外，还可以对符号稍作简化，令T为两地之间的运输成本，无下标的λ为地区 1 的制造业份额（$1-\lambda$代表地区 2 的制造业份额），则下面的 8 个方程可以描述瞬时均衡：

$$Y_1 = \mu\lambda\omega_1 + \frac{1-\mu}{2} \tag{12.29}$$

$$Y_2 = \mu(1-\lambda)\omega_2 + \frac{1-\mu}{2} \tag{12.30}$$

$$G_1 = [\lambda\omega_1^{1-\sigma} + (1-\lambda)(\omega_2 T)^{1-\sigma}]^{\frac{1}{1-\sigma}} \tag{12.31}$$

$$G_2 = [\lambda(\omega_1 T)^{1-\sigma} + (1-\lambda)\omega_2^{1-\sigma}]^{\frac{1}{1-\sigma}} \tag{12.32}$$

$$\omega_1 = [Y_1 G_1^{\sigma-1} + Y_2 G_2^{\sigma-1} T^{1-\sigma}]^{\frac{1}{\sigma}} \tag{12.33}$$

$$\omega_2 = [Y_1 G_1^{\sigma-1} T^{1-\sigma} + Y_2 G_2^{\sigma-1}]^{\frac{1}{\sigma}} \tag{12.34}$$

$$\omega_1 = \omega_1 G_1^{-\mu} \tag{12.35}$$

$$\omega_2 = \omega_2 G_2^{-\mu} \tag{12.36}$$

以上 8 个方程，分别为收入方程、价格指数方程、名义工资方程、实际工资方程[①]。

将两地区的例子推广至多个地区与连续空间，克鲁格曼用 Turing 方法证明了中心–外围模型中的结论仍然有意义，集聚因素将使在多个地区和连续空间中产生数量更少，规模更大的集中。而即便放松农业运输成本为零这一非现实假设，基本结论也不会有多少改变。当然中心–外围模式能够发生并不表示必然发生，即便发生是否可维持也是有条件的。在一定的条件下，一个地区形成的产业集聚可以自我维持，但在同等条件下，产业在两个地区分布也是稳定的。同时这也表明真实世界中的空间地理结构要比想象的复杂得多。

2）城市模型——城市层级体系的演化

空间经济学中城市模型探讨以下问题：城市究竟是如何出现的？为什么在人口和企业不断流动的情况下，城市仍然持久不衰？为什么城市会形成不同层级？经济究竟是如何从单一中心地理向多城市地理发展的？形成城市层级体系的自组织结构是如何演化的？一个优化的经济体中城市规模应该有多大，又该如何分布？

城市模型以杜能的“孤立国”为起点，定义城市为制造业的集聚地，四周被农业包围。然后逐渐增加经济的人口，农业腹地的边缘与中心的距离逐渐增加，当达到一定程度时，某些制造业会向城市外迁移，导致新城市的形成。人口的进一步增长又会生成更

---

① 藤田昌久 M，克鲁格曼 P，维纳布尔斯 A J. 空间经济学：城市、区域与国际贸易. 梁琦，等译. 北京：中国人民大学出版社，2010：48-53

多的城市，然后继续向下发展。一旦城市的数量足够多，城市的规模和城市间的距离在离心力和向心力的相对强度下将在某一固定水平下稳定下来。

为了解真正的中心地区模型需要具备哪些条件，假设现在有两类制造业，行业 1 和行业 2，雇用的劳动力分别占总人口的 μ_1 和 μ_2。两个行业的参数不同，这种差异使行业 2 的临界值 S^*（值得建立新工厂的农业部门边界的距离）是行业 1 的好几倍。假设刚开始所有的制造业都集中在一个城市，同时允许人口增长。

可能发生的情况是，当新的城市形成时，这些城市一开始只包含“层次较低”的行业 1。随着农业的边界不断向外扩张，在行业 2 值得建立新工厂之前，会形成几个“第 1 类”（type1）城市。

然而当行业 2 建立新工厂后有利可图时，新工厂不仅要为农村人口提供商品，还要尽量向就业于第 1 类城市的工人靠拢。行业 2 的市场潜力函数在已经形成的第 1 类城市处取得最大值。这似乎表明（但不确定），行业 2 会在第一类企业集聚的地方建立新企业。至此，已经能了解其大概的进程：人口的增长会导致一系列小城市的形成，这些城市只包含行业 1；然后出现了一个既包含行业 1 又包含行业 2 的更大的城市；最后继续发展。总之，经济体中形成了一个中心地区层级。

经济中有大量规模各异和运输成本不同的行业，经济将形成层级结构。这种城市结构的未来趋势取决于“市场潜力”参数。经济演化的过程可看作市场潜力与经济区位的共同作用，市场潜力决定经济活动的区位，而区位的变化重新描绘了市场潜力。

为了说明这个单中心结构是一个均衡，定义制造业的（市场）潜力函数为

$$\Omega(r) \equiv \frac{\omega^M(r)^\sigma}{\omega^A(r)^\sigma} \tag{12.37}$$

其中，$\omega^A(r)$ 是地区 r 代表性农业生产者的实际工资率（也是中心城市中制造业工人的实际工资率）；同时，$\omega^M(r) \equiv w^M(r)G(r)^{-\mu} p^A(r)^{-(1-\mu)}$ 是地区 r 零利润制造厂商愿意支付的最高实际工资率。由于 $\omega^A(r) = \omega^M(0)$，所以中心城市的市场潜力为 1。单中心地理是稳定的，并且当且仅当：

$$\Omega(r) \leqslant 1, \text{ 对所有的} r \tag{12.38}$$

亦即，在其他地区，零利润厂商无法支付比工人现在的工资水平更高的工资。

为了推导出市场潜力函数，首先将式（12.37）改写为

$$\Omega(r) = \frac{\omega^M(r)^\sigma}{\omega^A(r)^\sigma} = \frac{w^M(r)^\sigma}{w^A(r)^\sigma} = w^M(r)^\sigma \mathrm{e}^{\sigma[(1-\mu)\tau^A - \mu\tau^M]|r|} \tag{12.39}$$

由此可以看出，每个地区的实际工资之比都等于名义工资之比，并且农业部门的名义工资是 $\omega^A(r) = \mathrm{e}^{[\mu\tau^M - (1-\mu)\tau^A]r}$。现在的研究方法与中心–外围模型的研究方法完全相同，需要知道制造业工人的工资方程，这个方程恰恰就是工资方程在连续空间下的形式：

$$w^M(r) = \left[Y(0)\mathrm{e}^{-(\sigma-1)\tau^M|r|}G(0)^{\sigma-1} + \int_{-f}^{f} Y(s)\mathrm{e}^{-(\sigma-1)\tau^M|r-s|}G(s)^{\sigma-1}\mathrm{d}s\right]^{\frac{1}{\sigma}} \tag{12.40}$$

还需要制造业的价格指数及收入的空间分布。价格指数已由方程 $G(r) \equiv \left(\frac{L^M}{\mu}\right)^{\frac{1}{1-\sigma}} \mathrm{e}^{\tau^M|r|}$ 给出。至于收入，城市中有 L^M 个制造业工人，所以收入也就是这些制造业工人的总工资 $w^M L^M$。其他地区的收入是农产品的价值，简单地说就是 $p^A(r)$，所以

$$\begin{aligned} &若 r=0，则 Y(r)=w^M(r)L^M \\ &若 r\neq 0，则 Y(r)=p^A(r)=p^A\mathrm{e}^{-\tau^A|r|} \end{aligned} \tag{12.41}$$

区位优势有催化作用：当一个新的中心出现时，一般情况下会是在这个地区而不是在其他地区形成，而一旦中心形成，它通过自我强化不断发展形成扩大规模，起初的区位优势与集聚的自我维持优势相比就显得不那么重要了，这就是空间经济的自组织作用。随着人口的增长和变迁，经济如何从单中心地理演化成多中心地理？新城市终究在什么时候什么地点出现？城市规模的分布可否预测？自组织结构如何决定城市空间体系的演化过程？市场潜力曲线如何决定城市空间体系的演化路径？空间经济学将会大大拓展我国城市经济学与区域经济学（两门学科之间的界限一直都很模糊）的研究领域、研究思路和研究方法。

3）国际模型——产业集聚与国际贸易

国际模型主要讨论国际专业化与贸易、产业集聚、可贸易的中间产品和贸易自由化趋势对一国内部经济地理的影响。贸易和经济地理（区位理论）应该融为一体，这一点细读俄林在国际贸易方面的开山之作——《区际贸易和国际贸易》就能理解。空间经济学则想填平贸易和经济地理两个学科分支之间的鸿沟。在前面两个中心-外围模型和城市体系模型中，要素流动在集聚形成中都起着关键的作用。但是在现实生活中，生产要素的流动会受到种种限制。在世界范围内考虑要素流动，“国界”是不可避免的影响因素。之所以有国际贸易理论存在，就是因为有国界的存在。国际贸易壁垒和要素流动障碍都是国界惹的祸（即便没有正式的贸易壁垒，国界仍然会产生大量的实际的贸易壁垒）。正是因为国界，在中心-外围模型中起关键作用的产业关联效应，并不能导致世界人口向有限几个国家集聚，却能产生一种专业化过程，使特定产业向若干个国家集聚。那么关联效应、贸易成本（涉及运输成本和贸易壁垒）和国际不平等或世界经济的“俱乐部收敛”之间有什么关系？对外贸易如何影响内部地理？随着世界经济一体化的进程，不同产业区域的专业化模式和贸易模式将如何改变？一个忽略国界的“无缝”的世界（更完美的一体化世界）将是什么样子？空间经济学力图回答这些问题。

而对一国内部来说，开放对外贸易是提升了还是抑制了国内的区域专业化水平，国际贸易的传统理论考虑的是国际间专业化分工与贸易所得，将空间经济理论应用到国际贸易传统问题，更强调了外部经济在贸易中的作用，即行业层面上（与单个厂商层面上相比）的收益递增会导致在其他方面相似的国家专业化生产不同的商品。对于世界经济的一体化趋势，本书的模型表明，虽然从总体上看贸易自由化会使一个国家的工业在空间上显得更加分散，但是对某些工业而言，贸易自由化却可能带来空间集聚。这隐喻着由于存在这些效应，对外开放所带来的国民福利的增进，比通常讲的贸易所带来的福利

要多得多。一般认为，国际贸易所得来自于消费者所得和生产者所得，其中后者是通过发挥比较优势，从而改变产业结构所带来的。但空间经济地理的分析表明，贸易可以导致内部经济地理的重新组织，它既在总体上促使制造业活动变得更加分散，又促使某些产业发生集聚。当一个产业为了适应贸易方式的变化而重新组织生产时，意味着贸易也许通过更深一层作用机制，来改变一国经济的福利水平。

为了推导出完整的多国多产业模型，首先着重研究厂商的数量及单一种类产品的价格，然后再转而研究就业水平和工资。R 表示国家的数目，下标指的是国家；H 表示产业的数量，用上标来区分特定产业变量。

首先，给出价格指数的定义：

$$G_r^i = \left[\sum_{s=1}^{H} n_s^i (p_s^i T_{s,r})^{1-\sigma} \right]^{\frac{1}{(1-\sigma)^*}}, \quad i = 1,2,\cdots,H; r,s = 1,2,\cdots,R \tag{12.42}$$

r国产业i内厂商的定价形式如下：

$$p_r^i = (w_r^i)^{\alpha^i} \prod_{j=1}^{H} (G_r^j)^{\alpha^{ji}} \tag{12.43}$$

在式（12.43）中，等号的右边是劳动和中间产品的科布–道格拉斯成本函数，其中，α^i 是劳动份额；α^{ji} 是产业i承担的由产业 j 的中间产品投入所造成的单位成本。$\sum_j \alpha^{ji} - \alpha^i \leqslant 1$，且如果该式为严格不等式，那么一部分农产品就被用作中间产品，因此投入份额的总和为单位 1。与以前一样，选择产出的计量单位，使产品加价与成本参数相互抵消。

s国对r国产业i的单位产出的需求为

$$q_{r,s}^i = \left(p_r^i\right)^{-\sigma} \left(\frac{T_{r,s}}{G_s^i} \right)^{1-\sigma} E_s^i \tag{12.44}$$

其中，E_s^i 表示s国用于购买产业i的产品支出。选择计量单位，由零利润条件可得每个厂商的均衡产出水平为 $\frac{1}{\alpha^i}$，所以

$$q_r^i = \sum_{s=1}^{R} q_{r,s}^i = \frac{1}{\alpha^i} \tag{12.45}$$

各国用于各产业产品的支出为

$$E_r^i = \mu^i (Y_r - \overline{Y}) + \sum_{j=1}^{H} \alpha^{ij} n_r^j p_r^j q_r^j \tag{12.46}$$

各部门的工资支出为

$$L\lambda_r^i w_r^i = \alpha^i n_r^i p_r^i q_r^i = n_r^i p_r^i \tag{12.47}$$

收入为

$$Y_r = \sum_{j=1}^{H} L w_r^j \lambda_r^j + A\left(1 - \sum_{j=1}^{H} \lambda_r^j\right) L \tag{12.48}$$

可以消去 n_r^i 和 p_r^i 中的项，利用式（12.43）和式（12.44），可将价格指数方程（12.42）化为

$$(G_r^i)^{1-\sigma} = \sum_{s=1}^{H} L\lambda_s^i T_{sr}^{1-\sigma} (w_s^i)^{1-\sigma\alpha^i} \prod_{j=1}^{H} (G_s^j)^{-\sigma\alpha^{ji}} \tag{12.49}$$

利用式（12.43）~式（12.45）确定工资方程：

$$\left[\left(w_r^i\right)^{\alpha^i} \prod_{j=1}^{H} \left(G_r^j\right)^{\alpha^{ji}} \right]^{\sigma} = \alpha^i \sum_{s=1}^{R} \left(\frac{T_{rs}}{G_s^i} \right)^{1-\sigma} E_s^i \tag{12.50}$$

式（12.46）变形为

$$E_r^i = \mu^i (Y_r - \overline{Y}) + \sum_{j=1}^{H} \frac{L\lambda_r^j w_r^j \alpha^{ij}}{\alpha^i} \tag{12.51}$$

在给定产业间劳动分配的条件下，式（12.49）~式（12.51）加上式（12.48）决定了价格指数、工资、支出及收入的均衡值。从长期来看，该模型会调整到使不同部门间的工资水平均等。

12.3 空间数据分析

在《现代地理科学词典》中，空间数据是指用来表示空间实体的位置、形状、大小和分布特征等方面信息的数据。空间数据同时还保存与空间对象相关的属性信息。空间数据是一种用点、线、面及实体等基本空间数据结构来表示人们赖以生存的自然世界的数据，是数字地球的基础信息。数字地球功能的绝大部分将以空间数据为基础。现在空间数据已广泛应用于社会各行业、各部门，如城市规划、交通、银行、航空航天等。以上是从地理学角度进行的界定，在涉及区域范畴的数据获取中并不限于此。

12.3.1 空间数据获取及其性质

空间数据从不同角度可以分为多种类型。从数据的空间与时间属性讲，空间数据可以分为空间维度的横截面数据、空间与时间两个维度的面板数据及连续数据和离散数据。从区域范围讲，空间数据可以分为国别数据、省域数据、地市数据、县域数据、村镇数据等，一般可以从相关的统计年鉴中获取。从获取路径讲，空间数据可以分为政府层面的普查数据、研究者层面的调查数据。从技术支持讲，从地理信息系统（geographic information system，GIS）、智慧城市、智慧交通等空间信息系统获取的数据，当下大数据的产生和广泛应用，亦将对空间数据的获取和研究产生重大影响。

空间效应反映了空间数据的主要性质，也是空间数据分析的核心概念。空间效应可以分为空间相关性和空间异质性两类①。

空间相关性是指不同位置的观测值在空间上是非独立的，呈现出某种非随机的空间模式。虽然空间相关性与时间序列相关有类似之处，但由于空间数据具有两维多方向性的特点，所以不能直接套用传统数据分析方法来研究空间相关性。

① 张馨之. 空间数据分析方法在经济增长研究中的应用述评. 宁夏社会科学，2006,（2）：45-48

空间异质性是指经济行为或经济关系在空间上不稳定，在模型中表现为考察变量、模型参数和误差项方差随区位变化。与空间相关性不同的是，大部分空间异质性问题可以通过传统数据分析方法来解决。但事实上，空间相关性和空间异质性往往同时存在，仅仅依靠传统的数据分析方法无法区分这两类性质。

12.3.2　空间统计分析

空间统计分析或称空间统计学，伴随着地质勘探需要、航空和卫星遥感空间高新技术应用而发展起来。它以具有地理空间信息特性的事物现象的空间相互作用及变化规律为研究对象，将统计学和现代图形计算技术结合起来，用直观的方法展现空间数据中隐含的空间分布、空间模式及空间相互作用等特征。空间统计数据的空间多维特征和时空相关的基础假设这两点是区别传统统计的最大特征。依据空间数据能了解研究对象的各种方位的详细特性。在许多方面，空间统计方法以全新的思维模式来观察事物，以全新的技术手段来搜集资源数据，从根本上改变了传统的统计观念，是对传统统计方法的重大革新①。

空间统计分析于 20 世纪 50 年代初开始形成，60 年代在法国著名统计学家 Matheran 的大量理论研究工作基础上形成一门新的科学分支，70 年代成为热点。空间统计分析是以区域化变量理论为基础，以变异函数为基本工具来研究分布于空间并呈现出一定的随机性和结构性的自然现象的科学。显然，凡是要研究某些变量的空间分布特性并对其进行最优估计，或要模拟所研究对象的离散性、波动性或其他性质时都可应用空间统计分析的理论和方法②。

空间统计分析研究空间中的“点”的分布规律，是分散还是聚类，是自相关还是非自相关等。它最引人注目的是引入“邻居”这一概念，使这一概念渗透到统计分析的一些领域中，从而导出一些新的模型和方法。研究空间自相关的必要性在于大多数统计学是建立在样本观察值是相互独立的假设基础上的，若样本存在空间自相关则就否定了基本假设，这样建立在此假设基础上的研究也就不科学了。空间自相关分析用于衡量在一个地域上空间自相关的程度或者检验假设的独立性或任意性。检验空间自相关常用的方法是 Moran 在 1950 年提出的 Moran 指数和 Geary 在 1954 年提出的 Geary’s C 指数。

空间统计分析中常用的描述性指标主要是在空间权重矩阵基础上发展出来的空间自相关分析指标，包括全局 Moran 指数和局部 Moran 指数，以及四分位图分析和回归分析等。这里仅对空间权重矩阵及空间相关性指标进行说明③。

1. 空间权重矩阵

空间权重矩阵用于度量空间单元之间的邻近关系，一般用二元对称空间权重矩阵 $\boldsymbol{W}$

---

① 马骊. 空间统计与空间计量经济方法在经济研究中的应用. 统计与决策，2007，(19)：29-31

② 罗良清，赵广岩. 空间统计方法在社会福利分析中的应用. 统计与决策，2006，(14)：19-20

③ 张保胜，许圣道. 基于空间统计视角的装备制造业基地网络构建. 郑州大学学报（哲学社会科学版），2016，49(3)：53-56

来表示。一般的邻近关系可以用三种标准进行度量，第一种是邻接标准，第二种是距离标准，第三种是 K 值最邻近标准。权重矩阵的基本形式如下：

$$W=\begin{bmatrix} w_{11} & w_{12} & \cdots & w_{1n} \\ w_{21} & w_{22} & \cdots & w_{2n} \\ \vdots & \vdots & & \vdots \\ w_{m1} & w_{m2} & \cdots & w_{mn} \end{bmatrix}$$

根据邻接标准，当空间单元 i 和 j 相邻时，$w_{ij}=1$，否则，$w_{ij}=0$；按照距离标准，当空间单元 i 和 j 之间距离在给定距离之内时，$w_{ij}=1$，否则，$w_{ij}=0$；K 值最邻近标准通常在给定空间单元周围，选择最相邻的 4 个或 6 个单元来计算 K 值最邻近权重矩阵。

2. 空间自相关

空间自相关描述空间单元中各现象之间的相互影响关系，表示自我相关或空间观测单元之间的一个参考特征的空间依赖性。空间依赖性有全局和局部两个指标，即全局自相关和局部自相关。全局自相关从整体反映区域自相关程度，局部自相关反映每一个空间单元与邻近单元某一属性的相关程度。有全局 Moran 指数和局部 Moran 指数两种指标。公式如下：

（1）全局 Moran 指数：

$$I=\frac{\sum_{i=1}^{n}\sum_{j=1}^{n}W_{ij}(Y_i-\overline{Y})(Y_j-\overline{Y})}{S^2\sum_{i=1}^{n}\sum_{j=1}^{n}W_{ij}} \tag{12.52}$$

其中，$S^2=\frac{1}{n}\sum_{i=1}^{n}(Y_i-\overline{Y})^2$；$\overline{Y}=\frac{1}{n}\sum_{i=1}^{n}Y_i$；$Y_i$ 表示 i 区域某种属性的观测值。Moran 指数的值在−1~1，为正值时，表明属性值较高或较低的单元分别聚集在一起；为负值时，表明属性值较高和较低的单元聚集在一起；为零时，表明属性值数据独立随机分布。

Moran 指数的显著性检验可用统计量 Z 进行检验，其公式为

$$Z(d)=\frac{I-E(I)}{\sqrt{\mathrm{VAR}(I)}} \tag{12.53}$$

其中，$E(I)$ 和 $\mathrm{VAR}(I)$ 是期望值和方差。

（2）局部 Moran 指数：

$$I_i=z_i\sum w_{ij}z_j \tag{12.54}$$

其中，z_i 和 z_j 是所研究单元属性值标准化后的值，空间权重矩阵元素 w_{ij} 采用行标准化，以消除外在影响。若 I_i 显著为正且 z_i 大于 0，则空间单元 i 和周边单元的属性值都较高，属于高值集聚区域（HH）；若 I_i 显著为正且 z_i 小于 0，则空间单元 i 和周边单元的属性值都较低，属于低值集聚区域（LL）；若 I_i 显著为负且 z_i 大于 0，则空间单元 i 的属性值高于其周边单元，属于高低集聚（HL）；若 I_i 显著为负且 z_i 小于 0，则空间单元 i 的属性值远低于其周边县域，属于低高聚集（LH）。局部 Moran 指数揭示区域的局部空间依赖性

和异质性，一般以 Moran 散点图揭示相关特征[①]。

12.3.3　空间计量分析

空间计量经济学的概念最早由 Paelinck[②]提出，后经 Anselin[③]等学者的努力得到发展，并逐步形成了空间计量经济学的框架体系。空间计量经济学的研究是计量经济研究的一个新的内容，也是未来计量经济研究的一个重要发展方向。长期以来，在主流的经济学理论中，空间事物无关联及均质性假定的局限，以及普遍使用忽视空间效应的普通最小二乘法进行模型估计，使实际经济研究的结果不够完整、科学，缺乏应有的解释力。空间计量经济方法的产生和发展弥补了传统计量经济方法的不足。

Anselin 将空间计量经济学定义为："在区域科学模型的统计分析中，研究由空间引起的各种特性的一系列方法。"[④]空间计量经济学研究领域涉及五个方面：空间相互依存的设定、空间关系的非对称性、空间解释变量的重要性、过去的和将来的相互作用之间的区别以及空间模拟。这些领域强调计量经济学中空间变量表述的重要性，如距离衰减函数、空间的组织形式。下面给出一些常见的空间计量模型[⑤]。

1. 横截面空间计量模型

横截面数据是空间上不同经济单位，同一时间的经济数据。针对不同情况，有六类计量模型。

（1）广义嵌套式空间（general nesting spatial，GNS）模型。GNS 模型既考虑了因变量的空间滞后，也考虑了自变量和误差项的空间滞后，其模型形式为

$$\boldsymbol{Y}=\delta\boldsymbol{WY}+\alpha\boldsymbol{\tau}_N+\boldsymbol{X}\beta+\boldsymbol{WX}\theta+\boldsymbol{u},\boldsymbol{u}=\lambda\boldsymbol{Wu}+\boldsymbol{\varepsilon} \tag{12.55}$$

其中，$\boldsymbol{W}$ 代表空间权重矩阵；$\boldsymbol{WX}$ 代表因变量的空间滞后项；$\boldsymbol{WX}$ 代表自变量的空间滞后项；$\boldsymbol{Wu}$ 代表误差项的空间滞后项；$\boldsymbol{\tau}_N$ 代表元素为 1 的列向量。

（2）广义空间自回归模型（spatial auto correlation model，SAC 模型）。SAC 模型考虑了因变量和误差项的滞后项，其表达形式为

$$\boldsymbol{Y}=\delta\boldsymbol{WY}+\alpha\boldsymbol{\tau}_N+\boldsymbol{X}\beta+\boldsymbol{u},\boldsymbol{u}=\lambda\boldsymbol{Wu}+\boldsymbol{\varepsilon} \tag{12.56}$$

（3）空间杜宾模型（spatial Dubin model，SDM）。SDM 考虑了自变量和因变量的空间滞后项，其表达形式为

$$\boldsymbol{Y}=\delta\boldsymbol{WY}+\alpha\boldsymbol{\tau}_N+\boldsymbol{X}\beta+\boldsymbol{WX}\theta+\boldsymbol{u} \tag{12.57}$$

（4）空间杜宾误差模型（spatial Dubin error model，SDEM）。SDEM 考虑了自变量和误差项的滞后项，其表达形式为

---

① 有关局部空间统计在区域经济分析中的应用，可以参见：陈斐，陈秀山. 局部空间统计在区域经济分析中的应用. 华中师范大学学报（人文社会科学版），2006，45（4）：51-55

② Paelinck J H P，Klaasen L H. Spatial Econometrics. Farnbrough：Saxon House，1979

③ Anselin L. Spatial econometrics：methods and models. Studies in Operational Regional Science，1988，85（411）：310-330

④ 杨开忠，冯等田，沈体雁. 空间计量经济学研究的最新进展. 开发研究，2009，（2）：7-12

⑤ 孙久文，姚鹏. 空间计量经济学的研究范式与最新进展. 经济学家，2014，（7）：27-35

$$\boldsymbol{Y} = \alpha\boldsymbol{\tau}_N + \boldsymbol{X}\beta + \boldsymbol{WX}\theta + \boldsymbol{u},\ \ \boldsymbol{u} = \lambda\boldsymbol{Wu} + \boldsymbol{\varepsilon} \tag{12.58}$$

（5）空间滞后（spatial autoregressive，SAR）模型。SAR 模型只考虑了因变量的空间滞后项，其表达形式为

$$\boldsymbol{Y} = \delta\boldsymbol{WY} + \alpha\boldsymbol{\tau}_N + \boldsymbol{X}\beta + \boldsymbol{u} \tag{12.59}$$

（6）空间误差模型（spatial error model，SEM）。SEM 只考虑了误差项的滞后项，其表达形式为

$$\boldsymbol{Y} = \alpha\boldsymbol{\tau}_N + \boldsymbol{X}\beta + \boldsymbol{u},\ \ \boldsymbol{u} = \lambda\boldsymbol{Wu} + \boldsymbol{\varepsilon} \tag{12.60}$$

空间计量经济学模型在 2007 年之前只存在空间滞后模型和空间误差模型，随着空间计量经济学的蓬勃发展，空间计量经济学模型的形式也越来越多。空间计量经济学模型之间可以转换，正如 Elhorst 介绍的那样，空间计量经济学到传统计量经济学是从“一般”到“特殊”。

2. 面板空间计量模型

面板数据是指多经济单位的经济指标的多维时间序列的集合，可以将目前的面板空间计量模型分成三类。

（1）空间混合模型。类似于普通面板模型，当研究样本不存在个体效应的差异时，空间面板数据模型采用简单的混合模型形式。

混合效应空间滞后模型：

$$\boldsymbol{Y}_t = \delta\boldsymbol{WY}_t + \boldsymbol{X}_t\beta + \boldsymbol{u}_t \tag{12.61}$$

混合效应空间误差自相关模型：

$$\boldsymbol{Y}_t = \boldsymbol{X}_t\beta + \boldsymbol{u}_t,\ \ \boldsymbol{u}_t = \lambda\boldsymbol{Wu}_t + \boldsymbol{\varepsilon}_t \tag{12.62}$$

（2）空间个体效应模型。如果对不同的截面，模型的截距不同，那么应在空间混合模型中加入个体效应项。

个体效应空间滞后模型：

$$\boldsymbol{Y}_t = \delta\boldsymbol{WY}_t + \boldsymbol{X}_t\beta + \boldsymbol{\alpha} + \boldsymbol{u}_t \tag{12.63}$$

个体效应空间误差模型：

$$\boldsymbol{Y}_t = \boldsymbol{X}_t\beta + \boldsymbol{\alpha} + \boldsymbol{u}_t,\ \ \boldsymbol{u}_t = \lambda\boldsymbol{Wu}_t + \boldsymbol{\varepsilon}_t \tag{12.64}$$

根据 α 为固定效应或随机效应面板固定，分别设为固定效应空间滞后或空间误差自相关模型，同样随机效应也可以分为这两个模型。

（3）动态空间面板数据模型。动态空间面板数据模型即在动态面板模型中引入空间效应。

动态面板数据空间滞后模型：

$$\boldsymbol{Y}_t = \gamma\boldsymbol{Y}_{t-1} + \delta\boldsymbol{WY}_t + \boldsymbol{X}_t\beta + \boldsymbol{\alpha} + \boldsymbol{u}_t \tag{12.65}$$

动态面板数据空间误差模型：

$$\boldsymbol{Y}_t = \gamma\boldsymbol{Y}_{t-1} + \boldsymbol{X}_t\beta + \boldsymbol{\alpha} + \boldsymbol{u}_t,\ \ \boldsymbol{u}_t = \lambda\boldsymbol{Wu}_t + \boldsymbol{\varepsilon}_t \tag{12.66}$$

基于空间效应的空间计量模型是对传统计量经济学的拓展，对认识区域空间单元之间存在的客观经济规律具有良好的解释力和重要研究价值。在具体应用方面，空间计量

分析已经应用于具有空间异质性和相关性的区域经济现象分析，如区域研发与创新、区域经济增长趋同与收敛、空间集聚与溢出、区域环境与绿色发展、外商直接投资区位分布、基础设施建设的区域效应、城市群与城镇化等问题。在具体分析过程中，要坚持明晰的问题导向，以可检验的经济理论为指导，在收集和处理空间数据的基础上，合理设定空间权重矩阵，选择或构建空间计量模型及估计方法，进而开展实证分析。总体而言，空间计量分析方法在运用方面仍处于不断完善中，其研究价值已经得到学术界的认同并对区域经济理论的验证和发展具有推动作用。

习题

1. 建立一个分析和预测奥运会的区域经济影响的区域间投入产出模型。
2. 如何运用空间经济学模型分析多地区协同发展战略？
3. 结合研究实例说明空间计量模型的选择与构建。

参 考 文 献

埃尔霍斯特 J B. 2015. 空间计量经济学：从横截面数据到空间面板. 肖光恩译. 北京：中国人民大学出版社

安虎森，张古，刘鹏. 2015. 分析“空间发展”的新方法——德斯米特和罗西-汉斯伯格的动态空间发展模型评述. 西南民族大学学报（人文社会科学版），36（12）：121-129

石敏俊，张卓颖，等. 2012. 中国省区间投入产出模型与区际经济联系. 北京：科学出版社

藤田昌久 M，克鲁格曼 P，维纳布尔斯 A J. 2010. 空间经济学：城市、区域与国际贸易. 梁琦，等译. 北京：中国人民大学出版社

张亚雄，刘宇，李继峰. 2012. 中国区域间投入产出模型研制方法研究. 统计研究，29（5）：3-9

第 13 章

证券数量分析基础

证券市场是现代金融主导的市场经济的基础结构的重要部分，经济的盛衰征兆都会反映在证券市场的表现上。现代经济学的最精致内容是金融经济学。

经过多年的发展，我国证券市场取得了长足的发展，除了大众熟知并广泛参与的股票市场和基金市场，还有期货市场（包括商品期货和金融期货）、债券市场（包括国债、企业债、地方债等）、期权市场等。我国的期权市场虽然初步建立，产品不是很丰富，但呈现快速发展的势头。除了 50ETF 期权产品，还有以期货合约为标的资产的期权产品。另外，还有重要的货币市场、大量的现货市场及虚拟货币市场。章末附录列出了一些重要的国内证券交易所信息。

所有的重要的证券交易都可以在一些重要的平台上查找相关背景信息和实时行情信息。本章讨论的所有证券信息，包括基本信息及行情信息，都可以在“大智慧证券信息平台”上找到和提取。关于各种平台提供信息的更深入应用，请读者在更专门的资料中学习。

13.1 股票数量分析基础

股票是大众最为熟悉的证券之一，也是众多各种各样的衍生证券赖以生存的基础证券。在本章要讨论的证券中，沪深 300 股指期货，虽然直接的基础是沪深 300 市场指数，但最终基础就是股票。50ETF 期权，其直接基础是 50ETF 基金，而 50ETF 基金是指数型的股票基金，其最终基础还是股票。所以了解股票，分析股票，有特别重要的意义。

对股票的基本分析有两种：一是股票价值分析；二是价格分析。

股票价值分析的基础是现金流贴现模型，即股票的价值由其未来能够带来的现金流的贴现和决定。设某投资者欲投资一只股票，未来第 i 年的现金流（股息收入）是 C_i，r 是预期贴现率，于是该股票的当前价值为

$$V=\sum_{i=1}^{\infty}\frac{C_i}{(1+r)^i} \tag{13.1}$$

式（13.1）假定了投资者对该股票无限期持有。因为每个人对未来现金流 C_i 的预期不同，对贴现率（也就是期望收益率）r 的选择不同，所以同一只股票在每个人预期中的价值 V 是不同的。正因为各个人的价值判断不同，才会有股票市场交易。如果大家对一只股票的价值判断完全一致，就不会有交易了。对经济形势、货币政策、市场供求及公司经营等所谓基本面的分析，都是为预测 C_i 或选取 r 提供依据，都是在做股票的价值分析。

如果公司经营稳定，如每年（期）都有相同的现金流 C 流入，这时式（13.1）变为 $\frac{V}{C}=\frac{1}{r}$ 或 $\frac{C}{V}=r$。以市场价格 P 代替 V，前者就是所谓的市盈率分析，后者就是收益率分析。现实中很难有这种有稳定的现金流流入的公司（所谓的大盘蓝筹股相对比较符合这样的特点），价值分析能够发挥作用的舞台相对有限，所以很多人在进行股票分析时更加注重价格分析。

价格分析就是对给定股票市场价格走势的预期分析。例如，基于交易行情历史数据的图表、指标的技术分析，就属此列。在我国，针对能够影响股票价格走势的大资金（通常所谓“庄家”）行为的研究也很流行。关于股票价格分析的理论和方法非常多，然而除随机游走理论外，这些理论都不具有学术地位。随机游走理论认为，当和股票有关的信息传入市场后，信息刺激股价做相应的运动。由于不能事先知道会有什么样的信息进入市场，所以股价运动也是随机的、不可预测的。因此对股票进行的任何分析都是无意义的。然而由于投资者对信息的理解及各种交易制度方面的限制，股价可能并不能一下反应到位，所以各种市场分析还是必要的[①]。

对于期货，有与股票相同的价格分析技术。而且由于期货交易制度的 T+0（当天买入当天可以卖出。股票市场实行 T+1 的交易制度，买入当天不可卖出，至少要到下一个交易日才可以卖出）以及可以卖空等特点，技术分析更偏重于期货交易。

关于股票及期货的投资/投机分析等有专门的课程和大量的书籍，在此不再讨论。这里仅就债券、期货、期权等相对比较重要的证券的一些基本分析方法进行讨论。

13.2　债券价值分析

债券有各种形式，如贴现债券（零息债券）、直接债券（定息债券）、永久公债等。不同债券的价值计算公式有差异。债券的基本信息包括票面值、利息、期限等。

① 刘海啸. 上证指数序列中的 Fibonacci 数字和黄金比率. 数学的实践与认识，2007，37（10）：13-21

13.2.1　传统附息票债券估价的基本公式

传统附息票债券是指固定利率、定期付息、到期一次还本的债券。设有某债券，到期的本金（债券面值）是 M，债券票面年利率（名义利率）是 r，债券期限是 n 年，每年付息次数是 m。假设从某年的年初开始投资，选择的折现率是 i，按照现金流量贴现法，该债券在 n 年末到期时的价值评估值为

$$\mathrm{PV}=\sum_{t=1}^{m\cdot n}\frac{\dfrac{M\cdot r}{m}}{\left(1+\dfrac{i}{m}\right)^{t}}+\frac{M}{\left(1+\dfrac{i}{m}\right)^{m\cdot n}} \tag{13.2}$$

式（13.2）的第一项是利息现金流的折现值，第二项是最后还本的折现值。当每年付息一次即 $m=1$ 时，式（13.2）变为

$$\mathrm{PV}=\sum_{t=1}^{n}\frac{M\cdot r}{(1+i)^{t}}+\frac{M}{(1+i)^{n}}$$

【例 13.1】　某企业 2013 年 5 月 1 日发行面额为 100 元的债券，票面利率为 8%，在债券发行日至到期日期间每年的 4 月 30 日、10 月 31 日各付息一次(每半年付息一次)，债券期限为 5 年，于债券到期日 2018 年 4 月 30 日一次还本。若投资要求的必要报酬率为 10%，要求评估该债券的价值。

解：根据题中描述，$M=100$，$m=2$，$n=5$，$r=8\%$，$i=10\%$，代入式（13.2），有

$$\mathrm{PV}=\sum_{t=1}^{2\times5}\frac{\dfrac{100\times8\%}{2}}{\left(1+\dfrac{10\%}{2}\right)^{t}}+\frac{100}{\left(1+\dfrac{10\%}{2}\right)^{2\times5}}=92.28\text{（元）}$$

即根据投资者的估价，只有当该债券的价格低于 92.28 元时才值得投资。

式（13.2）只适合估算新发行的债券的价值。如果某债券已经发行了一段时间，剩余的存续期限仅有 N 次付息，当前距下一次付息还有 T 天，则式（13.2）可修改为如下更通用的形式。

$$\mathrm{PV}=\frac{\mathrm{PV}_0}{1+\dfrac{T\cdot i}{365}} \tag{13.3}$$

$$\mathrm{PV}_0=\sum_{t=1}^{N}\frac{\dfrac{M\cdot r}{m}}{\left(1+\dfrac{i}{m}\right)^{t-1}}+\frac{M}{\left(1+\dfrac{i}{m}\right)^{N-1}}$$

其中，PV_0 是在当前之后第一次付息时点估价的债券现值；$\dfrac{T\cdot i}{365}$ 是 T 天时段的折现率；$\left(1+\dfrac{i}{m}\right)^{-1}$ 是整数贴现因子；$\left(1+\dfrac{T\cdot i}{365}\right)^{-1}$ 是非整贴现因子。

下面我们将针对债券现值估算等建立一个一般的、通用的工具，一个进行债券价值

分析的 Excel，通过该表格，很容易求出 PV ，并且还能进行更多的、更深入的分析。

13.2.2　债券收益率

对债券进行估值，必须指定贴现率，指定的原则就是投资者预期的收益率。对债券的估值是购买债券的机会成本。事实上，债券总是在按市场价格进行交易，投资者只能按市场价格购入债券，所以计算按现价买入债券的收益率是更为实用和合理的债券评估方法。

显而易见，如果以债券当前购买价格 P 代替式（13.3）中的 PV ，解方程（13.4）求其中的 i ，这个 i 就是以价格 P 投资该债券的收益率，在技术经济学中称为内部收益率。

$$P=\frac{1}{1+\frac{T\bullet i}{365}}\bullet\left(\sum_{t=1}^{N}\frac{\frac{M\bullet r}{m}}{\left(1+\frac{i}{m}\right)^{t-1}}+\frac{M}{\left(1+\frac{i}{m}\right)^{N-1}}\right) \tag{13.4}$$

式（13.4）是关于 i 的一个较复杂的非线性方程，没有解析解，但在现代信息技术下很容易求数值解。

13.2.3　债券价值评估实例

债券估价的分析计算，在 Excel 或 WPS 的电子表格中很容易实现。令 PV_k 为第 k 次付息后的所有现金流（包括第 k 次付息时点上的现金流）在此时点上的贴现和。设共有 N 个付息时点，则：

$$\mathrm{PV}_k=\frac{\mathrm{PV}_{k+1}}{1+\frac{i}{m}}+\frac{M\bullet r}{m},\quad 0\leqslant k<N \tag{13.5}$$

$$\mathrm{PV}_N=M+\frac{M\bullet r}{m} \tag{13.6}$$

$$\mathrm{PV}=\frac{\mathrm{PV}_0}{1+\frac{T\bullet i}{365}} \tag{13.7}$$

图 13.1 是设计的一个实现基本债券价值分析的 Excel 表截图，如图所示，行 1 到行 6 给出了债券的基本信息。对于给定的贴现率，如 C8 的 0.1，可计算出整数贴现因子和非整贴现因子，分别放置在 C11 和 C10 中。行 12 到行 16 是 $\mathrm{PV}_k(k=0,1,\cdots,4)$ 依据递推公式进行的计算，其中先计算 PV_4 。最后一行的 C16 就是 PV_0 ，再经由非整贴现因子贴现得现值 PV ，置于 C9。

对于不同的贴现率，可完成同样的计算，如 D、E、F、G 列所示。这样的计算可以通过复制粘贴简单实现。如果在计算结果现值中，找到了与债券价格相同的值，那么它对应的贴现率也就是该债券的收益率。

	A	B	C	D	E	F	G
1	债券面值（M）	100					
2	票面利率（r）	0.08					
3	每年付息次数（m）	2					
4	每次利息金额	4					
5	剩余付息次数（N）	4					
6	距下一次付息天数（T）	143					
7							
8	贴现率（i）		0.1	0.09	0.08	0.07	0.06
9	现值（PV）		96.66682854	98.72516093	100.8394432	103.0114849	105.2431632
10	非整贴现因子（1/（1+T*i/365））		0.962298972	0.965940667	0.969610031	0.973307378	0.977033032
11	整数贴现因子（1/（1+i/m））		0.952380952	0.956937799	0.961538462	0.966183575	0.970873786
12	付息时点价值PV(k)	4	104	104	104	104	104
13	付息时点价值PV(k)	3	103.047619	103.5215311	104	104.4830918	104.9708738
14	付息时点价值PV(k)	2	102.1405896	103.0636661	104	104.9498471	105.9134697
15	付息时点价值PV(k)	1	101.276752	102.6255178	104	105.4008185	106.8286114
16	付息时点价值PV(k)	0	100.4540495	102.2062372	104	105.8365396	107.7170984

图 13.1　基本债券价值分析的 Excel 实现

13.2.4　债券相关概念

连续复利、利率的期限结构和债券的久期是债券理论和应用分析中常用的三个概念，下面进行简单介绍。

1. 连续复利

复利就是把每个时期的利息当作以后时期的本金并计利息的一种计息方法。设某债券的初始本金是 A，单期利息率是 i，则按照复利，一期后的本利合计是 $A(1+i)$，两期后的本利合计是 $A(1+i)^2$，…，n 期后的本利合计是 $A(1+i)^n$。如果一期的长度小于一年，那么人们往往使用年化利率来表示利率的大小。例如，一期的长度是一个月，单期利息率是 1%，则年化利息率就是 1%×12=12%。但是在复利下，一年的实际利率是 $(1+1\%)^{12}-1\approx$ 12.68%。在一般情况下，设已知年化利率是 i，一年分 m 期计息，则实际年利率为

$$r=\left(1+\frac{i}{m}\right)^m-1$$

当计息次数 m 趋于无穷时，计息时间就成为连续的，这时的年化实际利率为

$$r=\lim_{m\to\infty}\left[\left(1+\frac{i}{m}\right)^m-1\right]=\mathrm{e}^i-1 \tag{13.8}$$

连续复利的另一种推导方式是，设一笔资金在时间 t 的总价值为 $V(t)$，其价值增长率就是

$$i=\frac{1}{V}\cdot\frac{\mathrm{d}V}{\mathrm{d}t}$$

当增长率为常数，初始时刻为 0 时，可以计算得 $\dfrac{V(t)}{V(0)}=\mathrm{e}^{it}-1$。当 $t=1$ 时，实际年利率就是 e^i-1。由此可知，连续复利率就是资本的价值增长率，实际利率就是资本价值的一年期增长率。

对于 i=10%，实际利率约为 10.517%；对于 i=12%，实际利率约为 12.75%。连续复利在经济理论研究中经常被使用。

2. 利率的期限结构

债券的期限不同，其票面利率也会不同。一般而言，较长的期限，意味着较大的不确定性，也就是较大的风险，因此会要求较多的风险补偿，故期限较长的债券，票面利率也会较高，但这只是一般情形。如果当前利率高企，市场预期利率在将来会持续下调，此时发行的债券，也可能期限越长利率越低。总之要具体情况具体分析。

所谓利率的期限结构就是指利率随期限的不同而不同这种现象。

3. 债券的久期

所谓久期，就是债券现金流现值的加权平均期限，也就相当于债券的平均偿债期。假设某债券的现金流是 $C(t)$，$t=1,2,\cdots,N$，投资从初始发行时刻起，那么该债券的久期为

$$D=\frac{1}{\sum_{t=1}^{N}\frac{C(t)}{(1+i)^t}}\bullet\sum_{t=1}^{N}\frac{tC(t)}{(1+i)^t}=\frac{1}{P}\sum_{t=1}^{N}\frac{tC(t)}{(1+i)^t} \tag{13.9}$$

式（13.9）中时间的单位是付息周期，如月、半年、年等。对于 13.2.1 小节中的传统附息票债券，基于式（13.3），其久期的一般计算公式为

$$D=\frac{1}{P}\bullet\left[\sum_{t=1}^{N}\frac{\frac{M\bullet r}{m}\bullet\left(t-1+\frac{T\bullet m}{365}\right)}{\left(1+\frac{T\bullet i}{365}\right)\left(1+\frac{i}{m}\right)^{t-1}}+\frac{M\bullet\left(N-1+\frac{T\bullet m}{365}\right)}{\left(1+\frac{T\bullet i}{365}\right)\left(1+\frac{i}{m}\right)^{N-1}}\right] \tag{13.10}$$

式（13.10）中的单位也是付息周期。如果每年付息一次，单位就是年；每年付息两次，单位就是半年。在式（13.10）中考虑了每个付息时点到起始点的时间多出的非整数周期数。当 $m=1$，$T=0$ 时，式（13.10）变为

$$D=\frac{1}{P}\left[\sum_{t=1}^{N}\frac{(M\bullet r)(t-1)}{(1+i)^{t-1}}+\frac{M(N-1)}{(1+i)^{N-1}}\right]$$

由 $P=\sum_{t=1}^{N}\frac{C(t)}{(1+i)^t}$ 对 i 求导数可推得

$$\frac{1}{P}\bullet\frac{\mathrm{d}P}{\mathrm{d}i}=\sum_{t=1}^{N}-\frac{C(t)\bullet t}{(1+i)^{t+1}}=-\frac{D}{1+i}$$

称 $D^*=\frac{D}{1+i}$ 为修正久期，它描述了债券价格对利率变化的敏感程度：久期越长，债券价格对利率的变化就越敏感。这很容易理解，因为久期是现金流的平均期限，利率作用于期限上决定现金流的现值。期限越长，现值越小。

显然，对于连续复利计算、债券的久期计算等，都可以建立相应的 Excel 计算过程。

13.3 期货套期保值比率分析

期货合约之所以被设计出来，有其期望的经济用途，用途之一就是进行套期保值。所谓套期保值就是在现货市场买进或卖出实物的同时，在期货市场上卖出或买进同等数量的期货；一段时间后，价格变动使现货买卖出现盈亏，可由相应期货交易的亏盈得到抵消或弥补，从而在“现货”与“期货”、“近期”与“远期”两个市场两个时期之间建立一种对冲机制，以使价格风险降到最低。期货作为期货交易所提供的规范化的远期合约，买卖非常活跃，随时可以交易，且是以“合理”的价格交易（基于广泛竞争确定的市场价格）。

期货合约及期货市场有很多特点和优秀的制度设计，而且期货交易者众多，因此期货价格分析也是非常重要、非常有意义的。这些方面的分析就不在这里进行了，这里仅就期货合约的经济功能也即套期保值功能、实现的技术细节、套期保值比率的确定等进行讨论。

13.3.1　理论分析

所谓套期保值比率，就是要对标的资产进行保值时所需配置的期货资产数量与标的资产数量的比率。经典的投资组合收益率最小方差模型给出了确定套期保值比率的方法[①]。

定义保值资产组合收益率为

$$R_S = \frac{V_{T_1} - V_{T_0} + D}{V_{T_0}} \tag{13.11}$$

其中，T_0 和 T_1 表示持有一定股票组合的期初和期末时间；V_{T_0} 和 V_{T_1} 分别表示所持有组合期初与期末的市场价值；D 表示持有期间累计分配的红利。又设从 T_0 至 T_1 这段时间内，对应指数期货市场上的收益率为

$$R_F = \frac{F_{T_1} - F_{T_0}}{F_{T_0}} \tag{13.12}$$

其中，F_{T_1} 和 F_{T_0} 分别表示指数期货合约期末与期初的市场价值。

如果进行了套期保值交易，那么投资组合收益率的计算公式为

$$\begin{aligned} R_H &= \frac{(V_{T_1} - V_{T_0} + D) - M\bullet(F_{T_1} - F_{T_0})}{V_{T_0}} \\ &= \frac{V_{T_1} - V_{T_0} + D}{V_{T_0}} - M\bullet\frac{F_{T_0}}{V_{T_0}}\bullet\frac{F_{T_1} - F_{T_0}}{F_{T_0}} = R_S - h\bullet R_F \end{aligned} \tag{13.13}$$

其中，M 是投资者为了对投资组合实施套期保值而购买的指数期货合约份数；$h = M\bullet\frac{F_{T_0}}{V_{T_0}}$ 称为套期保值比率。

因为 V_{T_1} 和 F_{T_1} 在投资决策时是不确定的，假定是随机变量，所以 R_S 和 R_F 也是两个随机变量。显然好的套期保值策略就是选择恰当的 h，使股票组合和指数期货的收益率尽量同比变动以减少投资组合的收益波动程度，即最小化 R_H 的方差。因为

$$\begin{aligned} &E(R_H - E(R_H))^2 \\ &= E(R_S - E(R_S))^2 - 2\bullet h\bullet E(R_H - E(R_H))\bullet E(R_F - E(R_F)) + h^2\bullet E(R_F - E(R_F))^2 \end{aligned}$$

即

$$\mathrm{VAR}(R_H) = \mathrm{VAR}(R_S) - 2\bullet h\bullet \mathrm{Cov}(R_S, R_F) + h^2\bullet \mathrm{VAR}(R_F) \tag{13.14}$$

所以要想使 $\mathrm{VAR}(R_H)$ 最小，应有

$$\frac{\mathrm{d}(\mathrm{VAR}(R_H))}{\mathrm{d}h} = -2\bullet \mathrm{Cov}(R_S, R_F) + 2\bullet h\bullet \mathrm{VAR}(R_F) = 0$$

解得

$$h = \frac{\mathrm{Cov}(R_S, R_F)}{\mathrm{VAR}(R_F)} \tag{13.15}$$

通过现货（保值资产组合）的收益率数据和相应的指数期货的收益率数据，就可以

---

① Figlewski S. Hedging performance and basis risk in stock index futures. Journal of Finance，1984，39（3）：657-669

估计出协方差 $\text{Cov}(R_S, R_F)$ 和方差 $\text{VAR}(R_F)$，从而计算出 h 和 M 。

另外一种求 h 的方法是估计现货（保值资产组合）的收益率数据 R_S 和相应的指数期货的收益率数据 R_F 的线性回归方程：

$$R_F = b_0 + b_1 \cdot R_S + u \tag{13.16}$$

设使用最小二乘法估计式（13.16）的拟合优度是 R^2，则

$$R = \frac{\text{Cov}(R_S, R_F)}{\sqrt{\text{VAR}(R_S)} \cdot \sqrt{\text{VAR}(R_F)}} \tag{13.17}$$

结合式（13.15）可得

$$h = R \cdot \frac{\sqrt{\text{VAR}(R_S)}}{\sqrt{\text{VAR}(R_F)}} \tag{13.18}$$

另一方面，当 h 满足式（13.15）或式（13.18）时，R_H 的最小方差是 $\text{VAR}(R_H) = \text{VAR}(R_S) \cdot (1 - R^2)$，也就是说，回归方程的拟合程度越高（$R^2$ 越大），$\text{VAR}(R_H)$ 越小，也就是套期保值的效果越好。

13.3.2　套期保值比率计算实例

图 13.2 是针对应用股指期货合约对股票投资组合进行套期保值策略设计的 Excel 实现框架。下面整个计算过程在电子表格中进行，由于四舍五入，用本书面上给出的值验算时会有尾数的差异。

某投资者有一个由三只股票：白云机场（600004）、华电国际（600027）和中国石化（600028）构成的投资组合，三只股票的持有量分别是 300 000 股、500 000 股和 200 000 股。已知 2010 年 4 月 16 日到 2017 年 5 月 4 日共 363 个交易日的价格数据（图 13.2 中仅显示了前面几个），据此计算出投资组合在此期间的市值 $V(t)$（H6~H368），从而计算出投资组合市值的逐日变化率 $R_S(t)$（I7~I368）。

相应期间，沪深 300 指数期货的收盘点位数据为 $F(t)$（L6~L368），相应的变化率数据为 $R_F(t)$（M7~M368）。使用电子表格的内置函数可以方便地计算出股指期货指数变化率的方差和股指期货指数变化率与投资组合市值变动率的协方差估计值，分别放在单元格 M2 和 P2 中，套期保值比率 h 的估计值放在 P3 中。即

$$\text{VAR}(R_F) = \text{M2} = \text{VAR}(\text{M7:M368})$$

$$\text{COVAR}(R_S, R_F) = \text{P2} = \text{COVAR}(\text{I7:I368, M7:M368})$$

$$h = \text{P3} = \frac{\text{P2}}{\text{M2}} \approx 0.79$$

在 2017 年 5 月 4 日，投资组合的价值为 8 534 000.00 元。沪深 300 指数期货的点数为 3 383.4 点，一个点价值为 300 元，一份期货合约的价值为 3 383.4×300=1 015 019.97（元）。又因为 $h = M \cdot \frac{F(t_0)}{V(t_0)}$，所以为了进行套期保值，应卖出 $M = 0.79 \times \frac{8\ 534\ 000.00}{1\ 015\ 019.97} = 6.653\ 8$ 张期货合约，在实际中应卖出 7 张期货合约。

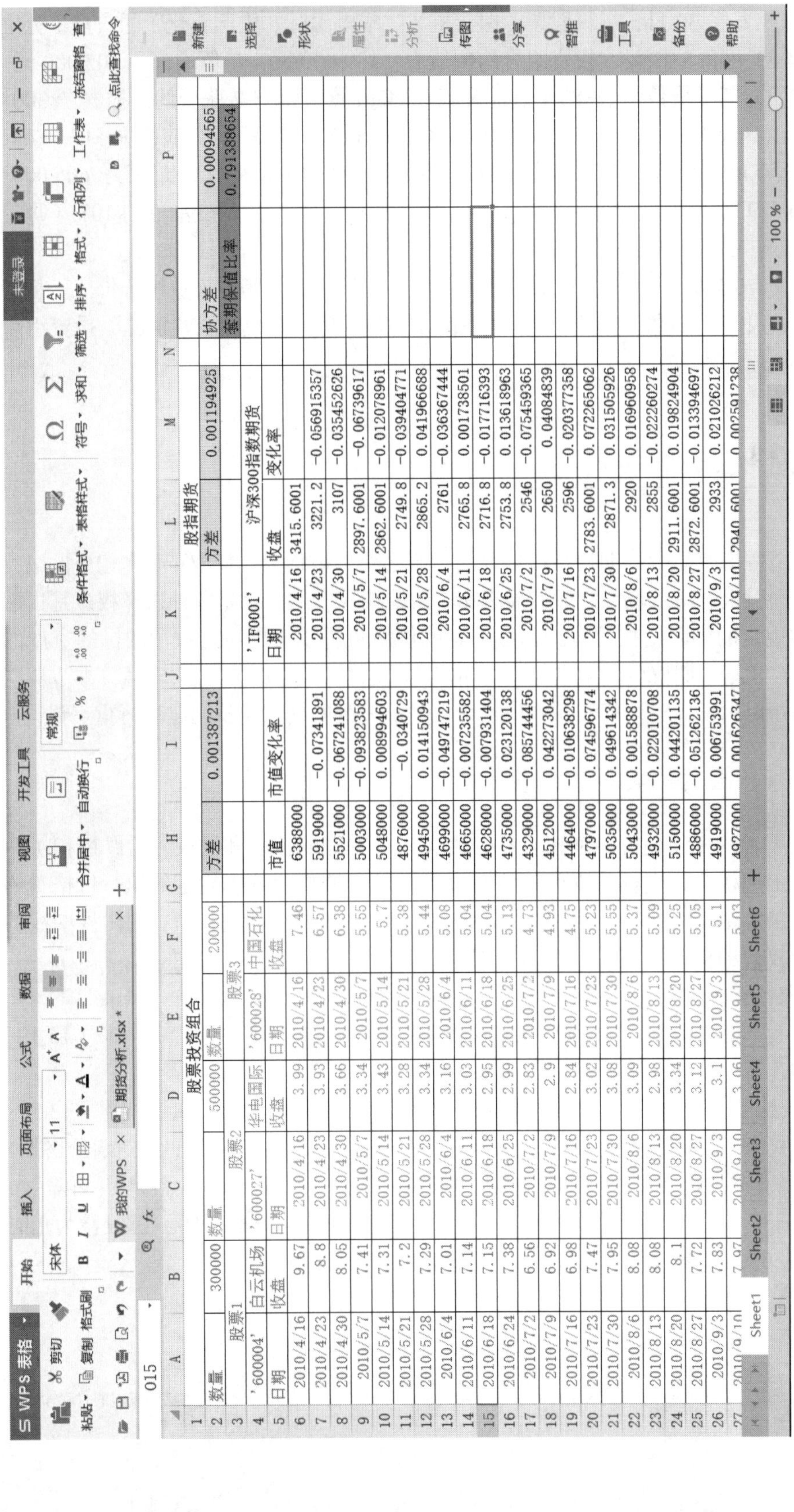

A	B	C	D	E	F	H	I	K	L	M	O	P
股票投资组合								股指期货				
数量	300000	数量	500000	数量	200000	方差	0.001387213		方差	0.001194925	协方差	0.00094565
股票1		股票2		股票3							套期保值比率	0.791388654
'600004'	白云机场	'600027'	华电国际	'600028'	中国石化			'IF0001'	沪深300指数期货			
日期	收盘	日期	收盘	日期	收盘	市值	市值变化率	日期	收盘	变化率		
2010/4/16	9.67	2010/4/16	3.99	2010/4/16	7.46	6388000		2010/4/16	3415.6001			
2010/4/23	8.8	2010/4/23	3.93	2010/4/23	6.57	5919000	-0.07341891	2010/4/23	3221.2	-0.056915357		
2010/4/30	8.05	2010/4/30	3.66	2010/4/30	6.38	5521000	-0.067241088	2010/4/30	3107	-0.035452626		
2010/5/7	7.41	2010/5/7	3.34	2010/5/7	5.55	5003000	-0.093823583	2010/5/7	2897.6001	-0.06739617		
2010/5/14	7.31	2010/5/14	3.43	2010/5/14	5.7	5048000	0.008994603	2010/5/14	2862.6001	-0.012078961		
2010/5/21	7.2	2010/5/21	3.28	2010/5/21	5.38	4876000	-0.0340729	2010/5/21	2749.8	-0.039404771		
2010/5/28	7.29	2010/5/28	3.34	2010/5/28	5.44	4945000	0.014150943	2010/5/28	2865.2	0.041966688		
2010/6/4	7.01	2010/6/4	3.16	2010/6/4	5.08	4699000	-0.049747219	2010/6/4	2761	-0.036367444		
2010/6/11	7.14	2010/6/11	3.03	2010/6/11	5.04	4665000	-0.007235582	2010/6/11	2765.8	0.001738501		
2010/6/18	7.15	2010/6/18	2.95	2010/6/18	5.04	4628000	-0.007931404	2010/6/18	2716.8	-0.017716393		
2010/6/24	7.38	2010/6/25	2.99	2010/6/25	5.13	4735000	0.023120138	2010/6/25	2753.8	0.013618963		
2010/7/2	6.56	2010/7/2	2.83	2010/7/2	4.73	4329000	-0.085744456	2010/7/2	2546	-0.075459365		
2010/7/9	6.92	2010/7/9	2.9	2010/7/9	4.93	4512000	0.042273042	2010/7/9	2650	0.04084839		
2010/7/16	6.98	2010/7/16	2.84	2010/7/16	4.75	4464000	-0.010638298	2010/7/16	2596	-0.020377358		
2010/7/23	7.47	2010/7/23	3.02	2010/7/23	5.23	4797000	0.074596774	2010/7/23	2783.6001	0.072265062		
2010/7/30	7.95	2010/7/30	3.08	2010/7/30	5.55	5035000	0.049614342	2010/7/30	2871.3	0.031505926		
2010/8/6	8.08	2010/8/6	3.09	2010/8/6	5.37	5043000	0.001588878	2010/8/6	2920	0.016960958		
2010/8/13	8.08	2010/8/13	2.98	2010/8/13	5.09	4932000	-0.022010708	2010/8/13	2855	-0.022260274		
2010/8/20	8.1	2010/8/20	3.34	2010/8/20	5.25	5150000	0.044201135	2010/8/20	2911.6001	0.019824904		
2010/8/27	7.72	2010/8/27	3.12	2010/8/27	5.05	4886000	-0.051262136	2010/8/27	2872.6001	-0.013394697		
2010/9/3	7.83	2010/9/3	3.1	2010/9/3	5.1	4919000	0.006753991	2010/9/3	2933	0.021026212		
2010/9/10	7.97	2010/9/10	3.06	2010/9/10	5.03	4927000	0.001626347	2010/9/10	2940.6001	0.002591238		

图 13.2　套期保值策略设计的 Excel 实现框架

截至 2017 年 6 月 30 日，三只股票（白云机场、华电国际、中国石化）的收盘价分别为 18.46 元、4.83 元和 5.93 元，投资组合的价值为 9 139 000 元，价值增长了 605 000 元。在指数期货方面，期货指数由 3 383.4 点上升到 3 642.6 点，卖空 7 张合约共损失 7×300×（3 642.6−3 383.4）=544 320.21（元）（如果能够卖出 6.653 8 张期货合约，应损失 517 397.46 元）。显然，卖空的期货合约并没有完全对冲掉投资组合的价值变化，差额为 605 000−544 320.21=60 679.79 元（理论值为 87 602.54 元）之多，为组合价值变动额的 10%（理论值为 14.48%）。

事实上，R^2=0.539 5，套期保值效果差也就容易理解了。就是说投资组合价值变化和股指期货价值变化的一致性程度并不高，股指期货价值变化平均仅能“解释”投资组合价值变化的 54%。

13.4 期权估价分析

在所有的金融衍生品中，期权是最重要的发明之一，被称为“期权革命”。19 世纪，期权交易在美国引入金融市场，之后发展迅速。所谓期权合约，就是一种选择权，是指赋予合约买方在规定的期限内按照合约双方约定的价格买进或卖出一定数量的标的资产的权利的合约。在我国，期权市场刚刚起步，期权产品也不多，但发展势头较猛。本节从期权合约的基础知识出发，对期权交易中最复杂也是最关键的期权定价问题进行重点讨论。

13.4.1 期权合约的类型和到期收益

按照期权买者的权利划分，期权合约分为买权（看涨期权）和卖权（看跌期权）两种。设 S 是给定期权合约中标的资产的到期价格，K 是期权合约中规定的执行价格（约定的购买或卖出价格），c 和 p 分别是买权和卖权合约的价格，即期权费，则两种期权的到期收益（期权合约买方的到期收益）分别为[①]

（1）买权：

$$V(S)=\mathrm{Max}\{S-K,0\}-c \tag{13.19}$$

（2）卖权：

$$V(S)=\mathrm{Max}\{K-S,0\}-p \tag{13.20}$$

买权和卖权合约的到期收益曲线（折线）如图 13.3 所示。对于买权，当到期价格 $S>K$ 时，到期收益是 $V(S)=S-K-c$，收益为正时盈利；当 $S<K$ 时，到期收益是 $V(S)=-c$，确定亏损。对于卖权，当到期价格 $S<K$ 时，到期收益是 $V(S)=K-S-p$，收益为正时盈利；当 $S>K$ 时，到期收益是 $V(S)=-p$，确定亏损。

---

① 此处讨论的期权都是欧式期权，即买入期权的一方必须在期权到期日当天或在到期日之前的某一规定的时间才能行使的期权。

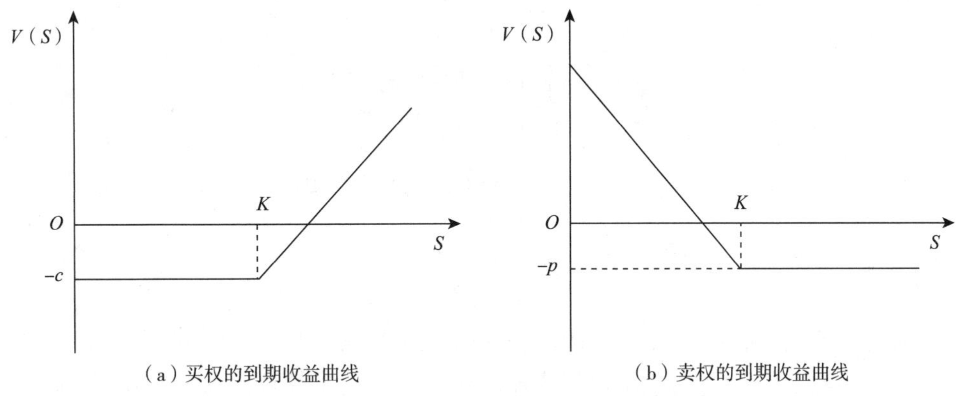

（a）买权的到期收益曲线

（b）卖权的到期收益曲线

图 13.3 买卖期权（多头/买方）的到期收益曲线

13.4.2 期权定价原理

假设标的资产当前的价格为S_0，现在距期权的到期日的期限为T（年）。到期价格S决定期权价值。从当前来看，S具有不确定性，如果S的概论分布存在，那么就是到期价格的分布决定期权的价值。假设标的资产的到期价格的概率密度函数为$f(S)$。因为只有当期权的经济价值为零时，买卖双方才能达成交易，所以期权的价格应满足：$\int_0^{+\infty} V(S)\bullet f(S)\mathrm{d}S=0$，即使期权的价值期望为 0。所以解决期权定价问题的关键是确定标的资产的到期价格的概率分布，即确定$f(S)$。

对于买权（看涨期权），由

$$\begin{aligned}\int_0^{+\infty} V(S)\bullet f(S)\mathrm{d}S &= \int_0^{+\infty} (\mathrm{Max}\{S-K,0\}-c)\bullet f(S)\mathrm{d}S \\ &= \int_0^{+\infty} \mathrm{Max}\{S-K,0\}\bullet f(S)\mathrm{d}S-c \\ &= \int_K^{+\infty} (S-K)\bullet f(S)\mathrm{d}S-c \\ &=0\end{aligned}$$

得

$$c=\int_K^{+\infty} (S-K)\bullet f(S)\mathrm{d}S \tag{13.21}$$

但是要注意，这里的c是在到期日的买权的价格。若在当前看，假定r是无风险利率，则期权到期日价格应为c的贴现值，即

$$c\bullet \mathrm{e}^{-r\bullet T}=\mathrm{e}^{-r\bullet T}\bullet\int_K^{+\infty} (S-K)\bullet f(S)\mathrm{d}S$$

对于卖权（看跌期权），由

$$\begin{aligned}\int_0^{+\infty} V(S)\bullet f(S)\mathrm{d}S &= \int_0^{+\infty} (\mathrm{Max}\{K-S,0\}-p)\bullet f(S)\mathrm{d}S \\ &= \int_0^{+\infty} \mathrm{Max}\{K-S,0\}\bullet f(S)\mathrm{d}S-p \\ &= \int_0^{K} (K-S)\bullet f(S)\mathrm{d}S-p \\ &=0\end{aligned}$$

得

$$p=\int_0^K (K-S)\cdot f(S)\mathrm{d}S \tag{13.22}$$

同样，在当前看，考虑到贴现，这个价格应该是

$$p\cdot \mathrm{e}^{-r\cdot T}=\mathrm{e}^{-r\cdot T}\cdot\int_0^K (K-S)\cdot f(S)\mathrm{d}S$$

13.4.3 布莱克–斯科尔斯公式

著名的布莱克–斯科尔斯公式给出了简单的无红利分配的股票欧式期权的定价公式。设所持股票的现价为 S_0，若股票价格遵循随机游走（一维布朗运动）规律，则 T 年后股票价格 S 服从对数正态分布。据式（13.21）和式（13.22）可解得买权和卖权的价值 c 与 p 分别为

$$c=S_0\cdot N(d_1)-K\cdot \mathrm{e}^{-rT}\cdot N(d_2) \tag{13.23}$$

$$p=K\cdot \mathrm{e}^{-rT}\cdot N(-d_2)-S_0\cdot N(-d_1) \tag{13.24}$$

其中

$$d_1=\frac{\ln\left(\frac{S_0}{K}\right)+\left(r+\frac{\sigma^2}{2}\right)\cdot T}{\sigma\cdot\sqrt{T}},\quad d_2=\frac{\ln\left(\frac{S_0}{K}\right)+\left(r-\frac{\sigma^2}{2}\right)\cdot T}{\sigma\cdot\sqrt{T}}=d_1-\sigma\cdot\sqrt{T} \tag{13.25}$$

$N(x)$ 是标准正态分布的累计概率分布函数，新出现的参数是 σ，它是股票价格的（年）波动率，即股票价格（年）变化率的标准差。

股票（一般标的资产也同此）价格（年）波动率，可以直接使用年变化率数据进行计算。设 P_i 是第 i 年（末）的股票价格，其对数收益率（变动率）为

$$u_i=\ln\left(\frac{P_i}{P_{i-1}}\right),\quad i=1,2,\cdots,n \tag{13.26}$$

u_i 的标准差估计值为

$$\sigma=\sqrt{\frac{1}{n-1}\sum_{i=1}^{n}(u_i-\bar{u})^2} \tag{13.27}$$

其中，$\bar{u}=\frac{1}{n}\sum_{i=0}^{n}u_i$。

因为年度数据往往序列很短，所以有时也会通过每日序列数据进行推算。设 s 是用每日数据计算出的日波动率，则年波动率 $\sigma=\frac{s}{\sqrt{L}}$，其中 L 是每年所含的交易日天数（每年的日交易序列数据长度），一般为 252 天。

13.4.4 布莱克–斯科尔斯期权定价公式应用实例

在我国证券市场上，目前只有 50ETF 期权和两个期货期权。两个期货期权即大连的豆粕期权和郑州的白糖期权。下面以 50ETF 期权为例设计布莱克–斯科尔斯期权定价公

式的 Excel 实现表格。

如图 13.4（图 13.4 和图 13.5 分别是同一个表格的顶部和底部）所示，工作表中使用 50ETF 自 2009 年 6 月 1 日至 2017 年 7 月 3 日的日收盘价数据（表中 E 列）计算标的资产 50ETF 波动率。表中分别通过 $u_i = \frac{P_i}{P_{i-1}} - 1$ 和 $u_i = \ln\left(\frac{P_i}{P_{i-1}}\right)$ 两种方式计算了收益率，见 G 列和 H 列。利用日收益率数据，使用 Excel 的函数 STDEV（ ）可以方便计算日波动率（日收益率数据的标准差），如 G3=STDEV（G8：G1973），然后转化为年收益率，如 G2=G3*252^0.5。我们看到，使用不同收益率计算方法所得结果差别不大。

图 13.6 是布莱克–斯科尔斯期权定价公式的 Excel 实现，数据是 2017 年 7 月 4 日的数据。2017 年 7 月 4 日标的资产 50TETF 收于 2.520 元，无风险利率选取 1 年期定期存款基准利率 1.5%。表中仅对 9 月和 12 月的各种执行价格的看涨和看跌期权合约进行了估值，使用的是图 13.4 中工作表计算出来的波动率 0.274 3，9 月合约的到期日是 9 月 27 日，距 7 月 4 日 85 天，其中有 61 个交易日，按一年 252 个交易日折合，约为 0.238 1 年，这就是 9 月合约的到期期限。同样可以推算 12 月合约的期限为 0.476 年。期限在表中的第 7 行；期权的执行价格即协议价格在表中第 6 行；第 10 行是 d_1，第 11 行是 d_2。第 13 行 $N(d_2)$ 的计算，使用了 Excel 中相应的函数：B13=NORMSDIST（B10）。只要在第 6、7 行设置了 50ETF 期货合约的执行价格和期限，通过复制粘贴操作，表格就自动计算出输出区的各种中间和最终结果。第 14 行是相应买权即看涨期权价格的估价，第 20 行是相应卖权即看跌期权价格的估价。

表 13.1 是 50ETF 期权 2017 年 7 月 4 日收盘价。比照该表计算出的期权估价与该期权的市场价格，不难发现还是有不小的差距。例如，9 月的执行价格为 2.25 元的 50ETF 买权和卖权合约的估价分别为 0.312 元和 0.033 元（见图 13.6 中 C14 和 C20 单元格），而这两种合约在市场上的收盘价分别为 0.274 9 元（见表 13.1 第 1 行）和 0.003 9 元（见表 13.1 第 6 行）。

	A	B	C	D	E	F	G	H
1								
2						年波动率	0.273544649	0.274278907
3						日波动率	0.017231693	0.017277947
4								
5	510050'	50ETF	日线					
6	日期	开盘	最高	最低	收盘		收益率(c1/c0-1)	收益率(ln(c1/c0))
7	2009/6/1	1.796	1.862	1.795	1.854			
8	2009/6/2	1.865	1.881	1.848	1.85		-0.002157497	-0.002159828
9	2009/6/3	1.849	1.936	1.849	1.932		0.044324324	0.043370097
10	2009/6/4	1.917	1.958	1.906	1.946		0.007246377	0.007220248
11	2009/6/5	1.959	1.967	1.937	1.938		-0.004110997	-0.00411947
12	2009/6/8	1.937	1.987	1.918	1.958		0.010319917	0.010267031
13	2009/6/9	1.957	1.975	1.919	1.974		0.008171604	0.008138397
14	2009/6/10	1.975	2.002	1.97	1.991		0.008611955	0.008575084
15	2009/6/11	1.99	2.014	1.978	1.98		-0.005524862	-0.00554018
16	2009/6/12	1.978	1.996	1.927	1.939		-0.020707071	-0.020924468
17	2009/6/15	1.947	1.997	1.929	1.996		0.029396596	0.028972802
18	2009/6/16	1.972	2.003	1.965	1.981		-0.00751503	-0.00754341
19	2009/6/17	1.977	2.025	1.951	2.01		0.014639071	0.014532954
20	2009/6/18	2.012	2.061	2.007	2.058		0.023880597	0.023599915
21	2009/6/19	2.064	2.095	2.06	2.089		0.015063168	0.014950845
22	2009/6/22	2.117	2.126	2.089	2.093		0.001914792	0.001912961
23	2009/6/23	2.062	2.141	2.055	2.103		0.004777831	0.004766453
24	2009/6/24	2.092	2.114	2.077	2.109		0.002853067	0.002849005
25	2009/6/25	2.11	2.127	2.101	2.107		-0.000948317	-0.000948767
26	2009/6/26	2.112	2.127	2.103	2.113		0.002847651	0.002843604
27	2009/6/29	2.116	2.17	2.114	2.169		0.026502603	0.026157493
28	2009/6/30	2.178	2.18	2.154	2.156		-0.005993545	-0.006011579
29	2009/7/1	2.151	2.221	2.147	2.219		0.029220779	0.028801991

图 13.4　波动率计算的 Excel 实现（一）

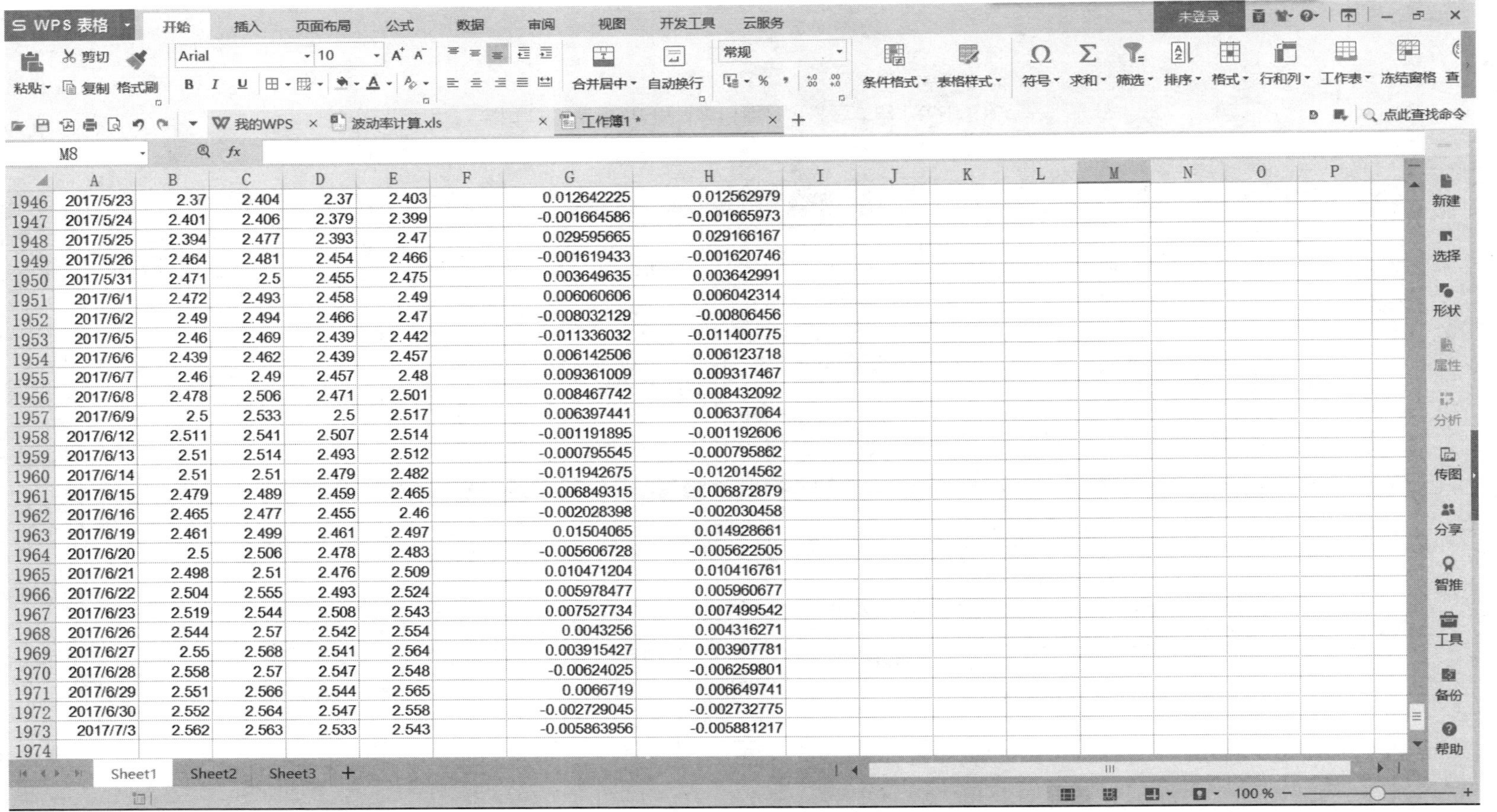

	A	B	C	D	E	F	G	H
1946	2017/5/23	2.37	2.404	2.37	2.403		0.012642225	0.012562979
1947	2017/5/24	2.401	2.406	2.379	2.399		-0.001664586	-0.001665973
1948	2017/5/25	2.394	2.477	2.393	2.47		0.029595665	0.029166167
1949	2017/5/26	2.464	2.481	2.454	2.466		-0.001619433	-0.001620746
1950	2017/5/31	2.471	2.5	2.455	2.475		0.003649635	0.003642991
1951	2017/6/1	2.472	2.493	2.458	2.49		0.006060606	0.006042314
1952	2017/6/2	2.49	2.494	2.466	2.47		-0.008032129	-0.00806456
1953	2017/6/5	2.46	2.469	2.439	2.442		-0.011336032	-0.011400775
1954	2017/6/6	2.439	2.462	2.439	2.457		0.006142506	0.006123718
1955	2017/6/7	2.46	2.49	2.457	2.48		0.009361009	0.009317467
1956	2017/6/8	2.478	2.506	2.471	2.501		0.008467742	0.008432092
1957	2017/6/9	2.5	2.533	2.5	2.517		0.006397441	0.006377064
1958	2017/6/12	2.511	2.541	2.507	2.514		-0.001191895	-0.001192606
1959	2017/6/13	2.51	2.514	2.493	2.512		-0.000795545	-0.000795862
1960	2017/6/14	2.51	2.51	2.479	2.482		-0.011942675	-0.012014562
1961	2017/6/15	2.479	2.489	2.459	2.465		-0.006849315	-0.006872879
1962	2017/6/16	2.465	2.477	2.455	2.46		-0.002028398	-0.002030458
1963	2017/6/19	2.461	2.499	2.461	2.497		0.01504065	0.014928661
1964	2017/6/20	2.5	2.506	2.478	2.483		-0.005606728	-0.005622505
1965	2017/6/21	2.498	2.51	2.476	2.509		0.010471204	0.010416761
1966	2017/6/22	2.504	2.555	2.493	2.524		0.005978477	0.005960677
1967	2017/6/23	2.519	2.544	2.508	2.543		0.007527734	0.007499542
1968	2017/6/26	2.544	2.57	2.542	2.554		0.0043256	0.004316271
1969	2017/6/27	2.55	2.568	2.541	2.564		0.003915427	0.003907781
1970	2017/6/28	2.558	2.57	2.547	2.548		-0.00624025	-0.006259801
1971	2017/6/29	2.551	2.566	2.544	2.565		0.0066719	0.006649741
1972	2017/6/30	2.552	2.564	2.547	2.558		-0.002729045	-0.002732775
1973	2017/7/3	2.562	2.563	2.533	2.543		-0.005863956	-0.005881217
1974								

图 13.5　波动率计算的 Excel 实现（二）

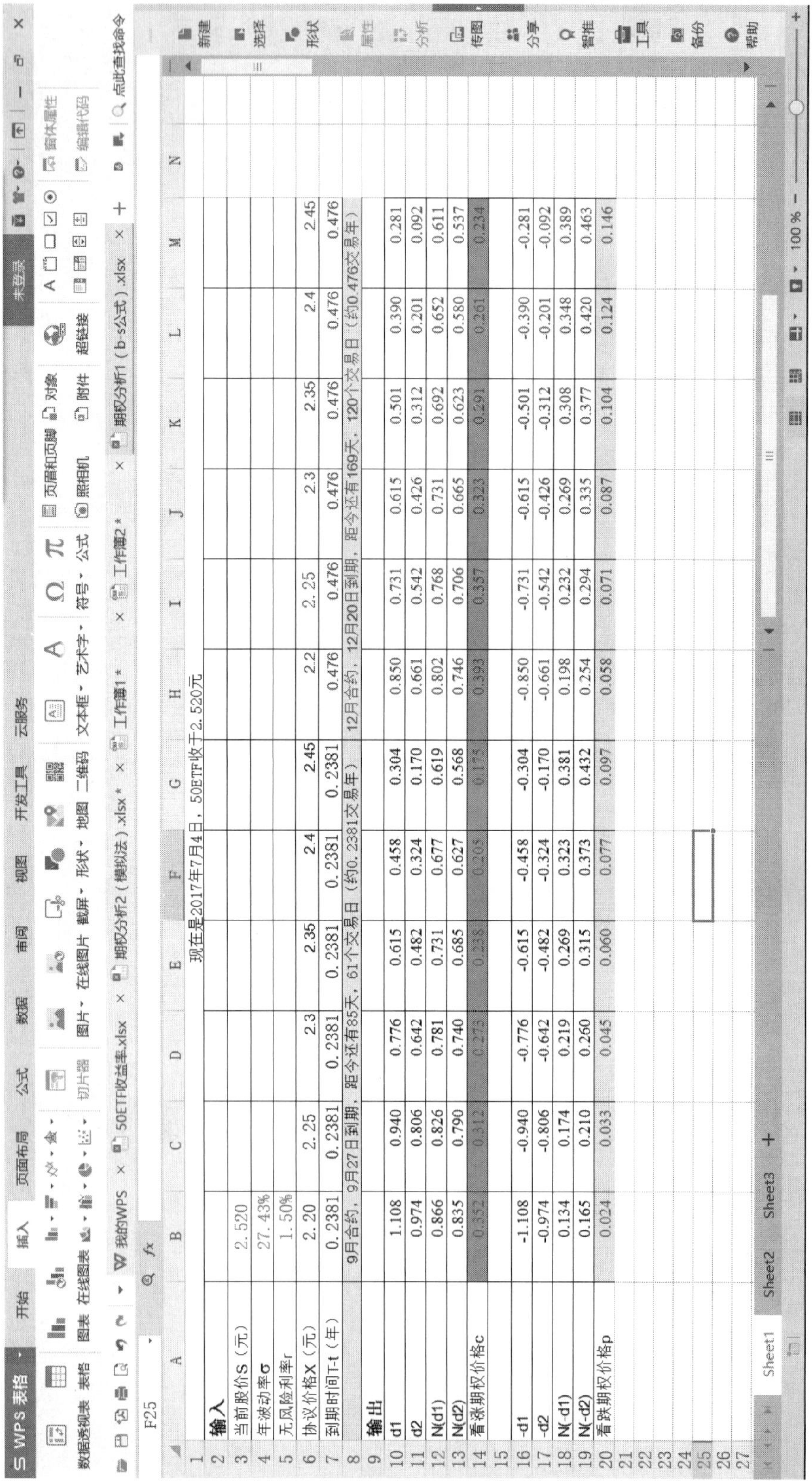

	A	B	C	D	E	F	G	H	I	J	K	L	M
1	现在是2017年7月4日，50ETF收于2.520元												
2	**输入**												
3	当前股价S（元）	2.520											
4	年波动率σ	27.43%											
5	无风险利率r	1.50%											
6	协议价格X（元）	2.20	2.25	2.3	2.35	2.4	2.45	2.2	2.25	2.3	2.35	2.4	2.45
7	到期时间T-t（年）	0.2381	0.2381	0.2381	0.2381	0.2381	0.2381	0.476	0.476	0.476	0.476	0.476	0.476
8		9月合约，9月27日到期，距今还有85天，61个交易日（约0.2381交易年）						12月合约，12月20日到期，距今还有169天，120个交易日（约0.476交易年）					
9	**输出**												
10	d1	1.108	0.940	0.776	0.615	0.458	0.304	0.850	0.731	0.615	0.501	0.390	0.281
11	d2	0.974	0.806	0.642	0.482	0.324	0.170	0.661	0.542	0.426	0.312	0.201	0.092
12	N(d1)	0.866	0.826	0.781	0.731	0.677	0.619	0.802	0.768	0.731	0.692	0.652	0.611
13	N(d2)	0.835	0.790	0.740	0.685	0.627	0.568	0.746	0.706	0.665	0.623	0.580	0.537
14	看涨期权价格c	0.352	0.312	0.273	0.238	0.205	0.175	0.393	0.357	0.323	0.291	0.261	0.234
15													
16	-d1	-1.108	-0.940	-0.776	-0.615	-0.458	-0.304	-0.850	-0.731	-0.615	-0.501	-0.390	-0.281
17	-d2	-0.974	-0.806	-0.642	-0.482	-0.324	-0.170	-0.661	-0.542	-0.426	-0.312	-0.201	-0.092
18	N(-d1)	0.134	0.174	0.219	0.269	0.323	0.381	0.198	0.232	0.269	0.308	0.348	0.389
19	N(-d2)	0.165	0.210	0.260	0.315	0.373	0.432	0.254	0.294	0.335	0.377	0.420	0.463
20	看跌期权价格p	0.024	0.033	0.045	0.060	0.077	0.097	0.058	0.071	0.087	0.104	0.124	0.146

图 13.6　布莱克-斯科尔斯期权定价公式的 Excel 实现

表 13.1　50ETF 期权 2017 年 7 月 4 日收盘价　单位：元

序号	代码	名称	最新	序号	代码	名称	最新
1	10000843	50ETF 购 9 月 2250	0.274 9	34	10000906	50ETF 沽 7 月 2300	0.000 8
2	10000844	50ETF 购 9 月 2300	0.227 7	35	10000907	50ETF 沽 7 月 2350	0.001 0
3	10000845	50ETF 购 9 月 2350	0.182 3	36	10000908	50ETF 沽 7 月 2400	0.002 5
4	10000846	50ETF 购 9 月 2400	0.139 5	37	10000909	50ETF 沽 7 月 2450	0.007 1
5	10000847	50ETF 购 9 月 2450	0.104 0	38	10000910	50ETF 沽 7 月 2500	0.022 3
6	10000848	50ETF 沽 9 月 2250	0.003 9	39	10000911	50ETF 购 7 月 2550	0.020 9
7	10000849	50ETF 沽 9 月 2300	0.005 9	40	10000912	50ETF 沽 7 月 2550	0.049 8
8	10000850	50ETF 沽 9 月 2350	0.010 4	41	10000913	50ETF 购 9 月 2550	0.051 5
9	10000851	50ETF 沽 9 月 2400	0.017 6	42	10000914	50ETF 沽 9 月 2550	0.078 7
10	10000852	50ETF 沽 9 月 2450	0.031 9	43	10000915	50ETF 购 12 月 2550	0.083 8
11	10000855	50ETF 购 9 月 2500	0.074 7	44	10000916	50ETF 沽 12 月 2550	0.102 6
12	10000856	50ETF 沽 9 月 2500	0.051 8	45	10000919	50ETF 购 7 月 2600	0.009 6
13	10000885	50ETF 购 9 月 2200	0.323 2	46	10000920	50ETF 沽 7 月 2600	0.088 6
14	10000886	50ETF 沽 9 月 2200	0.002 7	47	10000921	50ETF 购 9 月 2600	0.035 2
15	10000887	50ETF 购 12 月 2250	0.290 3	48	10000922	50ETF 沽 9 月 2600	0.111 6
16	10000888	50ETF 购 12 月 2300	0.248 0	49	10000923	50ETF 购 12 月 2600	0.065 1
17	10000889	50ETF 购 12 月 2350	0.204 5	50	10000924	50ETF 沽 12 月 2600	0.133 7
18	10000890	50ETF 购 12 月 2400	0.167 3	51	10000927	50ETF 购 7 月 2650	0.003 7
19	10000891	50ETF 购 12 月 2450	0.133 7	52	10000928	50ETF 沽 7 月 2650	0.133 4
20	10000892	50ETF 沽 12 月 2250	0.011 3	53	10000929	50ETF 购 9 月 2650	0.024 2
21	10000893	50ETF 沽 12 月 2300	0.017 2	54	10000930	50ETF 沽 9 月 2650	0.149 5
22	10000894	50ETF 沽 12 月 2350	0.025 5	55	10000931	50ETF 购 12 月 2650	0.050 0
23	10000895	50ETF 沽 12 月 2400	0.038 0	56	10000932	50ETF 沽 12 月 2650	0.165 8
24	10000896	50ETF 沽 12 月 2450	0.054 4	57	10000933	50ETF 购 8 月 2450	0.088 8
25	10000897	50ETF 购 12 月 2200	0.336 2	58	10000934	50ETF 购 8 月 2500	0.058 8
26	10000898	50ETF 沽 12 月 2200	0.009 3	59	10000935	50ETF 购 8 月 2550	0.036 3
27	10000899	50ETF 购 12 月 2500	0.106 6	60	10000936	50ETF 购 8 月 2600	0.021 8
28	10000900	50ETF 沽 12 月 2500	0.076 7	61	10000937	50ETF 购 8 月 2650	0.012 4
29	10000901	50ETF 购 7 月 2300	0.219 8	62	10000938	50ETF 沽 8 月 2450	0.017 3
30	10000902	50ETF 购 7 月 2350	0.170 3	63	10000939	50ETF 沽 8 月 2500	0.036 6
31	10000903	50ETF 购 7 月 2400	0.122 3	64	10000940	50ETF 沽 8 月 2550	0.064 2
32	10000904	50ETF 购 7 月 2450	0.078 6	65	10000941	50ETF 沽 8 月 2600	0.099 1
33	10000905	50ETF 购 7 月 2500	0.042 5	66	10000942	50ETF 沽 8 月 2650	0.139 4

产生这种差距的原因是多方面的。除了随机规律的特性外，从根本上说，布莱克-斯科尔斯期权定价公式的依据是股价的随机游走，而市场上的交易者则对股价的走势预测具有倾向性，在当前阶段，50ETF 具有明显的上升趋势，看涨期权“相对溢价”而看跌期权“相对折价”就是不难理解的。另外，还有估价计算的“技术性”原因。例如，在计算到期价格分布时，应考虑以交易日为准则的期限；而在计算价值贴现时，则应该使用自然日历的期限。但在表 13.1 的计算中，为了简便，统一使用了交易日期限。

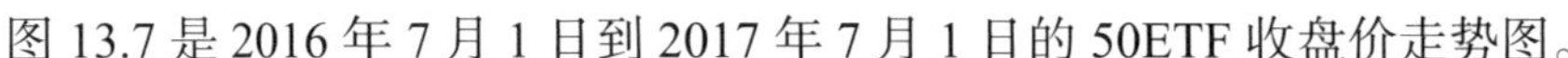
图 13.7 是 2016 年 7 月 1 日到 2017 年 7 月 1 日的 50ETF 收盘价走势图。

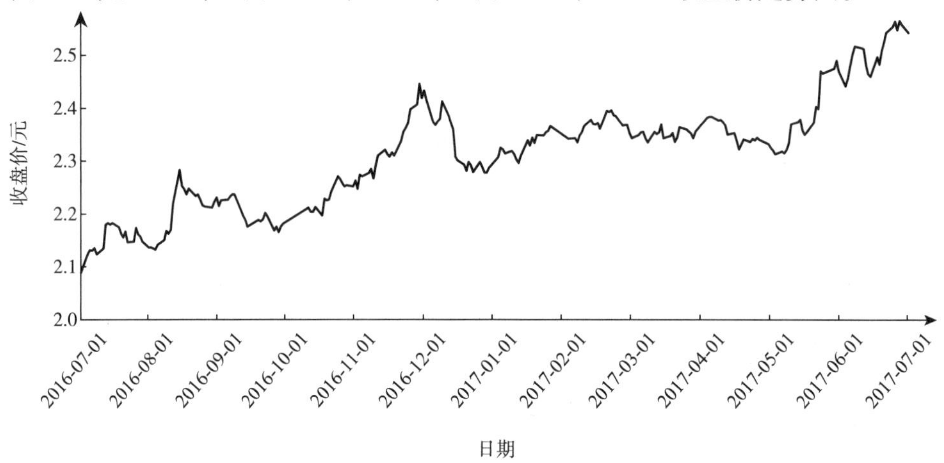

图 13.7　2016 年 7 月 1 日到 2017 年 7 月 1 日的 50ETF 收盘价走势

13.4.5　期权估价的模拟方法

因为期权估值的关键是确定标的资产在期权到期日的价格分布，所以我们也可以使用模拟方法来对期权进行估值。历史日收益率（变化率）数据给了我们进行模拟的基础，从标的资产的现价出发，随机抽取一个历史收益率，作为当下发生的收益率，从而推导出下一期的标的资产价格，如此进行，直到期权合约的到期日，就得到了一个可能的标的资产到期价格，以及相应的期权到期价值。多次模拟，就能得到许多可能的期权到期价值。对这些价值求均值，就得到了期权价值的一个估值。下面使用 Excel 实现的模拟方法进行期权估值。具体对象是 50ETF 期权，我们选择自 2009 年 6 月 1 日至 2017 年 7 月 4 日的全部数据，共 1 968 个。

因为工作表特别大，所以仅展示左上、左下、右上三个角，如图 13.8~图 13.10 所示。关键也恰在这些部分。

图 13.8 是左上角部分。工作表的最左侧（B 列）是 50ETF 日收盘价数据。通过这些数据，可计算出历史日收益率（日变化率）数据 1 967 个（C 列）。具体的计算公式已经显示在图 13.8 中。我们就是从这 1 967 个数据中随机抽取一个进行价格逐日变化的模拟。设当前价格是 P_0，抽取的收益率是 R，则下一期（日）的价格为 $P_1 = P_0 \cdot (1+R)$。

从模拟期限的第 0 期开始，第 0 期的价格为起始价格，放置在 F 列中。设准备估值的是 2017 年 7 月 4 日的期权价值，所以起始价格是当天的 50ETF 价格 2.520 元。

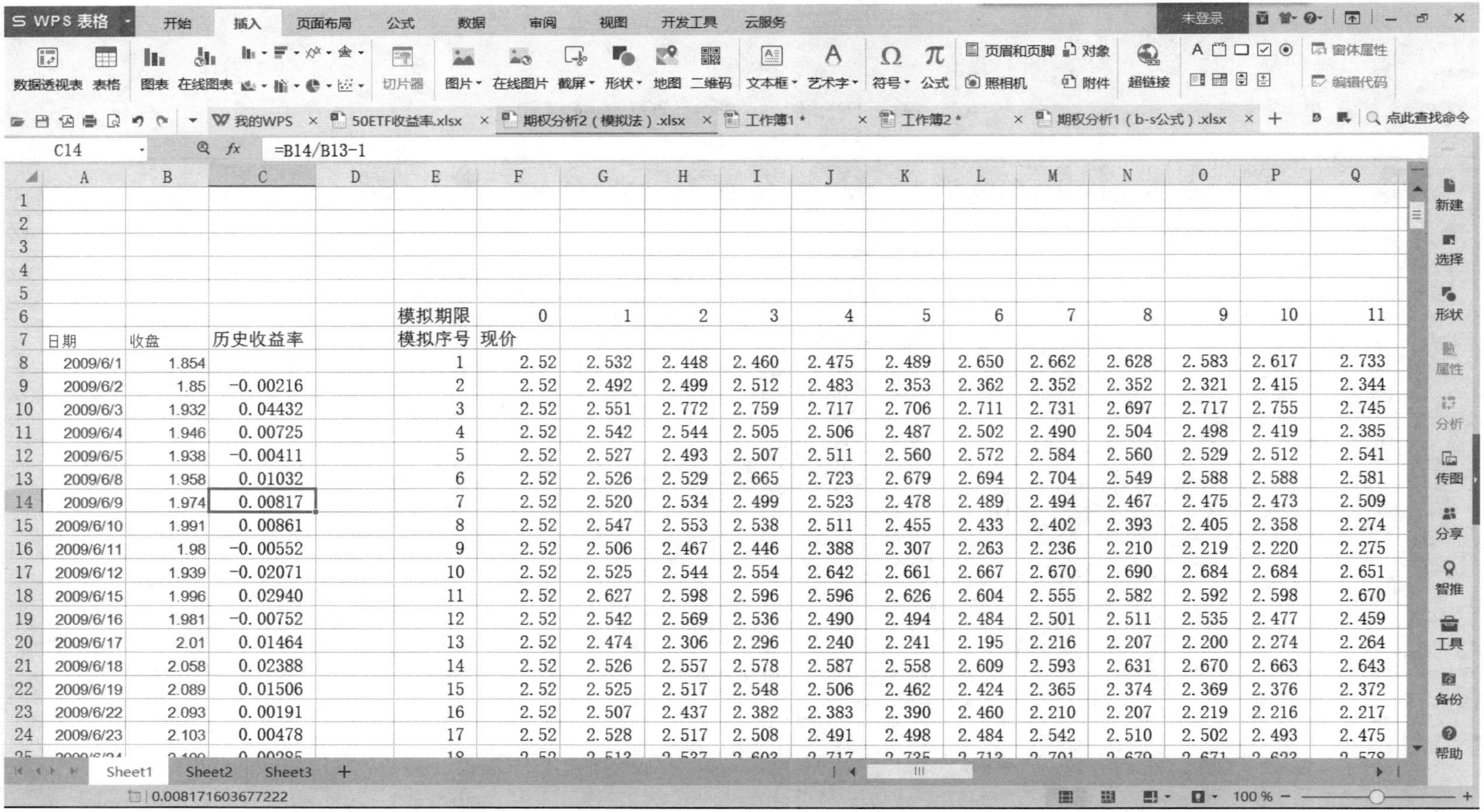

C14 fx =B14/B13-1

	A	B	C	D	E	F	G	H	I	J	K	L	M	N	O	P	Q
6					模拟期限	0	1	2	3	4	5	6	7	8	9	10	11
7	日期	收盘	历史收益率		模拟序号	现价											
8	2009/6/1	1.854			1	2.52	2.532	2.448	2.460	2.475	2.489	2.650	2.662	2.628	2.583	2.617	2.733
9	2009/6/2	1.85	−0.00216		2	2.52	2.492	2.499	2.512	2.483	2.353	2.362	2.352	2.352	2.321	2.415	2.344
10	2009/6/3	1.932	0.04432		3	2.52	2.551	2.772	2.759	2.717	2.706	2.711	2.731	2.697	2.717	2.755	2.745
11	2009/6/4	1.946	0.00725		4	2.52	2.542	2.544	2.505	2.506	2.487	2.502	2.490	2.504	2.498	2.419	2.385
12	2009/6/5	1.938	−0.00411		5	2.52	2.527	2.493	2.507	2.511	2.560	2.572	2.584	2.560	2.529	2.512	2.541
13	2009/6/8	1.958	0.01032		6	2.52	2.526	2.529	2.665	2.723	2.679	2.694	2.704	2.549	2.588	2.588	2.581
14	2009/6/9	1.974	0.00817		7	2.52	2.520	2.534	2.499	2.523	2.478	2.489	2.494	2.467	2.475	2.473	2.509
15	2009/6/10	1.991	0.00861		8	2.52	2.547	2.553	2.538	2.511	2.455	2.433	2.402	2.393	2.405	2.358	2.274
16	2009/6/11	1.98	−0.00552		9	2.52	2.506	2.467	2.446	2.388	2.307	2.263	2.236	2.210	2.219	2.220	2.275
17	2009/6/12	1.939	−0.02071		10	2.52	2.525	2.544	2.554	2.642	2.661	2.667	2.670	2.690	2.684	2.684	2.651
18	2009/6/15	1.996	0.02940		11	2.52	2.627	2.598	2.596	2.596	2.626	2.604	2.555	2.582	2.592	2.598	2.670
19	2009/6/16	1.981	−0.00752		12	2.52	2.542	2.569	2.536	2.490	2.494	2.484	2.501	2.511	2.535	2.477	2.459
20	2009/6/17	2.01	0.01464		13	2.52	2.474	2.306	2.296	2.240	2.241	2.195	2.216	2.207	2.200	2.274	2.264
21	2009/6/18	2.058	0.02388		14	2.52	2.526	2.557	2.578	2.587	2.558	2.609	2.593	2.631	2.670	2.663	2.643
22	2009/6/19	2.089	0.01506		15	2.52	2.525	2.517	2.548	2.506	2.462	2.424	2.365	2.374	2.369	2.376	2.372
23	2009/6/22	2.093	0.00191		16	2.52	2.507	2.437	2.382	2.383	2.390	2.460	2.210	2.207	2.219	2.216	2.217
24	2009/6/23	2.103	0.00478		17	2.52	2.528	2.517	2.508	2.491	2.498	2.484	2.542	2.510	2.502	2.493	2.475

0.008171603677222

图 13.8 期权估价模拟方法的 Excel 实现（一）

J1996　fx　=I1996*(1+OFFSET(C9, ROUND(RAND()*1966, 0), 0, 1, 1))

	E	F	G	H	I	J	K	L	M	N	O	P	Q
1986	1979	2. 52	2. 537	2. 530	2. 498	2. 493	2. 479	2. 490	2. 478	2. 470	2. 524	2. 546	2. 580
1987	1980	2. 52	2. 541	2. 541	2. 531	2. 529	2. 563	2. 550	2. 543	2. 517	2. 505	2. 533	2. 463
1988	1981	2. 52	2. 466	2. 475	2. 427	2. 356	2. 348	2. 348	2. 302	2. 342	2. 355	2. 351	2. 349
1989	1982	2. 52	2. 573	2. 616	2. 523	2. 520	2. 509	2. 253	2. 237	2. 205	2. 068	2. 040	2. 015
1990	1983	2. 52	2. 535	2. 509	2. 480	2. 506	2. 540	2. 524	2. 504	2. 487	2. 472	2. 448	2. 452
1991	1984	2. 52	2. 530	2. 559	2. 560	2. 566	2. 546	2. 553	2. 549	2. 635	2. 622	2. 775	2. 796
1992	1985	2. 52	2. 518	2. 578	2. 562	2. 579	2. 602	2. 606	2. 617	2. 664	2. 667	2. 754	2. 865
1993	1986	2. 52	2. 511	2. 584	2. 569	2. 549	2. 593	2. 711	2. 705	2. 715	2. 782	2. 784	2. 795
1994	1987	2. 52	2. 561	2. 562	2. 590	2. 585	2. 578	2. 579	2. 581	2. 614	2. 602	2. 590	2. 584
1995	1988	2. 52	2. 511	2. 511	2. 510	2. 492	2. 380	2. 386	2. 313	2. 242	2. 227	2. 200	2. 171
1996	1989	2. 52	2. 500	2. 500	2. 521	2. 497	2. 555	2. 573	2. 568	2. 528	2. 491	2. 467	2. 473
1997	1990	2. 52	2. 558	2. 564	2. 538	2. 428	2. 384	2. 374	2. 378	2. 231	2. 267	2. 272	2. 266
1998	1991	2. 52	2. 529	2. 535	2. 542	2. 548	2. 632	2. 639	2. 690	2. 753	2. 751	2. 802	2. 821
1999	1992	2. 52	2. 263	2. 266	2. 234	2. 208	2. 219	2. 237	2. 224	2. 180	2. 165	2. 140	2. 130
2000	1993	2. 52	2. 502	2. 467	2. 577	2. 515	2. 525	2. 559	2. 565	2. 564	2. 573	2. 560	2. 590
2001	1994	2. 52	2. 482	2. 519	2. 514	2. 493	2. 516	2. 663	2. 634	2. 711	2. 694	2. 692	2. 697
2002	1995	2. 52	2. 508	2. 494	2. 489	2. 459	2. 452	2. 454	2. 453	2. 459	2. 409	2. 402	2. 364
2003	1996	2. 52	2. 506	2. 468	2. 545	2. 561	2. 561	2. 567	2. 393	2. 301	2. 299	2. 318	2. 327
2004	1997	2. 52	2. 492	2. 469	2. 452	2. 455	2. 438	2. 469	2. 413	2. 465	2. 474	2. 471	2. 486
2005	1998	2. 52	2. 404	2. 347	2. 198	2. 198	2. 171	2. 242	2. 273	2. 278	2. 266	2. 334	2. 391
2006	1999	2. 52	2. 520	2. 490	2. 547	2. 571	2. 609	2. 621	2. 618	2. 621	2. 597	2. 582	2. 575
2007	2000	2. 52	2. 511	2. 488	2. 468	2. 477	2. 349	2. 333	2. 323	2. 318	2. 283	2. 303	2. 299
2008	2001	2. 52	2. 506	2. 480	2. 445	2. 442	2. 504	2. 504	2. 522	2. 422	2. 410	2. 407	2. 396

2.4967932824192

图 13.9　期权估价模拟方法的 Excel 实现（二）

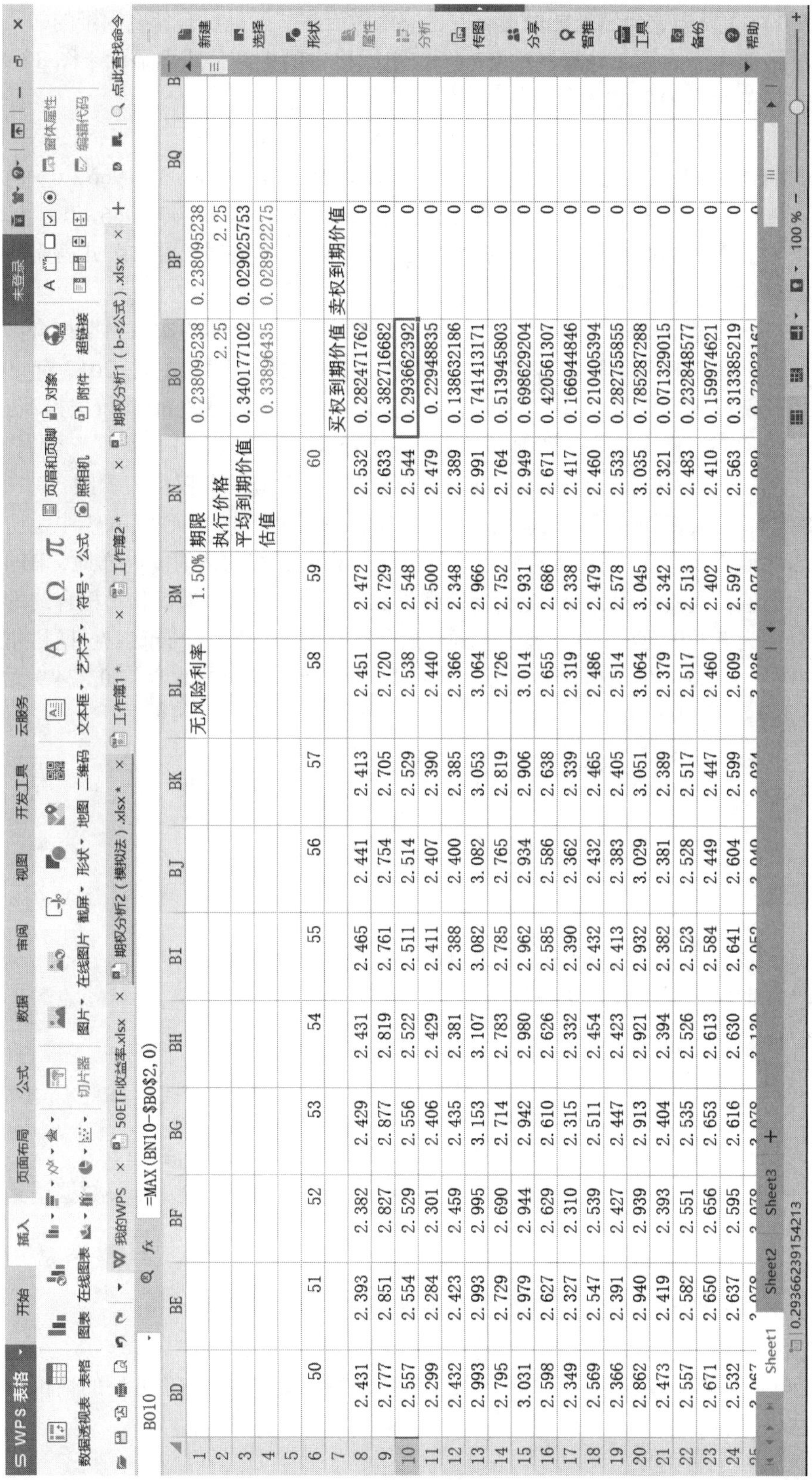
BO10
=MAX(BN10-BO2, 0)

	BD	BE	BF	BG	BH	BI	BJ	BK	BL	BM	BN	BO	BP
1									无风险利率	1.50%	期限	0.238095238	0.238095238
2											执行价格	2.25	2.25
3											平均到期价值	0.340177102	0.029025753
4											估值	0.33896435	0.028922275
5													
6	50	51	52	53	54	55	56	57	58	59	60		
7												买权到期价值	卖权到期价值
8	2.431	2.393	2.382	2.429	2.431	2.465	2.441	2.413	2.451	2.472	2.532	0.282471762	0
9	2.777	2.851	2.827	2.877	2.819	2.761	2.754	2.705	2.720	2.729	2.633	0.382716682	0
10	2.557	2.554	2.529	2.556	2.522	2.511	2.514	2.529	2.538	2.548	2.544	0.293662392	0
11	2.299	2.284	2.301	2.406	2.429	2.411	2.407	2.390	2.440	2.500	2.479	0.22948835	0
12	2.432	2.423	2.459	2.435	2.381	2.388	2.400	2.385	2.366	2.348	2.389	0.138632186	0
13	2.993	2.993	2.995	3.153	3.107	3.082	3.082	3.053	3.064	2.966	2.991	0.741413171	0
14	2.795	2.729	2.690	2.714	2.783	2.785	2.765	2.819	2.726	2.752	2.764	0.513945803	0
15	3.031	2.979	2.944	2.942	2.980	2.962	2.934	2.906	3.014	2.931	2.949	0.698629204	0
16	2.598	2.627	2.629	2.610	2.626	2.585	2.586	2.638	2.655	2.686	2.671	0.420561307	0
17	2.349	2.327	2.310	2.315	2.332	2.390	2.362	2.339	2.319	2.338	2.417	0.166944846	0
18	2.569	2.547	2.539	2.511	2.454	2.432	2.432	2.465	2.486	2.479	2.460	0.210405394	0
19	2.366	2.391	2.427	2.447	2.423	2.413	2.383	2.405	2.514	2.578	2.533	0.282755855	0
20	2.862	2.940	2.939	2.913	2.921	2.932	3.029	3.051	3.064	3.045	3.035	0.785287288	0
21	2.473	2.419	2.393	2.404	2.394	2.382	2.381	2.389	2.379	2.342	2.321	0.071329015	0
22	2.557	2.582	2.551	2.535	2.526	2.523	2.528	2.517	2.517	2.513	2.483	0.232848577	0
23	2.671	2.650	2.656	2.653	2.613	2.584	2.449	2.447	2.460	2.402	2.410	0.159974621	0
24	2.532	2.637	2.595	2.616	2.630	2.641	2.604	2.599	2.609	2.597	2.563	0.313385219	0

图 13.10　期权估价模拟方法的 Excel 实现（三）

我们做了 2 001 次模拟，当然还能做更多，也应该做更多。这是没有什么困难的，只需单元格中的价格推演公式简单地复制粘贴即可。单元格中的推演公式已显示于图 13.9 中。具体地说，如单元格 J1996 中的公式为

J1996=I1996*（1+OFFSET（C9，ROUND（RAND（）*1966，0），0，1，1））

即到期价格=初始日价格*（1＋选取收益率），其中，ROUND（RAND（）*1966，0）就是随机抽取 0~1 966 的一个整数；OFFSET（C9，ROUND（RAND（）*1966，0），0，1，1）则在历史收益率数据序列中定位了这个整数对应的收益率数据；整个公式就是从前一期的价格 I1996 推演出这一期的价格 J1996。

当然，对每一个完整的模拟，这样的价格推演要进行多次。具体的次数由期权合约的期限决定，就是看距期权到期日还有多少个交易日。我们的例子讨论的是 2017 年 9 月的期权合约，离期权的到期日 9 月 27 日还有 60 个交易日，所以要做 60 次价格推演。各次模拟的最后的到期价格在第 BO 列中，如图 13.10 所示。

这样对给定的执行价格，就可以计算和每一个到期价格对应的期权价值。图 13.10 中 BO 列是对应价格的买权的价值，相应的计算公式也显示在图中。单元格 BO3 中是所有买权的价值的均值，BO4 中是均值的贴现值，也就是相应买权的估值。同样地，BP4 中是相应卖权的估值。我们看到，9 月的执行价格为 2.25 元的 50ETF 买权和卖权合约的模拟方法估价分别为 0.339 元和 0.029 元（重新模拟会有不同的结果），与布莱克-斯科尔斯期权定价公式的估价 0.312 元和 0.033 元（图 13.6），以及市场上的收盘价 0.274 9 元和 0.003 9 元（表 13.1）都不相同。

习题

1. 设计在 Excel 上具体实现：

（1）债券估值和债券收益率估计计算表格；

（2）布莱克-斯科尔斯期权定价计算表格；

（3）期权的模拟估价计算表格。

2. 利用习题 1 中建立的计算表格：

（1）对某国债品种进行估值及收益率估计；

（2）对一对 50ETF 期权（有相同的期限的买权和卖权）分别进行估价；

（3）对同一对 50ETF 期权［在（2）中选择的期权］分别进行估价。相关数据请到相关证券交易网站获取。

3. 针对习题 2 中的计算结果讨论：

（1）国债的估值和交易价格相同吗？哪些因素造成了这个差异？

（2）期权的估价和其交易价格相同吗？哪些因素造成了这个差异？

（3）使用布莱克-斯科尔斯期权定价公式的期权估值结果和模拟估价方法的估价相同吗？为什么会不同？

附录　中国主要证券交易所

表 A13.1　中国主要证券交易所概况

序号	交易所全称	简称	成立时间	主要交易品种
1	上海证券交易所	上交所	1990.11.26	股票、债券、基金、股票期权
2	深圳证券交易所	深交所	1990.12.1	股票、债券、基金、权证
3	上海黄金交易所	金交所	2002.10.30	现货（黄金 T+D、白银 T+D、黄金 ETF）
4	中国金融期货交易所	中金所	2006.9.8	沪深 300 股指期货、中证 500 股指期货、上证 50 股指期货、5 年期国债期货、10 年期国债期货
5	郑州商品交易所	郑商所	1990.10.12	期货（普通小麦、优质强筋小麦、早籼稻、晚籼稻、粳稻、棉花、油菜籽等）、白糖期权
6	大连商品交易所	大商所	1993.2.28	期货（农产品：玉米、玉米淀粉、豆油等；工业品：聚乙烯、聚氯乙烯、聚丙烯、铁矿石等）、期权（豆粕期权）
7	上海期货交易所	期交所	1999.12	铜、铝、锌、铅、镍、锡、黄金、白银等
8	全国中小企业股份转让系统	新三板	2013.1.16	组织非上市股份公司股份公开转让
9	渤海商品交易所	—	2009.9.16	现货大宗商品交易（石油化工、煤炭能源、钢铁金属、农林产品）
10	天津贵金属交易所	津贵所	2008.12.30	白银、铂金、钯金、镍、铜、铝
11	北京石油交易所	北油所	2007.12.28	原油、成品油、燃料油、燃气、润滑油、综合类化工品
12	上海石油交易所	—	2004.8.30	现货（液化天然气、液化石油气）
13	深圳石油化工交易所	深油所	2011.9	组织石油化工产品、专用设备的交易、销售；电子商务、能源技术开发、技术服务、技术咨询、技术转让等
14	哈尔滨谷物交易所	哈交所	2011.4	粮食即期现货交易
15	海西商品交易所	海西商品所	2011.5.31	现货（铜）
16	天津市矿产资源交易所	天矿所	2010	铂金、银精矿、金精矿
17	北京大宗商品交易所	北商所	2009.8	稀贵金属、有色金属、农产品、石油化工等多元化的现货品种
18	黄河大宗商品交易所	黄河现货	2005.9.12	棉花、玉米、枸杞、羊绒、硅铁、棉籽等
19	东南大宗商品交易中心	东南大宗	2013.7	现货铂金、现货钯金、天然橡胶、现货锡、现货锌、现货铅等
20	浙江舟山大宗商品交易所	浙商所	2011.7.8	金属矿产（电解镍）；农林牧渔（山茶油、红小豆 A1、大蒜 A1、生猪 A1 等）；能源化工（船用油 A1、动力煤等）
21	北京环境交易所	环交所	2008.8.5	碳交易、排污权交易、节能量交易
22	天津排放权交易所	—	2008.9.25	温室气体排放权交易、主要污染物排放权交易
23	北京产权交易所	北交所	2004.2	权益、实物、金融产品、大宗商品
24	广州产权交易所	广交所	1999.6	企业股权、物权、知识产权、文化产权、债权等
25	长江产权交易所	长交所	2004.10.28	各类所有制企业产权、股权交易；知识产权和科技成果（项目）的转让交易
26	石家庄股权交易所	石交所	2010.8	组织开展非上市公司股权融资、挂牌交易
27	天津股权交易所	天交所	2008.9	非上市公司股权融资、挂牌交易
28	上海钻石交易所	钻交所	2000.10.27	钻石进出口交易
29	香港交易所	港交所	2000.3 由三家公司合并组成	股票、恒生指数期货及期权、黄金期货等
30	台湾证券交易所	台证所或证交所	1961.10.23	股票

术语索引